U0857031

苏州市职业大学石湖智库项目成果
江苏省社科应用研究大运河（江苏段）文旅融合协同创新基地项目成果

苏州城建史话

潘君明　著

古吴轩出版社

图书在版编目（CIP）数据

苏州城建史话 / 潘君明著. -- 苏州：古吴轩出版社，2022.6
ISBN 978-7-5546-1896-7

Ⅰ. ①苏… Ⅱ. ①潘… Ⅲ. ①城市史－苏州 Ⅳ. ①K295.33

中国版本图书馆 CIP 数据核字（2022）第 013024 号

责任编辑：俞　都
见习编辑：窦志霞
责任照排：吴　静
责任校对：李爱华

书　　名：苏州城建史话
著　　者：潘君明
出版发行：古吴轩出版社
地址：苏州市八达街118号苏州新闻大厦30F
电话：0512-65233679　　邮编：215123
印　　刷：苏州市越洋印刷有限公司
开　　本：787×1092　1/16
印　　张：24
字　　数：509千字
版　　次：2022年6月第1版
印　　次：2022年6月第1次印刷
书　　号：ISBN 978-7-5546-1896-7
定　　价：88.00元

序言

苏州是一座历史文化古城。

史载，周敬王六年、吴王阖闾元年，即公元前514年，吴王阖闾命伍子胥筑城。伍子胥“相土尝水，象天法地”，建成“阖闾城”，即苏州城，至今已有2500余年。

古代，“城”是国家的象征。凡王朝的领地，诸侯的封地，卿大夫的采邑，都筑有“城垣”。城，防止外敌入侵，保护百姓安宁；首领居于城中，谋划家国大事。《诗·大雅·瞻卬》云：“哲夫成城，哲妇倾城。”郑玄笺注：“城，犹国也。”

城，一般分为两重，里面叫城，外面叫郭。城小，郭大。古有“三里之城，七里之郭”之说。在单用“城”字时，大都包含城、郭在内。凡城，四周必筑有墙垣，墙上开门，谓之城门，日开夜闭，这是守城、防护的需要，也是城的重要特征。在日常生活中，我们常将“城”称为“城池”，这是因为城有墙垣和护城河；也称“城市”，因为城内人口集中，集市贸易，经济繁荣，通常为周围地区的政治、经济和文化活动的中心。

凡是城池，城内都设置街巷，为百姓出入之通道。但在春秋、秦汉时，尚未有“街”“巷”的标志字。从伍子胥建城时至秦汉、唐及北宋，称为“市”或“坊市”。唐代诗人、苏州刺史白居易诗云“七堰八门六十坊”。宋代范成大《吴郡志·卷六·坊市》录有六十五坊。这坊市、坊即是街巷的前身。南宋时，拆坊成巷，始用“巷”“里”命名，民国时才有“街”字出现。城市不论大小，都由街巷组成，没有街巷，也就没有城市。所以说，城市与街巷密不可分。而且，街巷是城市的主体，城市内所有的一切，包括官署、宅第、园林、寺庙、商店等，都存在于街巷之内。人们的各种活动，政治的、经济的、文化的等等，也都在街巷之中进行。街巷热闹，城市兴旺；街巷冷落，城市萧条。城市的衰落与兴盛，大都在街巷上反映出来。

苏州古城，春秋时为吴国的都邑，史称“阖闾城”，也是吴国政治、经济、文化的中心。秦汉时为吴郡、会稽郡；隋唐五代时为苏州、中吴府；宋元时为平江府（路）；明清时为苏州府，江苏巡抚衙门设于苏州；民国时为吴县，江苏都督府设在这里。由于苏州是历代官府的重要驻地，城市建设也不断发展。至今，历代留下的官衙、园林、寺庙、宝塔、桥梁及名人故居等文化性建筑，随处可见，比比皆是。这是苏州城建史上灿烂的一笔，也是非常宝贵的历史文化遗产。当然，也有不少文化性建筑已随着时间的逝去而消失，难见原貌，好在史书上有所记载。翻阅古籍，踏访遗址，追昔抚今，给人以一种怀旧之感。

纵观历史，苏州自建城以来，历经风云变幻，社会动荡，朝代更迭。自吴王阖闾创建吴国以后，越灭吴，楚灭越，战事频频。南朝梁侯景之乱，叛军进城，烧杀抢掠。隋杨素平定江南，为使百姓免遭灾祸之苦，迁徙苏州城，至横塘新郭。宋靖康之难，金兵入侵，纵火焚城，街坊成为废墟。元末张士诚焚毁子城，使之成为一片焦土。明末清军南下，围攻苏城，清末太平军复又攻城，市廛烧尽，光景萧然。民国时日寇侵华，轰炸苏城，破坏严重，等等。真是战争不断，兵祸连绵，一次次的战争，一次次的兵燹，对城池造成了极大的破坏。原有的连片房屋，成为瓦砾一堆；原有的宅第园林，成为废墟一片；原有的热闹街巷，变得冷落萧条。

历史的浊浪，社会的变革，战火的疯狂，给苏州古城留下了多少创伤！

但是，苏州人民是坚强、勇敢、勤劳的，面对兵祸与灾害，面对被破坏的城池与街巷，苏州人民用自己的智慧和劳动，重新规划，建设新的苏城。从史籍的记载来看，建设、破坏，破坏、建设，反反复复，废废兴兴，在漫长的历史长河中，难于计数，谁能说得清呢？

所幸的是，苏州城至今巍然屹立，古城墙虽有部分被拆除，但城基和残墙犹在，部分城墙得以修复，古风犹存。城址基本没有变动，依然是"棋盘城""亚（亞）字城"格局。街巷里弄虽有少许因拆除而消失，但绝大多数保存完好，依然是横直有序，格局未变，且历代都有发展。河道虽有部分填塞，但主流不改，依然有"三横三直"，河流畅通，碧波荡漾，"君到姑苏见，人家尽枕河"。城内的景象，依然是老街古巷，水陆并行，河街相依，小桥流水人家。房屋粉墙黛瓦，飞檐翘角，古朴典雅，端庄大方。所有这些，基本上保持着古城的原有风貌，是非常难得的。园林、官署、民房、寺庙、桥梁等虽有毁坏，但著名建筑保留下来的也不少，成为历史文化古迹，给古城留下了非常宝贵、丰富的历史文化遗产。

回顾苏城建筑史，随着社会的进步和发展，苏城建筑有着自身的地方文化特色。园林建筑，自春秋时吴王阖闾始建长洲苑、梧桐园，后由皇家园林转为私家园林，至明代达到了高潮，民国时转为中西结合式的园林，别具一格。桥梁建筑，宋之前为木桥，宋时则"以石代木"，逐渐形成了多孔石拱桥，精雕细刻，造型愈渐完美。民国时转为水泥桥梁，更为宽阔坚固。寺庙建筑，自三国孙吴造寺以来，南北朝舍宅造寺蔚然成风，历代造寺经久不衰。据统计，民国时期，苏州有寺庙、道观、庵堂等

360余所。从明代始，兴建“状元”“进士”“节孝”等牌坊，清代延续，苏城内大街小巷随处可见。同时，由于经济繁荣，会馆、公所、祠堂等也相继出现，反映了那个时代的特征。民国时期，交通、民生等事业渐有改善，各种建筑设施相应跟上，教堂建筑逐渐增多。这些建筑，说明了社会的进步、城市的发展，在苏州城建史上有着不可磨灭的光辉。

1982年，国务院颁布全国首批24个历史文化名城，苏州古城名列其中。

苏州古城历史久，古迹多，文化积淀非常深厚，这是苏州人的荣幸，更是苏州人的骄傲。

真是“人生得意处，有幸居苏城”。

苏州是人间天堂、书香福地，历代文人辈出，群彦汪洋，留下的著作浩如烟海，极为丰富。写作“史话”，探索城市建筑的印记，要翻阅大量古籍，但我欲博览而未能也。笔者读书有限，学问浅薄，先前也未见有此类书籍，无所借鉴，错误之处在所难免，望读者批评指正。

2012年3月拟纲
2012年5月动笔
2022年2月改定完稿

凡例

一、本书采用章节式，以朝代为章，以一个朝代或两个以上朝代为一章；以建筑类型为节，按类编述，以体现城市建设的发展脉络。章节的内容据实编写，不拘一格，视内容而定。

二、本书叙述自春秋时伍子胥建阖闾城始，至新中国成立时止。内容以城内建筑为主，城外建筑为辅。叙述的重点在于城市的物体建设，余则略之。涉及的有关历史人物，对其生平略做介绍。

三、本书主要叙述苏州历代城市建设的概况，以及它的毁坏、重建与新建，尤其是城墙、街巷、园林、桥梁、寺庙、宅第等。由于历史的原因，有不少建筑实体今已不存，但本文依史照录，以存史实。历代城建的形式、材料、风格有所不同，可知其变化，也可吸取经验教训，将现代城市建设得更加美好。

四、不论何种建筑物体，其建筑名称一律放在始建年代，后代有修建、拓建或重建、更名，接着加以略述，在后代不再叙述，著名的或与历史发展有关的例外。

五、一种建筑物有多种名称的（正名、别称、雅号等）——尤其是园林、宅第建筑，屡易其主，屡更名称，如石湖的余觉宅第，正名余觉故居，雅号“觉庵”“渔庄”；顾颉刚故居，又称“顾家花园”——为避免重复，在归类时只录一种名称，并在文中说明。

六、本书内容重于史实，以古籍史料为依据，所引用古籍文字，除注有书名外，均用楷体表示。每章的参考书目及相关历史文献，均附于章后，便于读者查阅参考。文中并配以相关插图，以增加印证性、可读性和趣味性。

目录

第三章 魏晋南北朝

第四章 隋唐五代

第五章 宋 元

第六章 明 代

第七章　清　代

第八章　民　国

第一章 西周春秋战国

约在公元前十二世纪，上古周族的首领古公亶父，因戎、狄族的威逼，率领族人由豳地迁到岐山下的周原（今陕西岐山之北），积极推行『务耕织、行地宜』的农业发展政策，使周族逐渐强盛起来。但周原地方毕竟狭小，而周族要发展，必须扩大地盘，而且极需能干的人才。古公亶父有三个儿子，即泰伯、仲雍和季历。古公亶父看中了季历的儿子姬昌（即后来的周文王），这小儿面目清秀，玲珑乖巧，聪明异常，长大后必成大器。古公亶父欲将王位传给季历，将来再传给姬昌。但限于当时的礼制，这样做是不适当的。于是，就有了泰伯、仲雍南奔，开创『勾吴』的故事。『吴』由此诞生。

传至寿梦，始称王。传至阖闾，吴国逐渐强大。阖闾命伍子胥『相土尝水，象天法地』建造大城，史称『阖闾城』，即今之苏州城，为吴国之都邑，并在城内筑子城，作为王宫。时为阖闾元年，即公元前514年。吴国为壮大军事实力，招募干将铸剑。阖闾、夫差为尽情享乐，造梧桐苑、长洲苑、姑苏台，以及馆娃宫等。阖闾死，葬于虎丘剑池下。

吴国南面为越国。吴、越两国长年不和，战事不断。吴王夫差二十三年（前473），越发兵攻吴，吴师败绩，亡。

一、泰伯南奔建勾吴

说起苏州，大家总会联想到勾吴、吴、吴国、东吴、吴门等，总会联想到苏州的古城——阖闾城。而说起阖闾城的建造，又会追溯阖闾的祖上，联想到吴地的老祖宗——泰伯、仲雍。

泰伯、仲雍是北方部落的人，怎么会来到苏州呢？这就要从泰伯、仲雍南奔说起。

约在公元前十二世纪，北方的周部族首领古公亶父意欲将王位传给三儿季历。泰伯、仲雍为满足父亲的意愿，让出王位给弟弟季历，就带领一部分族人，辗转曲折，跋山涉水，不远万里，奔赴南方的梅里（今无锡市新吴区）。那时，南方尚未开化，南方人被称为“南蛮”。泰伯、仲雍到达梅里后，见这里人烟稀少，土地广阔，就占卜定居。他们入乡随俗，断发文身，与当地民众融合起来，并向当地民众传授耕作和筑城等技术。泰伯、仲雍的这些举动极大地影响了当地人的生活，得到了当地人的敬重，当地人纷纷追随他俩。因而，“荆蛮义之，从而归之千余家，立为吴太伯”（《史记・吴太伯世家第一》）。泰伯贤能，与当地民众十分和好，故而被推举为君长，并建立了封建农奴制政权，号为“勾吴”。

因何称“勾吴”？“勾”为发声词，并无意义。古代，“勾”“句”两字通用，也写作“句吴”，实则即“吴”也。吴国、吴地之名由此而来。

泰伯建立勾吴，为一个部族之长。他有责任保护自己的族民，保护自己的土地，因而，第一件大事就是筑城。《吴地记・附录一》云：

> 泰伯城。太伯筑城于梅里平墟，周三里二百步，外郭三百余里，今曰“梅李乡”，亦曰“梅里村”。

史称“泰伯城”三百余里，是指勾吴管辖的范围，“人民皆耕田其中”（《吴越春秋・卷一・吴太伯传》）。考古发掘资料记载，城址在今无锡市胡埭镇湖山村和常州市武进区雪堰桥镇之间，周长约1.5公里。

随着时间的推移，传到泰伯十九世孙寿梦时，部族不断壮大，人员不断增加，这个小城已不适应部族的发展，必须扩大了。

寿梦胸有大志，雄心勃起，准备扩张。他看到弱肉强食，小部族常有被大部族吞噬的危险，决心扩展地盘，壮大自己的部族，以抵抗大部族的侵犯。他先是大胆地称王。按周朝的制度，部族是不能称王的，寿梦却称王了。《史记 · 吴太伯世家第一》云：

寿梦立而吴始益大，称王。

寿梦称王后，要提高自己的实力，就招募勇士，组织和训练兵丁，打败了周边的几个小部族，将其纳入自己的版图。他又去南方巡视，即今苏州一带，并“始别筑城，为宫室于平门西北二里”（《吴地记》）。与此同时，寿梦为振兴勾吴，广揽人才，在附近开设了招贤馆，以招募四方贤士，为勾吴所用。《吴郡图经续记 · 卷中 · 桥梁》云：

都亭桥，在吴县西北，故传寿梦尝于此作都亭，以招贤士也。

都亭，为邑中之传舍，是招待客人食宿的处所。从地理上看，“始别筑城”“于平门西北二里”。“都亭”在“始别筑城”之南，已接近苏州城了。都亭处建有都亭桥，后毁。据记载，清嘉庆六年（1801）曾重修都亭桥。桥位于今苏州城内东中市北，跨中市河。可见，此桥的建筑时间比阖闾城还早，在苏州城内，恐怕是最古老的一座桥了。可惜在1960年，此桥被拆除。

从“筑城”到“都亭”，从这两则记载中可以看出，寿梦称王以后，勾吴向南方扩展，逐步占有地盘，为建造阖闾城打下了基础。

公元前561年，寿梦去世，由长子诸樊继承王位。诸樊受到父亲的影响，继续向南方扩展。周灵王十二年（前560），诸樊迁都姑苏。《史记正义》：

寿梦卒，诸樊南徙吴。

据考证，诸樊城周十二里，约在今苏州城中部乐桥东北一带，范围不算大。诸樊死，由二弟余祭即位。余祭死，由三弟夷末即位。夷末死，按照祖制，王位应兄终弟及，由季札即位，但季札决定让位。按理，应由诸樊的长子姬光（阖闾）即位，但王位却传给了夷末之子姬僚，史称“吴王僚”。这引起了姬光的不满，他韬光养晦，积蓄力量，决定待机夺取王位。

二、伍子胥建造阖闾城

这时，楚国发生内乱，楚平王听信奸臣的谗言，将太子建的师傅伍奢及其长子伍尚杀害，并追杀其次子伍员（字子胥）。伍子胥闻讯后逃奔至吴国，投于姬光门下，做个谋士。后来，他结交了武士专诸。专诸，吴国堂邑（今江苏南京市六合区北）人，勇士，善剑术。他在伍子胥的谋划下，协助姬光刺杀吴王僚。姬光夺得了王位，是为吴王阖闾，时为公元前515年。

伍子胥像

专诸在刺杀吴王僚时，也被吴王僚的卫士当场刺死，阖闾念他的功劳，追封他为上卿，并将其厚葬在阊门内，即今之专诸巷。《吴郡志・卷三十九・冢墓》：

> 专诸墓在阊门外。

但，也有说葬在盘门的。《姑苏志・卷三十四・冢墓》：

> 专诸墓，相传在盘门里伍大夫庙侧。

阖闾称王后，重用伍子胥，“乃召伍员以为行人，而与谋国事”（《史记・伍子胥列传》）。“行人”者，掌管朝觐聘问，又为主号令之官，是一个很重要的官职。阖闾有雄心壮志，他要使吴国强盛起来，自己要争做诸侯的霸主。但他认为：“吾国在东南僻远之地，险阻润湿，有江海之害。内无守御，外无所依，仓库不设，田畴不垦，为之奈何？”（《吴郡图经续记・卷上・城邑》）。一日，阖闾与伍子胥谋划国事，阖闾问道：“我想使吴国强大起来，争做诸侯的霸主，你有办法帮助我吗？”伍子胥说道：“我听说治国之道，首先要安定君王，其次要管理好民众，这是上策。”阖闾又问：“那你有什么具体的办法呢？”伍子胥答道：

凡欲安君治民，兴霸成王，从近制远者，必先立城郭，设守备，实仓廪，治兵库，斯则其术也。（《吴越春秋·卷二·阖闾内传第四》）

阖闾听后十分赞同，说道：“那好，我就依你这个办法，并命你去办理筑城之事。”

伍子胥接受这个任务后，自感责任重大。他决定“相土尝水，象天法地”（《吴越春秋·卷三·阖闾内传》），亲自去仔细地踏勘地形，观察土与水的关系，即观察地质地貌，观察天之八风、地之八卦，然后确定建城地址。用现在的话来说，就是观察风水。古代，就连百姓造房、选择坟地，也要观察风水，何况是造个大城。

于是，伍子胥日夜操劳，四处奔走，踏勘地形。他踏勘至西北角，感觉此处地块尚好，可以建城，但经过复测，发现此处地势较低，须另选地块。这西北角之地，即今天的相城，因伍子胥在此“相”土尝水，意欲建“城”而得名。这在《姑苏志》《苏州府志》等志书上有明确的记载。

经过多方踏勘，伍子胥发现一处地块。西南部多高山丘陵，并有浩渺的太湖；东北部则是一块广阔的平畴，沃野良田，河道如网，水流通畅。这西南部与东北部之间有一块广阔的平地，是比较理想的建城地址。在这里筑城，离太湖不远，水路运输十分方便；而城内如遇干旱，有太湖水可以补充；东北部为平原水网地区，水向东流，城内如有积水也容易排泄，可以避免水患；西南部多山，山上出产岩石，建城时开采石料也极为方便。城址选定后，伍子胥向阖闾汇报，阖闾表示赞同。

于是，伍子胥依据地形地貌，测量土地，制订规划，绘出图纸。并按照强国建城的要求，决定筑大小两城。大城在外，由民众居住；小城（子城）在内，由王居住，亦为大臣们商讨国事的重要场所。规划制订以后，他立即号召吴国民众参与筑城。民众听说筑城可以防卫自身的安全，自是十分高兴，积极参加。不多时日，一支浩浩荡荡的民工队伍出现在这块平坦的土地上，开始筑城，时为周敬王六年、吴王阖闾元年（前514）。

古代筑城，采用“掘土为池，培土为城”的方法。池，即城濠，护城河也。泥土堆积，逐层夯实，堆至一定高度，即为城墙。此种方法，后世称为“设版筑”或“平板干”。

建筑城墙是一项巨大的工程，并非易事。这里又是水网地区，泥土潮湿，取附近的泥土根本不行，难于夯实，只能从远处将干土运来。在城墙地面上夯实地基，两边用木板固定，中间填入泥土，夯实，堆砌一层，夯实一层，逐步增高，如此反复进行，堆到一定高度，即为城墙。城墙的形状类似斜坡，下面宽，逐步向上缩小。然后在城墙顶上夯平为路，并建造亭子，为士兵守城瞭望所用。

如此巨大的工程，连续数年，不知要运送多少土方，耗费多少人力。天灾人祸，难免会发生不测。今葑门内的相王庙，便与筑城的不测有关。据史籍和民间传说，筑城时，伍子胥自任总指挥，他挑选将士，具体负责各段城墙的筑造。筑城墙的工期安排很紧，要求也高，号令极严，限期完成任务。东面相门一段由赤阑将军负责，他因督办不力，延误了工期，被伍子胥处死。一说，城外大风大浪凶猛涌来，眼看要冲垮城墙，赤阑将军跳入水中，阻止风浪，不幸被水淹没而亡。《吴地记·附录一》云：

> 黑莫邪墓，南面讨击将军黑莫邪墓，在蛇门里。周敬王六年筑城而死，今呼赤阑将军。

但赤阑将军毕竟为筑城做过贡献，苏州百姓没有忘记他，故筑墓以纪念，后又立庙以祀。因在相门，故称其“相王”。今相王庙犹在，其处名“相王弄”，附近百姓至今仍去点烛烧香，以示怀念。也有说是纪念伍子胥的，伍子胥生前为夫差的“相国”，死后被封为“相王”。这则记载和传说，不管是否确切，都说明了一个问题，即伍子胥筑城是相当严格的，有不少人为此而牺牲，做出了贡献，赤阑将军仅是一个典型而已。

经过多年（一说九年）的努力，城墙终于筑好了。城的规模有多大，据《越绝书·卷二·外传记吴地传》的记载：

> 吴大城，周四十七里二百一十步二尺。陆门八，其二有楼。水门八。南面十里四十二步五尺，西面七里百一十二步三尺，北面八里二百二十六步三尺，东面十一里七十九步一尺。……吴郭周六十八里六十步。

因是阖闾时代所建，史称“阖闾城”。就当时来说，这个城规模是不小的，相当于楚国的都城，故也称“阖闾大城”。阖闾城城墙坚固，城楼高耸入云，城门雄伟，城池宽广，显示了吴国的强势。

城外有濠，俗称“护城河”。今阊门外仍有“南浩（濠）街”“北浩（濠）弄”，地名由此而来。护城河围绕大城，河面宽阔，波浪滔天，作为天然的防护屏障。陆门八，其中蟠门、阊门、齐门、匠门、平门等均设有吊桥。一般来说，平时只有几个城门开放，并派有士兵看守，其余的城门将吊桥拉起，城门紧闭，行人不可出入。遇有大军出征、运送粮草等要事，才将城门开启，放下吊桥，让人马通行。

城濠和城墙就如天堑一般，城内安全有了可靠的保障。

阖闾城自建造以来，基址没有变动，宋代刻的《平江图》反映了这一史实。城的形状为长方形，城中的道路、河道横直有序，东南西北的方位十分明确，像一个棋盘，故称“棋盘城”；又类似一个“亞”字，雅称“亚（亞）字城”。古时，子城外的大城称“罗城”，故也称“罗城”。

三、"八风""八卦"与城门

城墙上开门，俗称"城门"。无论是陆门还是水门，都是为了防御敌人入侵和便于交通运输。苏州城墙上开有水陆城门。筑水陆城门十分讲究，要符合天时地利。《吴地记》云：

> 陆门八，以象天之八风；水门八，以象地之八卦。

陆门通车，水门通船，这是水乡的地理环境和吴人的日常生活所决定的。

陆门八，以象天之八风。什么是"八风"?《说文解字》云："八风也，东方曰明庶风，东南曰清明风，南方曰景风，西南曰凉风，西方曰阊阖风，西北曰不周风，北方曰广莫风，东北曰融风。"水门八，以象地之八卦。什么是"八卦"？相传八卦来源于周文王的《易经》，是八种具有象征意义的基本图形，名称是乾、坤、震、巽、坎、离、艮、兑，象征天、地、雷、风、水、火、山、泽八种自然现象。古人对"八风""八卦"特别重视，阖闾城十六个水陆城门，象征"八风"和"八卦"，实则是依据东南西北的地理位置，明确方

盘门水城门

位。古人认为“八风”“八卦”关系到人的吉凶祸福，为保佑城市的平安，必须讲究“八风”与“八卦”。苏州城的城门，陆门象征天之“八风”，水门象征地之“八卦”。

那么，苏州城所开八个城门（陆门），究竟是哪几个城门呢？因缺乏早期的史料，后来的史料也记载不一，故八个城门之名的说法不一，而比较通行的说法是：东南面为蛇门；西南面为蟠门（今作盘门）、胥门；西北面为阊门、平门、齐门；东北面为娄门、匠门。城门的命名，原先以东南西北方位命名，后以方位、地理环境或历史事件命名，在志书上均有记载。

蛇门，在东南面，约在今人民桥东500米处，此门有陆门而无水门。《吴越春秋·卷二·阖闾内传第四》云：

> 立蛇门者，以象地户也……欲东并大越，越在东南，故立蛇门以制敌国。

又云：

> 越在巳地，其位蛇也。故南大门上有木蛇，北向首内，示越属于吴也。

蟠门，在西南面，蟠，蟠龙也。《吴越春秋·卷二·阖闾内传第四》云：

> 吴在辰，其位龙也，故小城南门上反羽为两鲵鱙，以象龙角。

盘门城墙

盘门城楼

古时吴国的帝王称自己是“真龙天子”，刻蟠龙于城楼，借以镇越。因其处水陆相半，沿洄屈曲，后称“盘门”。

胥门，在西南面，原名“西门”“姑胥门”，后称“胥门”，因城外有姑胥山而得名。有人以为胥门是伍子胥之名，那是不确切的。伍子胥在建造阖闾城时，不可能将自己的名字作为城门名。伍子胥被害以后，因其宅第在胥门（即今伍子胥弄），苏州人民为纪念他，将其宅第改建为伍相祠，才将胥门与其联系起来，那是后来的事。

阊门，在西北面，传说中的天门取名为“阊”，以象天门，可通天气。阖闾要伐楚，伍子胥要攻打楚国为父报仇，两人的意见相合。阊门的含义为：攻打楚国，乃是天意所为。又：阊风，即阊阖风，秋风也，其意为攻打楚国要像秋风扫落叶一样，无可阻挡。此门的含义十分深刻。后来，伍子胥带领大军从此门而出，打败楚国得胜归来，曾将阊门改称为“破楚门”，以示纪念。《吴越春秋·卷二·阖闾内传第四》云：

> 诸将既从还楚，因更名“阊门”曰“破楚门”。

春申君治吴时，修复破楚门，又改称“昌门”。

平门，在西北面，因平定齐国而得名。《吴地记》云：

> 子胥平齐，大军从此门出，故号“平门”。

平门曾名“巫门”，因其地有巫咸墓，故以名门。《吴郡图经续记·卷下·冢墓》云：

巫咸坟，在平门东北三里。巫咸，商大戊时贤臣也……平门，又名“巫门”，为此故也。

齐门，在西北面，门名与齐国有关。《越绝书·卷二·外传记吴地传》云：

阖闾（即阖闾，笔者注）伐齐，大克，取齐王女为质子，为造齐门。

阖闾打败齐国以后，怕齐国报复反攻，遂将齐景公的女儿带回来作为人质，配与长子终累（夫差兄）为妻。终累亡，齐女思念家国，阖闾在城墙上造九层飞阁，使齐女登楼望齐，以慰齐女思乡之情，故又称“望齐门”。后称“齐门”。

娄门，在东北面，因城外有娄江而得名。

匠门，在东北面，因干将在此处开炉炼剑，干将乃冶匠，故而得名。也称“干将门”，后音讹而称“相门”。

各座城门除蛇门外，都建有水城门，并建有水闸，既可放船通行，也能阻水入城。

各城门的城墙上建有堞楼，俗称“城楼”，有士兵站岗守望，观察城外是否有动静，主要是防止敌人来犯。

关于苏州古城的建造，公认为春秋时伍子胥所筑，史籍记载极多。今将南京博物院于1957年5月2日至28日及1957年6月4日至13日，对苏州市和吴县（今苏州市吴中区等）新石器时代遗址进行考古调查，并由罗宗真先生执笔的发表于1961年第3期《考古》上的《苏州市和吴县新石器时代遗址调查》考古报告摘录如下：

平门遗址在苏州市北平门不远，北靠运河，南接城河。这里为古平门所在。遗址正好压在平门城墙下面，今已辟为大道。1956年夏，在城墙下灰土层中出有残石斧、石刀、陶纺轮、泥质灰陶片和印纹陶片等。调查时，从城的断面上可看出古代城基及历代堆积的情况。我们初步认为，城之下所压的为新石器时代文化层。城墙下层为早年堆积，其中含几何形印纹硬陶最多，这一层完全是土城；城墙中层为汉、唐及宋代堆积，有各时代瓷片、陶片及城砖，这一层为小砖砌成；城墙上层为大砖砌成，中含明、清时代瓷片。

苏州城四周外缘均环运河，内缘又环城河，城墙筑于两河之间，从吴国建城以来，其变迁不大，历代修城，只在原城基上再增筑。我们采集的遗物多半是城墙下层的，如果这一层是吴越建城时的城墙，那么这些遗物就是吴越时代的东西，而其中又以印纹硬陶最多，这就给印纹硬陶的时代问题提出比较可靠的证据。同时，这些堆积又压在新石器时代遗址的上面，因而印纹硬陶与新石器时代文化遗存的关系也更明显了。

从这个考古报告中可以看出，苏州城建于春秋时期，那是无疑的了。

四、城内的布局与子城

苏州是水网地区，河道纵横交错，密如蛛网；河浜星罗棋布，散于各地。根据这里的地理环境，城内该如何建筑呢？主要是合理安排河道。当时，城内有多少条河道，难以确数。但据宋《平江图》，苏州城内主河道有七条直河和十四条横河。零星的小河浜东一条西一条，分布四方，随处可见。在建城时，有的要填没，有的要开掘，有的要疏通、连接。并按照东南西北的方位，将河道拉成横河与直河。在安排好河道的基础上，建设居民住宅。考虑到居民用水和运输的需求，居民住宅大都建在河道两岸。这样就形成了“水陆并行，河街相邻”的格局。

河道是城市的命脉，好似人体中的血管，水流通畅，便于居民生活。城内的河道无论是从东到西还是从南到北，都与城外的大河相互连接，船只来来往往，舟船成为城内外运输的主要交通工具。

城内道路依据河道而建，横直有序，方向明确，道路笔直。大路通八个城门，小路在大路两边分岔。分岔的小路再与大路相通，形成了四通八达的街巷布局，形似棋盘。这在其他城市中也是少见的。

那时，城内并无街巷之名。城内南北贯通的一条街巷，称为“陆道”。《越绝书·卷二·外传记吴地传》云：

平门到蛇门，十里七十五步，陆道广三十三步。

里、步是古代计算长度的单位，有些学者认为，那时一里是三百步，大致相当于现在的400米，“平门到蛇门，十里七十五步”，相当于现在的4000米许。而现在的人民路（苏州古城内：自平门至南门）全长4681米，用“十里七十五步”计算，其长度与之基本相当。由此可见，苏州城内的街巷格局，尤其是南北贯通的街巷，基本未变。

同时，城内建有八馆。《吴地记》云：

古馆八所：全吴、通波、龙门、临顿、升羽、乌鹊、江风、夷亭。

馆是招待宾客居住的房舍。一个城内设立这么多的馆舍，说明当时来客之多和阖闾城经济的繁荣。

在大城内筑有小城，习称“子城”。它的范围从现今的地点来看，约东至公园路，南至十梓街，西至锦帆路，北至干将河，地块基本成方形。《越绝书·卷二·外传记吴地传》云：

吴小城，周十二里。其下广二丈七尺，高四丈七尺。门三，皆有楼，其二增水门二，其一有楼，一增柴路。

其建筑形式与要求，几与大城相仿。同样有城墙、城楼、城门。但子城只开三个城门，即南门、西门、北门。因何不开东门呢?《吴越春秋·卷二·阖闾内传第四》云：

筑小城，周十里，陆门三，不开东面者，欲以绝越明也。

子城外有围城河，东为濠股河（已填没），今公园路处；南为第三横河，即今十梓街南、平桥处的河道，直通至迎枫桥接第四直河（已填没）；西为锦帆路，原名“锦帆泾”（已填没），传为吴王与西施乘坐锦帆船出游之地，故而得名；北为第二横河，即干将河。四面河道相通，将子城围在其中，作为一种天然的防护屏障。在河道上架有桥梁，人们进出子城需要通过桥梁。如南面的平桥，就是进入子城的主要通道。平桥的遗址在平桥直街的北端，20世纪50年代街坊改造时，在地下尚能见到平桥的遗迹。

子城内有哪些建筑？据《越绝书》等书的记载，城内建有阖闾宫，在高平里；建有南越宫，在长乐里；建有东宫，周一里二百七十步；建有路西宫，在长秋，周一里二十六步。上述建筑都非常豪华，但具体形象如何，因史料缺失，只能由人们去想象了。

阖闾城建成后，吴国欣欣向荣，逐步强盛。城内人口聚集，商市繁荣，热闹异常。城内虽无街巷之名，但有“市”之名。市者，为集中在一处进行物品交流和买卖活动的地方，类似于现在的市场，也是居民生活的重要场所。因而，古籍中对市上发生的故事记载较多，如吴市、东市门、西市门、尽市桥。有阖闾“舞白鹤于吴市中”，子胥至吴“行乞于市”等等。

其时，城内有市三十处。据明洪武《苏州府志·卷五·坊市》上的记载：

干将市、豸冠市、绣衣市、载耜市、天宫市、必大市、循陔市、仲吕市、富仁市、释菜市、开冰市、丽泽市、南政市、布农市、八貂市、同仁市、布德市、迎春市、建善市、青春市、崇义市、和令市、太玄市、儒教市、旌孝市、迁善市、黄鹂市、孙君市、玉铉市、立义市

《吴郡图经续记·卷上·坊市》也说：

《图经》坊、市之名各三十，盖传之远矣。

这些市，应是集市贸易和居民居住之处。后来，这些市名大都成为坊名。

春秋时期，也是诸侯争霸的年代。一国有所举动，各国都能探知消息。吴国造了都城，是个大动作，在诸侯国中产生了巨大的反响。连鲁国的孔老夫子也被惊动了，他登上泰山，"东望吴门，叹曰：'吴门有白马如练。'"（《吴郡图经续记》）泰山虽高，但能望见千里之外的吴门是不可能的，故此说并不可靠。但有一点是可信的，那就是当时阖闾城已经名闻天下了。

阖闾城的建造，反映了吴国的强盛与崛起，为吴国在诸侯中争夺霸主地位打下了基础。同时，也揭开了苏州城建史的序幕，在江南的版图上出现了一个伟大的城市，闻名于后世，成为吴地人的骄傲。

五、城外筑的小城

阖闾在强国思想的指导下，使得吴国的建设事业蒸蒸日上，他大兴土木，建筑诸城，而且筑到了城外。《越绝书·卷二·外传记吴地传》记载，城郊建筑了各种小城：

居东城者，阖闾所游城也，去县二十里。

这是阖闾所筑的游乐之城。

麋湖城者，阖闾所置麋也，去县五十里。

这是阖闾所筑的养麋鹿之城。麋鹿是一种稀有的珍贵动物，毛淡褐色，生性温顺，

喜吃植物。雄的有角，角像鹿，尾像驴，蹄像牛，颈像骆驼，但从整体来看哪一种动物都不像，所以也叫“四不像”。古人将其作为宠物饲养。

> 柂溪城者，阖闾所置船宫也。

这是阖闾所筑造船之城。柂，小船也。苏州是水乡，乘坐小船，轻快便捷，可以到处游玩。

> 巫柂城者，阖闾所置诸侯远客离城也，去县十五里。

这是阖闾所筑的别馆，是专门款待诸侯之处。

> 摇城者，吴王子居焉……去县五十里。
> 古城者，吴王阖闾所置美人离城也，去县七十里。

这是阖闾所筑的离宫，用以安置美人，也是金屋藏娇之处。

> 娄北武城，阖闾所以候外越也，去县三十里。

武城，或是军事研究机构，或是军队训练之处，以对付外敌之入侵。

宋范成大所撰《吴郡志·卷八·古迹》记载，筑于城外的小城还有：

> 酒城，在坛城边，夫差祭子胥处。临祭劝酒，因名焉，城中有石子。
> 鱼城，在越来溪西，吴王游姑苏，筑此城以养鱼。
> 苦酒城，在鱼城之西南，有故城，长老云，筑以酿酒，今俗人呼为苦酒城。
> 鸭城，在匠门外，吴王筑以养鸭。
> 鸡陂，在娄门外，吴王养鸡城也。又名“鸡陂墟”。
> 南武城，在海渚，阖闾所筑，以御见伐之师。
> 美女宫，夫差所作，土城周五百九十步。勾践所进美女西施、郑旦之宫室也。

志载，越王勾践献给吴王夫差的美女有八人，其中西施最为著名，郑旦次之。美女宫者，吴王所藏美女之处也。

唐《吴地记·附录一·佚文》记载，筑于城外的小城还有：

陌城：坛塘，一名“陌城”。夫差十二年，既杀子胥，后悔之，与群臣临江作塘，创设祭奠；百姓因以立庙。

石城：吴王离宫，越王献西施于此城。

大骑城、小骑城：吴王濞筑此二城为马厩。

范蠡城：在古历山西，今谓斗城，犹存。

酒醋城：在胥门西南三里。

越城：胥（胥）门外越城者，越来伐吴，吴王在姑苏筑此城以逼之。

需要说明的是，这里的“城”，并没有大城那样的规模，范围不大，是一种专业性质的城，如游乐、酿酒、造船等。称“城”者，仅取其守卫的意义，外人不能入内，谨防破坏。

吴国造了这么多的城，可见其发展之迅速、国力之雄厚、经济之繁荣了。

六、桥梁的建筑与思考

阖闾城外有护城河，环绕城的四周；城内的河道横直交错，相互连接，如棋盘一般。河多必定桥多，从史籍记载来看，建在阖闾城之前或与阖闾城同时建造的桥梁也不在少数。

都亭桥，跨城内平门河，《吴地记》载：

都亭桥，寿梦于此置都驿，招四方贤客，基址见存。

桥因此得名。这是苏州最早的桥梁之一，在阖闾城未造之前已筑。清道光《苏州府志・卷二十九・津梁一》称：

都亭桥……故传吴王寿梦尝于此作都亭以招贤士。

在苏州建城之前，此桥早已有之。此后，其处有都亭桥、都亭桥巷。

清嘉庆六年（1801）重修。民国二十四年（1935），拓宽东、西中市，桥同时扩建，20世纪50年代随着该河道南侧部分被填，桥遂不存，巷也被废。

四周城门外建有吊桥，也作“钓桥”。娄门、齐门、阊门外的护城河上均建有吊桥。

吊桥，其桥面可以吊起或放下。一般来说，吊桥常年吊起，以防敌人入侵。自家的人马进城出城，则将吊桥放下，可以通行。吊桥，在宋《平江图》中称“虹桥”，明《姑苏志》里称“大宁桥”，清康熙、乾隆《苏州府志》称“程桥”。

吊桥为出入城门之要津，也是防护城池的重要设施，故历代均有修建，择要记之。

阊门外的吊桥，元泰定元年（1324），里人郑文贵自愿捐资重建，原木结构桥改建为石拱桥，共耗资十五万贯。明崇祯十一年（1638）四月十三日，阊门外南北濠发生大火，不仅烧毁了房屋，也烧毁了吊桥。行人无法过河，极为不便。是年，遂重修吊桥。这次重修，《吴郡文编·卷四十三》载有张世伟撰《重修阊门钓桥颂》并有序，记之甚详，照录如下：

今皇帝崇祯之十有一年，岁在戊寅，正值尧汤水旱之会，寇盗遍满中原，独江南幸存一块干净土。而征役怨咨之气上通于天，灾厉交作，祝融司令，旱魃为殃。赖东阳张公以中丞作镇百方，镇抚之日，鞁履步祷于中城，往返十余里，小雨则跄踔而行，不避泥泞。民幸种莳有地，粮兑勉给，而火灾亦数见告。四月十有三日，阊门南北两濠遍火，钓桥毁焉。孔道往来之人，日不下万亿，郡县设法为摆船，为浮桥，日不暇给，余闻悯然。会有行募僧，过者度费千五百金，士夫过度费二千金，零募旷日，奈何？余念虽非抚公事，然非抚公，谁勇任者？会有言争渡者堕挤急流，过涉灭顶不救。急削牍上闻。抚公正心念此，雨中遽遣骑行视，返命即为措费。两县公皆过余商募，措（抚）公一力任之，措资半月，差官往天宁州市大木百章，统委参戎王君视工，王亦矢心精为料理。此万历己酉所修，功倍而省半，以七月初七日起工，以八月十六日告成。余因与闻斯役，欲作颂纪绩，公逊弗居也。公弗居固当，抚吴垂五六年，十三治兵，折锐陷坚于江北；十七治民，销萌错（措）储于江南。心血欲枯，髭髯改色，此其小小者，何足言功。然而众实有口，惟此役也，能勤民，能任事，能节费，能用人，一举而四美备焉，宜舆诵之不宣也。颂曰：

峨峨阊门，自昔称雄；上应天象，阊阖所从。下瞰通波，其流淙淙；
洄伏险急，号称首洪。设为津梁，以达西东；都会萃聚，亿万行踪。
纯石不可，木石交攻；不利于火，尤忌蕴隆。噫岁在戊，中原寇讧；
江南稍宁，用征缮穷。胡天降割，赤地虫虫；朝雾不苏，暮霭余红。
发书占之，嘻咄攸钟；连甍比栋，屡告祝融。四月几望，匆惊火龙；
拖尾两濠，头昂向墉。拉然崩堕，如断渴虹；荷担墙立，鬻渡靡供。
众徒悲号，所忧在公；县侯念只，徒杠暂通。弱不重任，狭不伙容；
跕跕边缘，堕彼蛟宫。与旋俱汩，灭顶其凶；有闻入告，适投厥衷。
桓桓抚军，遣官视庸；或曰千五，或谓未充。公曰恫乎，是在余躬；

尽谢乐输，俾自为功。难于为植，谋之参戎；檄凑金千，构木孔丰。植善心计，视彼张弓；役起初秋，以迨秋中。甫及四旬，费半毕工；登桥观之，美哉蝃蝀。石板齿齿，下连勾冲；制视河厉，大木横纵。望极南北，郁乎葱葱；子胥之涛，阖闾之封。有凭而固，有增而崇；维昔之修，不如其邛。惟兹之毁，孰厚其终；公不自居，曰与人同。咨余作颂，穆如清风。

吊桥于民国二十三年（1934）翻建，为钢筋混凝土拱桥，东西桥台为明清原物。2006年，修建闾门时又重建，为钢筋混凝土梁桥，桥之两面饰以复廊。桥长38.5米，宽15米，跨径18.2米。黛瓦红柱，很是美丽壮观。

吊桥始为木板，后改为石条，再改为钢筋水泥，横跨两岸，连接大道。桥虽吊不起来了，但“吊桥”之名民间仍在使用。

娄门桥，跨娄门外城河，为伍子胥建城时所建。宋《平江图》著录名“虹桥”，亦称“吊桥”“程桥”。宋庆元年间重建。清嘉庆二十五年（1820）再修。1958年又修，易木为石。1965年重建，为单孔钢筋混凝土平桥，桥名改为“娄门桥”。1991年改建，次年通车，为三孔钢筋混凝土板梁结构，长43.2米，宽19.4米，跨径32.5米，钻孔灌注单排柱式桥墩，钢筋混凝土桥台。2003年又重建，为九孔钢筋混凝土梁桥，全长175.84米，宽25米，跨径172米（中间主孔为30米，两次孔各为20米，其余6个边孔均为17米），实腹桥栏，中间书写桥名。

齐门桥，跨齐门外城河，伍子胥建城时建。宋《吴郡志》《平江图》标注“虹桥”。明《姑苏志》称“大宁桥”。清康熙、乾隆《苏州府志》注“程桥”。光绪三十四年（1908）重建。1973年又重建，为钢筋混凝土梁桥，长39米，宽8.5米。1997年扩建，为钢筋混凝土钢管拱桥，主桥为下承式刚性系杆体系桥梁，长106.2米，宽30米，跨径108米。2004年5月，改两侧白色弧形拉杆与悬索为仿铜雕刻拱形结构，古朴秀美，典雅壮丽。

水关桥

水关桥，又称“盘门水关桥”“盘门城桥”，位于盘门外护城河与第一直河交汇处，为外城河水进入城门之关口，故名。春秋时建。宋《平江图》《吴郡志》、明《水道图》标注"程桥"。清嘉庆十四年（1809）修。青石分节并列式拱券单孔桥，长9.5米，宽3.2米，跨度3.6米，矢高1.7米，两坡平坦，砖砌桥栏。同治十一年（1872）重建，为五块条石板梁单孔石质平桥，长18米，宽2.7米，跨径5.09米，细凿条石桥栏，正中阴刻"水关桥"额，两旁刻有"同治十一年嘉平月""水利工程总局"字样。桥两端步阶，东17级，西16级。1954年、2006年两度拓修。

里水关桥，跨阊门内城河。因在水关处，故名。建于公元前514年，与阖闾城同时建造。

每座城门的水门，皆设置相应的水关和水关桥。阊门水城门水关为八门之一。历代均有修建。清乾隆十二年（1747）重建。原系石板桥，后改为石拱桥，长5.8米，宽2.7米，跨径4.7米。1970年重建水城门、水关桥，为钢筋混凝土板梁桥，长5.8米，宽2.5米，跨径3.9米。

葑门桥，位于阖闾城东面，跨葑门外城河。伍子胥造城时未建吊桥，越军攻城时开辟。《史记正义》"吴东门"解释云：

> 东门，鳝门，谓鲟门也，今名"葑门"……顾野王云"鳝鱼"，一名"江豚"，欲风则涌。

传说越军在攻城时得伍子胥梦，说从东门可入，于是越军回到三江口岸，筑台祭子胥，开渠自罗城东门入吴。后架桥，名"葑门桥"。

乌鹊桥，跨城内第三横河（十全河），位于平桥直街南端。桥因乌鹊馆而得名。《吴郡图经续记·卷中·桥梁》云：

> 乌鹊桥，在郡前。旧传有古馆八，曰全吴、通波、龙门、临顿、升羽、乌鹊、江风、夷亭。此桥因馆得名，白乐天诗尝及之。

乌鹊，俗称"喜鹊"，报喜之鸟也。春秋时期，王公大臣喜欢养鸟，尤喜养乌鹊。桥边有乌鹊市场，并建有乌鹊馆，以招待客人。此为与阖闾城同时建造的古桥之一，十分著名。历代骚人墨客多来此吟赏。唐代苏州刺史、诗人白居易有"乌鹊桥红带夕阳""乌鹊桥高秋夜凉""乌鹊河头冰欲销"等诗句。民国时重修（参阅第八章民国"河道及桥梁建设"）。

言桥，曾名"阎桥"，跨城内第二横河（干将河）。宋《吴郡志》、清康熙《苏州府志》均著录，名"阎桥"。"阎"是一个古老的姓。《宋平江城坊考》引《氏族门》云：

> 阎氏，姬姓，武王封泰伯曾孙仲奕于阎乡，因以为氏。又云，王少子生而有文在手，曰“阎”。康王封于阎城。今苏州有阎桥。

清代，因桥西建有言子庙，遂改称“言桥”。言子（前506—？），名偃，字子游，春秋末吴国（今常熟）人。孔子三千弟子中唯一的南方人，擅长文学和礼乐，曾在武城为官。他回到南方后，即在南方办学，开门收徒，是开创吴地文化教育的始祖，被誉为“南方夫子”。常熟虞山有言子墓。言桥于1994年改造干将路时重建，为单孔钢筋混凝土拱桥，长6.1米，宽12米，跨径4米，花岗石桥栏，望柱上雕有狮子。

平桥，跨城内第三横河，原位于平桥直街北端。因在子城正门前，为出入子城的主要通道。桥虽有拱券，但无坡度，与街相平，故称“平桥”。后来，子城为秦、汉、唐、宋时的郡、州、府署，因平桥在府署之前，故称“州府平桥”“府前平桥”。今有平桥直街，即是处也。

织里桥（今名“吉利桥”），跨城内第三横河（道前河），位于司前街北端。吴王时为纺纱、织帛之处，即为吴王制衣的场所，故名“织里”。今在桥之北端辟有小游园，名曰“织里苑”，不忘故事也。1984年道前街拓宽时重建，为钢筋混凝土板梁平桥，长8米，宽17.6米，跨径6.3米，花岗石镂花桥栏，栏杆两端置抱鼓石，阴刻行书桥名。

苑桥，跨城内第四直河（平江河），位于平江路南端。春秋时建。其处原为吴王的林苑，建有苑圃，故名。《吴郡图经续记·卷中·桥梁》：

> 苑桥、定跨桥，故传皆阖闾苑囿，游憩之地。

清康熙四十二年（1703）重修。1981年改建。1994年拓宽干将路时重建，为单孔钢筋混凝土平桥，长8米，宽20米，跨径6米。花岗石雕桥栏，望柱上有石狮二对，桥中书写桥名。

虹桥，跨城内中市河。春秋时建。因桥下无柱，若飞虹直跨两岸而得名。清道光二年（1822）重修，为拱式石板桥。1957年改建为钢筋混凝土拱桥，长12.7米，宽3.4米，跨径4.6米，高0.4米。为方便行人通行，现已改成平桥。

鹤舞桥，原位于今皮市街口，传为吴王夫差女儿出葬之日，有仙鹤舞之，故名。《吴地记·佚文》云：

> 夫差女胜玉，出葬日，仙鹤舞引，群鸣于市，因号桥曰“鹤舞”。

此桥早已湮没。今干将西路东端有市鹤桥，故苏州有“鹤市”之别名。

斟酌桥，跨阊门外山塘河北支流斟酌桥浜。春秋时建。明万历十三年（1585），里人张相泰易木为石，重建为石梁桥。清嘉庆三年（1798），苏州知府任兆炯重建。1934年改建，为钢筋混凝土平桥，保留下部结构。1977年拓宽再建，为钢筋混凝土桥，长19.6米，宽6.3米，跨径4米。

跨塘桥，跨齐门河。吴王阖闾始建。宋《平江图》标注“跨塘桥”。唐《吴地记》、明《姑苏志》著录，名“定跨桥”。民国《吴县志·卷二十五·桥梁》载：

> 定跨桥，俗名“跨塘桥”。《吴地记》：“吴王阖闾造。”

清乾隆四十一年（1776），北禅寺僧了义重建。嘉庆二十三年（1818）重修。1957年加固整修，将原木板桥改为钢筋混凝土桥。1961年扩建，为钢筋混凝土T型梁板桥，长19.2米，宽19米，跨径6.7米，青石空腹桥栏，桥两边各竖石碑一块，一边书写建设单位，一边书写桥名及建设时间。现为钢筋混凝土板桥，长9米，宽19米，跨径6.7米。

越城桥，跨横塘石湖越来溪，因桥东通越城并与之毗邻而得名。又名“越来溪桥”。桥呈半圆弓形，又名“吞月桥”。此桥为吴越对峙时由越军所筑。元至正年间重建，后历代均有修建。

越城桥

憩桥，跨城内第三横河支河。吴王阖闾时建。原位于人民路乐桥南堍东侧，其处有东憩桥巷、西憩桥巷。民国三十年（1941）填河拆桥，河桥由此湮没。今尚有憩桥巷。

临顿桥，跨城内第三直河（临顿河），吴王阖闾时建。位于临顿路中段、悬桥巷口。

凡桥梁之名，总有它的来历与出典，含有一定的依据。憩桥和临顿桥这两座桥的名称，有相同的来历和出典。《吴地记·附录一》云：

> 阖闾十年，国东有夷人侵逼吴境，吴王大惊，令所司点军，王乃宴会，亲行。平明，出城十里，顿军憩歇，今憩桥是也。王曰：“进军。”所司又奏：“食时已至。”今临顿。吴军宴设之处，今临顿是也。

桥名与吴王领军东征有关，可见，这两座桥历史悠久，也很有纪念意义。正因如此，有人对阖闾城（即今苏州城）遗址产生了疑问。从地理概念上来看，真有点说不通。吴王领军出征，是从哪里出发的，到“憩桥”怎么是“出城十里”？为此，有些专家推测，阖闾城怕不在这里，用“十里”来计算，城应在离今苏州城十里远之地。

2009年至2010年，中国社会科学院考古研究所与苏州市考古研究所共同成立联合考古队，在苏州城西南山区木渎、胥口一带盆地内，发现了吴国的古城遗址。古城依山临湖而建，南北城墙之间距离6728米，东西城墙之间距离6820米，总面积24.79平方千米，还出土了一些珍贵文物。有人认为，这可能是阖闾古城，但也缺乏有力的证据，难于定论。有人则认为，这可能是吴国军队的驻扎之处。从这里行军至苏州，差不多有“十里”路程，故曰“平明，出城十里”。笔者认为，后者之说应是。所谓“木渎古城”，建于山区境内，怕是吴军驻扎之城。从汉及唐宋以来众多古籍的记载来看，阖闾城（即今之苏州城）自建城至今，城址没有移动，这是事实，也是不容置疑的。

有人怀疑：阖闾城经历了两千五百余年，其格局因何没有变动？这是由阖闾城的地理位置和规划所决定的。阖闾城外，周围有水濠围绕，城墙沿着外城河的边缘，既无法移动，也无法扩展。城内，城墙下内城河环绕，横直的河道井然有序，条条河道联结着水城门，河道既是船只运输的航道，也是排水的通道，是防止水淹的重要一环，不可能填没。居民房屋沿河而筑，枕河而居，并形成“水陆并行、河街相邻”的格局，是谁也无法改变的。当然，两千多年来，也填没了一些河道和不少小河小浜，拆除、重建了一些街巷，但不影响整体格局。因此，城内的河道、街巷格局基本上保持原状。唐代诗人杜荀鹤《送人游吴》诗云：“君到姑苏见，人家尽枕河。”至今仍然如此。

七、干将铸剑城东隅

春秋战国时期，一个国家的强大，除了经济繁荣之外，主要反映在兵器上。吴国要成为强国，就要制造良好的兵器，以显示国威。那时打仗以步战为主，都是短兵相接，常用的兵器多为剑、刀、戟，而剑最为贵重。剑，在战场上有三种攻击法，即截、削、刺，剑有“百兵之君”“短兵之祖”的美誉。吴国的主要兵器是剑。剑由青铜冶炼，由剑身和剑柄组成，制作要求较高。当时，著名的铸剑匠人有欧冶子、干将。相传，干将是吴国人，与欧冶子同师，善于铸剑。干将的妻子莫邪也善于铸剑。

吴王阖闾立志强国，就招募干将夫妇来到都城，命他们用心铸剑。铸剑的地方在哪里呢？史籍记载，在阖闾城的东面，即今相门一带。干将在那里开辟铸剑场地，带了数百名冶匠，搭起了工棚，生起了火炉，日夜铸剑。铸剑的原料主要是铜矿石，铜矿石源源不断地被运到这里。干将的妻子莫邪成为干将的得力助手，与干将一起铸剑。可以想见，那时的相门一带，工地上人来人往，铜矿石堆积如山。炉火熊熊，火光冲天，铁锤声声，声闻全城，一派繁忙景象。

关于铸剑的过程，《吴越春秋・卷二・阖闾内传第四》上有较为详细的记载，摘录如下：

> 干将者，吴人也，与欧冶子同师，俱能为剑。越前来献三枚，阖闾得而宝之，以故使剑匠作为二枚，一曰干将，一曰莫耶（即莫邪，笔者注）。莫耶，干将之妻也。干将作剑，采五山之铁精、六合之金英。候天伺地，阴阳同光，百神临观，天气下降，而金铁之精不销沦流。于是干将不知其由。莫耶曰："子以善为剑闻于王，使子作剑，三月不成，其有意乎？"干将曰："吾不知其理也。"莫耶曰："夫神物之化，须人而成，今夫子作剑，得无得其人而后成乎？"干将曰："昔吾师作冶，金铁之类不销，夫妻俱入冶炉中，然后成物。至今后世，即山为冶，麻绖蓑服，然后敢铸金于山。今吾作剑不变化者，其若斯耶？"莫耶曰："师知烁身以成物，吾何难哉？"于是干将妻乃断发剪爪，投于炉中。使童女童男三百人鼓橐装炭，金铁乃濡，遂以成剑。阳曰干将，阴曰莫耶。阳作龟文，阴作漫理。干将匿其阳，出其阴而献之，阖闾甚重。

干将铸的剑毫光闪烁，锋利无比，能吹毛断发，截铁劈石。

有关干将铸剑的传说，史籍上记载甚多。《吴越春秋》上记载的"干将""莫邪"两柄宝剑，是剑中的佼佼者，被献给了吴王阖闾。实际上，干将、莫邪铸的剑，主要为战士所用，可说是数以千计，乃至万计。《越绝书》上记载，阖闾死后葬于虎丘时，陪葬的宝剑就有三千柄，便是佐证。

在苏州民间，有多个关于干将铸剑的传说。例如虎丘山"试剑石"的传说，是说干将铸成宝剑，吴王阖闾带剑上山，为试剑的锋利，将山上的一块大石一劈为二，故该石名为"试剑石"，成为虎丘山上一个著名的景点。苏州城内乐桥北堍东侧，有条小巷名叫"干将坊"，说是干将曾居住于此地，或说是干将铸剑之处。20世纪初，尚有石牌坊存在，名"干将坊"。

今之相门，原名"将门""匠门"。将者，干将也；匠者，冶匠也——因干将在此铸剑而得名。

八、阖闾、夫差筑宫苑

自吴王阖闾始，吴国逐渐强大，传至吴王夫差，吴国发展到鼎盛时期，财富充足，实力雄厚。经济富裕了，就要造楼台宫馆，以便寻欢享乐。阖闾、夫差均喜欢游乐，阖闾是"自治宫室"，夫差是"好起宫室，用工不辍"（《吴越春秋》）。"好罢民力以成私好，纵过而翳谏，一夕之宿，台榭陂池必成，六畜玩好必从。"（《国语・楚语下》）《吴越春秋・卷二・阖闾内传第四》云：

阖闾出入游卧，秋冬治于城中，春夏治于城外。治姑苏之台，旦食鲴（《越绝书》作组山），昼游苏台，射于鸥陂，驰于游台，兴乐石城，走犬长洲。

从这段文字中可以看出，吴王在城内外均建有游乐场所，苑囿别馆，名目繁多，其所花的人力财力，可想而知。下面且举数例：

梧桐园，在吴宫内建有"梧桐园"，因在宫前，亦称"前园"。在吴宫之后，亦有园，称"后园"。前园和后园具体有哪些建筑，史籍失载，但从《吴越春秋・卷三・夫差内传第五》的一段记载中，也可知"后园"之规模。

太子友知子胥忠而不用，太宰嚭佞而专政，欲切言之，恐罹尤也，乃以讽谏激于王。清旦怀丸持弹，从后园而来，衣袷履濡。王怪而问之曰："子何为袷衣濡履，体如斯也？"太子友曰："适游后园，闻秋蜩之声，往而观之……"

这段文字告诉我们，这后园高树参天，绿荫匝地，范围甚广。否则，太子友怎么会"袷衣濡履"，衣服、鞋子都弄湿了呢。《吴郡志・卷八・古迹》云：

梧桐园，在吴宫，本吴王夫差园也，一名"琴川"，语云："梧桐秋。吴王愁。"

洪武《苏州府志》记载，吴宫中的前园和后园，在汉代时还存在。这两个园对后世的影响甚大。不少骚人墨客怀古寻踪，写下诗篇。诗人高启《梧桐园》诗云：

桐花香，桐叶冷。生宫园，覆宫井。
雨滴夜，风惊秋。风不来，吴王愁。

夏驾湖，在吴趋坊西城下（今苏州古城西北阊门一带），传为吴王车驾避暑之地，后南北淤塞。《吴地记》云：

夏驾湖，寿梦盛夏乘驾纳凉之处，凿湖为池，置苑为囿，故今有苑桥之名。

夏驾湖为阖闾、夫差的游乐场所，时有修建。居民在湖内种菱，称“夏驾湖菱”，嫩而微甜，甚美。后湖湮没。《吴郡志·卷十八·川》云：

夏驾湖，在吴县西城下。吴王寿梦避暑，驾游于此，故名。今城下但存外濠，即漕河也。河西悉为民田，不复有湖。民犹于河之傍种菱，甚美，谓之“夏驾湖菱”。

明代，大学士王鏊在此建怡老园。《百城烟水·卷二·吴县》云：

夏驾湖，在吴趋坊西城下。相传为吴王车驾避暑之地。后南北淤塞，属王文恪公（讳鏊）怡老园右荷池。

至清初，夏驾湖已全部湮为平地。

长洲苑，约在今苏州城西南山水之间，范围极广。从苑名来看，洲者，水中之陆居地也，即在山水之间筑的花园。

长洲苑，为吴王阖闾、夫差所建的大型苑囿。宋朱长文《吴郡图经续记》云：

长洲苑，吴故苑名，在郡界。

那么，具体在郡界哪里呢？且读唐代诗人孙逖咏《长洲苑》诗，诗中写道：“吴王初鼎峙，羽猎骋雄才。辇道阊门出，军容茂苑来。山从列嶂转，江自绕林回。剑骑缘汀入，旌门隔屿开。合离纷若电，驰逐溢成雷。胜地虞人守，归舟汉女陪。可怜夷漫处，犹在洞庭隈。山静吟猿父，城空应雉媒。戎行委乔木，马迹尽黄埃。揽涕问遗老，繁荣安在哉。”其中“辇道阊门出”“犹在洞庭隈”，说明长洲苑建在阊门之外、太湖之畔，范围甚大。宋《吴郡志·卷八·古迹》云：

长洲苑,《旧经》云在县西南七十里,孟康曰:“以江水洲为苑。”韦昭云:“长洲在吴东。”

这与“犹在洞庭隈”有些相似。但究竟在何处,有待考证。

长洲苑是苏州历史上最早建的大型园林,对后世影响极大,历代骚人墨客,咏长洲苑的诗文很多,留传于世。如唐白居易《长洲苑》诗:“春入长洲草又生,鹧鸪飞起少人行。年深不辨娃宫处,夜夜苏台空月明。”杜牧《怀吴中冯秀才》:“长洲苑外草萧萧,却算游程岁月遥。唯有别时今不忘,暮烟秋雨过枫桥。”“长洲”的名声很大。唐武则天万岁通天元年(696),将吴县一分为二,另设一县,即名“长洲县”。“长洲”这个名称,也成为苏州的代名词了。

姑胥台,亦称“姑苏台”。阖闾十一年(前504),建于姑苏山(一作姑胥山)上,为阖闾、夫差两代人所筑。建时之久,规模之大,构筑之用心,堪称极致。《吴郡图经续记·卷中·山》云:

姑苏山,在吴县西三十五里,连横山之北,或曰姑胥,或曰姑余,其实一也。传言阖闾作姑苏台,一曰夫差也。据《左氏传》云,阖闾食不二味,居不重席,器不雕镂,宫室不观,舟车不饰。而《吴越春秋》言阖闾昼游苏台。盖此台始基阖庐,而新作于夫差也。以全吴之力,三年聚材,五年而后成,高可望三百里,虽楚章华未足比也。初,越王得神木一双,大二十围,长五十寻,巧工施技,制以规绳,雕治刻削,错画文章,婴以白璧,镂以黄金,状类龙蛇,文彩生光,献于吴王。王大喜,受而起姑苏之台……

《述异记·卷上》描述姑苏台更为详细,写道:

吴王夫差筑姑苏之台,三年乃成。周旋诘屈,横亘五里,崇饰土木,殚耗人力,宫妓数千人,上别立春宵宫,为长夜之饮,造千石酒盅。夫差作天池,池中造青龙舟,舟中盛陈妓乐,日与西施为水嬉。吴王于宫中作海灵馆、馆娃阁,铜钩玉槛,宫之楹槛皆珠玉饰之。

台上建筑用的木材及其装饰,宋人崔鹏《姑苏台赋》做了描述:

神材异木,饰巧穷奇,黄金之楹,白璧之楣,龙蛇刻画,灿灿生辉。

真是富丽堂皇，胜似蓬莱仙宫了。诗人李白登上姑苏台，感慨之余，写有《苏台览古》，诗云："旧苑荒台杨柳新，菱歌清唱不胜春。只今惟有西江月，曾照吴王宫里人。"

馆娃宫，夫差十一年（前485），在苏州西南木渎灵岩山上建馆娃宫。灵岩山高182米，山上多奇石，秀绝江南，有"吴中第一峰"之誉。夫差在山上建馆娃宫、响屧廊、玩月池等，专门与西施在此玩乐。相传现在的灵岩寺大殿，即建在馆娃宫的遗址上，可见其规模之大。宫前建响屧廊，廊铺地板，地板隔空，放置缸甏，西施与宫女在地板上轻歌曼舞，发出清脆悦耳之声，博得夫差的欢心。山顶有玩月池，夫差与西施在此赏月，民间有"水中捞月一场空"的故事。至今在山上仍留有吴王井、琴台等遗迹。

后人将"梧桐园""姑胥台""长洲苑""馆娃宫"合称为阖闾、夫差的"四大宫苑"。

吴王大造宫苑，木材大都来自越国。越国多大山峻岭，盛产木材，且多贵重巨木，是建造宫苑的重要材料。越国向吴国进贡木材，表面是讨好吴王，实则是灭吴"十计"之一。其目的是使吴国大造宫苑，耗尽财力人力，让吴王尽情享乐，沉湎于酒色之中，从而不理朝政，使国事日衰。相传，越国进贡的木材，成排成排地从太湖运送过来，运至灵岩山脚下，那里的河道为之堵塞，史称"木塞于渎"，简称"木渎"，木渎之名由此而来。

在角直，阖闾也建有别馆——吴宫。《吴郡甫里志·卷十六·古迹》记载：

阖闾浦，即阖闾离宫也。在甫里西南，一名"合塘"。为苏松水路之要津。

唐代诗人陆龟蒙居住于甫里，在诗文中多次写到"吴宫"。《问吴宫辞并序》云：

甫里之乡曰吴宫，在长洲苑东南五十里，非夫差所幸之别馆耶……其名存，其迹灭，怅然兴怀古之思，作《问吴宫辞》云。

其《吴宫怀古》云：

香径长洲尽棘丛，奢云艳雨只悲风。吴王事事须亡国，未必西施胜六宫。

吴王阖闾、夫差所建的苑、园、台、馆，构思巧妙，建筑精致，装饰华丽，堪称绝妙之艺术，开了吴地建筑园林之先河，对后世的造园产生了不可估量的影响。

然而，阖闾、夫差性好游乐，屡建苑、园、台、馆，耗尽了财力人力，致使国库空虚，百姓怨声载道，真是"受邻越之贡，竭全吴之力，千夫山吟，万人道泣"（宋崔鶠《姑苏台赋》），为吴国的灭亡埋下了深深的祸根。

九、阖闾墓葬虎丘山

吴国为了争夺霸主之位，显示强国之势之位，几乎年年向邻国发动战争，一会儿向西攻楚，一会儿向南打越。周敬王二十四年（前496），越王允常病死，儿子勾践即位。阖闾得到这个消息后，认为攻越的时机已到，立即组织兵马，决定攻越。当然，越国也不甘示弱，勾践即率军迎敌，在槜李（今浙江嘉兴西南）交战。这一仗打下来，阖闾受了重伤，只得退兵，还未回到都城，阖闾就死了。阖闾的儿子夫差即位，第一件大事就是厚葬父亲阖闾。

那时，吴国已是很有名望的国家，国王的陵墓非常讲究，主要是选择一块好的墓地。经过阴阳家的踏勘，墓地选在海涌山（即今虎丘山）。阴阳家对夫差说道："海涌山绝岩纵壑，层峰峭壁，林木茂盛，风景优美，乃是一块风水宝地。而且，海涌山离城不远，大王在山上守墓，国中有事，可以及时回来处理。"夫差听后同意，即将父亲阖闾

虎丘

葬于海涌山。夫差倾尽财力、物力和人力，将这座陵墓造得非常讲究，陪葬品也十分丰厚。《史记集解》引《越绝书》云：

阖庐冢，在吴县昌门外，名曰“虎丘”。下池广六十步，水深一丈五尺，桐棺三重，澒池六尺。玉凫之流扁诸之剑三千，方员之口三千。槃郢、鱼肠之剑在焉。卒十余万人治之。取土临湖。葬之三日，白虎居其上，故号曰“虎丘”。

这段记载告诉我们，夫差动用了十万民夫，开山挖洞建造阖闾墓穴，其工程之大可想而知。周围有澒池，即用水银为池；陪葬品有玉凫，即玉器；其中“扁诸”“鱼肠”“槃郢”皆为宝剑名，传为欧冶子、干将所铸，多至三千柄；方圆，指方形、圆形的陪葬品。其数量之多，也是够惊人的。

阖闾葬后，夫差在墓边守孝。传说葬后三日，夫差去父亲墓前叩头，忽见有一头白虎蹲在山上，虎视眈眈，威猛异常，夫差不觉大吃一惊，不知是福是祸。他急忙回来问阴阳先生，先生解释道：“大王不必惊慌，此乃吉兆也。虎者，百兽之王，威震四方，象征着大王能够大展宏图，大王必将在诸侯中称霸也。”夫差听了当然高兴，这真是好兆头，遂将海涌山改称“虎丘山”。

虎丘山上有一处名胜——剑池，因阖闾下葬时有三千柄宝剑陪葬而得名。史载秦始皇、孙权欲求宝剑而掘山，但无所获。民国《吴县志·卷十九·舆地考·山》云：

秦皇凿以求珍异，莫知所在。孙权穿之，亦无所得。

长久以来，剑池由于缺乏管理，积泥甚多，水面不洁。为保护这一古迹，1955年，苏州市人民政府专门拨款整修。整修时，在剑池底下发现明代文人唐寅、王鏊等人的石刻记事。在池北最狭窄处，发现有个三角形的洞穴，有约十米长的一条小弄。小弄尽头处有个喇叭口，用四块石板封密，一块平铺于地，作为底座，三块横砌竖叠。每块石板约二尺多高，三尺多宽。这是洞室的墓门，由于种种原因，石板未能撬开，里面究竟是什么样的情况，不得而知。所以说，剑池底下的阖闾墓，墓穴如何，藏有多少陪葬品和多少宝剑，至今仍然是个谜。

谜者，隐也。这未必不是一件好事，让人猜想，使人好奇。正因为如此，剑池增加了神秘感，发人深思。

阖闾墓的存在，虎丘山之得名，为苏州古城增添了灵气。

十、越国灭吴毁宫馆

吴国连年征战，又大造宫苑，加上越国献上美女西施，她整天伴随着夫差歌舞享乐。夫差又听信佞臣伯嚭的谗言，杀害了忠臣伍子胥。就此国事日非，每况愈下。反之，越王勾践则卧薪尝胆，积蓄力量，准备雪耻复国。

周敬王四十二年（前478）三月，勾践率领大军向吴国进攻，一连打了几仗，吴军步步败退。勾践的战船开到吴国的太湖边，在那里筑城，名为“越城”，用于屯兵，即今横塘越城桥处。他又让士兵在越城处开挖河道，为围攻灵岩山、攻打阖闾城做好准备，后此地名为“越来溪”。《姑苏志・卷三十三・古迹》：

> 越来溪，在楞伽山东南，与石湖通，北至横塘。相传越侵吴自此入，故名。上有越城，雉堞宛然。溪上有越城桥。

周元王三年（前473），勾践决定大举进攻，派兵围困姑苏台、灵岩山，一路厮杀，攻克之后，一把大火，将姑苏台、馆娃宫焚烧殆尽。吴王苦心经营的城池、宫殿、台苑，顷刻间变为一片废墟。越军攻入阖闾城，大城与子城均遭到严重的破坏。夫差慌忙逃出城关至余杭山（今阳山），自知无力挽回残局，遂伏剑自杀。屈指算来，吴国自强盛至灭亡，仅有四十一年时间，还不到半个世纪，也就昙花一现。阖闾、夫差创造的苑、园、台、馆，如梦一般化为泡影。

越灭吴后，勾践做了诸侯的霸主，仍住在自己的都城（今绍兴，一说诸暨）。吴为越之属地，越王根本不管吴地的建设，在战火中破坏的苑、园、台、馆，任其瓦砾成堆，杂草丛生，不去修复。因而，姑苏台、馆娃宫等一直荒废，历代未有修复，唯有遗迹可寻了。

此外，吴国的许多历史事迹应有史料记载，但在越灭吴时，史料被焚烧殆尽，至今难以查找，所以许多史实无法证明，成为谜团了。

十一、春申君治吴修宫室

楚怀王二十三年(前306),越国为楚国所灭。吴地属楚。

楚考烈王十五年(前248),春申君受任为相,封淮北十二县,旋改封江东,以吴为都邑。春申君,即黄歇(?—前238),其学识渊博,善于辞令,与赵国的平原君、齐国的孟尝君、魏国的信陵君合称为“战国四公子”。他以吴(今苏州)为都邑。《越绝书·卷十四·外传春申君》云:

> 十年,烈王死,幽王嗣立……以吴封春申君,使备东边。

春申君来到吴地,看到城墙残缺,宫殿被毁,满目疮痍,即着手筹谋修建城墙和宫殿。他筹集银两,组织人力,将破坏的城墙做了修理,使其基本上恢复到了原来的样子。春申君精于水利,深知水的利弊,经过踏勘,发现太湖的地势高于苏州,太湖水有灌入城内的危险,因而将胥门的水城门关闭。此后,胥门就没有水城门了。西北的阊门在夫差破楚时曾改名为“破楚门”,今吴地已尽属楚国,故恢复原名“阊门”。同时,在原子城的旧址上,建宫殿、筑厅堂,基本上恢复了原貌。宫殿建成后,即为春申君之治所。其后称“逃夏宫”。逃夏者,即避暑之意,后讹称为“桃夏宫”。

春申君入朝为相,由其子治吴,其子承继父志,继续维修城池,兴修水利。

这在《越绝书·卷二·外传记吴地传》上有所记载:

> 今宫者,春申君子假君宫也。前殿屋盖地东西十七丈五尺,南北十五丈七尺。堂高四丈,十(疑为“户”字)霤高丈八尺。殿屋盖地东西十五丈,南北十丈二尺七寸。户霤高丈二尺。库东乡屋南北四十丈八尺,上下户各二;南乡屋东西六十四丈四尺,上户四,下户三;西乡屋南北四十二丈九尺,上户三,下户二。凡百四十九丈一尺。檐高五丈二尺。霤高二丈九尺。周一里二百四十一步。春申君所造。

霤者,屋檐也,亦指屋宇。从宫殿的高低和宽度,可知其规模不小。

春申君父子治吴十四年,修建苏州古城、宫室和兴修水利卓有成效,受到百姓的爱戴。

宫殿后来多次失火，于是人们在墙上涂上黄色，以示吉祥。古人认为“龙战于野，其血玄黄”。其意是龙在打仗时，流的血是黄色的，而君王以龙为象征，黄色就象征着君权神授，神圣不可侵犯。涂了黄色，火神就不会来侵犯。由此，厅堂就称“黄堂”。《吴郡志・卷六・官宇》：

> 黄堂……春申君子假君之殿也。后太守居之，以数失火，涂以雌黄，遂名“黄堂”，即今太守正厅是也。今天下郡治，皆名“黄堂”。

后来，黄堂也成了太守的代称。

西汉时，史学家司马迁为写作《史记》，专门到各地去探访古迹，考察风俗，采集资料。他来到吴地，看到春申君修复的阖闾城，修复的宫殿，一排排、一幢幢十分雄伟壮观，不禁叹道：

> 吾适楚，观春申君故城，宫室盛矣哉！（《史记・卷七十八・春申君列传》）

春申君在吴期间，除修城墙、筑宫殿外，还建有仓、市、狱等。《越绝书・卷二・外传记吴地传》记载：

> 吴两仓，春申君所造。西仓名曰“均输”，东仓周一里八步。
>
> 吴市者，春申君所造。阙两城以为市，在湖里。
>
> 吴诸里大闬，春申君所造。（注：闬，指里门或墙垣）。
>
> 吴狱庭，周三里，春申君时造。
>
> 土山者，春申君时治以为贵人冢次，去县十六里。
>
> 楚门，春申君所造。楚人从之，故为楚门。
>
> 路丘大冢，春申君客冢。不立，以道终之。去县十里。

记载是条目式的，无具体内容，但这些均为春申君在吴期间所筑。

此外，春申君对吴地的水利建设也是功不可没的。他将阖闾城内的河道一直疏通到黄浦江，连接东海，使城内的积水容易排出。这从地名上可以看得出来，苏州城西北面有黄埭镇。埭，堵水的土坝也。黄歇治水至此，筑地岸，防水患，故名“黄埭”。其处挖土蓄水而成湖，用黄歇之号命名“春申湖”。今黄埭镇上塑有春申君像，以作纪念。他兴修的水利工程直达（上海）黄浦江，引流入海。“黄浦江”，以他的姓为名。上海的别称为“申”，以他的号为名也。

吴地百姓不忘春申君的恩德，在子城内建有春申君庙，明洪武年间移建于王洗马巷。唐前后，百姓将春申君奉为苏州城隍神。明洪武三年（1370），雍熙寺（在今景德路东端）改作府城隍庙，正殿内供奉春申君像，奉春申君为苏州府城隍。明《姑苏志·卷二十七·坛庙上》记载：

> 春申君庙，在子城内西南隅，祀楚黄歇也。唐天宝十载，郡守赵居贞重修。自唐以来，祀为城隍神，今废。惟东城土社神，犹称春申君云。

春申君庙后移建于王洗马巷（参见第六章）。

本章主要参考书目：

《史记》，司马迁著，中华书局
《越绝书》，袁康、吴平著，上海古籍出版社
《吴越春秋》，赵晔著，江苏古籍出版社
《吴地记》，陆广微撰，江苏古籍出版社
《钦定四库全书·太平御览》，李昉等著，上海人民出版社
《钦定四库全书·述异记》，任昉撰，上海人民出版社
《钦定四库全书·姑苏志》，王鏊著，上海人民出版社
《苏州府志》，卢熊著，成文出版社
《宋平江城坊考》，王謇著，江苏古籍出版社
《百城烟水》，徐崧、张大纯同辑，江苏古籍出版社
《吴郡图经续记》，朱长文著，江苏古籍出版社
《吴郡志》，范成大撰，江苏古籍出版社
《中国历史大事年表》，沈起炜编著，上海辞书出版社

第二章 秦汉三国

公元前221年，秦灭六国，统一天下。秦王嬴政自称皇帝，号『始皇帝』，分天下为三十六郡。公元前222年，秦平定江南后，初置会稽郡，并置吴县（今属苏州）。会稽郡治设在吴县。秦统一六国后，曾下诏拆除城墙。由于秦始皇施行暴政，反秦武装起义风起云涌。秦二世元年（前209），项梁、项羽杀会稽太守而自立为郡守，并起义反秦。公元前206年，秦亡。汉立。

汉末，由于皇帝无能，权臣当道，各地豪强纷纷独立，形成魏、蜀、吴三国鼎立的局面。孙权在东吴先称王后称帝，建立吴国。苏州属吴国管辖。自秦至汉及三国的数百年间，由于连年征战，朝代更迭，苏州城的建设屡遭破坏。秦汉时，城内的『坊』逐渐形成，并设有『坊正』之官。这为后代建『坊』奠定了基础。刘濞在吴时修建茂苑，笮融筑宅园，孙权建寺庙，既使皇家园林得到延续，也开创了建筑私家宅园和修建寺庙的先河。

一、秦始皇下诏拆城墙

秦始皇二十六年（前221），秦统一六国后，四海归一，建立了中央集权的君主制度，在全国推行郡县制。在吴地置会稽郡，辖境甚大，《辞海》云：“辖今江苏长江以南，浙江仙霞岭、牛头山、天台山以北和安徽水阳江流域以东及新安江、率水流域地。西汉时扩大，相当今江苏长江以南，茅山以东，浙江大部（仅天目山、淳安以西小部分地区除外）及福建全省。东汉永建四年（129）移治山阴（今浙江绍兴）。其后辖境逐渐缩小。”并置吴县。郡治设在吴县。

春秋战国六百余年间，各诸侯国群雄并起，你争我夺，战争不断。秦始皇发挥雄才大略，结束了群雄纷争的局面。此前，各诸侯国为了防御敌国的侵犯，修筑城墙，加高加固，耗费了大量的财力人力。秦始皇统一六国后，认为再无敌国之争，因此，城墙也不需要了。秦始皇三十七年（前210），始皇帝下诏，全国除首都咸阳城外，其余原诸侯国城墙一律拆除。《越绝书・卷二・外传记吴地传》上说：

> 秦始皇帝三十七年，坏诸侯郡县城。

秦始皇初登宝座，号令严明，谁敢违抗？会稽郡守自然遵命，动员百姓，将黄歇父子所建的苏州城墙拆除得一干二净。

秦朝自统一全国至秦二世灭亡，仅有十五年时间，苏州的城墙就被毁掉了。

秦始皇统一天下后，要了解原诸侯国的地盘范围，了解全国的山水状况。他巡游全国，南方也是巡游之地。《史记・卷六・秦始皇本纪》记载：秦始皇三十七年（前210），十月，始皇出游，“过丹阳，至钱塘……上会稽，祭大禹”。他来到会稽郡吴县（今之苏州），听说阖闾墓在虎丘山，“崇饰厚葬，生埋美人，多藏宝物”（《拾遗记》），尤其是有三千柄宝剑陪葬。这些宝剑锋利无比，皆是宝物，应当将它们取出。于是，秦始皇帝带了官员和兵丁，去虎丘山挖墓寻剑。当他走上虎丘山时，发现有一只白额虎蹲在山上，对着他虎视眈眈，很有威势。秦始皇即拔剑刺虎。《吴地记》云：

> 始皇以剑击之，不及，误中于石。其虎西走二十五里，忽失于今虎疁。唐讳虎，钱氏讳疁，改为“浒墅”。剑无复获，乃陷成池，故号“剑池”。

虎畼，即今之浒墅关。“畼”字，原指火耕之田，即焚烧草灰而种之田，亦称“畼田”。虎到了那里不见了，故名“虎畼”。原来，苏州浒墅关的原名与秦始皇有关。至吴越时，因讳“镠”，故改名“浒墅”。

干将铸剑距离秦始皇已有三百余年，剑已成了历史文物。秦始皇要寻觅这些文物，就成了阖闾墓葬的第一个掘墓人。也有人说，勾践灭吴后很想得到干将铸的宝剑，也曾掘过阖闾墓。三国时，吴主孙权也曾因想得到宝剑而掘墓。但三次掘墓，均无所获。剑池究竟藏了多少剑？它同阖闾墓一样，只能是个谜了。

刘邦建立汉朝，立了一个规矩：异姓不封王，只有同姓才能封王。他封堂兄刘贾为荆王，建立荆国，管辖东阳（今安徽天长）、鄣（今浙江长兴）、会稽三郡，郡治设于吴县（今苏州）。刘贾来到封地，发现吴县的城墙已毁，就下令重建。《越绝书·卷二·外传记吴地传》上说：

贾筑吴市西城，名曰“定错城”，属小城，北到平门，丁将军筑治之。

由此可知，刘贾为荆王时，曾在城西另筑新城，名定“错城”，地址在今阊门至平门一带，工程由丁将军主持。

苏州重建了城墙，但城墙建好不久，汉高祖九年（前196），淮南王黥布造反，攻击荆国，刘贾为黥布所杀。刘邦随即率领大军亲征，击败黥布，并调整荆国的建制，要建立吴国，封侄子刘濞为吴王。

刘濞（前215—前154）是刘邦二哥刘仲的儿子，英勇善战，曾跟随刘邦讨伐黥布，立有战功。年纪又轻，才二十出头。命刘濞去管辖吴地，刘邦是放心的。

刘濞呢，对苏州也十分有好感，因苏州是个富庶之地，有铜山可铸铜钱，有滨海可以煮盐，加上税收也多，钱是用不完的。而且，吴地山明水秀，风景优美，可以在那里长期生活。因而，他来到吴地后，将宫殿整修一新，并在匠门外建了宗庙，把老祖宗也搬过来了。《越绝书·卷二·外传记吴地传》云：

匠门外信士里东广平地者，吴王濞时宗庙也。太公、高祖在西，孝文在东。去县五里。

与此同时，他在平门外又造了酱醋城。古代的酱醋并非调料，而是用盐、醋等调料腌制而成的肉酱，是一种珍贵的上等食品。《周礼·天官冢宰》上说：

凡王之馈，食用六谷……酱用百有二十瓮。

刘濞是吴王，自然要享受王的待遇，“酱用百有二十瓮”，除自己食用外，还要馈赠亲友，这么大的用量，真需要一个大工场，所以要造个酱醋城了。

汉景帝三年（前154），吴王刘濞妄想称帝，联合诸王造反，史称“七国之乱”。景帝命太尉周亚夫带兵平叛，刘濞兵败，南逃到东越被杀。因这次叛乱，苏州城又遭到了破坏。

二、子城的毁与建

春申君父子苦心修复子城，建有殿堂，装饰华丽，十分壮观。入秦后不久，子城不慎失火，焚毁殆尽。《吴郡志·卷八·古迹》云：

> 吴小城白门，阖闾所作。秦始皇帝时，守宫吏烛燕窟，失火烧宫，而门楼尚存。

阖闾留下的子城，就这样被毁掉了。

秦二世元年（前209），朝廷无道，各地反秦武装起义风起云涌。时有项羽（前232—前202），名籍，字羽，下相（今江苏宿迁）人，为楚国名将项燕之孙，为躲避仇家，与叔父项梁一起逃到吴中（今苏州），得到了吴中子弟的拥戴，暗中进行反秦的准备工作。秦二世元年七月，陈胜、吴广在大泽乡发动戍卒起义，项梁、项羽认为时机已到，就杀死了会稽郡守殷通，项梁自立为郡守。接下来，项羽在江东招募兵丁，并带领八千江东子弟发动起义，后又与刘邦争夺天下。结果项羽败北，自刎乌江。刘邦夺得了天下，建立汉朝，是为汉高祖，时在公元前202年。

秦始皇设立的会稽郡，郡治设在吴县（今苏州）。汉武帝时，苏州有个读书人叫朱买臣（？—前115），字翁子，西汉吴县（今江苏苏州）人。由友人严助推荐，他说《春秋》，言《楚辞》，深得汉武帝赏识，任中大夫，皇帝命他出任会稽太守。传说，朱买臣到会稽上任，不坐轿、不乘马，穿着破旧衣衫，进入衙门，几个衙役正在喝酒。朱买臣是读书人，曾来过衙门，衙役认识他，见他身穿破旧衣衫，就嘲笑了他一回，然后与他喝酒。朱买臣喝得微醉，靠在墙上睡着了。衙役们想把他抬出去，在抬走时，发现他腰里挂着一颗官印，衙役将官印送与守丞官观看。守丞官一看是太守的印章，顿时大惊，便前来迎接。衙役们知道得罪了太守，便私自商量，决定凑些银子，送与朱买臣作为贺礼。但朱买臣不收，衙役们便在阊门外造了一座亭子，取名“金阊亭”，作为纪念。

朱买臣任会稽太守，太守府即是刘濞重建的殿堂，有大厅殿宇，有水池花园。朱买臣原先有个结发妻子，后因嫌他穷困就离他而去。她现在听说朱买臣做了大官，就来看望他。朱买臣不计前嫌，领她进入太守府，参观了殿宇花园，还请她吃饭。她见太守府房屋重重，气派极大，本想与朱买臣恢复旧好，可现实当然是不可能的，只得悻悻离去。《姑苏志·卷二十二·官署中》云：

> 朱买臣载故妻到太守舍，犹即此地。

王莽篡汉，国号曰“新”，吴县改名为“泰德”。王莽垮台后，复名“吴县”。更始元年（23），更始帝刘玄命许时为会稽太守，许时管理不善，太守府发生火灾，大殿被烧毁。《越绝书·卷二·外传记吴地传》云：

> 太守府大殿者，秦始皇刻石所起也。到更始元年，太守许时烧。

大殿被烧毁后，许时大概因失职而被调离，新来的太守李君着手修建太守府，恢复其旧貌。四年后，李君又在太守府后园“凿官池，东西十五丈七尺，南北三十丈”（《越绝书·卷二·外传记吴地传》）。这说明，太守府在继续修建，在花园内凿这么大的水池，配以亭台等相关设施，成为太守府官员的游乐之处，其规模也是不小的。

三、坊市及名人宅第

这一时期城市的构成主要是市、坊，即街巷的前身。自秦至汉，各地的市、坊有所发展，苏州城也不例外。先为市，后发展为坊，再后是市、坊合一，称为“坊市”。明洪武《苏州府志·卷五·坊市》云：

> 盖古之市即今之坊也，市门即坊曲也。苏鹗《演义》曰：“坊，方也。”言人所在里为坊。又方以类聚，居者必求其类，故秦汉有市门之官。

市和坊原为两个概念，“市”为市场，“坊”为居民聚居地。《说文解字》云：

市，买卖所之也。

坊，邑里之名。

秦汉时代，统治者为了严密控制百姓的活动，防止百姓造反，对居民的管理十分严格，无论是市还是坊，均派官员管理。市，设有市门之官；坊，设有坊正之官。

坊为居民之住宿地，四面砌有围墙，只一面开门，上写坊名，由居民出入。有坊正守卫大门和负责管理。坊门昼开夜闭，制度甚严。

坊正是官府派来管理的官员，说得具体一点，就是管理街坊的小吏。小吏对街坊居民管得十分细致，甚至连房内之事也知道。前蜀牛希济《妖妄传·张和》云：

或言坊正张和，大侠也，幽房闺稚，无不知之。

《旧五代史·汉书·史弘肇传》：

时太白昼见，民有仰观者，为坊正所拘，立断其腰领。

可见，坊正也有一定的权力，能惩办违法的居民。

在秦汉时代，市发展为坊，但苏州城内究有多少市、坊，史无记载，我们也就不得而知了。

汉末，皇帝无能，权臣当道，豪强纷纷自立，形成了魏、蜀、吴三国鼎立的局面。吴国的孙权雄踞江东。孙权的父亲孙坚、大都督周瑜、丞相顾雍、太守陆绩等，宅第均建在苏州，他们死后也葬在苏州，至今仍留有遗迹。

周瑜宅，在今景德路东雍熙寺弄，孙策为周瑜所建。一说在萧家巷。周瑜（175—210），字公瑾，庐江舒县（今安徽庐江西南）人。出身士族，有容貌，精音乐，人称“周郎”。当时，乔国老有两个女儿，名唤大乔、小乔，周瑜娶小乔，孙策娶大乔。周瑜忠心辅助孙权，握有兵权，与刘备联军，大破曹兵于赤壁，不久即亡。民国《吴县志·卷三十九·第宅园林》云：

周公瑾宅，在雍熙寺西，故井犹存。汉建安三年，孙策为瑜治第于吴。今犹云周将军巷……一云瑜故宅在醋坊桥东，旧名“九曲墙巷”（按：即今萧家巷）。

《吴门表隐·卷四》云：

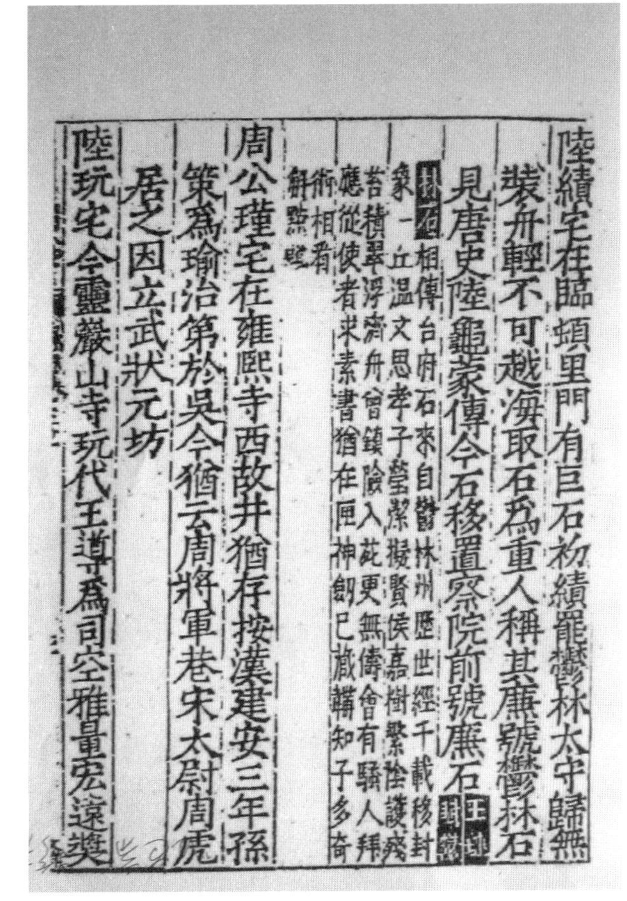

陸績宅在臨頓里門有巨石初績罷鬱林太守歸無
裝舟輕不可越海取石爲重人稱其廉號鬱林石
見唐史陸龜蒙傳今石移置察院前號廉石
相傳台府石來自鬱林州歷世經千載移封象一丘温文思孝子瑩潔擬賢侯嘉樹繁陰護殘苔積翠浮齊舟曾鎮險入蔵更無傳會有騷人拜應從使者求素書猶在匣神劍已藏韜知子多奇術相看解[illegible]
周公瑾宅在雍熙寺西故井猶存按漢建安三年孫
策爲瑜治第於吳今猶云周將軍巷宋太尉周虎
居之因立武狀元坊
陸玩宅今靈巖山寺玩代王導爲司空雅量宏遠獎

《姑苏志》记陆绩宅、周公瑾宅

周瑜宅，即今郡庙址，故井犹存。内有古柏，瑜手所植。至宋，周虎尚居之。因建武状元坊，地名“周将军巷”。

周瑜死后，其墓葬也在苏州。《吴地记》：

周瑜坟在县东二里。瑜字公瑾，庐江舒人。仕吴大将军，南郡太守……

顾雍宅，在今桂和坊。顾雍（168—243），字元叹，吴县（今江苏苏州）人。在吴国执政达十九年。他的故居在通贤坊，今桂和坊。

陆绩宅，在娄门临顿里（今临顿路北端拙政园处）。陆氏系吴地的名门望族，世代为官，宅第甚大。陆绩（188—219），字公纪，吴郡（今江苏苏州）人。陆绩博学多识，孙权命他出任郁林太守。陆之后裔、唐朝诗人陆龟蒙亦居此。宅甚大，有林苑之胜。《吴郡志·卷九·古迹》云：

临顿，旧为吴中胜地，陆龟蒙居之，不出郛郭，旷若郊墅。

郛郭者，似郊外之城也，可知其规模不小。

明王鏊《姑苏志·卷三十一·第宅》云：

陆绩宅，在临顿里。门有巨石，初，绩罢郁林太守归，无装，舟轻不可越海，取石为重，人称其廉，号“郁林石”……今石移置察院前，号“廉石”。

“廉石”，后作为清官廉洁的象征。现此石仍保存完好，放置在苏州文庙内。

四、刘濞建茂苑

刘濞为吴王时，管辖三郡五十三城。刘濞到达吴地后，开发铜山以铸钱，利用海水以煮盐，铸钱和煮盐是国家的专利，是个用不尽的财库，来钱十分容易。刘濞的钱多得用不完。

刘濞喜游乐，他发现西郊原有著名的长洲苑，经过历年的兵燹，已经荡然无存，就大兴土木，在苏州城西南郊长洲苑原址上重建了一个庞大的园林，山水相依，花木丛生，亭台楼阁一应俱全，奇花异石随处可见，名曰“茂苑”。但人们仍以“长洲”称之。长洲苑的范围究竟有多大，有哪些具体建筑，古籍上没有记载，但有个比喻。宋范成大《吴郡志・卷八・古迹》载：

枚乘说吴王濞云：“汉修治上林，杂以离宫，积聚玩好，圈守禽兽，不如长洲之苑。”则知刘濞时嗣葺吴苑，其盛尚如此。

“上林”不如“长洲之苑”，那么，上林苑的范围有多大呢？史籍记载：上林苑是汉代的名苑，原为秦时旧苑，汉武帝时扩建，方圆三百四十里，周围筑以苑垣。苑内山水相依，连绵起伏，苑中有宫观七十余座，建筑形式各异。真是宫中有宫，苑中有苑。其间池沼有昆明池、初池、麋池、牛首池等二十一个，分布于上林苑各处。苑内植有各种奇花异树三千余种，豢养着许多珍禽异兽，供天子和大臣们观赏与射猎。那长洲苑规模之大，气势之雄，山水之美，就可想而知了。

可惜的是，这座园林只存在了二十来年光景。刘濞一死，园林即遭到毁坏。但，这个园林在历史上产生了很大的影响，此后的历代文人墨客，不论是本地的还是外地的，大都要去茂苑（长洲）寻访怀古，留下了大量的诗篇。唐虞世南《吴都诗》：“高台临茂苑，飞阁跨澄流。”张籍《寄苏州白二十二使君》：“阊门柳色烟中远，茂苑莺声雨后新。”白居易《阊门闲望》：“曾赏钱唐嫌茂苑，今来未敢苦夸张。”明唐寅《姑苏杂咏》：“长洲茂苑古通津，风物清嘉百姓驯。”清袁学澜《阊门讴并序》：“台高路九曲，平看茂苑花。”诗中的“茂苑”，意指苏州。因而，“茂苑”两字同“长洲”一样，也成了苏州的代称。

东汉末期，苏州开始出现私家园林，开了建筑私家园林的先河。

笮家园，约在今白塔东路西段处。园主笮融（？—195），丹杨（今安徽宣城）人。曾依附于徐州牧陶谦。他在苏州建有私家宅园，名“笮家园”。清同治《苏州府志》云：

笮家园，在保吉利桥南，古名“笮里”，吴大夫笮融所居。

笮家园的规模如何，史无记载。但从《三国志·卷四十九》的记载来看，笮融在徐州“大起浮图祠，以铜为人，黄金涂身，衣以锦采，垂铜盘九重，下为重楼阁道，可容三千人”。他信仰佛教，“每浴佛，多设酒饭，布席于路，经数十里，民人来观及就食且万人，费以巨亿计”。可想而知，笮家园的规模肯定是不小的。“笮”“祝”音近，笮家园后称“祝家园”，今仍有“祝家园巷”名，乃是笮家园的遗址所在也。

五、孙权造佛寺

东汉时期，佛教传入中国，佛寺逐渐兴起。东汉献帝末年，月支（西域国名）僧人支谦避乱至江南，为东吴国孙权译经。康居国僧自交趾（今越南）到吴国，将佛教传入东吴，吴地开始建造佛寺。此后佛寺日渐兴起，遍布于街坊各处，并成为城市建设的一个组成部分。黄墙黑瓦，飞檐翘角，是城市建筑的一道风景，有的还成为旅游胜地。三国吴赤乌年间，孙权当国，在苏州建有多座佛寺，这是苏州最早的佛寺。

孙权像

报恩寺，即今人民路香花桥北堍之北寺。三国吴赤乌二年（239），孙权母吴夫人（一说为乳母陈氏）舍宅所建，初名“通玄寺”。清徐崧、张大纯撰《百城烟水·卷二·吴县》云：

报恩寺

报恩寺，直府治卧龙街（今人民路）之北，俗称“北寺”，即通玄寺旧址。吴赤乌初，孙权为乳母陈氏建。

南朝梁武帝当政时，僧正慧始建宝塔。唐代，则天皇后遣使送珊瑚镜一面、钵一副，宣赐供养，兼改通元寺为重云寺。开元二十六年（738）（《吴地记》为开元五年），玄宗诏命天下寺院以年号为寺名，寺即改称“开元寺”。兼赐金鱼字额，并在寺中铸玄宗镀金铜像，号“圣容”，与人等高。五代后唐同光三年（925），吴越王钱镠于盘门内重建开元寺。三十年后，后周显德二年（955），吴越王钱俶于开元寺旧基复建寺，移支硎山报恩寺额于此，名“报恩寺”。

北宋元丰年间，寺遭火毁。后复建。崇宁三年（1104），迎请佛牙舍利入寺，徽宗特作赞以记其事，并赐号“万岁”，寺遂改名“报恩万岁寺”。南宋建炎四年（1130），金兵入侵平江（即苏州），寺院全毁。绍兴年间，由行者金大圆募化重建宝塔，共九层。后又建成观音殿、卧佛殿等，渐复旧观。明清及民国时期，曾多次重修。

新中国成立后，苏州市佛教协会成立，寺由佛教协会管理。1978年初，报恩寺得以修复，后园种花植树，绿意盎然，寺院更名为“北塔公园”，并对外开放。

开元寺，在盘门内。三国时吴孙权乳母陈氏舍宅为寺。初名“通玄寺”。明洪武《苏州府志・卷四十三・寺观》云：

> 开元寺，在今县治南，三国时孙权乳母陈氏舍第为寺也。初名“通玄”，至唐改今额。

内供奉无量寿佛，故名“无量殿”。大殿全用砖砌，不用木构梁柱檩椽，习称“无梁殿”。寺的规模很大，坐北朝南，有大殿、藏经阁等。

瑞光寺塔院，在盘门内东大街。三国吴赤乌四年（241），吴大帝孙权为报母恩，在此建普济禅院。赤乌十年，又在寺内建十三级舍利塔，称“报恩塔”，后毁。北宋宣和年间由朱勔重建。后晋天福二年（937），曾有过一次重修。《百城烟水・卷二・吴县》载：

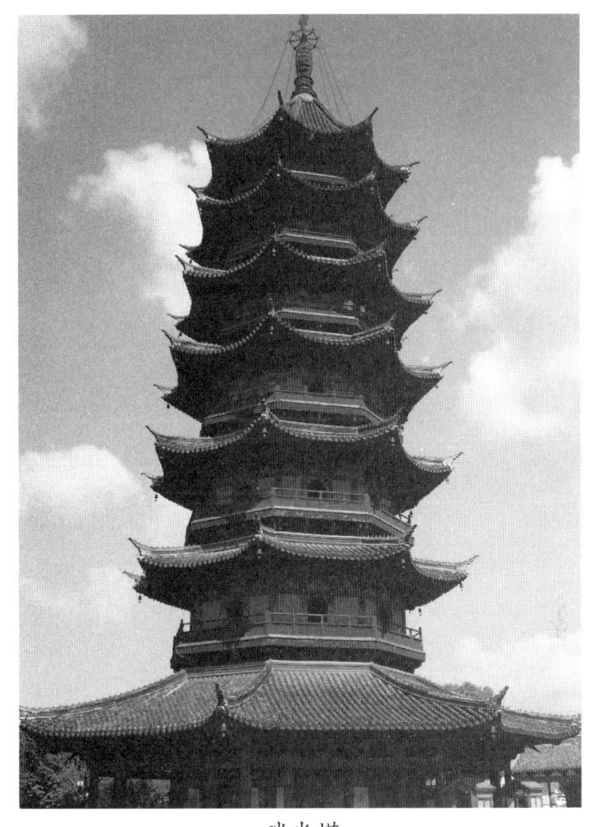
瑞光塔

瑞光禅寺，在开元寺南。吴赤乌间，僧性康建，名“普济院”。宋宣和间，朱勔建浮屠十三级，五色光现，诏赐今额，并赐塔名“天宁万寿宝塔”。元丰间，延圆照禅师开法，堂上法鼓自鸣，池中白龟出听，庭下竹生合欢枝，与塔光为四瑞，有堂，释弘道记。靖康兵毁。淳熙十三年，法林重葺，并复塔七级。时有白牛逸入，俛首求役，故有白牛冢。元至正寺毁。明洪武辛未，昙芳重葺，大祐记。永乐元年，普震再修。十五年，法涌极力兴复。

明洪武、永乐、天顺、嘉靖、崇祯年间，以及清康熙、乾隆、道光年间均曾修葺。清咸丰十年（1860）又遭兵火，寺毁而塔独存。同治十一年（1872）又稍加维修。此后由于年久失修，风侵雨蚀，残损日益严重。

新中国成立后，为保护历史文物，防止塔身倾圮，曾多次重修。1987年4月动工整修，1989年10月竣工。

瑞光塔为七级八面砖木结构楼阁式古塔。砖砌塔身由外壁、回廊和塔心三部分构成，以砖木斗拱挑出木构腰檐和平座。每面以槏柱划分为三间，正中辟壶门或隐出直棂窗。底层四面辟门，第二、三两层八面辟门，第四至七层则上下交错四面辟门。内外转角处均砌出圆形带卷刹的倚柱，柱头承额枋，上施斗拱。外壁转角铺作出华拱三缝，补间铺作三层以下每面两朵，四层以上减为一朵。全塔腰檐、平座、副阶、内壁面、塔心柱以及藻井、门道、佛龛诸处，共有各种木、砖斗拱三百八十余朵。修复后通高约53.6米，底层外壁对边11.2米。2013年9月，瑞光塔又一次进行大修。

此塔砖砌塔身基本上是宋代原构，建造精巧，造型优美，用材讲究，是宋代南方砖木混合结构楼阁式仿木塔比较成熟的代表作，为研究宋代“营造法式”提供了重要实例。

燕国夫人庙，在十全街西端南侧燕家巷。始建年代不详。庙甚小，为一小楼，奉祀三国吴大帝孙权乳母陈夫人。《吴门表隐·卷三》云：

燕家浜，有燕国夫人（按：夫人即吴大帝孙权乳母陈夫人，并有像祀开元寺内）庙，甚卑，不过三四尺。上有小楼，中塑神女，环佩端庄。惜久成瓦砾矣。

神女即东吴孙权的乳母陈夫人，“燕国夫人”是她的封号。相传，此庙庙基原为燕国夫人住址。

甘将军庙，在今万年桥西堍南侧。庙门朝东，两层四间，面积60平方米。供奉吴国大将甘宁。《三国志·甘宁传》言其“粗猛好杀，然开爽有计略。轻财敬士，能厚养健儿，健儿亦乐为用命”。庙始建无考，方志不载。因久无僧人，先后开设过烟酒店、饮食店、糖果店及照相馆等。后废。

孙权时代，建造佛寺，开创了苏州建造佛寺的先河，也为后代大量兴建佛寺打下了基础。

至德庙（即泰伯庙），在阊门下塘街。东汉永兴二年（154），苏州郡守糜豹建在阊门外。一说吴郡太守韩整所建。至德，最高的道德。《论语·泰伯》云：

泰伯其可谓至德也已矣。

因以“至德”名庙。

泰伯庙

泰伯是吴地的开发者，也是吴地人的始祖。东汉时，太守麋豹在阊门外建泰伯庙，内供泰伯、仲雍兄弟像。从此，苏州人有了祭祀祖先的地方。这是苏州建泰伯庙之始。五代后梁乾化四年（914），吴越王钱镠为避兵乱，将泰伯庙迁移至阊门内下塘街。《吴郡图经续记·卷中·祠庙》云：

> 钱氏移之于内，盖以避兵乱也。

泰伯、仲雍受百姓祭祀。唐皮日休诗云："一庙争祠两让君，几千年后转清芬。"《吴郡志·卷十二·祠庙》云：

> 至德庙，即泰伯庙，东汉永兴二年，郡守麋豹建于阊门外。《辨疑志》载，吴阊门外有泰伯庙，庙东又有一宅，祀泰伯长子三郎，吴越钱武肃王始徙之城中……今庙在阊门内，东行半里余。门有大桥，号"至德桥"。乾道元年，郡守沈度重建。

宋建炎四年（1130），毁于兵燹。乾道元年（1165）重建。以后历代均有修建。庙前立至德坊，庙东立成吴坊，庙西立归化坊。庙内有清康熙、光绪及民国时期重修的碑记。后因年久失修，庙内到处是断壁残垣，破败不堪，为菜贩商人所用。新中国成立后，长期用作菜场。2011年，菜场迁出，泰伯庙进行重修，基本上恢复了旧貌。

庙前耸立四柱三间冲天式石坊，额镌"至德坊"。仪门上悬"三吴首祠"匾，楹柱上挂"让三固是周天下，第一初开吴世家"联，为费之雄撰并书。后为至德殿，悬"至德无名"匾。内塑像三尊，中为泰伯，左为仲雍，右为延陵季子。大殿前左右为二层楼庑房，左边，楼下立碑，刻有吴世家自泰伯至夫差二十六世人像，楼上为泰伯庙胜迹纪略，有图片说明。右边，楼下为"三让高踪、至德高风"事略及泰伯世系表，楼上为"吴国之器"，陈列吴地出土文物。

大殿前广场上筑有两座御碑亭，左边碑亭中御碑记载的是"汉桓帝敕封奉祀侯，吴允承制"事，右边碑亭中御碑记载的是"乾隆十六年皇上谕祭文"。重修后对外开放，并举行祭祀活动。

宝光寺，在娄门内东北街。原为三国吴郁林太守陆绩故宅，后舍宅为寺。吴赤乌年间赐额。宋绍兴元年（1131）重建。元至元年间重修，有佛殿两庑，三门讲堂，钟楼经阁，宏伟壮丽，冠于一方。明洪武四年（1371）为军营，寺遂废。明永乐十一年（1413），僧普善（《长洲县志》称"善识"）扩建为宝光讲寺。清康熙三年（1664），僧通瑞募缘重修，门额"宝光讲寺"。明《姑苏志·卷二十九·寺观上》云：

宝光讲寺，在城东北隅，跨塘桥，本郁林太守陆绩故宅。宋绍熙间僧蕴仁，元至元间僧绍隆，先后重建。初，寺在娄门内，郁林石在焉。洪武中，即寺为军营，遂废。其后，普熏庵僧善识舍本庵地改建于此，学士曾棨记。

寺规模较大，建筑结构精致，高大宽敞，入门为四大金刚殿，东面为客堂，西面为祖宗神龛堂。大雄宝殿为明代建筑，为方木柱，石鼓墩。屋脊上有双龙戏珠，刻花瓦，飞檐角，殿内供3尊饰金佛像。四周塑十八罗汉，悬有铜钟、雷鼓。殿东有轩辕宫，供轩辕像。西有药师殿，供药师佛像。两边为东西厢房、方丈室。有对照厅，可容筵席30桌。有玻璃厅会客堂、宿舍房等10余间。第三进是九开间大客厅，供佛事道场所用。1950年因寺院年久失修，停办佛事。1954年由工厂接收寺产。1967年遭毁。1985年时尚存三开间抱楼殿，共有12根平头方形石柱，结构尚好，为苏州市古建筑控保单位。

东华严寺，在今景德路察院场口西北侧，三国吴赤乌年间建。历代屡有修建。至1962年时，尚有一名僧人心乾，四川人。后废。

东禅寺，在顾亭桥东南（今甲辰巷处）。三国吴赤乌二年（239），丞相陈氏舍宅建，名“镇国院”。唐大中年间敕改东禅明觉寺。宋代有异僧“林酒仙”寄住寺中。元至正末被毁。明洪武中重建。寺内有酒仙堂、棋枰街、红虾池、蟹眼井、清溪堂、红豆树诸胜。月牙形水池长宽各6米，下有泉眼9个，水清流急。太平天国运动时部分毁于兵火。民国二十年（1931）时，尚存破屋14间，现已全废。

六、名士、将军留桥名

苏州是个水乡城市，城内河道纵横，桥梁自然很多，而秦汉时，史籍上记载的桥梁甚少。但留下的桥梁与桥名，很多与名士、将军有关，实在难得。

皋桥，位于阊门内，跨城内第一直河。桥名与汉议郎皋伯通有关。皋伯通，生卒年不详。东汉吴郡（今苏州）人，在吴地有房产，是吴中的大户人家。当时，右扶风平陵（今陕西咸阳）有个隐士叫梁鸿，字伯鸾，受业于太学，博览群书，回家后娶同县女孟光为妻。某日，梁鸿经过洛阳，作《五噫歌》云：“陟彼北芒兮，噫！顾览帝京兮，噫！宫室崔嵬兮，噫！民之劬劳兮，噫！辽辽未央兮，噫！”讽刺统治者的奢侈。皇帝要抓他问罪，他就带着妻子孟光逃到吴地，寄宿于皋伯通家的廊下。梁鸿当佣工舂米，孟光在家洗衣做饭。《后汉书·梁鸿传》云：

> 每归，妻为具食，不敢于鸿前仰视，举案齐眉。

夫妻俩相敬如宾的举动被皋伯通发现了，原来梁鸿是当今名士。皋伯通就把他们接到家里，当作客人看待。其处有一座桥梁，传说是皋家所造，故名“皋桥”，是苏州很著名的一座古桥。“举案齐眉”也成为一个成语典故。

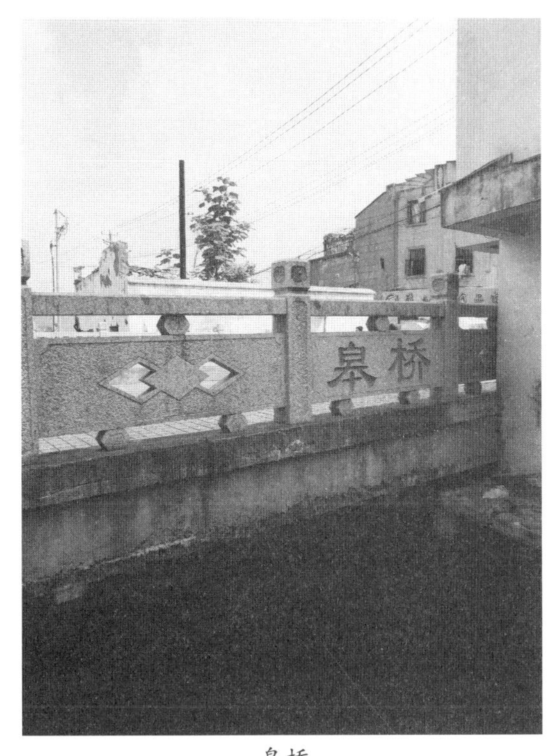

皋桥

明崇祯十一年（1638），解元杨廷枢倡募重建，易木为石。清乾隆、嘉庆年间重修，桥加宽至2.5米，桥面由5块大长条石构成，桥栏为砖石结构。民国二十四年（1935），改为钢筋混凝土桥。1949年，在桥两侧增建人行道。2008年重建，为单孔钢筋混凝土平桥，长9.8米，宽12.3米，跨径6米，沥青桥面，人造石雕桥栏，中间书写桥名。

顾家桥，位于临顿路南端，跨城内第三直河。三国时为纪念顾悌所建。《吴郡志·卷十七·桥梁》云：

> 顾悌，仕吴为虎头将军。父亡，五日绝浆而死。郡人为之造桥。

顾悌是顾雍的族人，以孝廉闻名。十五岁为郡吏，除郎中，迁偏将军，曾向孙权直谏而闻名于世。他每次收到父亲的信件，总要整理好衣服，然后摆上几案，跪拜着读信，就像聆听父亲的教诲一样。父亲死后，他画了父亲的像，将其立在神座下，默默地悼念。郡人称其为“孝子”，后人将他的事迹编入“百孝图”。

宋庆元二年（1196）重建，明嘉靖年间张冲再建。清末民初，顾家桥讹名“过驾桥”。新中国成立后，恢复原名。1983年改建，为钢筋混凝土平桥，长8.4米，宽13.1米，跨径6米。1994年改筑干将东路时，加固拓宽，长9.8米，宽26米，跨6米。

百口桥，位于娄门内今百家巷处。相传东汉时，桥边住着一大户人家，姓顾，家有百口，所居处造桥，故名“百口桥”。《吴郡志·卷十七·桥梁》云：

百口桥，在长洲县东。东汉顾训，五世同居。族聚百口，衣食均等，尊卑有序。因其所居以名桥。俗传，子孙多不能辨架上之衣。岁朝会集，子孙悉坐，依次行酒。三岁以上者，并自知位次，不亏其礼。故俗又名“试饮桥”。

明代，百口桥依然存在，诗人王宾写诗赞道：“百口桥边春日斜，旧时开遍紫荆花。山东人说张公艺，此是吴中顾训家。”

乐桥，位于干将东路、西路交接处，跨城内第二横河。三国吴赤乌二年（239）建。民国《吴县志·卷二十五·桥梁》云：

乐桥，吴赤乌二年建。元至正六年李道宁重修。会稽杨维祯记。

桥上还建有萧王庙。《姑苏志·卷二十七·坛庙上》：

汉萧王庙，在乐桥上。相传桥近市曹戮人处。以萧何制律，故祀之。

其时，乐桥处于苏州城的中心，在那里开辟刑场，成为处决罪犯的场所，俗名“戮桥”。萧何因制定九章律，故在桥上立庙，凡衙役官员或被处决的罪犯，在行刑前必进庙内焚香祷告。苏州话中有一个骂人的词“戮桥户头”，是指流氓、地痞一类人，做了坏事是要杀头的。至今人们仍在口语中使用。1949年，改建为单孔石拱桥。1950年后加固改造，保留石拱，两侧加钢筋混凝土预制板梁。1980年随路拓宽至34.2米，跨径7米。1994年改建干将路时彻底翻造，采用下沉式直穿立交方式，建成三孔简支梁立交桥，上立交人民路，宽40米，中孔跨径6.9米，两侧边孔跨径各15.08米；下立交干将路，以两路夹一河形式下穿人民路，宽37.08米，桥栏由不锈钢、金山石柱和磨光黑色花岗石板组成。2013年改造人民路时再改建。

渡僧桥，位于阊门外，跨上塘河。建于三国孙吴时代。《吴县志·卷二十五·桥梁》云：

渡僧桥，在阊门西，跨运河。孙吴时，民为舟以济商，有僧呼渡，舟子弗应，僧折杨柳枝浮水而渡。众惊异罗拜，愿借神力成此桥。遂募建，不日而成，以渡僧名。

渡僧桥为阊门外运河上的一座主要桥梁，往来行人较多。在未建桥梁之前，仅靠船只摆渡。在风雨交加、浪涛汹涌的日子，船夫不肯摆渡，并加倍索钱。后由僧人四处募捐，筹款而建造，故名“渡僧桥”。这个造桥过程，广泛流传于民间，形成多种民间传说，几乎家喻户晓。

但苏州博物馆宋拓碑载："苏州虎丘山渡僧桥者，即故中书令陈省华……为长老清顺师出世聚徒，接四方之来学，济数乡之居民，特给公用之所置也。"宋至道元年（995），知州魏庠奏改虎丘律寺为云岩禅寺，后迎来住持清顺禅师，不久魏庠去职，陈省华接任，为方便清顺长老"出世聚徒，接四方之来学"，特建此桥，故桥名"渡僧"。宋咸淳十年（1274）重建，为木质桥。明弘治二年（1489）、崇祯九年（1636）修，郡人御史李模嘱僧如净募资重建。清嘉庆二十二年（1817）重修，为拱形石级桥，上下共72级。西侧有桥联："天垂玉蛛通濠堑，地近金阊重股肱。"体现当时渡僧桥一带阊门商市之繁荣。2004年重建，现为单孔钢筋混凝土梁平桥，长35米，宽11.6米，跨径10.6米。

本章主要参考书目：

《后汉书》，范晔撰，中华书局
《旧五代史》，薛居正等撰，中华书局
《越绝书》，袁康、吴平辑录，上海古籍出版社
《吴越春秋》，赵晔著，江苏古籍出版社
《吴地记》，陆广微撰，江苏古籍出版社
《吴郡志》，范成大撰，江苏古籍出版社
《苏州府志》，卢熊撰，成文出版社
《百城烟水》，徐崧、张大纯同辑，江苏古籍出版社
《吴门表隐》，顾震涛著，江苏古籍出版社

第三章 魏晋南北朝

三国鼎立的时间并不长，仅维持了六十一年。吴国传至孙皓时，其不思创业，荒淫无道，国将不国。晋咸宁六年（280），吴国就灭亡了。晋一统天下后，将全国分为十九州，吴郡属扬州。太康四年（283），又析吴县的虞乡置海虞县（今属常熟市）。吴郡领十一县。其时，吴郡、吴兴与丹阳合称为『三吴』。

晋朝建立后，有过短暂的统一，但很快就分裂。世间并不太平，群雄争逐，割据称雄，纷纷称帝称王。到了晋代后期，出现了南北朝对峙的局面。从晋到南北朝，前后也有三百多年时间。在这期间，三吴地区的士族集团以苏州为中心，不断进行反叛，朝廷就发兵平叛。这样持续了四十余年，打打停停，停停打打，将苏州城置于战火之中，其破坏程度可想而知。这一时期，士大夫们厌恶战乱，信佛者甚多，舍宅建寺成为风尚。再加上梁武帝笃信佛教，掀起了造寺高潮，故有『南朝四百八十寺』之说。私家园林也开始不断出现。至于城市内的街巷，由于常年战争，遭到破坏而很少建设。

一、舍宅建寺成风尚

晋代的苏州，世家大族逐步形成，如陆氏、顾氏、王氏等。不少世家大族后来出现了许多著名人物，如陆氏有陆机、陆云、陆玩、陆徽等，顾氏有顾琛、顾恺之、顾宪之、顾野王等。故苏州人有“陆顾”一说，意谓“哪个”，是姓陆还是姓顾？王氏有王珣、王珉等。陆氏、顾氏、王氏都是吴郡的名门望族，在政治上有官职，在经济上有家产，在文化上有底蕴，对于苏州城的建设和发展起到了一定的推动作用。

王珣、王珉是兄弟，他们是官居晋代宰辅的王导的后裔。王珣（349—400），字元琳，临沂（今属山东）人，累官至尚书令，加散骑长侍。王珉（351—388），字季琰，官至国子博士、黄门侍郎。两人都是著名的书法家。王珣有《伯远帖》传世，王珉有《行书状》遗宝。佛教传入中国后，人们对佛教十分信仰，要讲经念佛，供奉菩萨，必须建造寺庙。而建造寺庙要有地方和资金，于是，一些有产业的富户纷纷舍宅建寺。按佛教的说法，舍宅建寺功德无量，是为子孙积德，家业将永远兴旺。当时，舍宅建寺几乎成了风尚。王氏家产丰厚，虎丘之地原为王氏所有，兄弟俩于山上建有两座别墅。后王氏兄弟舍宅各建一寺，称“东虎丘寺”和“西虎丘寺”，合称“虎丘山寺”。后更名为“云岩禅寺”，也称“虎丘禅寺”。

云岩禅寺，建于虎丘山，在山脚下砌寺门，门一关，就将虎丘山包起来了，有所谓“寺包山”之说。《吴郡图经续记·卷中·寺院》云：

> 云岩寺，在长洲县西北九里虎丘山，即晋东亭献穆公王珣及其弟珉之宅。咸和二年，舍建精舍，于剑池分为东西二寺，寺皆在山下。

虎丘山上之塔，名“云岩寺塔”。一般认为，云岩寺塔建于隋代，实则非也。在隋代之前，虎丘已有塔，有江总、张正见诗可证。江总（519—594），南朝陈大臣，后主陈叔宝时曾任尚书令，有《庚寅年二月十二日游虎丘山精舍诗》云：“见塔涵流动，花台偏领芬。”张正见（？—约575），梁元帝登位，张正见拜通直散骑侍郎，改任彭泽令。陈高祖受禅，诏张正见还京城，封镇东鄱阳王府墨曹行参军，兼衡阳王府长史。有《从永阳王游虎丘山》诗云：“远看银台竦，洞塔耀山庄。”江、张两位均是南朝时期人，写虎丘的诗，诗中有塔，可见在南朝虎丘山上已有塔了，该塔被称为“南朝塔”，只是史载不详，故人们忽略了。

隋仁寿元年（601），隋文帝杨坚为母亲做寿，下诏在全国30个州郡建造舍利塔，苏州为其中之一。隋文帝敕送舍利到虎丘寺，命人建塔入供。《百城烟水·卷一·苏州府》引《吴郡志》云：“初立塔基，掘得一舍利，空中天乐鸣，井中吼三日。”当时旧塔已毁，遂建一座高达16米的三层木塔。唐会昌五年（845），武宗下诏禁止佛教流传，毁废佛寺，僧尼被迫还俗，云岩寺也在所难免。现塔为会昌后建。《虎丘山志》第四章第一节《佛塔》云：

> 云岩寺塔应建于钱弘俶十三年己未，也就是五代末年，全部完成可能在北宋初期或创建于五代末后周显德六年（959）。北宋初（961）建成。

塔为七级八面以砖结构为主的仿木结构楼阁式佛塔，通高48米，底层对边东西达13.64米，南北达13.81米，其体积达4657.6立方米，重量达6000吨。虎丘塔用条砖砌就，据工程人员计算，约用130万块条砖。其结构为双筒体，内外层间的楼板，逐层挑出，逐渐收笼承托，非常牢固。经过千年以上的风雨侵蚀，虽有些倾斜，依旧巍然屹立，成为苏州古城的重要标志。

云岩禅寺建有大殿、天王殿、藏经阁、御书阁等。清康熙、乾隆皇帝南巡，将此作为行宫，康熙皇帝赐匾“虎阜禅寺”。寺与虎丘山浑然一体，寺内香客不断，香火旺盛，为后来的发展、开放打下了深厚的基础，最终该寺成为一处旅游胜地。

景德寺，位于金门内景德路中段（今黄鹂坊桥东）。王珣、王珉兄弟俩舍宅为寺，僧法云建。《吴地记》云：

> 景德寺，在县西北一里三十步，晋咸和二年，献穆公王珣弟珉舍宅建。

今景德路之名，就与景德寺有关。

朱明寺，也称“朱明尼寺”。在景德寺东（今景德路中段），晋隆安二年（398），由邑人朱明舍宅建。关于朱明因何舍宅建寺，有个离奇的故事。《吴郡志·卷三十一·府郭寺》记载甚详：

> 朱明尼寺，在吴县西北。东晋时，邑人朱明舍宅为寺。旧传，朱明富而孝友，其弟听妇言，坏宅欲避兄离居。明以金谷尽与弟，唯留空室。一夕大风雨，悉飘财宝还明宅。弟与其妇愧而自缢。明乃舍宅为寺。

雍熙寺弄

寺旁有小河，建有桥梁，名朱明桥。朱明与弟弟分家，最终舍宅建寺的故事，在苏州广为流传。

雍熙寺，位于景德路东端（今雍熙寺弄处）。梁天监二年（503），陆襄太守舍宅建寺，由僧清闲开山，时称“流水寺”。唐时僧壁法重建。《吴郡图经续记·卷中·寺院》云：

> 雍熙寺，在吴县北。故传郡人陆氏舍宅以置，号曰“流水”。旧有三殿三楼，高僧清闲所建也。雍熙中，改今额。寺之子院三，曰“华严”，曰“普贤”，曰“泗州”，皆为讲教之所。

陆襄，字师卿，先为鄱阳内史，后为度支尚书，孝行闻名乡里。《颜氏家训》云：“襄父闲被刑，襄终身布衣蔬饭。虽姜菜有切割，皆不忍食。居家，惟以掐摘供厨。”此寺一直存在至明洪武年间，其址后改建为苏州府城隍庙。后僧广宣在城隍庙左边重新建造雍熙寺。旧时，雍熙寺外有小河，建有雍熙寺后桥、雍熙寺西桥，需过桥才能入寺。今之雍熙寺弄，即其地也。今巷名“雍熙寺弄”。

福田寺，原在祥符寺巷洪元弄内，梁天监二年（503）所建。

永定寺，一名“永定普慈天台寺”。原位于铁瓶巷（今干将西路东端北侧）。始建于梁天监三年（504）。《吴地记》云：

> 永定寺，梁天监三年，苏州刺史吴郡顾彦先舍宅置。陆鸿渐书额。

顾彦先，名荣，吴郡吴县（今江苏苏州）人。他是东吴宰相顾雍之后。历任郎中、尚书郎、太子中舍人、廷尉正。陆鸿渐，即茶圣陆羽。唐代诗人韦应物任苏州刺史，罢官后即寓居永定寺，并写有许多诗篇，描写寺内花木之盛。《与卢陟同游永定寺北池僧斋》诗云：“密竹行已远，子规啼更深。绿池芳草气，闲斋春树阴。晴蝶飘兰径，游蜂绕花心。不遇君携手，谁复此幽寻。”

从诗的内容上看，永定寺也是寺园结合的，环境十分幽美。今寺已废，但有永定寺弄，即其旧址也。

宴圣寺，梁天监三年（504），司徒左长史吴郡张融舍宅置。右卫翊陆彦远书额。张融，字思光，吴郡吴县（今江苏苏州）人。累官太子中庶子、司徒左长史。

慈悲寺，齐永明二年（484），吴人薛昙舍宅置。

陆卿寺，梁庄舍宅置。

唐慈寺，齐建武元年（494），高士将军舍宅建。

禅房寺，宋建武二年（495），苏州刺史张岱舍宅置，吴郡陆曾（一作鲁）书额。

祇园寺，在井义坊巷（今公园路南端）。南朝陈散骑常侍吴猛舍宅为寺，名“孤园寺”。唐广明元年（880）圮废。宋咸淳年间重建，改名“祇园寺”。后失火焚毁。清同治十二年（1873），僧源灿重建。民国二十年（1931）时，尚有殿宇、僧寮60余间，佛像数十尊，仍为苏城名刹之一。1957年后由企业使用。1997年被拆除。

般若台，晋穆侯何准舍宅建，约在今景德路中。何准，字幼道，穆章皇后之父，其兄有官职，劝他入仕，何准并不动心，唯诵佛经，修营塔庙而已。何准死后，朝廷追赠其为金紫光禄大夫，封晋兴侯。

灵鹫院，在城东北（今谢衙前处），梁天监中僧永光始建。旧名“永光院”，又名“东林院”。宋祥符年间改今额。明隆庆六年（1572）毁于火。崇祯二年（1629）重建。清嘉庆三年（1798），郡绅彭绍升延天台一彬主席，其徒法昌于道光十七年（1837）请供《龙藏》。咸丰十年（1860）毁于兵燹。同治十年（1871），僧莲沧修建。光绪三十一年（1905），邑令以寺僧不守戒律，割其东屋开巡警学堂。后废。

智显禅院，在横山下。梁人吴广施所居为寺。号曰“宝林”。钱氏改名“宝华”，故今名“宝华山”。

这一时期，东吴孙权时所建的佛寺均得到了修缮。梁代，新建的寺庙随处可见。在城外，遍布于集镇乡村；在城内，遍布于大街小巷。真是才见黄墙，又见黄墙，过了一寺，又见一庙。苏州的佛寺建造，极大地丰富了城市的文化性建筑，为街巷文化增添了光彩。据有关资料统计，至南北朝时，苏州有寺庙107处，建于萧梁时代的有73处（《苏州城建大事记》）。《南史・卷七十・列传第六十・郭祖深》云：

> 都下佛寺五百余所，穷极宏丽，僧尼十余万，资产丰沃。所在郡县，不可胜言。

这一时期，名门望族、达官贵人舍宅建寺已成为风尚。

二、萧梁建寺掀高潮

晋代后期，由于朝廷腐败，政局动荡，天下大乱，群雄割据，有的称帝，有的称王，形成了南北朝对峙的局面。吴郡为富庶之地，在政坛上仍占有重要地位。

齐中兴二年（502）、北魏景明三年（502）、梁武帝天监元年（502），时为梁公的萧衍杀齐明帝诸子，自立为帝，史称梁武帝。因皇帝姓萧，史称“萧梁”。梁武帝萧衍（464—549），字叔达，南兰陵郡（今江苏常州）人，公元502—549年在位。梁武帝到了晚年，自感身处动乱年代，难以统治天下。而佛教宣扬众生平等，相信善恶因果。因而，他开始崇信佛教，提倡建造佛寺，欲以佛法治国。他自己曾多次去寺庙当和尚，被家人和大臣们劝阻才作罢。在梁武帝的倡导下，江南一带掀起了建造佛寺的高潮。苏州建造寺庙蔚然成风，就是从那时开始的。其时，寺庙遍布于城镇乡村，散见于大街小巷。《吴郡图经续记·卷中·寺院》云：

> 自佛教被于中土，旁及东南，吴赤乌中，已立寺于吴矣。其后，梁武帝事佛，吴中名山胜境，多立精舍。

梁天监年间，苏州建造了许多佛寺，既有官方建的，又有郡人舍宅而建的。不少寺院规模宏大，僧人众多，自建立之后，名闻遐迩，历代均有修建，有的寺庙至今犹存，成为著名刹寺。

寒山寺，位于苏州市阊门外枫桥处，初名“普明塔院”，始建于南朝梁天监年间。因在枫桥畔，亦称“枫桥寺”。唐代，因高僧寒山子在寺内卓锡而得名“寒山寺”。诗人张继写有《枫桥夜泊》诗，有句云：“姑苏城外寒山寺，夜半钟声到客船。”由此，寒山寺名声大振。《寒山寺志·卷一·志寺》云：

> 寒山寺，在枫桥下，起于梁天监间，旧名“妙利普明塔院”。

宋太平兴国初，中吴军节度使孙承祐在寺内建七级宝塔。嘉祐中，赐号“普明禅院”。宋绍兴四年（1134），长老法迁重建寺院。元末，寺、塔俱毁于兵燹。明洪武间，僧昌崇重建寺院。永乐三年（1405），深谷昶禅师重修。正统四年（1439），知府况钟再修。嘉靖间，僧本寂募铸巨钟，建楼悬之。万历四十年（1612），僧明吾鉴建龙函阁。清康熙五十年（1711），大殿焚毁，后复建。咸丰十年（1860），太平军东下，寺毁于兵火。《寒山寺志·卷一·志寺》载：

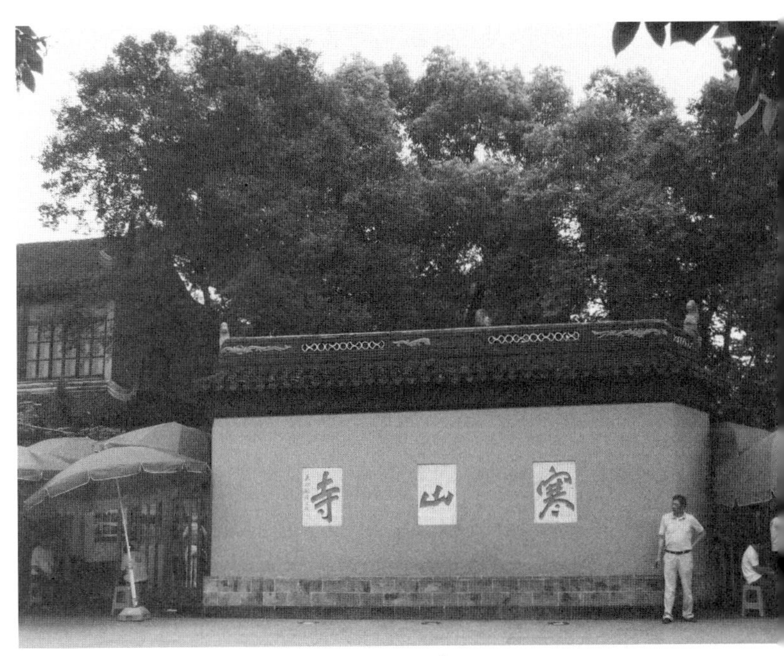

寒山寺

> 城未陷，官军先纵火，层楼杰阁，荡为烟埃，而此寺亦遂无寸椽矣。

光绪三十二年（1906），江苏巡抚陈夔龙发起集资重建，拓门构堂，铸钟建楼，略具规模。宣统三年（1911），巡抚程德全偕布政使陆钟琦募修扩建，重构大殿，次年全寺落成。

寒山寺坐东朝西，前立照墙，嵌石刻“寒山寺”三个大字。山门三间，楣悬程德全书“古寒山寺”横匾。寺内有大雄宝殿、庑殿、罗汉堂、藏经楼、钟楼、枫江楼、霜钟阁、碑廊、钟房等建筑。大雄宝殿面阔五间，宽18.3米，进深四间，通高约11.8米，单檐歇山造，飞甍崇脊，檐角高翘。当中三间有露台前伸，中立宝鼎。殿内正中筑须弥座，供如来佛坐像，左右立阿难、迦叶胁持。两侧沿墙列坐鎏金铁罗汉18尊，神态各异，为明代成化年间所铸。殿后壁嵌石刻两方，一为罗聘绘寒山拾得像，一为郑文焯指画寒山子像。左右设钟鼓，钟系仿唐式青铜乳头钟，为日本人士于光绪三十二年（1906）送来供奉。

大殿后的藏经楼，面阔三间，硬山造木结构，左右各接单坡顶禅房一间，并前伸作卷棚歇山顶，设门相对似两厢。楼下额“寒拾殿”，供寒山拾得塑像。后壁嵌千手观音像碑，为清嘉庆间物。左右壁嵌石刻《金刚般若波罗蜜经》，张即之书，林则徐等跋。钟楼在藏经楼西南，为重檐六角亭式，楼下立宣统三年（1911）邹福保《重修寒山寺记》碑。上层悬光绪三十二年（1906）所铸铁钟，外径约1.2米。大雄宝殿西南有碑廊，内立二碑，一为俞樾书张继《枫桥夜泊》诗，一为康有为《题寒山寺》诗。壁间嵌岳飞书对联与条幅石碑，以及唐寅《姑苏寒山寺化钟疏》残碑，文徵明书张继诗残石，邓石如书联刻石等。

民国期间失于修护，日见破败。1954年，全面整修，并移建宋仙洲巷某宅花篮楼于寺中，恢复“枫江第一楼”旧额。“文革”期间，寺院遭到破坏。1978年，全面维修。1982年，建霜钟阁。1985年，修藏经楼。1990年，修闻钟亭和寒拾亭。1992年，修罗汉堂、弘法堂。1993年，修大雄殿、藏经楼和钟楼。1994年，重修枫江第一楼，并于楼前辟建庭园。1995年，建仿唐佛塔于寺后，正方形，高42米，系五级四面楼阁式，塔院也同时落成。1963年被列为苏州市文物保护单位。1982年被列为江苏省文物保护单位。

重元寺，一名“重玄寺”，曾名“承天寺”“承天能仁寺”“双峨寺”，在皋桥东甘节坊（今皋桥之东）。建于梁天监二年（503）。其处原为梁卫尉卿陆僧瓒宅。每天早晚，主人看见宅上祥云缭绕，以为是祥瑞之兆，遂奏请梁武帝建重云寺，武帝恩准。寺建成后，台省误书“重元寺”，即以“重元”名寺。梁武帝赐额“大梁广德重元寺”。唐代为广德重玄寺。苏州刺史、诗人韦应物曾入寺登阁，写有《登重玄寺阁》，有“时暇陟云构，晨霁澄景光。始见吴郡大，十里郁苍苍。山川表明丽，湖海吞大荒”之句。

寺中有别院五：曰“永安”，曰“净土”，禅院也；曰“宝幢”，曰“龙华”，曰“圆通”，教院也。宋初改称“承天寺”。宣和年间，朝廷下旨禁止寺观桥梁之名用“天、圣、皇、王”等字，即改称“能仁禅寺”。元代，以“承天”“能仁”两额，并称为“承天能仁寺”。因庭前有两块异石，亦名“双峨寺”。明清时，曾数度重修，近代渐次圮败。今阊门内东中市东段北侧有小巷承天寺前，即是承天寺的遗址。2003年11月，经江苏省人民政府批准，在工业园区唯亭镇阳澄半岛上重建重元寺，建有山门、钟鼓楼、大雄宝殿等。大雄宝殿建筑面积达2100平方米，气势恢弘，飞檐翘角，是国内寺庙中较大的单体建筑。在寺庙前的观音岛上，建有观音阁，供奉着高达33米的观音像。寺庙整体建筑雄伟壮丽，佛地清净，再现了当年重元寺的风采。

禅兴寺，位于今因果巷西。梁天监二年（503），刺史孙文建。或说原为孙玚故宅。孙玚，字德琏，吴郡吴县（今江苏苏州）人。博涉经史，仕梁，以军功封富阳县侯。后归陈，曾任吴郡太守，累迁五兵尚书，领右军将军。史载孙玚娶梁武帝女妙严公主为妻。但《履园丛话・卷十九・陵墓》云：“简文帝皇后生长山公主，名妙碧，则妙严为简文女无疑矣，旧志以为梁武帝女，误也。”孙玚、妙严都信佛修行，因两人性格不合，最终异室分居。孙玚居东，曰“禅兴寺”；妙严居西，曰“妙严寺”。两处均为孙玚所建。志载，寺屡有兴废。《吴县志・卷三十七・寺观三》云：“清咸丰十年毁，同治中重建。”入寺进山门殿，有弥勒佛坐像，后为石板铺的大院，有大雄宝殿，两边有廊房。再后是一片荒地，有土丘隆起，传为孙玚墓和妙严公主墓。民国《吴县志・卷四十一・冢墓》引钱泳《履园丛话》：

> 公主之墓，西去数百步，今为蒲林巷之西口，有石马一区，故老相传尚是墓前物，今俗称“石马鞍头”。

20世纪50年代，寺尚存，有几个和尚，后废。部分土地为东吴丝厂和消防队所用。

灵岩寺，旧称“秀峰寺”，位于木渎镇砚石山（今灵岩山）上，始建于梁天监中，同时建塔。其处原为郡人陆玩宅。陆玩（278—341），字士瑶。吴郡吴县（今江苏苏州）人。为东吴丞相陆逊之侄孙、高平相陆英之子。历任尚书左仆射、左光禄大夫等，封兴平伯。死后获赠太尉，故称“陆太尉”。陆玩在砚石山建有别墅，后舍宅建寺，称“砚石寺”。义熙年间，来了一个西域和尚，叫智积，在砚石寺当住持。由于智积和尚精通佛法，很会念经，一时间香火大盛，远近闻名。苏州人云“外来和尚会念经”即指此。其时，寺旁有块大石恰似灵芝，被称为“灵芝石”，山名便被改为“灵岩山”。人称智积和尚为“智积菩萨”，并造了智积殿。在山上挖井，称“智积井”。

此后，该寺历代均有发展。唐代，因寺在山顶，便称“灵岩寺”，建筑颇具规模。宋太平兴国二年（977），平江军节度使孙承祐重建宝塔，并在《灵岩山寺砖塔记》中写道：

山耸地以千仞，塔拔山而九层。巍巍下瞰于娑婆，杳杳平观于寥泬。

南宋绍兴十七年（1147）又修建。

现存宝塔为七级八面砖塔，因塔身每个窗洞内供奉佛像，故又称“多宝佛塔”。远远望去，宝塔古朴挺拔，高耸云霄，成为灵岩山的重要标志。清顺治年间，大兴土木，先后建有弥勒殿、法堂正殿、法华钟殿、天山阁、慈受阁、太悲阁、禅堂、斋堂等，在山腰间筑迎笑亭、落红亭等。新中国成立后多次重修。现存灵岩寺规模宏大，殿阁重重，佛像庄严，被称为“十方造佛之大道场”。

保圣寺，位于苏州市甪直镇。始建于梁天监二年（503）。当年，寺院规模很大，有屋宇五千余间，僧侣上千人。唐、宋、明、清时均有重修。寺内墙壁上的泥塑罗汉为唐代塑圣杨惠之的杰作。《吴郡甫里志·卷十五·寺》云：

大雄殿供释迦牟尼佛像，旁列罗汉一十八尊，为圣手杨惠之所摹，神光闪耀，形貌如生，真得塑中手之三昧者。

杨惠之，吴县（今江苏苏州）人。生卒年不详，活动于唐开元、天宝年间。史载杨惠之与画家吴道子共同拜大画家张僧繇为师，因吴道子绘画出众，名噪一时，杨惠之不甘居其下，另辟蹊径，改学雕塑，终于功成名就，人们尊称其为“塑圣”。保圣寺内的泥塑罗汉为杨惠之的代表作。元代，书法家赵孟頫书写的抱柱对联：“梵宫敕建梁朝，推甫里禅林第一；罗汉溯源惠子，为江南佛像无双。”形象地描绘了当年保圣寺的壮观和塑像的精美绝伦。清咸丰十年（1860）毁于兵燹。此后寺院年久失修，至民国初年，已

保圣寺

荒芜不堪，断墙残垣，墙上的罗汉湮没于蛛网灰尘之中，完全失去了光彩。民国十一年（1922），顾颉刚、陈万里等游保圣寺，发现塑像为唐代杨惠之所作，即在报刊上发表文章，呼吁抢救，经教育部、江苏省政府、古文物保护会等悉心研究规划，由雕塑家江小鹣、滑田友等带领一批工匠修复，使行将毁灭的名塑得以保存。新中国成立后，进行了多次维修，现已对外开放。1961年，保圣寺被列入国家级文物保护单位。

治平寺，原名“楞伽寺”，位于横塘上方山麓。梁天监二年（503），僧法镜建。宋治平元年（1064）进行重修，并改名为“治平寺”。以后曾多次重修。今寺已废，唯门前有一株古银杏树，有四人合抱之粗，虽有数百年的树龄，依然绿荫如盖，一片生机。诗人白居易曾前去游赏，写有《自思益寺次楞伽寺作》诗，有句云：“朝从思益峰游后，晚到楞伽寺歇时。”

龙兴寺，位于学士街铁局弄。初建于南朝梁。《吴郡志·卷三十一·府郭寺》载：

龙兴寺，在吴县西南，梁所置。绍兴间，于官仓瓦砾中得房琯所作寺碑，韦夏卿再立者。

明洪武初归并广化寺，寻废。清康熙中重建。乾隆三十二年（1767）重修。规模雄伟，有房180余间。山门前有照墙，内有大雄宝殿、二殿、配殿、经堂、斋堂、僧寮、库藏等。后有菜圃、花园。屋宇宽敞，旧时常被人借作庆冥寿、荐亡灵之所，设道场、摆宴席几无虚日。

民国年间，寺被征用作团管区司令部，用以整训壮丁、民夫，继则被人租用开设香作。1957年后被工厂征用，寺宇拆除殆尽。

崇福寺，位于尹山，亦称“尹山寺”。梁天监二年（503），僧左律建。元末圮。明洪武初重建。成化十六年（1480）建塔院、享堂。崇祯间又圮。清康熙二十一年（1682）重建。咸丰十年（1860）毁。同治十三年（1874）再建。后又毁。

广化寺，位于原长洲县治以西（今旧学前与因果巷交会处）。后梁贞明二年（916），钱氏置，为崇吴院。一说，唐乾元三年（760）建。《吴郡志·卷三十一·府郭寺》：

> 广化寺，在长洲县（学）西一十步。梁乾元三年，诸葛氏舍宅为之，名“崇吴禅院”。本朝大中祥符元年，改赐今额。中更兵火，夷为煨烬。都僧正清立，以医药利施一方。所得资，不以厚其藏，而以建大殿，塑三世佛、大菩萨、斋堂、十方佛殿。淳熙二年，其徒复以余橐创经楼。龚颐正为之记，其略如此。

其寺甚大，“有五百亩之广”。至清道光年间，已“有桥无寺”，“仅有大井，为僧厨故物，旧学前民家败垣中，尚有佛像”。1950年前，其址为同春苑茶馆。现为企业地址。

半塘法华院，又名“寿圣禅寺”“半塘寺”。在山塘街彩云桥西。东晋时建，内有法华塔，也称“稚儿塔”。晋代，道生法师有诵《法华经》的童子，死后葬于此处。晋义熙十一年（415），商人谢本夜泊舟于此，闻得诵经声，早晨起来寻觅，见坟上长有莲花。郡守闻后，上奏朝廷，诏建是塔。《桐桥倚棹录·卷三·寺院》云：

> 寿圣禅院，即半塘寺……元至正年建千佛阁、毗卢阁。僧善继血书《华严经》藏于中。明洪武二十四年，僧南宗重建大雄殿、四天王殿、西方殿、演法堂、集僧堂，陈继有记。崇祯十六年修，黄希宪记。国朝康熙初，布政使司佟彭年重修，寻毁。四十七年，钦殷氏倡建大雄殿并书额，殿壁刻置涂金八十八佛像，重建舍数镌两序间。道光十八年，僧敏康募修。

晋及南北朝时期，除了建造寺庙外，还建造宫观道院。

真庆道院（玄妙观前身），位于苏州城中心、观前街中段北侧。洪武《苏州府志·卷四十三·寺观》云：

玄妙观，在府城真庆坊北，晋时号“真庆道院”，唐为开元宫，宋为天庆观。

道院初建于西晋咸宁二年（276），规模不大。东晋太宁二年（324），据传明帝司马绍梦见三清道祖意欲驾临姑苏，随即下旨，要扩建道院，并敕“上真道院”额。自建观以来，因兵燹之灾，道院屡有毁建或扩建。晋太宁二年，已初具规模。此为玄妙观前身（详见本书第五章宋元“建造寺庙与祠堂”）。

崇善观，梁天监二年（503）置。

玉芝观，梁天监二年（503）置。

据同治《苏州府志》及民国《吴县志》统计，苏州始建于六朝的寺观宫庵共有107处，其中建于萧梁时期的就达73处。

这一时期，私家舍宅建寺、官方建寺、僧人建寺等形成了高潮，寺庙如雨后春笋般林立于城镇乡村。这么多的寺庙，难怪唐代诗人杜牧作《江南春》感叹云：“南朝四百八十寺，多少楼台烟雨中。”苏州后来成为江南佛教的中心，有些寺庙在全国乃至世界闻名，这与萧梁时代兴建佛寺是分不开的。

三、两座羊王庙及伍员庙

苏州有两座羊王庙，而且在同一条小巷内，这也是少有的。这两座羊王庙建于何时，史无明确的记载，但确定的是与南北朝时的两位人物有关，故一并展示。

羊王庙前，俗称“羊王庙”，位于乌鹊桥路中端东侧。在南园河北岸的一条弯曲小巷，巷不长，却有两座羊王庙：一座在东，称“羊太傅庙”；一座在西，称“羊太守庙”。旧时，凡是对社会、百姓做出贡献、彪炳史册的人物，民间尊称其为“王”，要立庙祭祀。两座庙祭祀的都是羊姓，故统称为“羊王”。巷名也就叫“羊王庙”了。

羊太守庙，在银杏桥西（今羊王庙前）。庙为南朝刘宋时创建。南宋嘉定年间再建。清雍正十一年（1733），长洲知县沈光曾又建。同治十三年（1874）重建。祭祀五代时刘宋乡贤羊玄保。《南史》称：羊玄保，泰山南城（今山东平邑）人。初为宋武帝镇军参军。少帝景平中，累迁司徒右长史，入黄门侍郎。羊玄保善于弈棋，可称是“围棋高手”。一天，他与文帝对弈，用官衔作赌，结果是羊玄保胜。文帝就补他为宣城太守。《南史·卷三十六·列传第二十六·羊玄保》云：

> 善弈棋，品第三。文帝亦好弈，与赌郡，玄保戏胜，以补宣城太守。

羊玄保后任丹阳尹、会稽太守、吴郡太守。他为官清廉，两袖清风。史籍上称他“不营财利，处家俭薄”，深得百姓的爱戴。郡人为纪念他，立庙以祭祀。

羊太傅庙，在羊太守庙之东，始建无考。祭祀西晋太傅羊祜。羊祜，字叔子，泰山南城（今山东平邑）人。东汉名士蔡邕的外孙。三国魏末，曾拜相国从事中郎，与荀勖共掌机密。入晋后，进中军将军，加散骑常侍，改封郡公。当时，晋帝有灭吴之志，由羊祜都督荆州诸军事。羊祜在任职期间，开垦荒地，储备军粮，深得江汉地区的民心。但羊祜既非苏州人，也未在苏州做过官，苏州何以有羊太傅庙？原来，羊祜的德行甚高，史载：晋帝为平定江南，羊祜率兵五万出江陵，与吴国守将陆抗相对抗。羊祜打仗不搞阴谋诡计，不搞突然袭击，双方交战，必约定时日，不失信义。《晋书·卷三十四·列传第四·羊祜》云：

> 每与吴人交兵，克日方战，不为掩袭之计。将帅有欲进谲诈之策者，辄饮以醇酒，使不得言。

晋军经过吴境，割了吴地的粮食，均记下数字，以后归还赔偿。陆抗有病，羊祜还派人送药物来，陆抗也服之不疑。有人说：“莫非是毒药？”陆抗说：“羊祜为人正直，不会用毒药来杀人。”他还感叹地对大家说：“羊祜专门施以恩惠，我们却对之反抗，这就使我们不战而屈服也。在目前形势下，各自保卫自己的国界，不要再贪小便宜了。”双方外出打猎，若是击伤了禽兽，晋人拾到以后，必归还于吴人。所以，吴人很佩服羊祜的德量，尊称他为“羊公”。

当时，吴国皇帝孙皓专横残暴，奢侈荒淫，早已失去了民心。羊祜见时机已经成熟，就屡次上表伐吴，但由于朝中议论不一，终未能出兵。在羊祜逝世两年以后，晋武帝平定了吴国。群臣向晋武帝祝贺，晋武帝执着酒杯流着泪说道：“这都是羊太傅的功劳啊！”

吴地军民心服羊太傅的宽厚仁德，故立庙祀之。

据说，庙原甚宏大，后屡毁屡建，规模遂减。清咸丰十年（1860）毁于兵燹。同治年间重建，规模缩小。光绪二十二年（1896），庙之西院用作“大云堂”殡舍，三十一年，庙之东院用作小学校舍。民国二十年（1931）时，有殿宇20余间，占地约600平方米，供神像10余尊。1950年后用作民居。后拆庙建厂。

伍员庙，亦称“伍员祠”“伍相祠”“伍子胥庙”“伍相公庙”“伍大夫庙”，位于东大街南端庙湾街。始建于刘宋元嘉三年（426），用来祭祀春秋时的吴国大夫伍子胥。当初县令谢询曾徙庙于盘门内，该地就是著名的“南双庙”之一。宋建中靖国元年（1101），平江知府吴伯举予以重修，这从蔡京《重修南双庙记》可以得知，其中有这样一段：

今天子即位元年，爱重黎庶，慎简牧守。诏以左史吴公为直秘阁，知苏州。公至期岁，政化大洽，奸盗屏斥，牒讼疏简，民用康靖。公曰：“噫嘻！先成民而后致力于神，古之善经也。今俗且治矣，其录境内神祠废坏者，以公帑所余毕修之。使安定休止，无有祟厉，为吾民忧。”

伍相祠

伍子胥（？—前484），名员。原为楚国人。其父伍奢，因向楚王直谏而被杀。他避难出走，逃奔到吴国，投靠在公子光（姬光）门下。他与勇士专诸结为好友，共同策划刺杀吴王僚，使公子光夺得王位，后公子光称吴王阖闾。伍子胥辅助吴王阖闾整顿军队，攻灭楚国，受封于申（今河南南阳），故又称“申胥”。后又辅助吴王夫差打败越国，受任大夫，参赞国事。之后，越王勾践请和，夫差许之。伍子胥苦苦劝谏，惹怒了夫差。太宰伯嚭乘机诬陷，说伍子胥用心叵测。吴王夫差就赐剑令他自刎。伍子胥对手下人说：“我死之后，可挖出我的眼睛，挂于城门之上，我要看越兵来吴。”伍子胥死后，苏州人民为纪念他，为他立庙祭祀。

《姑苏志·卷二十七·坛庙上》记载，因庙中常显灵异，元大德三年（1299），特增封伍子胥为“忠孝感惠显圣王”。至正十一年（1351）重建平江府郡城时，又另立伍员庙于胥门上。明代时，两座庙都保存了下来。明正统年间，苏州知府况钟曾登上胥门城楼，见伍子胥像立于石上，作望越师入吴之状。况钟以为不敬礼，于是改为坐像。

伍相祠，在胥门内伍子胥弄，传为伍子胥故居。伍子胥死后，乡人将他的故居立为祠，予以祭祀。元末至正年间，曾立庙于胥门城上。后均废。明万历十四年（1586），裔孙伍袁萃重建于胥门内。清康熙五十六年（1717）裔孙伍大钧重修。咸丰十年（1860）毁。同治中重建。1949年仍较完整，包括大殿及前后平房。1958年前后为工厂所用。1963年起在此办校。1979年彻底毁庙，改建教育新村大楼。

四、私家园林开始兴建

晋代，除大建寺庙道观外，私家园林也开始兴建。

顾辟疆园，当时号称“吴中第一”的私家园林。顾辟疆，吴郡吴县（今江苏苏州）人。生卒年不详，东晋时人。从东汉起，顾家系名声显赫的江南望族，出过众多高官和名人。顾辟疆曾任吴郡功曹、平北参军，性情高洁，家中富有。功曹，掌管考查记录功劳；参军，参谋军务。汉代始置，晋代继之，为州、郡的重要官吏。由此可知，顾辟疆为当时吴郡的重要官员。顾辟疆园是苏州园林史上较早的私家园林。但顾辟疆园具体在何处，史载不详，历来的说法也不一，有说在北园的，有说在甫桥西街（今凤凰街）的，而比较一致的意见是，在今西美巷况公祠处。

最早记载顾辟疆园的是南朝宋人刘义庆的《世说新语・卷下之上・简傲第二十四》：

> 王子敬自会稽经吴，闻顾辟疆有名园。先不识主人，径往其家。值顾方集宾友酣燕，而王游历既毕，指麾好恶，傍若无人。顾勃然不堪曰：“傲主人，非礼也！以贵骄人，非道也！失此二者，不足齿人，伧耳！”便驱其左右出门。王独在舆上，回转顾望，左右移时不至，然后令送著门外，怡然不屑。

王子敬，即王献之，时任中书令，官职不小，并且是著名的书法家。他经过吴郡专门去参观顾辟疆园，说明该园很有名。《晋书・王献之传》也有同样的记载。在此后的志书中，对辟疆园称赞有加。宋《吴郡志》、清《百城烟水》等都有所记载。《百城烟水・卷二・吴县》云：

> 辟疆园，传自西晋，池馆林泉之胜，号吴中第一。

延至唐代，此园犹在。唐代多名诗人游览后作有赞诗。李白诗云：“柳深陶令宅，竹暗辟疆园。”诗人顾况曾借居于此，郡守赠诗云：“辟疆东晋日，竹树有名园。年代更多主，池塘复裔孙。”陆羽诗云：“辟疆旧林间，怪石纷相向。”说明园内有假山、池塘、竹林、柳荫，美景多多。

晚唐时，该园为任晦所得。任晦，吴县（今江苏苏州）人，官泾县尉。任晦高放寡合，好奇乐异，“喜文学名理之士”。他退居苏州后，得顾辟疆的旧圃，修建为宅园，时人称为“任晦园池”。诗人皮日休、陆龟蒙常去访游，并有记游诗相唱和。陆龟蒙在《白鸥诗序》中写道：

> 乐安任君，尝为泾尉，居吴城中，地才数亩而不佩俗物。有池，池中有岛屿。池之南、西、北边合三亭，修篁嘉木，掩隐隈隩，处其一，不见其二也。

并作诗云：“吴之辟疆园，在昔胜概敌。前闻富修竹，后说纷怪石。风烟惨无主，载祀将六百。草色与行人，谁能问遗迹。不知清景在，尽付任君宅。却是五湖光，偷来傍檐隙。出门向城路，车马声辚踬。入门望亭隈，水木气岑寂。犨墙绕曲岸，势似行无极。十步一危梁，乍疑当绝壁。池容澹而古，树意苍然僻。鱼惊尾半红，鸟下衣全碧。斜来岛屿隐，恍若潇湘隔。”皮日休诗云：“入门约百步，古木声霎霎。广槛小山欹，斜廊怪石夹。白莲依阑楯，翠鸟缘帘押。地势似五泻，岩形若三峡。”从陆、皮两人的诗中，可知任晦园池之规模，外有围墙，曲折弯绕，似无尽处。入门百步，便见古木萧森，修竹成林，亭阁高耸，长廊回旋。有怪石叠成假山，势似三峡。池塘种着白莲，养着游鱼。树林间翠鸟低飞，岛屿边泉水潺潺。其规模之大、景点之多、风物之美，无可匹敌，被赞为“吴中第一”。

元明以后，园屡易其主，逐渐衰落至荒废，最终散为民居。

戴颙宅，宅第园林，约在今北园处。戴颙是何许人呢？其父戴逵，是著名画家、雕塑家。戴颙继承父业，亦精绘画与雕塑。他曾在桐庐闲游与养病，后卜居吴中，建造宅园。《吴郡图经续记・卷下・园第》云：

> 戴颙宅，故传北禅寺是也。颙父逵，字仲若，尝游吴，号为吴中高士。颙居剡下，复游桐庐。桐庐僻远，难以养疾，乃出居吴下。士人共为筑室，聚石引水，植林开涧，少时繁密，有若自然。三吴将守及郡内衣冠，要其同游野泽，堪行便去，不为矫介，众论以此多之。（注：北禅寺，见本书第四章）

在宅内“聚石引水，植木开涧，少时繁密，有若自然”，可见其宅园建筑之精致，设计之巧妙，规模也不小。

孙驸马园，位于今因果巷西。孙驸马即孙玚。他起家于梁轻车临川嗣王行参军，出任吴郡太守，因有战功，迁侍中、祠部尚书。他娶妙严为妻。家中宅第庞大，建筑豪华。《陈书・卷二十五・列传第十九・孙玚》上说：

> 其自居处，颇失于奢豪。庭院穿筑，极林泉之致，歌钟舞女，当世罕俦，宾客填

门，轩盖不绝。

宅园具体有哪些建筑，史载不详。但从“庭院穿筑，极林泉之致”上看，园内假山池水，曲折有致，其建筑之精美，也可想而知。

史籍记载，孙驸马园后舍宅为寺。孙玚、妙严都信佛修行，因两人性格不合，最终异室分居。孙玚居东，曰禅兴寺；妙严居西，曰妙严寺。孙玚、妙严殁后，葬于寺内。

五、侯景之乱毁苏城

苏州城的建筑，在战火中时建时毁。在太平年代，苏州城墙、城楼的建筑气势不凡，十分雄伟。晋初，文学家陆机写有《吴趋行》，歌颂苏州城及城楼的巍峨雄壮。其歌云：

楚妃且勿叹，齐娥且莫讴。四坐并清听，听我歌吴趋。
吴趋自有始，请从阊门起。阊门何峨峨，飞阁跨通波。
重栾承游极，回轩启曲阿。蔼蔼庆云被，泠泠祥风过……

诗中描写阊门的城楼，“飞阁”“重栾”“回轩”“曲阿”等，显示了建筑的雄伟壮丽，是很值得骄傲的。

晋朝建立后，三吴地区的士族集团纷纷不服，他们以苏州为中心，不断进行反叛，朝廷就发兵平叛。这样持续了四十余年，打打停停，停停打打，将苏州城置于战火之中，其破坏程度可想而知。

晋朝因长期内乱，北方的地盘最终丢失，为与后建的晋王朝区别，史称“西晋”。建武元年（317），琅邪王司马睿在建康（今江苏南京）即皇帝位，是为晋元帝，史称“东晋”。

进入东晋，战乱加剧。永昌元年（322），扬州牧王敦叛乱，带兵攻占苏州，苏州城遭到严重破坏，朝廷派苏峻平叛。咸和二年（327），苏峻也发动叛乱，派遣部将张健攻入苏城，烧杀抢掠，给苏城造成很大的灾难。

东晋之后，进入了南北朝时期。所谓“南朝”，是宋、齐、梁、陈四个朝代的总称。四个朝代存在的时间极短，其时，军阀割据，战乱纷纷。吴郡为富庶之地，是军阀争夺的重要地盘，也成为割据的主要战场之一。南朝之乱，影响最大的是“侯景之乱”。

梁太清二年（548）四月，侯景派他的部将于子悦、张大黑率兵攻吴（苏州），兵临城下，有人建议吴郡太守袁君正闭城坚守，但袁君正怕打不过敌军，就带了牛肉、老酒去慰劳敌军，表示愿降。但这批敌军是游民土匪组成的，进城后大肆抢劫，残害百姓。《梁书·卷五十六·列传第五十·侯景》云：

> 景又遣仪同于子悦、张大黑率兵入吴，吴郡太守袁君正迎降。子悦等既至，破掠吴中，多自调发，逼掠子女，毒虐百姓，吴人莫不怨愤，于是各立城栅拒守。

这里的“城栅”，是指城内百姓自己建造的围墙或栅栏，百姓躲在栅栏内，以防乱兵入侵而遭受损害。从上述记载可知，苏州城内百姓为保护生命和财产的安全，不敢居住在自己的家中，而集体住在城栅内，其城池的破坏程度也就可想而知了。

侯景知道于子悦、张大黑所干的坏事，即派中军侯子鉴来吴城，将于子悦、张大黑带回京中处死，并命苏单于当吴郡太守。

但吴县人不服，陆缉、戴文举等起兵万余人，攻入吴城，杀了苏单于，叫文成侯萧宁当太守。而陆缉、戴文举这批人也不是好人，一样抢夺百姓钱财。一个月后，侯景的部将宋子仙从钱塘带兵打过来，陆缉、戴文举抵挡不住，只得弃城逃跑。

梁太清三年（549）夏天，萧宁起兵反叛，被侯景部将侯子荣击败身亡。苏城仍归侯景所有。至承圣元年（552），叛乱基本平息。

经过于子悦、陆缉、侯子荣这三次乱军的大肆烧杀抢掠，苏州城内的财物几乎被扫劫一空，城池、街巷、房屋遭到严重的破坏。所以，《资治通鉴·卷第一百六十三·梁纪十九·太宗简文皇帝上》说：

> 自晋氏渡江，三吴最为富庶，贡赋商旅，皆出其地。及侯景之乱，掠金帛既尽，乃掠人而食之，或卖于北境，遗民殆尽矣。

原来富庶的苏州，经历多次叛乱，兵燹不断，战火连天，已见不到昔日的繁荣，“千里绝烟，人迹罕见”，一片萧条景象。

六、桥梁建筑甚少

这一时期，战乱不断，百姓生活艰难，桥梁建筑极少，史籍上记载不多。

悬桥，位于临顿路悬桥巷口，跨城内第二直河（临顿河）。建于梁天监元年（502），桥在长洲县治之东，故名“县桥”。《姑苏志·卷十九·桥梁上》：

县桥，长洲旧县治东，故又名“县东桥”。

明《水道图》标注“县东桥”。《姑苏城图》标注“悬桥”。清同治四年（1865）重建，为木桥。1952年改建，为青石板桥。1955年重修，为石板平桥，长8.5米，宽5米。1985年改建为钢筋混凝土板梁桥，长8.9米，宽9米，跨径6米，花岗石桥栏，两侧各有望柱4根。

中路桥，今为天后宫桥，位于皮市街北，跨城内北街河。始建于南朝梁。宋《平江图》著录。后因桥北有天后宫，改称“天后宫桥”。1957年、1966年两次修建，为石板平桥。1997年8月改建，为钢筋混凝土平桥。改建时，在桥西侧拆下一块元大德元年（1297）造桥用的桥面石板，上面图案清晰，仍砌于桥之西侧。现桥长8米，宽12米，跨径5.6米，雕空桥栏，栏杆上有8根望柱，每根望柱上有简单的图形，桥西侧望柱刻有桥名。

朱明寺桥，位于今景德路中，其地有朱明寺，寺旁建桥，故名“朱明寺桥”。后填河拆桥。

饮马桥，位于今人民路十梓街西口南，跨城内第三横河。约始建于东晋之前。唐《吴地记》、宋《吴郡志》著录。相传，晋高僧支遁饮马于桥下，故名。宋淳祐六年（1246），知府魏峻重建。20世纪50年代曾修建拓宽。1984年，在道前街拓建工程中重建，由木梁板桥改建为钢筋混凝土桥，中为门梁，两侧为型梁，长6.5米，宽31.8米，跨径6米。花岗石镂花桥栏，正中阴刻桥名及重建年月。

泰伯庙桥，一名“至德桥”。跨城内中市河。约建于五代后梁乾化四年（914）。宋《平江图》标注“庙桥”。因桥北堍有泰伯庙（又名“至德庙”）而得名。北宋元祐七年（1092）诏号至德庙，《吴郡图经续记·卷中·桥梁》载：

至德桥，在泰伯庙前，以庙名桥也。

民国二十九年（1940），《吴县图》上已改名“泰伯庙桥”。清嘉庆十五年（1810），曾翻修为石板拱桥。民国十三年（1924）改建，由石板拱桥改建为钢筋混凝土平桥。新中国成立后，曾修建加固，现桥长24.8米，宽5.3米，跨径6.8米。

本章主要参考书目：

《晋书》，房玄龄等撰，中华书局
《南史》，李延寿撰，中华书局
《梁书》，姚思廉撰，中华书局
《陈书》，姚思廉撰，中华书局
《钦定四库全书·世说新语》，刘义庆撰，上海人民出版社
《资治通鉴》，司马光编纂，岳麓书社
《吴地记》，陆广微撰，江苏古籍出版社
《吴郡图经续记》，朱长文撰，江苏古籍出版社
《吴郡志》，范成大撰，江苏古籍出版社
《虎丘山志》，苏州市园林和绿化管理局编，文汇出版社
《寒山寺志》，叶昌炽撰，江苏古籍出版社
《桐桥倚棹录》，顾禄著，江苏古籍出版社

第四章 隋唐五代

魏晋南北朝后，进入了隋唐时代。公元581年，周相国杨坚以外祖父的身份，逼迫外孙静帝（年仅八岁）禅位，改元开皇，国号隋，为隋文帝。开皇九年（589），改吴州为『苏州』，苏州得名自此始。隋初，苏州城迁移至横塘，入唐后即回归古城。文帝死，子杨广即位，即隋炀帝。炀帝实施暴政，不得民心，反隋起义此起彼伏，传至恭帝时，为唐所灭。隋朝仅有三帝，共执政三十八年。

公元618年，唐朝建立。太宗时期，百姓安居乐业，史称『贞观之治』。武则天称帝后，于万岁通天元年（696），将吴县一分为二，设置长洲县。唐玄宗即位后，又出现了『开元盛世』。大历十三年（778），升苏州为『雄州』。在此期间，苏州城市建设迅猛发展。建有街坊六十个，草房改瓦房，新建郡府园林，用砖砌城墙等。白居易开发山塘河。桥梁建设达到了高峰，如宝带桥、枫桥、带城桥等，都先后建成。

唐代后期，宦官专权，朝政腐败，出现了众多的割据政权，国家分裂。天祐四年（907），唐亡，形成了『五代十国』的局面。

一、杨素迁徙苏州城

隋朝建立以后，隋文帝采取中央集权和发展经济的政策，国力渐渐强盛，为统一全国奠定了基础。

南朝的陈国，建都建康（今江苏南京）。吴郡属于陈国。隋开皇九年（589），隋将韩擒虎攻入建康，陈后主与妃子等被俘，陈国灭亡。同年废除吴郡，改吴州为“苏州”。自此，苏州之名一直沿用至今。

陈国虽灭，但陈国下属的一些守城将官不服隋朝，不肯降隋，纷纷独立。越、苏之地，有称帝的，称大都督的，称太守的。豪民富绅纷纷占山为王，山贼强盗杀害长吏，抢劫百姓，乘机作乱，江南处于一片混乱之中。

隋文帝得讯后，即派杨素为行军总管，率兵南下征讨。杨素（？—606），字处道，弘农华阴（今属陕西）人。自幼好学不倦，多所通涉，既善属文，又工草隶。身材魁伟，有英雄气概。北周末年，杨坚拜杨素为大将军，封清河郡公，加上柱国。他是隋朝的开国元勋，这次率兵南下，欲征服各地称王、称帝者，以及占山为王的盗贼等。他攻破徐州、晋陵（今常州）、无锡后，再攻苏州。苏州由沈玄懀、沈杰等守城，杨素的部将攻了多次未能攻下，后由杨素亲自带队攻城，沈玄懀难以抵抗，只得弃城逃跑，后杨素将其抓获，终于平定了叛乱。

其时，苏州城较为富庶，少数叛将与流寇对苏州垂涎三尺，都想争夺苏州，形势十分险恶。杨素虽已控制住苏州，但怕叛乱反复，为维持安定，保护城市经济的发展，让百姓不再受战祸之苦，他采取了一项重要措施——将苏州城迁移到横山脚下（即今横塘新郭之地）。时在隋开皇十一年（591）。《吴郡图经续记·卷上·城邑》云：

> 隋开皇九年，平陈之后，江左遭乱。十一年，杨素帅师平之，以苏城尝被围，非设险之地，奏徙于古城西南横山之东，黄山之下。

杨素将迁移苏州城的计划向隋文帝汇报，文帝准奏，杨素即着手在新郭建造新城。新郭那里，原是苏州城的廓，即外城也。春秋时，其地为吴王的“宴宫里”。《孟子·公孙丑下》云：“三里之城，七里之廓。”就是说，内城为三里，外城为七里。杨素在那里建新城，故名“新郭”。《吴郡图经续记·卷下·往迹》上有记载：

> 新郭，在吴县西横山下。隋既平陈，江南未服，聚为盗贼。隋文帝以杨素为行军总管讨之，追击至苏州，移郡邑于横山下，盖欲空其旧城耳，此新郭者，当时之遗址也。

杨素在建城时，自然要大兴土木，征用民夫。城墙要坚固，城门更为重要。建城者用槠木做城门之柱，杨素见后问："这种槠木是否坚固？可用几年？"建城者答道："可用四十年不会朽。"杨素道："这就可以了，这个城四十年后也会废除的。"新城建好后，郡治设在这里，百姓也迁入，商人开店，集市贸易十分热闹。

新郭的历史虽不长，但给苏州古城的历史描写了曲折而新鲜的一页。

如果不建那时的新城，也就没有现在的新郭。新郭城留下的遗迹，有不少至今依然存在，如桥、井等之类。《吴门表隐·卷十一》云：

> 杨素桥，在新郭，素筑城时建。

此桥位于新郭老镇东北200米处，为石板桥。为保留古迹，1976年由横塘公社新郭大队重修，村民称其为"杨师桥"。在治平寺前山岗上还有"越公井"。《吴郡志·卷九·古迹》云：

> 越公井，今在治平寺前山岗上。径一丈八尺，石栏如屏绕之。上有刻字，多不可辨。又有唐广明元年，僧茂乾《述大唐楞伽殿后》《重修吴朝大井记》，略云：惟兹巨井，吴志坐当横山艮位，越来溪西百步。隋开皇十年，越国公杨素筑城创斯井焉。时屯师孔多，日饮万人……（按：此即是杨素井。）盖素既平陈，尝迁吴郡于山下，至今谓之新郭。

越公井至今尚存，井栏为民国时著名人士张一麐重置。

隋大业十四年（618），隋炀帝在江都行宫被部将杀死。死讯传出，各地又群雄四起，乱成一团，又有称王、称帝的。苏州城被人争夺，先由沈法兴所占；后由在扬州自称"吴帝"的李子通打退沈法兴，占据苏城；再后，被唐政权封为吴王的杜伏威击败李子通，占据江南全部。经过数次战争，苏州城遭到严重破坏，新郭城内的财物被抢劫一空，郡治机构也难以行使职能。

唐武德元年（618），隋朝灭亡，唐朝建立。武德四年，唐占有苏州，命李嘉德任苏州刺史。他看到兵燹后的新郭，房屋破旧，冷落萧条；再看看苏州老城，城内杂草丛生，垃圾成堆，几乎没有行人。但两相比较，还是老城宽敞，基础尚好。从地理上看，老城地势适宜，规划完整，胜过新城。胜在哪里呢？《吴郡图经续记·卷上·城邑》上说得非常明白：

> 唐武德末，复其旧，盖知地势之不可迁也。观于城中，众流贯州，吐吸震泽，小浜别派，旁夹路衢，盖不如是，无以泄积潦安居民也。故虽名泽国，而城中未尝有垫溺荡析之患，非智者创于前，能者踵于后，安能致此哉？

这段文字说明老城内的街坊与河道规划得极有条理，虽在水乡泽国，但有多条河流贯通城内外，即使大雨倾盆，城内的水也会迅速地流到城外，城内不会积水。于是，李嘉德组织民工，用了五年时间，对老城进行修复。武德九年（626），从新郭迁回老城。计算起来，自搬迁至新郭再到搬回老城，经过了三十三年时间，应证了杨素的话。

武则天万岁通天元年（696），分出吴县之地，设立长洲县。就苏州城内来说，将护龙街（今人民路）一分为二，西属吴县，东归长洲县。

唐代实行州、县两级制，分“辅（指京城）、雄、望、紧、上、中、下”七等。这时苏州的首邑为吴县，为“望州”，被列为三等。

唐大历十三年（778），苏州领吴、长洲、嘉兴、海盐、常熟、昆山、华亭等七县。人口为十四万三千二百六十一户，其中吴、长洲两县人口共六万二千多户。次年，苏州升为“雄州”。

其时，苏州城的八道陆门和八道水门全部开启，为进出城市的通道。宝历元年（825），白居易任苏州刺史，他在《九日宴集醉题郡楼兼呈周殷二判官》诗中写道：“水道脉分棹鳞次，里闾棋布城册方。”之后，刘禹锡任苏州刺史，他在《白舍人曹长寄新诗，有游宴之盛，因以戏酬》诗中写道：“二八城门开道路，五千兵马引旌旗。”两人的诗，确切地反映了那时苏州城的风貌。

二、七堰八门六十坊

苏州城内的街坊，自伍子胥建城以来，经过秦汉、两晋及隋朝，逐步完善。唐代中期，苏州城内的街坊有六十个。诗人白居易任苏州刺史时，写有“七堰八门六十坊”的诗句。堰，挡水的低坝，此处当作水闸解。苏州有八座陆城门、八座水城门，因胥门的水城门在春申君治吴时已堵塞，故只有七座水门，即七堰。六十坊，指居民所住的街坊。

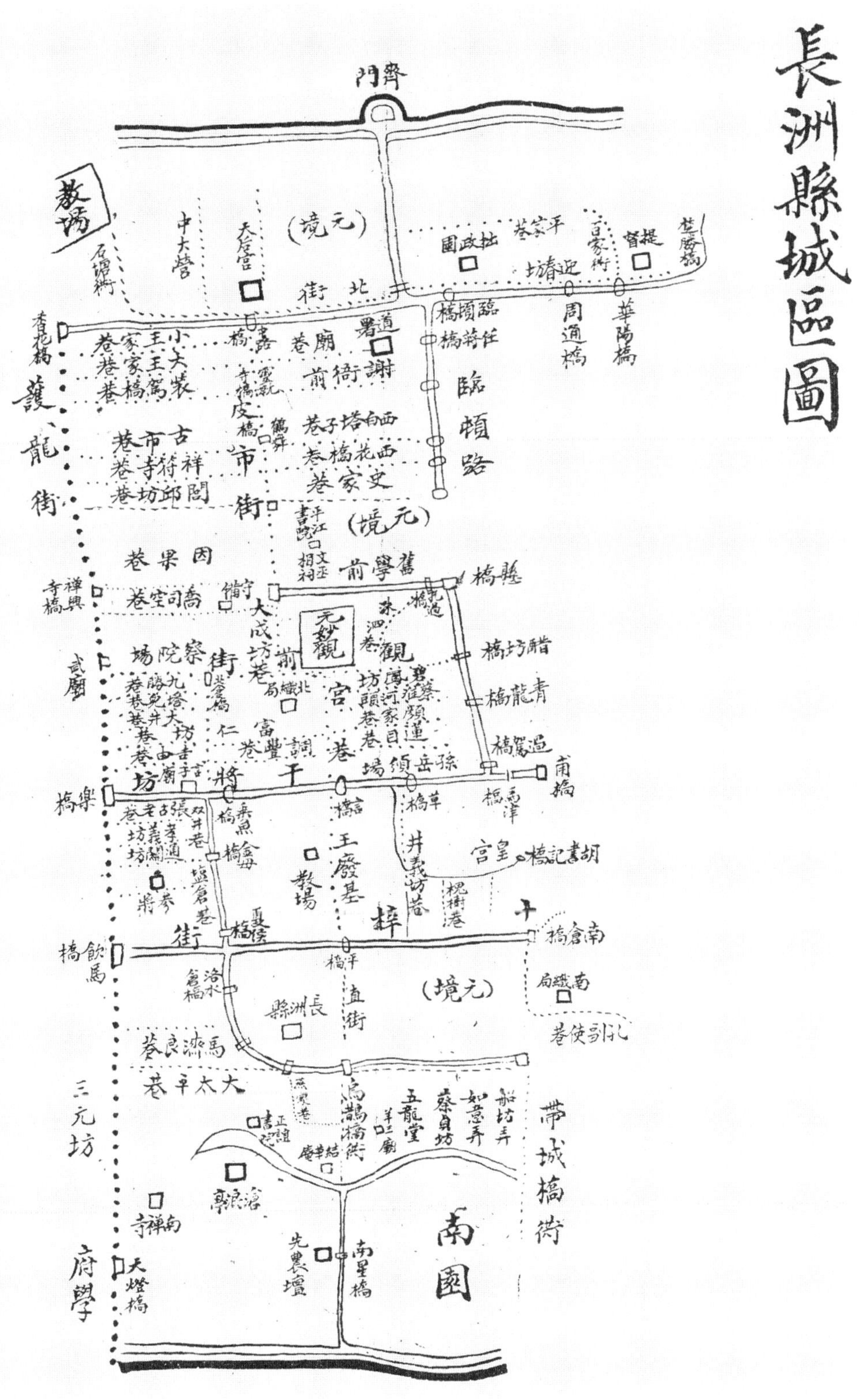

《长洲县城区图》

唐代，城市居民和郊外农民居住的地方有个明确的标志。《旧唐书·卷四十八·食货志上》说：

在邑居者为坊，在田野者为村。

就是说，百姓在城市里住的地方叫作“坊”，在农村里住的地方叫作“村”。《旧唐书·卷四十三·职官志二》上说：

百户为里，五里为乡。两京及州、县之郭内分为坊，郊外为村。里及坊、村皆有正，以司察督。四家为邻，五邻为保，保有长，以相禁约。

上述文字说明，唐代的里坊制度是相当严格的。里、坊、村皆有正，正为地方上小官。城内设坊，主要是便于统治管理民众，防止“起义、反叛”之事的发生。当然，居民住在坊内，也可防止犯罪分子侵入，较为安全。据史料，唐代的京城长安有一百零八个坊。苏州有六十坊，这在《吴地记》上有记载。坊名为：

通波。三让。水浮。阖闾。坤维。馆娃。调啁。平权。金风。南宫。
通关。盍簪。吴趋。白贲。南祀。长干。望馆。曳练。苌楚。处暑。
棠棣。白华。即次。甘节。吴愉。洊雷。义和。噬嗑。嘉鱼。陋蜀。

——以上三十坊在吴县

迁善。旌孝。儒教。绣衣。太元。黄鹂。玉铉。布德。立义。孙君。
青阳。建善。从义。迎春。载耜。开冰。丽泽。释菜。和令。夷则。
南政。仲吕。必大。豸冠。八貂。同仁。天宫。布农。富春。循陔。

——以上三十坊在长洲县

上列坊名，当在通天元年（696）之后。吴县、长洲各三十个坊，可见其划分是比较周密、平均的。

街坊为居民的聚居地，它建立后也并非固定的，随着政治、经济的变化，有时建设、发展，有时停顿、破坏。这六十个坊，大约是在唐代后期形成的。六十个坊的设置，既可看出唐代苏州城的建设规模是有一定规划的，也可看出唐代苏州街坊的概貌，一个个街坊宛若棋盘中的线条，横直分明，井然有序。

唐代，居民的房屋大都为茅草房，一家失火，邻里遭殃。唐元和年间，太原人王仲舒到苏州任刺史，他即动员居民将茅草房改为瓦房。此后的房屋，大都建为瓦房了。

三、郡府园林和私家园林

苏州的最高行政机关一直设在原吴王宫，即子城内。唐代，苏州最高行政长官称为刺史（太守），办公地方也设在子城内。但历经战乱与社会动荡，子城屡有毁建。唐武德九年（626），由新郭迁回老城后，行政长官仍在子城内办公。

苏州是江南地区政治、经济、文化的中心，商业繁荣，殷实富庶，历来为权势者争夺之地。这个城市，要派重要人物去坐镇管理，否则难保平安。唐代初期，朝廷已考虑到这一点，所以，专门委派"王"位级的大臣去管理苏州。被封为王者，皆为李氏宗室，换句话说，都是靠得住的人物。贞观初，派高祖之子滕王李元婴为苏州刺史。高宗调露二年（680），派太宗之子曹王李明为苏州刺史。后又派高祖之子鲁王李灵夔为苏州刺史。这些人物来到苏州，要享受王的待遇，讲究排场，自然与众不同，他们虽居于王宫之内，但要装修一番。因而，他们不惜钱财，对子城进行重新修建。亭台楼阁，水池轩榭，宛若园林，胜过前朝，所以被称为"郡圃"。圃者，园池也。史籍记载，唐代，子城已建有齐云楼、初阳楼及东楼、西楼、谯楼，有东园、西园，亦称"东斋""西斋"，还有东亭、西亭，北轩等。《吴郡志·卷六·官宇》云：

> 郡圃，在州宅正北，前临池光亭大池，后抵齐云楼城下，甚广袤。案：唐有西园，旧木兰堂基，正在郡圃之西……郡治旧有齐云，初阳及东、西四楼，木兰堂，东、西二亭，北轩，东斋等处。

这么多的厅堂、楼宇、亭子，还有大池，俨然是座园林式的府衙。

白居易任苏州刺史时，还在郡圃内植桧。《吴郡志·卷九·古迹》云：

> 白公桧，唐白乐天手植。在州宅后，池光亭前水中。

子城正门旁建有谯楼，为士兵在城上瞭望所用。在子城北面的城墙上，建有齐云楼，原称"郡阁"，白居易守郡时改名"齐云"。相传齐云楼高耸雄伟，可与蜀地的西楼、湖北的南楼、岳阳楼、庾楼相媲美。何谓齐云？取自古诗"西北有高楼，上与浮云齐"之诗意。从楼的名称看，可知齐云楼巍然屹立，楼顶白云缭绕。白居易对齐云楼的印象很深，在诗中多次提到，如“改号齐云楼”“齐云楼春酒一杯”等。初阳楼，在子城内偏东的池上，池中建楼，倒影入池，如画一般，开园林建水阁之先河。东楼、西楼，建在子城东、西面的城门之上，西楼亦名“望市楼”，意谓太守登上此楼，可眺望，市内胜景尽收眼底。城上建有几座楼阁，真是壮观之极。东亭、西亭，为郡圃中的景点。东斋、西斋，为太守与友人品茗休闲处。北池，郡圃中的水景，池中植白莲，夏夜在此纳凉，荷香舒人。这些景点建筑，在白居易的诗篇中比比皆是，如《郡中西园》《城上夜宴》《题西亭》《北亭卧》等。从这些诗篇中，也可窥见子城建设的规模。

木兰堂，又名“木兰院”，即府署后面的花园。园内多植木兰，木兰高达5米，木质有香气，为观赏花木。春天花开，形似饱墨笔尖，外面紫红色，内里粉白色，甚是好看。《岚斋录》载：唐张抟自湖州刺史转至苏州，木兰花盛开时，在木兰堂内宴请宾客，大家开怀畅饮，即席赋诗，好不热闹。诗人陆龟蒙因事后至，张抟敬他数杯，陆龟蒙大醉，提笔写了两句：“洞庭波浪渺无津，日日征帆送远人。”醉倒后丢笔，不能再写。张抟叫他人续写，他人不解其意，未能续上。稍后陆龟蒙醒来，即提笔续就：“几度木兰舟上望，不知元是此花身。”大家拍手叫好。

郡府修建得如园林一般，在此影响下，私家造园之风也悄然兴起。可惜的是，史籍记载不多，今将搜集到的资料，简述如下：

陆龟蒙宅园，在临顿里（今临顿路北端），或说在今之拙政园一带。陆龟蒙（？—约881），字鲁望，长洲（今江苏苏州）人。考进士不第，曾任苏、湖二州刺史从事。他与诗人皮日休友好，同负盛名，时称“皮陆”。陆龟蒙是三国时陆绩的后裔，住在老宅中。其宅范围很大，是一处具有田园风光的园林，有池石园圃之属。《吴郡志・卷九・古迹》云：

> 临顿，旧为吴中胜地，陆龟蒙居之，不出郛郭，旷若郊墅。

陆龟蒙像

陆龟蒙在苏州过着隐居生活，与皮日休经常饮酒唱和，在临顿得诗数十首。皮日休有诗云:“一方潇洒地,之子独深居。”“静僻无人到,幽深每自知。”“闭门无一事,安稳卧凉天。”陆龟蒙有诗云:“近来惟乐静,移旁故城居。”“白石堪为饭,青萝好作冠。”“只有君同癖,闲来对曲肱。”

《新唐书·卷一百九十六·列传第一百二十一·隐逸》:

> 陆氏在姑苏,其门有巨石,远祖绩尝事吴为郁林太守,罢归无装,舟轻不可越海,取石为重,人称其廉,号“郁林石”,世保其居云。

陆龟蒙的这处宅园,当时是苏州名园。至宋代,胡稷言居陆氏旧宅,并筑圃凿池,名“五柳堂”。其子胡峄又取杜甫“宅舍如荒村”句意,易名为“如村”。

任晦池园,传为原东晋时顾辟疆园,在今西美巷况公祠处。任晦辞官后退居吴中,建造私家园林,有亭、池、岛、花木,相当幽静。唐代著名诗人皮日休、陆龟蒙均有诗咏。《吴郡志·卷十四·园亭》云:

> 任晦园池,晦尝为泾县尉,归吴作圃,为时所称。皮日休云:“有深林曲沼,危亭幽物。”陆龟蒙诗云:“吴之辟疆园,在昔胜概敌。不知佳景在,尽付任君宅。”盖任晦得顾辟疆旧园以为宅也。

对于园林之幽胜,皮日休写有五言古诗58句290字,陆龟蒙写有五言古诗48句240字,将园林描写得十分具体。其园规模不小,修篁嘉木,掩隐隈陕,怪石池塘,鸟飞猿眠,生态悠然,景点极多(参见第三章魏晋南北朝“私家园林开始兴建”)。

此外,在城内大井巷内也有一处园林。这里原有高高低低的土堆,无人居住,地名“黄土曲”。唐代,有个富豪买下这块土地,建房造屋,居住于此,并堆假山,筑亭子,挖水池,种花植树,使之成为一座花园。他还开设酒店,出售美酒,生意十分兴隆。清乾隆《长洲县志》记载:

> 大酒巷,今讹为大井巷:“唐时有富人修第其间,植花浚池,建水槛、风亭,酝美酒以延宾旅,其酒价颇高,故名。”

看来,这是一处园林酒家。

四、白居易开发山塘河

白居易原在杭州任刺史。唐敬宗宝历元年（825）五月，白居易调任为苏州刺史，次年秋冬之际，因病回老家休养。他在苏州任上不到两年时间，却在苏州留下了不可磨灭的政绩，至今使人难忘。

虎丘为苏州的名胜之地，山上绝岩纵壑，树木苍翠，古迹众多，最为著名的有吴王阖闾墓、虎丘塔、剑池、千人石、点头石等，被誉为“吴中第一山”，是苏州人游玩的好地方。那时，城内人游虎丘，出阊门沿山塘河岸走直达虎丘。白居易来到苏州后，也常去虎丘游玩，有诗云“一年十二度，非少亦非多”（《夜游西武丘寺八韵》）。平均每月游玩一次，次数可谓不少。但他发现去虎丘的这条路，路边的河道淤泥堆积，河水并不流畅，路上坑坑洼洼不少，实在不好行走。于是，他就组织民工开挖山塘河，清理淤泥，筑平堤岸，使之成为一条平整的路。同时，在河内种上红菱、荷花，在岸边种上杨柳、桃李，这样，水道可以行船，陆路可以跑马，水陆交通变得十分便捷，去虎丘游玩的游人也多了。《百城烟水・卷一・苏州》云：

> 虎丘，一名“海涌”，去阊门七里……初时，白堤未开，山在平田中，一丘耳。南是山径，白居易凿渠以通南北，而达于运河，又缘山麓，凿水四周。

这条堤岸因是去虎丘的必经之路，时称“武丘寺路”。唐代，因避高祖李渊祖父李虎讳，故将“虎”改为“武”。白居易写有《武丘寺路》，诗云：

> 自开山寺路，水陆往来频。银勒牵骄马，花船载丽人。
> 芰荷生欲遍，桃李种仍新。好住湖堤上，长留一道春。

人们为表示对白居易的敬重之意，将这条路尊称为“白公堤”。堤沿山塘河，后称“山塘街”。自阊门至虎丘有七里之长，又称“七里山塘”。民间有“七狸闹山塘”的故事，现街上置有七只石狸，故又名“七狸山塘”。此后，沿街建房造屋，形成街市，至明清时期，街上经济繁荣，百货杂陈，游人如织；河内船只往返，货物流通，成为苏州城外最长、最繁荣的一条长街。

山塘街自开辟以来，至今已有1000余年。经历代积累，共有全国和省、市级文物古迹58处。2010年6月，由中华人民共和国文化部、国家文物局批准，山塘街被列入第二批“中国历史文化名街”名录，成为著名的历史文化街区。

五、桥梁的兴建（内城河）

苏州是座水乡城市，城内河道较多。从主要河道来说，城内有“四纵五横”，这是黄歇治吴时“四纵五横”的遗存。城外河道星罗棋布。河道是水上的交通要道，但河道多了，也会影响陆上交通。所以，必须在河道上建筑桥梁，便于居民通行。有唐一代，苏州兴建桥梁，总计近400座，可说是达到了造桥高峰。诗人白居易任苏州刺史时，写有“绿浪东西南北水，红栏三百九十桥”之句。但由于缺乏史料，这390座桥梁是如何分布的，不得而知。有不少桥梁连记载也没有。唐人陆广微撰的《吴地记》上，只录织里桥、百口桥、乘鱼桥、皋桥、都亭桥、炭渚桥、定跨桥7座桥梁。《吴地记后集》一卷，为北宋人所撰，可能也有北宋时建的桥梁在内，载有桥梁19座（实录18座）、续添桥梁（32座）、续添桥梁（54座）三项，共列出桥梁104座，连同《吴地记》上记载的桥梁在内，总计111座。《吴地记后集》上录的桥名，如下：

桥梁：乐桥、饮马桥、孙老桥、渡僧桥、升平桥、白显桥、太平桥、市曹桥、三太尉桥、黄牛坊桥、憩桥、小市桥、张广桥、普济桥、泰伯庙桥、杉渎桥、西馆桥、金师堂桥（18座）。

续添桥梁：吉利桥、成家桥、渡子桥、龙兴寺桥、积善桥、三板桥、马禅寺桥、白礶桥、剪金桥、过军桥、雍熙寺后桥、丝行桥、吴县东桥、吴县西桥、乌盆桥、艇船桥、皋桥、朱明寺桥、鱼行桥、女冠子院桥、开元寺桥、梅家桥、查家桥、乌鹊桥、盘门里庙桥、雁门桥、朱勔宅前桥、景德寺桥、蒋侍郎桥、卢提刑桥、陆侍郎桥、雍熙寺西桥（32座）。

续添桥梁：顾家桥、蒋家桥、乘鱼桥、大郎桥、子城桥、长洲县东桥、天宫寺桥、张香桥、徐鲤鱼桥、南仓桥、广化寺后桥、阮桥、承天寺后寺前桥、竹隔桥、船舫桥、北寺东桥、筱桥、板桥、徐贵子桥、宁国寺桥、芰荐桥、通利桥、乐安桥、禅兴寺桥、仰家桥、天庆观桥、红炉子桥、百口桥、蒋军桥、李师堂桥、周太保桥、张马步桥、鹅鸭桥、宝积寺桥、草鞋桥、灵鹫寺桥、周通桥、华家桥、华桥、程桥、望信桥、吴王桥、全母桥、阊桥、黄土塔桥、带城桥、马津桥、草桥、醋坊桥、临顿桥、州前平桥、至道桥、新桥、甫桥（54座）。

这与“三百九十桥”之数相差甚远。笔者认为，《吴地记》作者陆广微生活于唐僖宗年代，其时黄巢起义，天下大乱，书籍在唐时已散佚，内容残缺不全，在书上不见有“桥梁”之目。而《吴地记后集》中为续添桥梁，也没有添全，许多桥名就此不存，这怕是个主要原因。

在有关史籍上，发现有在平江河上建的花桥，在寒山寺门前、运河支流上建的江村桥，在虎丘山门前、山塘河上建的望山桥，在锦帆泾上建的夏侯桥（《姑苏志》云：“相传唐夏侯司空建，或云桥旁有夏侯庙，因名。”），在胥门内（今念珠街沿河）的白头桥等。《吴地记》《吴地记后集》均无记录，即可佐证。

唐代建的桥梁，大都为木结构，即木板桥。桥栏上髹以红漆，光滑明亮，十分美观。白居易的“红栏三百九十桥”，“红栏”，红漆桥栏也，就是桥梁的真实写照。

唐代所建的桥梁，按史籍记载的所在位置分述如下：

张香桥，跨苏州城内第一横河。始建于唐。唐《吴地记》有记载。王謇《宋平江城坊考》引《荻楼杂钞》：“昔有女子名香，与所欢会此，故名。一曰‘女子姓张名香’。”民间传说：唐代，桥旁住一大户人家，婢女张香与男仆相爱，被主人发觉，主人将男仆赶走，并不准她与男仆往来。张香与男仆相爱已深，难以分离，她思念心切，在一个深夜里投河殉情。后人为纪念张香这段爱情故事，遂将“张香”作桥名。后人疑张香并非凡人，而是仙人。《红兰逸乘》载：“今明月之夜，有兔，大于常兔，见于桥上，人捕之不得，殆兔仙也。”将张香喻为“兔仙”，并非一般凡人，这纯粹是神话了。一说张香为抗倭而死。《吴门表隐·卷二》云：

张香桥，昔有女子姓张名香，拒倭寇，殉义于此。

原为木结构平板桥。清康熙四十五年（1706）重建，为石级平桥，加石栏，高0.4米。后因交通不便，改为石板平桥。1956年重修。桥堍居民在翻建房屋时，发现石板一块，上镌“古张香桥”四字。1965年重修加固，长10.9米，宽2.8米，跨径5米。

过军桥，跨城内第一横河（桃花河）。建于唐代。唐《吴地记》有著录。宋《平江图》、明《姑苏志》标名“北过军桥”。宋《吴郡志·卷十七·桥梁》载“南过军桥、北过军桥”。清康熙《苏州府志》载：

南北二桥：一在崇真宫东，名“南过军桥”；一在崇真宫后，名“北过军桥”。

清乾隆《苏州府志》标注“日晖桥”。咸丰元年（1851）重建，更名为“日晖桥”。民国初，由金阊下塘桃坞市民公社修建。民国十九年（1930）重建时，改为钢筋混凝土板梁结构单孔平桥。1979年重建。现为石拱桥，长7.4米，宽2.6米，跨径3.45米，砖石桥栏。

白头桥，跨城内第二横河（干将河）。白居易任苏州刺史时建，故名“白头桥”，后由郡守孙冕重建此桥，改称“孙老桥”。《吴郡志·卷十七·桥梁》：

> 孙老桥，在运河上，唐白头桥也。郡守白居易所建，因是名之。本朝天圣初，郡守孙冕重修，故易今名。

北宋诗人梅挚《过白头桥》诗云：“白头桥奈白头何，旧德如存故老歌。不特舆梁起遗爱，大都才美服人多。”元代，总管道童复加修建，道童号“白岩”，桥名改称“白岩桥”。明朝修建，复名“孙老桥”。1978年改为单孔钢筋混凝土平桥，长10.8米，宽14米，跨径5.6米，花岗石桥栏，桥栏望柱上雕刻桥名。

太平桥，跨第二横河（干将河）。始建于唐。《吴地记》有著录。北宋皇祐五年（1053）始建。原为石板单孔平桥，桥北有太平坊，故名。1953年改为水泥平桥。1962年重修，长6米，宽11.11米，跨径6米。1994年干将路拓宽时，又改建为水泥板梁桥，花岗石桥栏。长8米，宽34米，跨度6米。正中车行道28米，两边人行道各3米。

市鹤桥，跨第二横河（干将河）。古名“市曹桥”，曾名“式欢桥”。市曹，指商业集中之处，古代常在市曹处决人犯。民国二十九年（1940）《吴县城厢图》称“鹰扬桥”。新中国成立后改今名。原桥宽2米，长4米。1994年改造干将路时重建，为钢筋混凝土两铰板拱桥，单孔，长8米，宽12米，其中车行道8米，两侧人行道各2米。花岗石桥栏，桥边立柱上刻桥名。

乘鱼桥，跨城内第二横河（干将河），建于唐朝，原为木桥。桥名“乘鱼”有个神话故事。《吴地记》云：

> 乘鱼桥，在交让渎。郡人丁法海与琴高友善。高世不仕，共营东皋之田。时岁大稔，二人共行田畔，忽见一大鲤鱼，长可丈余，一角两足双翼，舞于高田。法海试上鱼背，静然不动，良久遂下。请高登鱼背，鱼乃举翼飞腾，冲天而去。

宋至和元年（1054），僧达本重建，为石板梁单孔平桥，长4米，宽2米。明《姑苏志·卷十九·桥梁上》载：

乘鱼桥，子城西北。昔琴高乘鲤升仙之地，或云宋子英乘鲤升天，故吴中门户皆作神鱼，非琴高也。

“子英乘鲤升天”，事见《吴郡志·卷四十四·奇事》：

宋吴子英者，舒乡人。善入水，捕得赤鲤鱼。爱其色好，持归不杀。养池中，饲以米谷。一年长丈余，生角有翅。子英怖，拜谢之。鱼言：“我来迎汝，上我背，与汝俱升天。”岁来归见其妻子，鱼复迎之。故吴中门户，并作神鱼子英祠。

1972年，河道改筑防空工事，桥被拆除。1988年拓宽干将路时，清除河道防空工事，重建此桥。1994年改建干将路时再建。现为单孔钢筋混凝土梁桥，长11米，宽9米，跨径6米，花岗石镂空桥栏，东西两侧各有4根望柱。

草桥，跨城内第二横河（干将河）。唐陆广微《吴地记》有记载。《宋平江城坊考》云：草，系姓氏，为出《周官》草人。吴地有“草家场”。《吴门表隐·卷二》云：“明初赐铁券老人张贡英，墓在胥台乡。贡英，太祖旧邻，最笃。及即位，屡召固辞，赐第吴中草桥北，后改为乡贤文奇祠。并祀贡英及……久废，列祀复旧祠。”历代修建未见记载。1954年改建，为单孔钢筋水泥现浇板平桥，长9.9米，宽13米（车行道8米，两边人行道各2.5米），跨度4.96米。1994年拓宽干将东路时重建，长8米，宽20米，其中车行道9米，两边人行道各宽5.5米，跨径6米。花岗石桥栏，望柱顶端雕石狮，边柱上书写桥名。

马津桥，跨城内第二横河（干将河），始建于唐。唐《吴地记》著录。民国时为4块石板梁平桥，长6米，宽1.9米，跨径4米，南堍东沿有武康石梁，阳刻桥名。1994年改造干将路时，将原位于甫桥西、鹅颈湾北端、横跨干将河的石板平桥移建于此，重建为单孔钢筋混凝土拱桥，长8米，宽30米，跨径6米，花岗石桥栏。

甫桥，跨城内第二横河（干将河），唐陆广微《吴地记》著录。建于唐代。明成化十五年（1479）十月，里人王克顺等捐资重建。明人吕尚文撰《重建甫桥记》云：

会有隐君子讷庵王克顺，以为桥梁之济人实王政之急务，讵可坐视其危而陷人于不虞？乃与其弟汉阳府经历王文明及瑞安王应祥、王端礼与张君景春、俞君希范暨弟希德等，输资以办之，落成于成化己亥之冬。

又云：

惜桥之得名与始建之由，皆无所考，虽志书莫得其详，或以为甫里先生之功，又无所据，姑阙之以俟知者。

文中的“甫里先生”，是指唐代诗人陆龟蒙，他自号甫里先生，为三国时陆绩后裔，曾居住于临顿里（路），与桥相近，甫桥得名恐与陆龟蒙有关。1957年修。1964年改建，保留原桥台与东侧石梁，中加钢筋水泥门型梁，两旁改钢筋水泥板梁，长8米，宽12.6米，跨径6米。1994年拓宽干将路时改建，为单孔钢筋混凝土拱桥，长8米，宽31米，其中车行道24米，两边人行道各3.5米，跨径6米。花岗石桥栏，东西两侧各有望柱6根，顶端雕刻石狮，边柱上书写桥名。

白蚬桥，跨城内第二横河（干将河），今讹白显桥。白蚬，系一种水生动物，形小于蛤，壳略薄，有黄白两种，肉鲜美。苏州人喜吃白蚬，售蚬者将蚬壳堆放于此，故名。前人有诗咏之：“市近邀朋检食单，杯盘狼藉几家欢。桥边白蚬饶风味，想到流亡下箸难。”此处曾是白蚬市场，因之名桥。后称“白显桥”，系音讹所致。

此桥建于唐，原为木板桥。唐陆广微《吴地记》有著录。清嘉庆十一年（1806）重建。桥两侧阳刻楷书“重建白显桥”，其旁阴刻小字“嘉庆庚午”“里人公建”。旧为条石板梁单跨桥，武康石、花岗石结构，长系石凹槽上留有托木，长10米，宽2.43米。原有石级步阶。1949年改弹石斜坡。20世纪80年代整修桥栏，以卧条石换之，其中有镌刻桥名的原青石梁残段。1990年南堍改为马路砖斜坡，北堍仍为弹石斜坡。1994年拓宽干将路时重建，为单孔水泥板拱桥，花岗石桥栏，长8米，宽3米，跨径6米。两边桥柱上书写桥名。

带城桥，跨城内第三横河（十全河）东南段。曾名“戴城桥”。始建于唐。唐陆广微《吴地记》有著录。《吴郡志·卷四十八·考证》：

带城桥，今讹为戴城。

南宋嘉泰元年（1201）重建，为石基木梁单孔平桥。后屡有修建。民国初期为石台木桥梁。民国二十五年（1936）改建，为水泥梁单孔平桥。1981年拓建，保留原拱，两侧加钢筋水泥预制板梁，长7米，宽17.45米，跨径5米，人造石镂花桥栏。1999年、2007年再次改建拓宽。现桥长9米，宽30米，跨径6米。桥名的来历有多种说法。一说桥下横河迤逦于本府南城，宛如玉带，故名。二说春秋时越王勾践灭吴后，将西施装入袋内，沉于此桥下，“袋沉”转音为“带城”。三说弄底三角水潭内有一神牛，为怕神牛走掉，牵牛之绳带在桥栏上，“带绳”转音为“带城”。

船坊桥，跨城内第三横河（十全河）。始建于唐。唐《吴地记》、宋《吴郡志》著录。其地为金氏船坊所在地，故名。后讹“坊”为“舫”，名“船舫桥”。1956年曾修建加固。1963年改建时，由路南移至路北，将原位于带城桥弄西、十全街南侧的船坊桥迁建于此。因在南林饭店门前，更名“南林桥”。现为钢筋混凝土平桥，长11米，宽8.8米，跨径9.8米。

城桥，跨内城河。东西连接十全街。始建于唐。宋《平江图》著录，名“程桥”，俗称“城桥”。20世纪30年代改建。1955年重建，为单孔钢筋混凝土平桥，长10.4米，宽13米，跨径5米。2003年拓建，现为单孔钢筋混凝桥，长10.4米，宽18.5米，跨径4米。

剪金桥，跨城内第一直河（学士河）。《吴地记》著录。民国十七年（1928），填没河道，桥也被拆除。关于桥名的来历，民间有“吴王剪金买胭脂”的传说。一日早晨，吴王和西施乘坐彩船，从城中锦帆泾出发。因为起得早，西施尚未梳妆打扮。船到城西，西施要为自己打扮，但未带香粉胭脂。船到一座桥边，吴王就叫停船，命宫娥上岸去采办胭脂。可是，身边未带银子，怎么办？吴王便从西施头上拔下一根金簪，剪了一段，交给宫娥，让她去买胭脂。后来，人们把吴王停船剪金簪的那个地方称为“剪金桥”。

渡子桥，跨城内第一直河（学士河）。建于唐。唐《吴地记》著录。清末《巡警图》标“兔子桥”。1975年重建，为单孔钢筋混凝土平桥，长5米，宽4米，跨径2.7米。1994年改筑干将西路时，由跨学士河移至干将西路南路面，为单孔钢筋混凝土平桥，长6米，宽21米，跨径6米，花岗石镂空桥栏，中间书写桥名。

黄鹂坊桥，跨城内第一直河（黄鹂坊河），建于唐。唐《吴地记》著录。曾名“黄牛坊桥”。民国《吴县志・卷二十五・桥梁》载：

> 在西成桥北，宋皇祐五年重建。今名“黄鹂坊桥”。

民国十八年（1929）重建，改为钢筋混凝土平桥，长7.5米，宽11.2米。2002年重修拓宽，现为单孔钢筋混凝土平桥，长13米，宽28.6米，跨径5.8米，石雕镂空桥栏，望柱上书桥名。

大郎桥，跨城内第三直河（临顿河）。唐《吴地记》著录。王謇《宋平江城坊考》云：“坊巷、桥梁凡以人物名者，称谓上必缀以姓，例如‘周五郎巷’‘钱官人巷’是也。神名则不缀姓，例如‘二郎巷’是也。二郎巷即二郎庙巷。此疑为大郎庙桥与大郎庙巷。《教坊记》曲名有《大郎神》。唐代释者即以艳情故事解之，谓大郎系女子之夫，而‘神’字全无著落矣。”清乾隆三十九年（1774）重建，原为木桥，改建为石级拱桥。1982年改建，为单孔石板平桥，长8.5米，宽3.4米，跨径6.5米。现为单孔石板桥，花岗石雕桥栏。望柱一侧书写桥名，另一侧书写“一九八二年十一月重建此桥”字样。

徐贵子桥，跨城内第三直河（临顿河）。始建于唐。《宋平江城坊考・卷四》载：“徐鬼桥，范、卢二志均讹作‘徐思桥’，涉形似而讹也。”宋《平江图》标注为“徐鬼桥”。清道光、光绪年间重建。1985年又重建，原石板平桥改为单孔花岗石拱桥，长8.9米，宽3.2米，跨径5米。花岗石实腹雕花桥栏，两侧各有踏步10级，中间书写桥名。

善耕桥，跨城内第三直河（临顿河）。建于五代，宋《平江图》著录。五代后梁开平元年（907）造灵鹫寺，而桥址在寺东，故名“灵鹫寺东桥”。清代改名为“资福桥”。清嘉庆二十年（1815）曾重建。民国《吴县志》名“善耕桥”，至今未变。1999年重建石平桥，长7.6米，宽3.5米，跨径6米。花岗石雕桥栏，中间书写桥名。

花桥，跨城内第三直河（临顿河）。建于唐，白居易诗云：“扬州驿里梦苏州，梦到花桥水阁头。”宋《平江图》标注为“花桥”。2000年《苏州市古城区水道分布示意图》标注为“西花桥”。清《吴门表隐・卷六》：

> 花桥水阁，唐时已建，见白居易诗。

1999年，花桥重建，为石拱桥，方便车辆往来过桥，桥坡是鸳鸯式的，东坡南边是石阶式的，北边是石子路面；西坡北边是石阶式的，南边是石子路面。1962年改建，为石条平桥，砖砌栏杆。1999年重建，为钢筋混凝土平桥，长6.6米，宽3米，跨径6米，花岗石桥栏，雕有纹饰，中间书写桥名。

望星桥，跨城内第四直河（官太尉河）。原名“望信桥”。初建于唐，唐《吴地记》有著录。宋《平江图》标注为“望信桥”。王謇《宋平江城坊考・卷三》载：

> 望新桥石刻云：“望信桥，乃姑苏东南隅之要津，于绍定己丑孟冬上浣吉日鼎新毕工。孟榷院方县丞则劝缘其人也。以誉高乡里，乐然助之□众金宣义、季御干诸公弗吝舍钱，由是□日而成，姑识岁月，以效昔人题柱云。”题名后云：“右愿□□□□□□□□寿，次愿桥之东西南北住人子孙昌盛，□□□□绍定二年□月□□日，修造道者张□□具。”

原为木桥，宋绍定二年（1229）重建，改为石级拱桥。民国二十四年（1935）改建为单孔钢筋混凝土板平桥，长5.4米，宽10.65米，跨径3.86米，水泥空腹桥栏，桥头青石刻有桥名及“中华民国二十四年元月县建设局重建”字样。

吴王桥，跨城内第四直河（叶家弄河）。唐《吴地记》在后集中录。明《姑苏志・卷十九・桥梁上》载：

> 吴王桥，双塔寺东，后周广顺三年建。

1953年重建，原为条石板梁结构，改为石板桥。1980年改建为单孔钢筋混凝土平桥，长7.6米，宽4.9米，跨径6.1米，石雕桥栏，中间书写桥名。

思婆桥，跨城内第四直河（平江河）。始建于唐。曾名“寺东桥”，因桥西有古刹资寿寺而得名。资寿寺为尼姑寺院，尼姑即“师婆”。吴语“师”“思”谐音，清嘉庆期间从俗，改称“思婆桥”。原为单孔石梁桥。嘉庆十年（1805）重建，桥面用4条宽0.5米的花岗石梁并列而成，花岗石长条桥栏，高约0.4米，可供过桥人憩坐。东西两坡各有10级台阶，桥台南侧石柱刻有“嘉庆乙丑四月”，北侧石柱上刻有“里人”字样。1988年重修加固，现为单孔石板平桥，长12.2米，宽2.5米，跨径4.2米，东堍踏步10级，西堍踏步9级，石雕实腹桥栏，书“重建思婆桥”额。

寿安桥，跨城内第四直河（平江河）。始建于唐，宋代重建。宋《平江图》标“寺后桥”。因桥前有古刹资寿寺而得名。清初改称“资福桥”，同治年间又改为“寿安桥”。1960年曾拓修。1985年改建为石梁平桥。桥面由6条石梁并列而成，长4.9米，宽3.3米，跨径3.8米。石雕实腹桥栏，栏板中间书写桥名。寿安桥保存宋代建制，南侧边梁及北侧第二根梁为武康石梁，其余4条花岗石梁由于年代或产地不同，呈现深浅不一色彩。东西桥台排柱各由5条武康石组成，刻有“癸亥”年代、捐银“拾两”字样。

众安桥，跨城内第四直河（平江河）。唐乾符年间（874—879）建。《吴地记》著录名“庆安桥”。宋代改建，复名“众安桥”。为石板平桥，长7.6米，宽5.9米，跨径6米，石板桥栏，高0.7米，两侧各2根望柱。

通利桥，跨城内第四直河（平江河）。唐乾符年间始建。清嘉庆十九年（1814）重建，为条石板平桥，桥面由6条石梁并列组成，其中两条为宋代之武康石。花岗石雕桥栏，栏板中书桥名。桥长6.2米，宽3.5米，跨径6米。通利桥畔原建有附属建筑桥盘头，内塑猛将、关帝、观音像，以保佑平安。新中国成立后已拆除。

城内其他河道上的桥梁：

张广桥，跨城内中市河。始建于唐。《吴地记》有著录。相传唐代张广将军墓在桥侧，故以得名。宋绍定二年（1229）重建。清嘉庆十五年（1810）重修，民国十四年（1925）重建。1982年改建，为单孔钢筋混凝土拱桥，长7.1米，宽5.15米，跨径6米。

六、桥梁的兴建（外城河）

山塘桥，跨阊门外山塘河。始建于唐。宋《吴郡志》著录。宋天禧三年（1019）重修。清嘉庆二十三年（1818）重建。光绪六年（1880）修建。原为拱桥，1963年改建为铁栏杆单孔钢筋混凝土板桥，长10.2米，宽5.3米，跨径8米。2006年拓建，为单孔钢筋混凝土平桥，长15.4米，宽11.8米，跨径8米，石雕镂空桥栏，栏板中书写桥名。

白姆桥，跨阊门外山塘河支流白姆桥河。建于唐宝历元年（825），苏州刺史白居易筑山塘街时建。徐士铉《里俗聊闻》："白公桥、白姆桥俱白居易建，白公桥已湮。尚有遗址在普济桥侧。"原名"泰定桥"，俗名"白马桥"。当年桥南有白公堤，桥北有斗姆阁，里人来往此桥，赴斗姆阁诚心礼拜，香烟萦绕。吴语中"姆""马"音近，故亦称"白马桥"。后定名"白姆桥"。初为木桥。清光绪二十九年（1903）重建，为单孔石板桥。新中国成立后重建，为单孔花岗石平桥，长3.6米，宽4.3米，跨径2.5米，砖砌实腹桥栏。

普济桥，跨阊门外山塘河。始建于唐。《吴地记》有著录。"普济"之名，即普度众生之意。明弘治七年（1494），里人周方等募资，将原木桥改建为三孔拱式石级石桥。清康熙四十九年（1710），昆曲艺人陈明智、顾龙等人在桥西南筹建普济堂，康熙帝题赐"香岩普济"匾额，以嘉奖善举。乾隆、道光、同治年间数度重修。民国十四年（1925），吴荫培又出资重修。现为大型三孔石拱桥，砖砌实腹桥栏，南堍有踏步26级，北堍有踏步30级，栏杆中书写桥名，拱券内壁刻有捐款人姓名。东西两侧石柱上刻有桥联，东为："东望鸿城，水绕山塘连七里；西瞻虎阜，云藏塔影立孤峰。"西为："北发塘桥，水驿往来通陆墓；南临路轨，云车咫尺到梁溪。"桥长38.69米，中宽4.05米。中孔净跨径9.16米，矢高4.37米；南次孔跨径5.31米，矢高2.6米；北次孔跨径5.29米，矢高2.54米。此桥为苏州市区仅存的三孔连拱石桥，其历史价值极高。1982年10月，苏州市人民政府将其列为市级文物保护单位。

望山桥，跨阊门外山塘河。始建于唐。白居易任苏州刺史时，曾在此桥头观望虎丘，故名。原为木桥，名"便山桥"。清同治三年（1864）由普济堂重修，为石板桥。民国二十四年（1935），拆除石板桥，改建为钢筋混凝土平桥。1977年改建为钢筋混凝土双曲拱桥。2006年翻建。现桥长21.76米，宽9.2米，跨径6.7米。水泥桥面，花岗石雕空腹桥栏。

西山庙桥，跨阊门外山塘河。唐大中年间，虎丘山下建东山庙和西山庙，庙前架木桥，即称"西山庙桥"。清康熙九年（1670），邑人王廷台等助建，改名"元庆桥"。咸丰二年（1852），里人曹承成重建，为单孔石拱桥，长20.8米，宽2.75米，跨径6.7米，南堍踏步14级，北堍踏步15级，砖石实腹桥栏，栏板中书写桥名。桥东石柱上刻有楹联："跨水虹梁新结构，合流虎阜抱潆洄。"桥西石柱上刻有"咸丰二年岁次壬子季春穀旦""诚正堂司董里人曹承成重建"。新中国成立后，复名"西山庙桥"。1992年重修。

宝带桥，跨南门外澹台湖，俗呼"小长桥"。建于唐元和十一年至十四年（816—819），以木架桥。为发展漕运业，将南方的粮食、贡品快速送上京城，苏州刺史王仲舒在运河西修筑塘堤阻挡风浪，并将其作为船夫挽舟的纤道，又在澹台湖东口建造长桥以衔接纤道。但造桥缺少资金，王仲舒即捐出自己官袍上的宝带，变卖为资，赞助造桥，即以“宝带”为桥名。史志记载：宋绍定五年（1232），郡守邹应博重修，始易以石。明正统七年至十一年（1442—1446），巡抚侍郎周忱重修。这是苏州桥梁史上最长的桥梁。《姑苏志 · 卷十九 · 桥梁上》：

> 桥长千二百二十五尺，洞其下可度舟楫者凡五十有三，而高其中之三，以通巨舰。用材为石二万二千六百丈，木四万二千五百株，灰二十四万三千六百斤，铁万四百斤，米二千六百石。

清康熙九年（1607），桥被大水冲毁。十二年，由巡抚马祜、布政使慕天颜、知府宁云鹏重修。道光十一年（1831），江苏巡抚林则徐主持修治。咸丰十年（1860），有三孔毁于兵燹。同治二年（1863），洋枪队统领乘汽船过桥攻打太平军，下令拆去桥中大孔，使得桥南面的26个孔连锁崩塌。同治十一年由工程局重建。民国二十六年（1937），日军侵犯苏州，飞机又炸毁南端六孔。

宝带桥

新中国成立后，1956年、1981年、1992年等多次修缮。2002年，国家文物局专门拨款对宝带桥进行全面维修。近年来，为避免船舶撞击危及宝带桥，先实施“抛石筑坝”防护工程，又采取装航标灯和粘贴道路反光板的警示措施。现桥长317米，宽4.1米，有53个桥孔，中间三孔略高，便于大船通行。桥堍呈喇叭形，宽6.1米。桥两端各有石狮一对，南端一对尚好，北端一只已毁。桥北有石亭、石塔，供行人憩赏。宝带桥设计精巧，施工严谨，造型优美，在桥梁建筑艺术上独树一帜。所形成的形制与规模，保持至今，是我国古桥中最长的一座多孔石拱桥，与河北安济桥、北京卢沟桥等合称为“中国十大名桥”。宝带桥1956年被列为江苏省文物保护单位，2001年被列为全国重点文物保护单位。

枫桥，跨阊门外江南运河支河枫桥河。隋大业六年（610），隋炀帝开江南运河时建。唐初，在此设护粮关卡，每当漕粮北运经此，就封锁河道，禁止别的船只通行，或谓“朝开航，夕闭航”，故称“封桥”。宋《吴郡志》、明王鏊《姑苏志》均有著录。明洪武《苏州府志 · 卷六 · 桥梁》载：

枫桥，去阊门七里。《豹隐记谈》云：“旧作封桥。”王郇公居吴时书张继诗，刻石作“枫”字，相承至今。天平寺藏经多唐人书，背有“封桥常住”四字朱印。知府吴潜至寺赋诗云：“借问封桥桥畔人。”

枫桥

唐至德年间，诗人张继作《枫桥夜泊》诗：“月落乌啼霜满天，江枫渔火对愁眠。姑苏城外寒山寺，夜半钟声到客船。”从此，就称此桥为“枫桥”了。

现桥为清乾隆三十五年（1770）重建。咸丰十年（1860）毁于兵燹。同治六年（1867）又重建。今存之桥，长39.6米，宽5.7米，跨径10米，矢高5.7米。花岗石构筑，拱券纵联分节并联砌置，桥洞有8块条石横梁，支撑着9组拱券，每券由9块竖立的拱石组成，桥洞两侧以花岗石横砌。桥面两侧砖砌栏板，间有石望柱，高0.8米，覆以石条，中间嵌桥名“枫桥”二字。东坡踏步30级，西坡踏步28级。两侧各有引桥，东坡踏步12级，落于关的拱门内，向上踏步20级到桥顶。西坡引桥踏步7级，向上踏步20级到桥顶。桥柱上还刻有劝告语，南面为“百善孝为先，万恶淫为首”，北面为“众善奉行，诸恶莫作”，两旁为“吉人语善视善行善三年，天必降之福；凶人语恶视恶行恶三年，天必降之祸”。近岸桥柱上刻有“同治六年丁卯八月重建”“仁济堂安仁局董事经办”。1984年，市政府斥资整修，恢复古桥原貌。

枫桥为交通要津，旁近寒山寺。南北过客喜在此观光歇息。历代文人题咏甚多，明代诗人高启诗云：“画桥三百映江城，诗里枫桥独有名。几度经过忆张继，乌啼月落又钟声。”清代诗人舒位诗云：“冷落回塘欲暮时，峭帆嫡娜去何之？数行鸿雁书来少，一段风烟客到迟。关吏尚嫌愁未税，榜人惟有梦相知。偶然渔火江枫地，记得寒山寺里诗。”

江村桥，跨枫桥河。始建于唐。《吴地记》有著录。清康熙四十五年（1706），里人程文焕发起募捐集资重建。同治六年（1867）六月重修，为单孔石拱桥，长30米，中宽4.3米，净跨10.8米，矢高4.8米。花岗石间以少量青石，拱券石11排，纵联分并列砌置，桥面中央镌轮回纹，桥栏用城砖砌筑，上压抹角用条石，间以石望柱，东西两坡砌条石踏步，东坡25级，西坡33级，桥额镌“江村桥”。桥栏望柱刻“同治六年六月重修”“仁济堂安仁局董事经办”字样。1984年重修，为花岗石单孔石拱桥，全长38.7米，宽3.5

米，跨径11米。1963年，江村桥被列为市级文物保护单位。1982年，省政府公布此桥为省级文物保护单位。1989年，市政府在桥东侧立重点文物保护单位石碑。

彩云桥，跨城外胥江运河。始建于唐。《江南古桥》载："唐元和年间建。"明《横溪录》载："……洪武中，姚贵捐千金成之。嘉靖末倾，万历纪元夏日新重建，袁胥台先生撰疏。"嘉靖十八年（1539）修。清康熙二年（1663），僧诚实募建。市文管会档案资料载："民国十四年（1925），由中国济生会（上海）重建。"1982年，彩云桥被列为苏州市文物保护单位。桥原址东西向跨运河，与长堤以及横塘驿站相连，系三孔石拱桥。1992年京杭大运河改道拓宽，原跨江南运河的彩云桥就近迁建于现址。彩云桥原为半圆拱薄墩花岗石三孔拱桥，东西走向，桥孔下有纤道，全长34米，中宽3.7米，中孔矢高5.6米，净跨8.5米，左右两孔较小，中孔南北两侧有桥联，南侧为："彩鹢漾中游，双楫回环通陆墓；云虹连曲岸，一帆平浪涉胥江。"北侧为："彩色焕虹腰，水曲堤平资利济；云容排雁齿，流长源远阜民生。"

彩云桥

迁建后的彩云桥，东西向跨胥江，三孔，西接横塘驿亭，长38米，连东西引桥全长56.61米，桥宽3.9米，跨径9米。西部踏步28阶，东部踏步26阶。两头加梁式引桥。桥西侧引桥长16.1米，东侧引桥长9.7米。1999年1月测量，桥之中孔矢高6米，桥周之栏石高0.6米、厚0.26米。栏石间的栏柱高1米，宽厚各为0.3米，桥顶铺石中有圆旋荷花纹，其中正处有阴阳鱼图纹，桥面铺平直内凹车道两条，除人行外可通行自行车和小型人力车辆。2004年，彩云桥因桥体破损严重进行维修。

红板桥，跨葑门外下塘河。始建于唐。初建为木桥。桥名"红板"，源于红栏木板桥之意。清同治、宣统年间重建，将木板桥改建成花岗石梁式高桥，单孔石级，铁柱铁栏，高0.85米，铸铁镂花，栏板上有"延年益寿"图案。条石板梁，两侧正中阴刻正楷"红板桥"额，两旁刻小字"同治十一年五月重修""宣统二年里人捐资重建，红板保息安节局"。民国十八年（1929）改建，为花岗石梁式石阶平桥，长17米，宽2.5米，跨径5.6米。两堍石级，南堍16级，北堍11级。

七、砖砌苏州城墙

钱元璙像

城池之破坏，百姓之苦难，最严重者莫过于战争。苏州城经过无数次的兵燹，破坏严重。但破坏之后，为了安全，为了生活，自然要重建。苏州城可谓屡毁屡建。

唐乾符二年（875），浙江狼山镇遏使王郢率部叛乱，攻陷苏州。苏州遭此兵乱，城邑破坏严重。平定王郢之乱后，朝廷命张抟为苏州刺史。他到任后，看到被战争破坏的苏州城池残缺不全，即着手进行修建，重筑罗城。明洪武《苏州府志·卷四·城池》云：

> 罗城……旧《图经》云：乾符三年，因王郢之乱，刺史张抟重筑。

修复后的罗城，南北长6公里，东西长4.5公里，周长21公里多。

唐大顺元年（890）八月，淮南杨行密指责钱镠暗害朝廷命官，派部将李宥攻占苏州，破城而入，大肆烧杀抢掠。待救兵到时，苏州城已是一片焦土，破坏严重。

后梁开平二年（908），吴越王钱镠统治苏州。他在位期间，礼贤下士，广罗人才，奖励垦荒，发展农桑，营建宫殿，大兴土木，建起台榭，对苏州地区的发展有一定贡献。乾化三年（913），他派第四子钱元璙任苏州刺史，为加强防范，必须重修城墙。钱镠与儿子元璙反复思考，认为泥土城墙终究不牢固，容易毁坏，敌人攻城易，军士守城难。于是，他们做出了一个大胆的决定：用砖砌城墙。这是一个浩大的工程，要用大量砖块和大量人工，耗费巨额资金，需历时多年才能完成。钱镠父子决定后，于龙德二年（922）组织人力，一边挖泥烧制砖块，一边运砖砌城墙。据史载，砖砌的苏州城墙，高二丈四尺（约8米），厚二丈五尺（约8.3米），城内外均有濠，完工以后，城墙逶迤如带，城楼高耸挺立，极有气势，面貌焕然一新。这是苏州有史以来第一次用砖砌城墙，结束了用泥土筑城墙的历史。

八、精建南园、金谷园

钱元璙（887—942），字德辉，初名传璙。初授沂王府咨议参军、宣武节度判官，累迁散骑常侍。后进检校太师，兼中书令，开府仪同三司，晋封广陵郡王。后人就称他“广陵王”。他驻守苏州三十余年，与边境之国和睦相处，吴地也安定繁荣。他除了加强军备之外，对建设园林甚感兴趣，造了两座规模甚大而又精致的园林——南园、东圃和金谷园。《吴郡图经续记·卷上·南园》记载：

> 南园之兴，自广陵王元璙帅吴中，好治林圃。于是，酾流以为沼，积土以为山，岛屿峰峦，出于巧思，求致异木，名品甚多。比及积岁，皆为合抱。亭宇台榭，值景而造……

南园，在苏州城东南，约在今十全街、书院巷南面至南门护城河一带，占地极广。《祥符图经》等记载，南园设计巧妙，布局有序，建筑十分精致，极为华丽。堆土为山，挖地为河，亭台楼阁，悉数皆有，种植名贵树木，数年后长成合抱大树，绿荫如盖，一年四季花开不断。点缀太湖奇石，错落有致。建有思远堂、安宁厅。著名的有“三阁”“八亭”“二台”，即清风、绿波、近仙三阁，清涟、涌泉、清暑、碧云、流杯、沿波、惹云、白云八亭，迎春、百花二台。西池在园之西，有龟首、旋螺二亭。又有三座茅亭，以及茶酒库、易衣院等。由于园林宽广，林木茂盛，鸟儿群飞，鸣声啾啾，悦耳动听，大有山林野趣之胜。这在当时来说，是苏州最大、最精致的园林，胜过了当年的辟疆园，在苏州园林史上写下了浓重的一笔。

此园至宋初尚完好。诗人王禹偁知长洲时，政余之暇，带着客人在南园醉饮，见园林如此之美，流连忘返。他想有朝一日，最好天子将南园赐给他，他可在园中定居，以享清福。《吴郡志·卷十四·园亭》云：

> 南园……王禹偁为长洲令，常携客醉饮焉。有诗曰：“天子优贤是有唐，镜湖恩赐贺知章。他年我若功成后，乞与南园作醉乡。”

后来呢？蔡京罢相以后，天子诏以南园赐之。蔡京作《诏赐南园示亲党》诗云："八年帷幄竟何为？更赐南园宠退归。堪笑当时王学士，功名未有便吟诗。"王禹偁未得到南园，还被蔡京嘲笑了一番。

钱元璙爱好园林，喜欢造园，是个造园专家。《吴郡图经续记·卷下·园第》云：

> 广陵王元璙别宅，旧与南园相近。据《九国志》云：元璙治苏州，颇以园池草木为意，创南园、东圃及诸别第，奇卉异木，名品千万。今其遗迹多在居人之家，其崇岗清池，茂林珍木，或犹有存者。

东圃，又名"东墅""东庄"，是钱氏另一座较大的园林，其子文奉所创，遗址在苏州城东隅，约在今天赐庄苏州大学处。其范围虽比不上南园，但规模也是不小的。《吴郡志·卷十四·园亭》又云：

> 东庄与南园，皆广陵王元璙帅吴时，其子文奉为衙内指挥使时所创营之。三十年间，极园池之赏。奇卉异木及其身，见皆成合抱。又累土为山，亦成岩谷。晚年经度不已，每燕集其间，任客所适。文奉跨白骡，披鹤氅，缓步花径，或泛舟池中。容与往来，闻客笑语，就之而饮。盖好事如此。

上述文字告诉我们，钱氏是个爱好玩乐的人，他所造的园林别墅都非常讲究，精美异常，富有艺术性与观赏性。这对后世建造园林有着不小的启示作用。

金谷园，位于阊门内景德路中段北侧（今慕家花园），为钱元璙第三子钱文恽所建。金谷之名，有富贵豪华之气概，取自晋代富豪石崇在河阳（今河南洛阳）所建的金谷涧别庐金谷园。园的范围很大，有田十顷，"前临清渠，柏木几于万株，流水周于舍下，有观阁池沼，多养鱼鸟。家素习技，颇有秦赵之声。出则日以游目弋钓为事，入则有琴书之娱"。钱文恽所建的金谷园，史籍上虽未见具体记载，但从园的范围及敢用石崇金谷园名而名之，可见园之繁盛。钱氏去国后，园即变为民居。

入宋后，金谷园遗址由苏州府学教授朱长文祖母吴夫人购得。朱长文父亲朱公绰，官光禄寺卿也喜造园，他在金谷园的基础上向西扩大，面积逾三十亩，时号"乐圃"，亦称"朱光禄园"（见本书第五章）。

九、寺庙和宝塔

唐代的寺庙，时兴时废。白居易任苏州刺史时，曾亲自参与造寺，普通百姓也有私人出资造寺的。但在武宗时期，曾下诏毁坏佛寺，没收寺庙财产，令僧尼还俗。在此之前，北魏太武帝、北周武帝也曾毁坏佛寺，史称“三武灭佛”。《新唐书·卷八·本纪第八·武宗传》：会昌五年（845）“八月，壬午，大毁佛寺，复僧尼为民”。《资治通鉴·卷第二百四十八·唐纪六十四》记有下列数字：

> 壬午，诏陈释教之弊，宣告中外。凡天下所毁寺四千六百余区，归俗僧尼二十六万五百人……毁招提、兰若四万余区。

苏州的寺庙也难逃此劫，同样被毁。此后，苏州百姓悄悄地建了一些。钱镠统治苏州后，他信奉佛教，筹集资金，修造、重建了不少佛寺，为苏州城的建设增光添彩。纵观隋唐五代苏州的寺庙，主要有：

北禅寺，在齐门内（今北园路市桥浜处）。传原为晋高士戴颙宅。唐司勋陆郎中居此后以之为寺，称“北禅院”。唐乾元年间，苏州节度采访使郑桂清书寺额，奉敕依年号为“乾元寺”。宋大中祥符年间，并入北禅寺，赐额“大慈寺”。建炎四年（1130）毁于金兵战火。绍兴三十年（1160）重建，复名“北禅寺”。元大德年间，余泽和尚任住持。明嘉靖元年（1522）修缮一新。寺规模宏大，前为平田，左抱城河，后园林木苍郁，时为吴郡名刹。明洪武十五年（1382）重建，崇祯十年（1637）重建大殿、大通阁、观音堂、雨花堂、禁畦池。清康熙八年（1669）重建。乾隆年间重建大通阁，修葺殿宇，气象为之一新。咸丰十年（1860）全毁于兵祸。宣统三年（1911）僧印善重建。民国三十五年（1946）由跷脚僧执管，寺破僧稀，但尚接法事。1951年僧王甦继承，以寺屋租金为生。1958年拆毁庙宇，为大炼钢铁基地，后为工厂征用。1967年后拆除天王殿、大雄宝殿，在基地上由某公司建造大会堂和招待所，寺全废。

南禅寺，位于今沧浪亭南。白居易任苏州刺史时，很想造一座大寺。造寺需要清静之地，便于和尚咏经念佛。他经过踏勘以后，认为城南隅那里较为空旷，可在那里建造一座佛寺。其时，正好有个蜀地和尚清闲来到苏州，他想在苏州落脚，建造佛寺。白居易与他商量后，决定建寺。于是，和尚们做了分工，由清闲策划设计，画出蓝图，并外出化缘，募集资金；苏州地方的和尚常敬、弘正、神益等负责用工及筹集建筑材料，包括招募工匠，输送木材、砖、石灰等，最后由院内和尚法弘等负责验收。檀主邓子成等慷慨解囊，施材建寺。该寺自太和二年（828）秋动工，至开成元年（836）春完工，历时八年，耗资巨大，寺的规模相当雄伟。后来白居易虽已离开苏州，但仍挂念于心，待完工以后，为寺取名为“南禅寺”。

白居易写有《南禅寺千佛堂转轮经藏石记》（见《吴郡志・卷三十一・府郭寺》），对造寺的起因、过程、规模写得十分清楚。简摘如下：

千佛堂转轮经藏者，先是郡太守居易发心，蜀沙门清闲矢谟，吴僧常敬、弘正、神益等僝工，檀主邓子成等施财，院僧法弘等藏事……堂之中，上盖下藏。盖之间，轮九层，佛千龛，彩绘金碧以为饰，环盖悬镜六十二面。藏八面，面二门。丹漆铜锴以为固，环藏敷座六十有四。藏之内，转以轮，止以柅，经函二百五十有六，经卷五千五十有八。

白居易对南禅寺情有独钟。晚年，他将自己写的诗编成《白氏长庆集》，共笔录三部，其中一部就藏在南禅寺千佛堂内，时在开成四年（839）二月二日。

西禅寺，又称“观音庵”。位于富郎中巷。唐贞观年间，僧壁法创建。咸通年间有僧自南泉来，号西禅和尚，寺由此得名。宋绍兴间，信安郡王孟忠厚改建。其时为吴中四大禅寺之一。景定间兵毁，唯观音像独存，故称“观音庵”。

其时，舍宅建寺之风依然沿袭下来，有不少人舍宅建寺。

祥符寺，在祥符寺巷内。唐大中年间，郡人司马厚舍宅建。初名“马禅寺”，又称“西竺寺”“西竺院”。为比丘尼所居。宋大中祥符年间，赐名“祥符寺”。明初改为僧寺，嘉靖间废。清康熙八年（1669），僧载中建大悲阁。咸丰十年（1860）废。同治间重修。1985年时，原金刚殿头山门，仅留破旧平屋一进三间（即今洪元弄8号）。千手观音殿及二殿斋堂、走廊廊屋旧址十分破旧，有居民入住。

般若寺，亦名“罗汉院”“双塔禅院”“双塔西方院”，在定慧寺巷东端北侧，后名“寿宁万岁院”，即今双塔寺。唐咸通二年（861），由市民出资所建。《吴郡图经续记・卷中・寺院》云：

寿宁万岁禅院，在长洲东南。唐咸通中，州民盛楚等建为般若寺。

又引《吴地记》云：

> 郡中有般若台，内有金铜像，高一丈六尺，高士戴颙所铸，访之，未得其遗迹。此寺旧名“般若”，殆是欤。

北宋太平兴国七年（982）至雍熙中，由王文罕兄弟捐资重修殿宇时，增建了砖塔两座，宋范成大《吴郡志·卷三十一·宫观》云：

> 寿宁万岁院，在长洲县东南，旧罗汉院也。寺有二塔对峙，俗名“双塔寺”。

双塔建成后，历代均有修建。南宋绍兴五年（1135）、明嘉靖三十九年（1560）、崇祯九年（1636）、清康熙年间、乾隆二十六年（1761）、道光二年（1822）曾几度维修，其中以重修塔顶相轮居多。咸丰十年（1860）至同治二年（1863），寺毁于战火，而双塔幸存，有寺僧稍事修葺，但未复旧观。1954年秋，因东塔顶刹倾斜，铁葫芦跌落，相轮摇摇欲坠，遂先行抢修。1957年继续整修西塔。1980年，再次维修塔体，至1983年9月竣工，10月1日起对外开放。1990年夏，东塔刹轮被台风吹偏，次年修复。2006年对双塔进行全面维修，西塔塔刹偏斜，加固修缮，更换塔心木、给予防腐处理，更换塔刹构件，维修各层屋面。对东塔也全面维修，同时对两塔进行油漆保养。

双塔是东西比肩而立的两座七级八面楼阁式砖塔，形式、结构、体量相同，底层墙表相距仅14.8米，高约33.3米，底层对边5.4米。双塔形制模仿木塔，二层以上均施平座、腰檐；腰檐微翘，翼角轻举，逐层收缩，顶端锥形刹轮高8.7米，约占塔高1/4，整体造型玲珑秀丽。腰檐以叠涩式板檐砖和菱角牙子各三层相间挑出，上施瓦垄垂脊。各层外壁隐出转角倚柱、槏柱、地栿、阑额、斗拱，均仿木结构式样。平座亦以叠涩砖及砖砌栌斗、替木构成。平座上原有栏槛，今已无存。底层原有副阶周匝，也已倾圮，仅存角梁榫眼和砖石台基。塔壁每层四面辟壶门，另四面门隐出槏柱和直棂窗。进壶门经过道导入方形塔室（仅第五层为八

双塔

角形）,内无塔心柱。方室逐层错闪45度,各层门窗方位也随之上下相闪。门经过道导入方形塔室（仅第五层为八角形）,内无塔心柱。层门窗方位也随之上下相闪,不但外观参差错落,富于变化,且使塔壁重量分布较为均衡,避免纵向开裂。塔室内敷设木楼板,上墁地砖,并有木梯可登塔。楼板以木制斗拱及棱木承托。内壁施砖砌角柱、额枋等。第六、七层方室中央竖立支撑刹轮的刹杆塔心木,下端以大柁承托。

塔院内建有碑廊,集碑刻10余方,主要有南宋绍定二年（1229）《平江府双塔寿宁万岁禅院归田之记》,明嘉靖三十九年（1560）《重修双塔记》和《重修双塔寺殿记》,崇祯九年（1636）《寿宁寺修双塔记》等,记录了寺院和宝塔的兴衰沿革,是珍贵的历史文献。

双塔建造千余年来,虽经多次维修,但结构式样保持不变。塔的外壁为八角形,内部方室仍沿袭北魏以来旧制,对于研究唐宋之间砖塔平面演变的过程,具有很高的文化学术价值。

旧时,民间传说苏州城内有“文房四宝”,双塔是两支笔,为四宝之一。又有“姑嫂塔”的传说,在民间广泛流传。

定慧寺,在定慧寺巷南端北侧。本唐咸通中的般若寺,即双塔西方院。宋至道元年（995）,赐额“寿宁万岁禅院”。大中祥符年间赐额“定慧禅寺”,始分为二。“定慧”,是佛教“三学”（定学、慧学、戒学）中之二学,故以名寺。宋《吴郡志·卷三十一·府郭寺》载:

定慧寺,在万岁院之西,本子院也。祥符中,改赐今额。

由此,即与寿宁万岁禅院分为两寺。东称“双塔寺”,西称“定慧寺”。元末毁于兵火。明洪武中僧泽藏山、景新、惠泽,永乐中僧净因先后重建。宣德九年（1434）,知府况钟出资捐助。僧妙玹于正统二年（1437）重建大雄宝殿。清康熙初渐形倾圮。康熙十一年（1672）,僧大休驻锡,里人唐尧仁捐资重建观音殿,重修大殿、弥勒殿。道光间殿宇失修,邑人顾沅、胡埏等集资修葺。咸丰十年（1860）因战火被毁。同治三年（1864）,僧本修师徒相继募修地藏、天王各殿。民国十五年（1926）,僧灵馨募修,至十七年告竣。（关于宋文学家苏轼与定慧寺的关系,参看第五章宋元“建造寺庙与祠堂”）

天王寺,在皇废基（今皇废基3号）,即子城遗址西北隅。始建于唐。《红兰逸乘》记载:相传大历三年（768）,托塔李天王白昼显圣于此,郡人遂募建天王寺,又称“天王堂”。南宋建炎年间,金兵侵入平江（即苏州）,寺庙均被焚毁,唯此寺独存,因有敌首居此。《吴郡志 · 卷十二 · 祠庙》云;

天王堂,在子城西北隅。虽一小庙,盖古屋也。建炎兵难,盈城宫室,悉为煨烬。惟郡南觉报小寺，以金师营幕所寓，不及毁。而此堂岿然独存，郡人至今敬之。

明洪武元年（1368）归并于永定寺。清道光年间为南禅寺分院。民国二十年（1931）时，尚存殿宇20余间，占地1300平方米，有佛像10余尊。1982年时，尚有三路清代殿宇，建筑面积619平方米。东路一进，西路三进，中路两进为山门（韦驮殿）、大殿。大殿面阔三间11米，进深五檩11.5米。曾被列为控制保护古建筑，近年被拆。

天宫寺，又称“天宫禅院”，原天宫寺弄1—3号（今菉葭巷10、11号），初名“武平寺”。首创自晋末，后废为民居。唐景福元年（892），由光禄大夫许台舍宅，僧了然建。《吴地记》载：

天宫院，在县东北五十步，唐景福元年置，为武平院。祥符中，改今额。

明永乐间，僧嗣顺重修。正统间，僧弘演掘地得铁像二尊，因此创设法堂。景泰二年（1451）建大殿。万历十四年（1586），僧通泉从万斋寺移居于此，并在寺东北建万寿善财院。清康熙年间，天王殿毁，僧宗如重修。时寺内戒律精严，学经用功，寺中诗文著名者有多人，如听源、月江、印宗、水知、慧川、万峰、玄若等。咸丰十年（1860），佛像毁于兵燹，仅存殿宇。同治十年（1871）先后修建。

原天宫寺弄1号墙壁内嵌有《重修天宫寺记》青石碑刻一方。清顾震涛《吴门表隐·卷一》载：天宫寺在菉葭巷南口有天宫坊。寺前桥底有一口古井，山门有脱沙圣帝、裸裎周将军、骑牛金刚等雕像，还有紫砂夹石、竹叶宝塔等，皆为宋代遗物。1983年被列为苏州市古建筑保护单位。现为菉葭小学。

报恩寺，位于今人民路香花桥北堍。史籍记载：三国孙吴时期的报恩寺，唐大顺二年（891）为孙儒焚毁。后为钱氏所建。关于寺名，《吴郡志·卷三十一·府郭寺》上说：

报恩寺，在长洲县西北，即吴先主母吴夫人舍宅所建通玄寺基也。支硎山亦有报恩寺，或云钱氏建，移额于此……旧又有不染尘观音像，高数丈，今复塑者，徒存其名云。

仁王寺，在豸冠坊前，今甫桥东。

无量寿寺，在齐门外大街（今齐门外大街254—284号）。坐北朝南，三面绕河，南北有桥。唐贞观二十年（646）建。宋代重建。明洪武元年（1368），有高僧持本东白晓得住此。正统六年（1441），释普信请得今额。后历经兵祸，寺毁。民国二十四年（1935），浙江宁波毛姓富家妇，拿出私蓄，并得佛教会与里人相助，修复寺院。第一进四开间佛堂，内有阿弥陀佛、韦驮佛及其他菩萨。第二进有千手观音、送子观音等佛堂，还有雷斋佛殿。内院分东西厢房，有会客、卧室、灶间、茶房等八间。后院三面环河，有园林菜地。日军入侵苏州时期，寺内物件被抢劫一空。1949年时香火稀少，寺院破旧，师太和小尼以念经种菜度日。1951年迁往隔壁贤圣庙，寺房改为民居。1967年破“四旧”时，寺内佛像全部迁往西园，佛堂被拆除，改建工厂，寺全废。

赤阑相王庙，位于葑门内相王弄。始建于唐代，屡有兴废。赤阑将军本名黑莫邪，春秋时吴国战将，建有战功，被封为“南面讨击将军”。他奉命筑城，因延误工期，被处死，葬于城墙之内。《吴地记·附录一》云：

> 黑莫邪墓。南面讨击将军黑莫邪墓，在蛇门里。周敬王六年筑城而死，今呼赤阑将军。

一说相王为伍子胥，又说相王为桑谌壁，待考。现存相王庙为清代康熙年间苏州织造李煦所建，大殿为硬山式，面阔三间，双昂十字牌科。1970年后，归苏州市第八中学使用。

南双庙，位于盘门城内。双庙即两座庙，一庙供英烈王伍子胥，一庙供福顺王陈果仁。福顺王庙原在常州与镇江之间，钱氏统治常州、镇江后，将庙移建于盘门，与伍子胥庙建在一起。《吴郡志·卷十二·祠庙》：

> 南双庙，在盘门里城之西隅，二庙，左英烈王伍员也，右福顺王隋陈果（杲）仁也。果（杲）仁又称武烈帝，或云：五代初，常润尚属淮南，果（杲）仁庙，在常润间。钱氏得常润，遂移庙于苏。

也有人说果仁是孙权之父孙坚。孙坚曾被追封为武烈皇帝，帝号果仁，而且孙坚墓在城南。但缺乏资料，难于定论，只得存疑。

关帝庙，现称“伽蓝寺”，在娄门外永宁桥南堍。相传始建于唐代，祀关公。初在荆州地区立庙，后遍及全国，且历代帝王均予以加封。民间尊称其为“关帝”“关圣”，与“孔圣”（孔子）并立。

关帝庙毁于战乱，再建，又毁于太平天国时期。清光绪八年（1882），善道法师法徒修觉住持募化重修，并题“不二法门”，庙额“关帝庙”为状元陆润庠所书。“文化大革命”时遭到破坏，长达7年无人管理，几乎荒废。1992年，应广大信众之请，由文山禅寺监院广兴法师接管。在广大信众的支持下，庙的规模从原100平方米扩大至4倍。2003年重建，2005年6月落成，有弥勒殿、大雄宝殿、伽蓝殿、三圣殿、藏经楼、斋堂及寮房等,共有1100平方米,改称“伽蓝寺”。

乾元寺,唐代所建。《吴郡志·卷三十一·府郭寺》云:

乾元寺,唐有之,今不知所在。据顾况记云:晋戴逵宅。皮陆集又以北禅寺为戴宅,则此即今北禅寺矣。

开元寺,在盘门内东大街(今东大街11号)。建于后唐同光三年(925)。其前身为报恩寺,即北寺,古为通玄寺。吴赤乌中孙权母吴夫人舍宅建(一说为孙权乳母陈氏舍宅为寺)。唐为开元寺,大顺二年(891)为孙儒焚毁。后唐同光三年,钱镠重建开元寺,移支硎山报恩寺额于此,故亦名为“报恩寺”。《吴郡志·卷三十一·宫观》:

开元寺,在吴县西南,即后唐同光钱氏所迁寺也。

开元寺建后屡有兴废。清咸丰十年(1860)又毁于兵火,同治十二年(1873)稍事修葺,未复旧观。现所存之无梁殿,即藏经阁,建于明万历四十六年(1618)。原供奉无量寿佛,故名“无量殿”。因不用木构梁柱檩椽,因故习称“无梁殿”。殿坐北朝南,两层楼阁式,面阔七间20.90米,进深11.2米,通高约19米。歇山顶及腰檐敷绿间黄琉璃筒瓦,与清水砖外墙面相映成趣。南北立面相同,上下各辟拱门五座,门旁砌出半圆倚柱,上下各六根。南北拱门上方各嵌汉白玉横额,分刻“敕赐藏经阁”“普密法藏”。阁内上下层各分为三大间,楼上藏经,楼下供佛。清道光九年(1829)曾加重修,潘曾沂撰、梁章钜所书《吴郡开元寺重修藏经阁记》刻石犹存。1957年后多次重修。1963年被列为苏州市文物保护单位。“文革”中被毁,次年被彻底拆除。今全寺仅存无梁殿。

十、战祸频起与太平盛事

唐代统治的近300年间,既有“贞观之治”“开元盛世”的全盛时期,也有“安史之乱”“黄巢起义”等乱世岁月。在乱世岁月中,江南地区很不太平。苏州为江南地区的“雄州”,经济繁荣,物产丰富,成为各路叛军争夺的主要目标。

上元元年(760),江淮都统刘展反叛,命部将张景超、王恒带兵进攻苏州,一时间战火烽起,守城士兵无力抵抗,刘展遂占据苏城。次年,刘展为唐军所灭,苏州暂且平静。

在这次战乱中，苏州城遭到严重破坏，粮食被抢，房屋被烧，“城郭邑居为之空虚”。

乾符二年（875），浙西狼山镇遏使王郢，因对节度使不满，率众叛乱，带兵渡过长江，占据苏州。乾符四年，唐军围困苏州，平定王郢之乱。

光启二年（886），驻徐州的感化军牙将张雄、冯弘铎，因得罪徐州节度使时溥而南逃，聚众三百，他们过江后一路向南方进攻，最终占领苏州。次年四月，淮南节度使六合镇将徐约带兵围攻苏城，驱走张雄，为苏州刺史。

文德元年（888）九月，杭州知事钱镠乘淮南刺史外出作战之机，派从弟钱銶领兵赶走徐约，占领苏州。钱镠命部将沈粲驻守。大顺元年（890）秋，苏州刺史杜孺休到官，钱镠命沈粲秘密杀害之。杨行密遂指责钱镠暗害朝廷命官，命李友攻克苏州，沈粲逃回杭州。钱镠欲杀沈粲，沈粲发觉后投奔孙儒，并带兵攻破苏城，杀死李友。孙儒的军队纪律极坏，进城后大肆烧杀抢掠，苏州城几成一片焦土。乾宁三年（896），淮南节度使乘钱镠攻打越州之际，命部将台蒙带兵攻占苏州，台蒙任苏州刺史。乾宁五年，钱镠派顾全武围攻苏州，时城中及援兵的粮食皆尽，台蒙无力抵抗，只得弃城逃跑。顾全武拥兵进城，钱镠重占苏州。

后梁开平二年（908），淮南徐温派步军都指挥使周本、南面统军使吕师造起兵，九月围困苏城。次年四月，钱镠派指挥使钱镖、行军副使杜建徽去救援，与城内军相配合，内外夹攻，取得胜利。这次战役持续了很长时间，史书上记载较详。《资治通鉴・第二百六十七・后梁纪二》云：

> 苏州有水通城中，淮南张网缀铃悬水中，鱼鳖过皆知之。吴越游弈都虞候司马福欲潜行入城，故以竿触网。敌闻铃声举网，福因得过，凡居水中三日，乃得入城。由是城中号令与援兵相应，敌以为神。

纵观上述的数次战争，苏州城如藏宝之城，你来抢，他来夺，如拉锯一般，可谓兵祸连连。苏州城遭到严重破坏，城墙毁，街坊废，寺庙焚，百姓叫苦不迭，兵燹之灾可想而知。

直至后梁开平三年（909），钱镠完全控制了苏州，才得以太平。钱镠（852—932），字具美（一作巨美），杭州临安（今浙江杭州临安区）人。他是五代吴越国的创建者。唐末拥兵两浙，统治十二州，被封吴王、吴越王，兼淮南节度使，后自称“吴越国王”。苏州归钱镠统治后，直至宋初，苏州无战事。《吴郡图经续记・卷上・城邑》云：

> 钱氏有吴越，稍免干戈之患，自乾宁至于太平兴国三年钱俶纳士，凡七八十年。自钱俶纳士至今元丰七年，百有七年矣。当此百年之间，井邑之富，过于唐世，

> 郛郭填溢，楼阁相望，飞杠如虹，栉比棋布，近郊隘巷，悉甃以甓。冠盖之多，人物之盛，为东南冠。实太平盛事也。

宋人龚平之《中吴纪闻·卷六·苏民三百年不识兵》中也说：

> 姑苏自刘、白、韦为太守时，风物雄丽，为东南之冠。乾符间，虽大盗蜂起，而武肃钱王以破黄巢，诛董昌，尽有浙东西。五代分裂，诸藩据数州自王，独钱氏常顺事中国……盖自长庆以来，更七代三百年，吴人老死不见兵革。

也就是说，自钱氏统治苏州之后，直至宋初的300年间，苏州人“不见兵革”，不受战乱，过上了太平日子。

本章主要参考书目：

《新唐书》，欧阳修、宋祁撰，中华书局
《旧唐书》，刘昫等撰，中华书局
《吴郡志》，范成大撰，江苏古籍出版社
《吴地记》，陆广微撰，江苏古籍出版社
《吴郡图经续记》，朱长文撰，江苏古籍出版社
《钦定四库全书·姑苏志》，王鏊著，上海人民出版社
《苏州府志》，卢熊著，成文出版社
《资治通鉴》，司马光编纂，中州古籍出版社
《中吴纪闻》，龚明之撰，上海古籍出版社
《映现吴越·虎丘塔文物》，钱玉成、耿明著，古吴轩出版社
《百城烟水》，徐崧、张大纯同辑，江苏古籍出版社
《宋平江城坊考》，王謇著，江苏古籍出版社

第五章 宋 元

公元960年，赵匡胤黄袍加身，登上龙座，建立了宋朝。开宝八年（975），宋灭南唐以后，设立江南道，将中吴军改为平江军，任命孙承祐为平江军节度使。这是苏州称『平江』的开始。何谓『平江』？一说是苏州地势较低，『与江水相平』；另说是为庆贺宋『平定江南』而改名。同时，又改平江为苏州。政和三年（1113），以苏州为帝节镇，敕升苏州为平江府。所谓『帝节』，即直属皇帝节制。『府』为行政区划名，宋代的行政制度，大郡可升为府。

靖康二年（1127），金兵攻破京城开封，俘去徽宗、钦宗二帝，史称『靖康之难』。宋朝至此历九帝、一百六十七年，史称『北宋』。后康王赵构即位，在杭州建都，史称『南宋』。

金兵入侵苏城，大肆烧杀抢掠，苏州城之六十坊被毁坏大半。南宋时后增建至六十五坊。但不久，由于人口增多，经济繁荣，坊墙被推倒，开始演变为小巷，并被命名。小巷产生由此始，并呈现了街巷名称的文化特色。

有宋一代，苏州城市建设全面发展，建园林、造寺庙、筑桥梁，成就显著。造桥以石代木，桥上刻字从此始。范仲淹始建义庄。还刻有『平江图』『四大宋碑』，为苏州城增添了光彩。

宋昺帝祥兴二年、元世祖至元十六年（1279），宋亡，元朝立。

一、建而毁、毁而建的平江城墙

在古代，城墙是保护城市的重要设施。城墙修筑得坚固，敌人便难以入侵。尤其是在战争频发的时代，城墙是最重要的防护屏障。凡设险守国，必有城池。有宋一代，战争不断，兵祸连绵。因而，宋王朝对城墙建设十分重视，为加强对城墙的维护，在厢军中设立工程建设的兵种，配制“壮城兵”。宋初，选诸州募兵之壮勇者，送京师充禁军。其余留驻各州，不加训练，只充劳役，称为“厢军”，也叫“厢兵”，以备战守。后在厢军中设立壮城兵，是从事修筑城垣的专业兵种。这在中国军事史、建城史上实属首创。《宋史·卷十七·哲宗一》元祐三年（1088）：

> 夏四月戊寅……庚子，诏天下郡城以地里置壮城兵额，禁勿他役。

设立壮城兵，与当时的形势有关。主要是金兵屡屡入侵，夺掠城池。所以，修固城池为当务之急。设立了壮城兵，修固城池就有了专业队伍，就有了保障。据史料，苏州的壮城指挥设在营桥（今寿星桥）处。《宋平江城坊考·卷三·东南隅·营桥》云：

> 营桥，今名寿星桥……壮城指挥，熙宁八年枢密院奏置。元丰三年五月，敕壮城兵士，大城五十人，小城三十人，专充修城，不许招拣寘别军分。大观元年，御笔：“帅府置壮城兵士四百人，列郡三百人，依元丰法制……”崇宁五年五月，置壮城指挥。

尽管常年维修平江城墙，但这仅是守城的一方面；能否守城成功，主要还在于守城将领的能耐。建炎四年（1130），金兵围困平江，平江城最高守城将领、两浙宣抚使周望等畏敌逃跑，金兵从盘门、胥门、葑门、娄门攻入，大肆入侵，气焰嚣张，铁蹄过处，烧杀抢掠，平江城几成废墟。

金兵退却后，周望返回平江。其时，平江城已面目全非。

宋金议和后，金兵对宋依然虎视眈眈，有随时入侵之犯。为此，城墙还得修建。此后，几乎每隔一个时期要修建一次城墙。

淳熙年间（1174—1189），谢师稷任平江知府，遂用“郡中羡余钱”，修建平江城墙。

嘉定十六年（1223），知府赵汝述、沈皞又相继修建平江城墙。

宝庆三年（1227），突起大风，将盘门城楼吹塌，后修复。

绍定二年（1229），郡守李寿朋重新修建城墙。

宝祐二年（1254），复建阊门，赵当历仿淮都女墙增葺之。

开庆元年（1259），有诣增筑。

宋代，苏州的城墙因有壮城兵常年维护，总体基本完好。

苏州原有八个城门，但至宋代，只开五座城门。《吴郡图经续记·卷上·门名》云：

> 当吴时，不开东面之门，欲以绝越。其后，稍或闭塞，盖其多途，则艰于守卫几禁也。今所启者五而已。

《吴郡图经续记》成书于宋元丰七年（1084），即宋神宗统治时期。那时，苏州城只开五座城门，即阊门、娄门、齐门、盘门、葑门。余三门——胥门、蛇门、平门皆闭塞。胥门的水城门在春申君治吴时已闭塞，后陆门也闭塞。宋初，蛇门、葑门也闭塞。当时，有个精通风水阴阳术的胡舜申（1131—1162），自绩溪（今属安徽）迁来平江，他观察了平江城之后，认为胥门、蛇门应当开启，并写了一篇《吴门忠告》，大意是说：胥门外多高山，“如群马南驰，皆其支陇。城居陇前，平夷如掌。所谓势来形止，全气之地也”。胥门外的水，“武曲之水，本由胥门入”。他还指出：“故自顷以来，城市萧条，人物衰歇，富室无几……至建炎之祸，一切扫地。”他建议开启二门。淳熙二年（1175）春，秘阁修撰韩彦古为郡守，欲开启二门。是年秋，韩彦古罢郡，就此作罢。

闭塞的葑门在范仲淹任平江太守时始命开启，便于行人往来，百姓称赞。但从史籍上看，开启的三座城门到了宋末又闭塞了。

元世祖统一天下后，战事暂停，认为再无军阀割据之争，没有必要留下城墙，遂下令拆除全部城墙。苏州城自然也在所难免，于是城墙被夷为平地。虽然留有五座城门，形同虚设。城墙拆除后，腾出了地方，有些居民就在城墙废墟上搭起了房屋，住下来了。郑元祐《侨吴集·平江路新筑郡城记》云：

> 世皇之一天下，以四海为家，六合为宫，不设险于区区之城郭也。

但是，城墙毕竟是护城的设施，没有城墙，一旦发生叛乱或盗寇入侵，城池若失守，居民就要遭殃。元至正十一年（1351），由于元朝政治腐败，盘剥百姓，激起了各地农民起义，反抗朝廷。南方红巾军起义，一片混乱。次年，浙东海寇入侵昆山，因没有城墙，海寇直入城内，烧杀抢掠，居民深受其害，教训十分深刻。其他地方也是如此。于是，元顺帝紧急下诏，命令各地修复拆毁的城墙。是年，廉访使多尔济来吴地巡视，认为“平江赋役供国家经费什之七，郡无城郭，何以御寇”。

于是，平江路廉访使李帖木儿、达鲁花赤六十、太守高履等共同商量，拟再造平江城墙。筑城的费用，依据居民的资产分摊，再由官员捐资。这次筑城，《侨吴集 · 平江路新筑郡城记》记得十分详尽：

> 役民夫十余万，当盛暑挥锄如云，下锸如雨。城之大绵延数百雉……始于是年夏四月，毕工于秋八月。城四向一仍子胥之旧，若水门则仍宋之旧，独启胥门，上建忠孝王庙。余五门之上，亦皆祠神，盖役兴时虑暑雨郁为民害，乃祷于神以祈祐。

前后费时五个月，划定地段，役夫分段包干。新建的平江城，周围四十五里，城高二丈三尺，城面宽一丈六尺，底层叠石三层，上面均用砖块砌就。而且，在每座城门上建戍楼，门内外建房屋，派官员居住，以观察非常动态。

从这篇记载来看，这座平江城仿春秋阖闾城的样子建筑，是非常雄伟、非常坚固的。记的最后也说：

> 人心既固，与此金城汤池，并为天险于无穷也已。

盘绕四周的苏州城墙，犹如长龙卧地，总算又呈现在人们的眼前。

元至正十六年（1356）三月，起义军领袖张士诚占据苏州。张士诚（1321—1367），小名九思，泰州白驹场（今江苏东台）人。盐贩出身，元末江浙农民起义首领，至正十三年与其弟士德、士信在内的十八人率盐丁起兵反元，攻占高邮、泰州、兴化等地。并渡江南下，占领了常熟、平江（今江苏苏州）、松江、常州等地。至正十四年称“诚王”，国号周，年号天佑。至正二十三年，又自称“吴王”。

张士诚改苏州为隆平府（次年又改平江路）。他为了巩固自己的统治，加强军事防御，遂加固城墙的建设。在城门外筑半圆形或方形的小城，谓之“瓮城”。瓮城是城外之城，是保护城门而建的军事设施。如敌军攻破城门而进入瓮城，守在瓮城墙上的士兵即可用弓箭、石块等射杀敌兵，形成“瓮中捉鳖”的形势。清乾隆《吴县志 · 卷七 · 城池》云：

> 张士诚入据，增置月城。

月城，即瓮城也。至今苏州留存的古盘门，就是瓮城的原型，实在难得，其他城门的瓮城，均已荡然无存了。据说，在全国的城门中，唯苏州盘门留存瓮城，堪称千年文物，弥足珍贵。

元至正二十七年（1367），朱元璋发兵攻破平江，张士诚被俘至应天（今江苏南京），自缢身亡。

二、创办府学与书院

春秋时代，吴越两国为争夺疆界，常有战争。因而，苏州人崇武，讲究刀枪剑术，讲究武功。直至汉唐时代，才开始崇文，重视文化教育。到了宋代，读书氛围很浓，各地兴办学堂，教育子弟，崇文之风达到了高潮。最为显著的是创办府学与文庙。

府学、文庙。景祐元年（1034），范仲淹回乡任苏州知州。范仲淹（989—1052），字希文，吴县（今江苏苏州）人。大中祥符八年（1015）进士。第二年，应地方士绅的要求，范仲淹为培养人才，向朝廷奏请办学，在五代吴越王钱氏南园旧址上建造苏州府学，将文庙与府学合为一体，合称为“府学文庙”，在庆历年间（1041—1048）建成。这既是改革旧制，也是新政独创，受到了朝廷的肯定和学子的欢迎。

景祐四年（1037），范仲淹的儿子纯礼回家，他视察府学之后，认为要培养更多的人才，府学还需扩大。他继承父志，又向朝廷报告，扩充地盘，再建学舍。但在建炎中毁于兵燹。绍兴十一年（1141），由郡守梁汝嘉重建大成殿。绍兴十五年，王唤守郡，在两边庑廊内绘像，创设讲堂，开辟斋舍。后来的郡守继续修缮、扩建，筑采芹、仰高二亭，又筑御书阁、五贤堂等。规模宽敞，视昔有加。

资料记载，范仲淹创办的府学文庙，府学在左，文庙在右，极有规模。《吴郡志·卷四·学校》载有朱长文“府学”《记》云：

为屋总百有五十楹，而初建者三之一。立文正公、安定先生祠宇。迁校试厅于公堂之阴，榜曰“传道”。庖厨、湢室，莫不严洁。窈然而深，旷然而明。其处也宽，其容也众。南楹引爱日，北牖延清风，咸适其宜矣。

读此记述，可知府学文庙的建筑之雄、范围之大。

府学也称“学府”。门前有木结构牌坊，大门后有一横河，上有钟秀桥，过桥为仪门，仪门后两侧建有名宦祠、胡文昭祠、范文正祠。祠后又一横河，称为“泮水”，上有

孔庙

泮桥，象征此处是泮宫，即学宫也。过桥为礼门，有石板甬道，直达正堂——明伦堂，为府学的主体建筑，砖博风硬山顶，面阔七间30米，进深18.7米。这是教授讲学之所。在明伦堂两边为省牲所，即存放祭品之处。另有泮池和碧霞池，为学子游赏之处。嘉祐三年（1058），郡守富严建六经阁。《吴郡志·卷四·学校》载有张伯玉《六经阁》记云：

> 作楹十有六，栋三，架霤八，桷三百八十有四，二户六牖，梯衡楶棁，圬墁陶甓称是。经南向，史西向，子集东向，标之以油素，揭之于油黄。泽然区处，如蛟龙之鳞丽，如日月之在纪，不可得而乱矣。则天地之极致，皇上之高道，生人之纪律，举在是矣。

六经阁是藏书的地方，诸子百家的书籍均有。建炎兵毁。淳熙十四年（1187），秘阁修撰赵彦操在六经阁遗址上重建御书阁，有“三楹、两翼、三其檐，为高六十尺，为广七十有五尺”。高宗书写的《诗》《书》《易》《春秋》《孝经》《论语》所刻之石本就藏于阁内。元代，御书阁毁于风雨，延祐中又重建，名“尊经阁”。

文庙也称“孔庙”。进入黉门，有一横河，过洗马桥，即灵星门。“灵星”原是星名，又名“天田星”“龙星”。古代，以壬辰日癸于东南，取祈年报功之意。天圣六年（1028），始在南郊坛置筑外壝，用以短垣，置灵星门。此后，凡学宫前皆置此门。灵星门后是戟门，又称“大成门”。戟门，古代有官阶、勋俱三品得立于戟门，戟门有显贵之家的意思。戟门后是大成殿，即正殿。最后是崇圣祠，是祭祀孔子祖先处。

府学文庙东西两边的围墙上各开设一门，东门名“龙门”，西门名“凤池”。龙门外分别建有进士坊、解元坊、会元坊、状元坊等四个碑坊，祈望学子们步步高升，取得功名，象征着府学教学的目标。凤池门外北边，有一处平房，虽然简陋，但十分幽静，为教授研究教学和备课之处。

苏州的府学文庙，形成了一处宏伟壮丽的建筑群，历代重修碑记甚多，赞为“学制之雄丽，池圃之幽邃，尤为江南诸学之冠”“今日规模益壮，天下之言学者莫能过之”“苏学于天下为第一，有深广巨丽之称”“吴故于文学称翘楚，而学宫亦巨丽平海内”等等。

在科举时代，府学文庙是苏州的高等学府，是读书人深造的地方，培养了大批人才。可以这样说，苏州考中进士、解元、会元的读书人，大多是由府学培养出来的。

在创办府学之后，创办书院之风也随之兴起。

和靖书院，建于虎丘后山（在今通幽轩处）。绍兴年间（1131—1162），由尹焞先生在此筑庵读书，斋名“三畏”。尹焞（1061—1132或1071—1142），字彦明，一字德充，河南洛阳人。北宋哲学家，为理学家程颐的高足。靖康初，被皇帝召到京师，赐号“和靖处士”，官太常少卿、礼部侍郎兼侍讲，后释官回家，修身不士。端平二年（1235），为满足读书人求学的要求，由提举曹豳靖在其处设立和靖书院，建有三省、务本、时习、朋来四斋，这是“仿先朝四书院之制，立祠筑室以舍学者，买田收谷以食之，而储书其中。庶履其地，必思其人，诵其书必求其旨”。（《新建和靖书院记》）延祐元年（1314），书院迁至长洲县治东、乌鹊桥北原提举常平司旧址内。这是苏州书院中最早的一座。

鹤山书院，在南宫坊（今书院巷）。其处本魏了翁宅第。魏了翁（1178—1237），字华父，号鹤山，邛州蒲江（今四川蒲江）人。宋庆元五年（1199）进士。在蜀地为官十七年，入进兵部郎中，累官至工部侍郎。以资政殿大学士致仕。辞官时，皇帝面赐唐人严武诗及“鹤山书院”四字，又赐给苏州宅第，中有高节堂、事心堂、靖共堂、读易亭等。魏了翁定居苏州后，开办鹤山书院授业传道。元至顺元年（1330），魏了翁曾孙奏请朝廷恩准恢复鹤山书院，收徒授课。

文正书院，在禅兴寺桥西，即今之范庄前。原为范仲淹的祠堂，元至正六年（1346），郡守吴秉彝奏请朝廷改祠为书院，朝廷同意，名“文正书院”。书院不设教官，由范氏后裔主持。规定在书院内读书之士，必读范仲淹著作，学范仲淹品德，“诵其诗，读其书，为其人之为而已公之为”。

吴县县学，约在今通和坊处。范仲淹建造苏州府学文庙后，因吴县地方士绅的要求，又向朝廷奏建吴县县学文庙。县学原在太平桥南堍洙泗巷，绍定元年（1228），县令善瀚谥认为地方太小，移建于此。为厦四十余楹。此后，历代均有修建或扩建。

在建立府学和创办书院的影响下，各县、乡、村也办起了小学。据统计，元至正九年（1349），在苏州设立的社学有130处之多，这对于推广文化教育、培养人才起到了一定的作用。

三、“花石纲”与朱家园

宋徽宗赵佶昏庸无能，爱好游乐，垂意花石。他要在宫城之东起造艮岳，或称“寿岳”“万岁山”。这是一座庞大的宫苑，需要大量的奇花异石。奸相蔡京为讨好皇帝，派苏州人朱勔督办其事。朱勔（1075—1126）及其父朱冲原系商人，依靠蔡京的关系，父子俩冒入童贯的军籍中，由此做官。他奉皇上旨意，在苏州设立应奉局，大肆搜罗奇花异石。这样一来，苏州的园林、宅第遇到了“煞星”，遭到了极大的破坏。

五代时，由钱氏精建的南园，为苏州最大、最精致的园林。朱勔有皇上的圣旨，凡看到奇花异石，尽行搜去。南园内的名贵花木、玲珑奇石，自然也在劫难逃。《吴中旧事》云：

> 平江朱勔用事，花木之奇异者，尽移供禁籞，下至墟墓间珍木，亦遭发凿。

连坟墓边的花木也要发掘，何况在园林中？南园的花石被搜劫一空，南园顷刻间成为废园。

苏城百姓，不论是大户府第还是小户人家，凡有一木一石、一花一草可供玩赏的，应奉局立即派人以黄纸封之，称为“贡物”，强迫居民看守，稍有不慎，则获“大不恭”之罪，然后派士兵去取。有的人家花木种在后园，长得高大，难以移出，兵士们就把那家的墙壁拆掉，然后将花木搬走。搜到以后，装上大船，将船队编号，以十船为一纲，浩浩荡荡送往京城，名曰“花石纲”。船至狭窄的河道，要百姓开挖；遇到低矮的桥梁，要百姓拆桥。采办“花石纲”持续了二十多年，百姓叫苦连天，民怨沸腾。

朱勔采办“花石纲”，肯定是坏事，但坏事中也有好事，今留园内的冠云峰、市十中（原苏州织造署）内的瑞云峰，便是“花石纲”的遗物。相传，朱勔在采办“花石纲”过程中，发现好的奇石，留下来为自家所用，或说因峰的面积太大，难于搬运，故而留下。这两座奇峰，成为苏州太湖石之冠，尤其是冠云峰，冠绝群峰，高大清秀，有“皱、瘦、漏、透”四大特点，为江南名峰之一。如果不采办“花石纲”，很可能见不到这两块奇石。

由于朱勔采办“花石纲”有功，受到徽宗皇帝的宠爱，连连升官，历任随州观察使、庆远军承宣使、醴泉观使等。他乘机掠夺民财，广蓄私产。他家原在胥门内孙老桥边，房基不大，为了扩展地盘，他对苏州刺史假称皇帝有诏，凡桥东西周围的地方，全部赐予他。其范围约今南至侍其巷，北至第三横河（道前河），西至念珠街，东至司前街。这里住有数百户人家，朱勔限他们五日内全部搬迁，若不搬迁，官吏与兵丁将用皮鞭驱逐。住户号哭于路，怨声载道。《宋史・列传二百二十九・佞幸》：

> 所居直苏市中孙老桥，忽称诏，凡桥东西四至壤地室庐悉买赐予己，合数百家，期五日尽徙，郡吏逼逐，民嗟哭于路。

百姓搬迁后，他在这里大兴土木，建筑自己的私家园林，名曰“朱家园”，亦名“同乐园”。园内建有神霄殿，供奉青华帝君人像。青华帝君乃是天帝的儿子，用来代表徽宗皇帝。官员要见朱勔，首先要向青华帝君叩头，然后才能通报接见。园内有双节堂、御赐阁、迷香楼、八宝亭、九曲桥等。开浚鱼池十八个，养鱼观赏；种植名贵牡丹千余株，约有一里之广。园内造有九曲之路，春时仕女游赏，转来弯去，几乎迷失路径。园中异石林立，奇花异树无数，这些东西，都是朱勔在搜集过程中选择好的留下来的。所以说，朱家园内的奇花异石，胜过皇家的御花园。

这一时期，各地农民起义风起云涌，南方的方腊以“诛勔”为名，聚众起义。徽宗无奈，只得罢去“花石纲”的进奉，又罢去朱勔的官职，并将朱勔流放到韶州、循州（今广东韶关、惠州），后派人追去将他杀死。朱勔死后，百姓冲进朱家园内，捣毁房屋、假山，将牡丹树斫作柴烧，朱家园成为废园。

朱勔的子孙离开朱家园，搬至虎丘山下，为求生存，在那里翻地种花，成为花农。清人顾禄撰《桐桥倚棹录・卷十二》云：

> 相传宋朱勔以花石纲误国，子孙屏斥，不列四民，因业种花，今遗其风。

花农，俗称“花园子”，有人为此作词。《中吴纪闻·卷六》，记录当时的谑词云：

做园子，得数载，栽培得那花木，就中堪爱。特将一个保义劳，反做了今日殃害。诏书下来索金带，这官诰看看毁坏。放牙笏便担屎担。却依旧种菜。

又云：叠假山，得保义，幞头上带著百般村气。做模样偏得人憎，又识甚条制。今日伏惟安置，官诰又来索气。不如更叠个盆山，卖八分十二。

从这两首谑词中，可见朱勔家子孙当时的境况了。

虎丘一带以种花为业，玳玳花、茉莉花十分著名，代代相传，据说是从朱勔的子孙开始的。

四、金兵烧掠平江城

宋靖康元年（1126），金兵大肆入侵中原，攻破京城后继续南侵。建炎四年（1130）正月二十三日，敌酋金兀术带兵到达平江。城内虽有驻军，但守城将领早已畏敌逃跑。金兵于二十四日下午发起攻城，主攻盘门、胥门、葑门和娄门。二十五日凌晨，攻破盘门，百姓自动组织民兵抵抗，但敌强我弱，根本打不过凶恶的敌兵。百姓又自动组织起来，在城北角空地上搭起了北寨（今桃花坞处），在城东南角空地上搭起了南寨（今平江路以东处），纷纷躲进寨内避祸，紧关寨门，免遭杀戮。二十六日，金兵完全控制了平江，开始烧杀抢掠，一是抢劫财物，二是掠夺妇女，三是烧毁房屋。金兵找到北寨、南寨后，破门而入，见物就抢，见人就杀。《续资治通鉴·卷一〇七》云：“入平江，驻兵府治，卤掠金帛子女既尽，又纵火燔城，烟焰见百余里，火五日乃灭。”

《吴城日记》记载：

南京兵到阊门外，约有几千……遂纵火南北两濠，掠取财货、衣饰、妇女无算。有兵转至娄、齐各门外，杀人掠财，抢占妇女，惨不忍言。

《宋平江城坊考》引《烬余录》的记载更为详尽：

> 南寨巷，北寨巷……兀朮陷苏时，荼毒生灵，历古未有。小儿十岁以下，男子四十以上及四十以下不任肩负与识字者，妇女三十以下向未裹足与已生产者，尽戮无遗。尤奇者，凡有书籍之民居，有簿记之店肆，必尽火其屋，尽杀其人，虽妇稚不遗。去时以一衾络一女一儿，使两男担之，大约裹挟以去者十万人。城中仅留有病妇女四千一百余人于南寨，使遗黎邵登辙等四人守护之。留一万六千七百余人于北寨，亦有病妇人，使蔡隆兴等十人守护之。去前夕，封邵为千户、蔡为万户，并给金帛有差。所据全城，屋宇中男子病不能行者尽杀之，妇女或驱入寨或亦杀之，谓之洗城。

《宋平江城坊考》引卢图南《沼吴编》云：

> 二十六日未明，寨亦陷。先驱兵士戮寨外。次胁丁男归献金，金尽杀之。次斩老妇婴儿于东北园，积薪焚尸。兀朮晏诸酋于天半楼，遂踞寨。三月朔，始出阊门去。初三日，诸军凯旋。寨中、庆云庵、旃檀庵、报恩寺、杨柳楼台、张家祠、刘家祠、梅园、章园、孙园、蔡庄，以寇巢毁。妇女二万余人以从寇籍。蔡隆兴倡义瘗河中男尸五千余、女尸十一万一千余，暴露男尸六万二千余、女尸二万五千余，火化男女骨十五万七千余，赎回营妓二千三百余人。

因蔡隆兴之倡义，被金兵所杀之人的尸体得以火化归葬，故乡人建隆兴寺、名蔡家桥作纪念。今桃花坞仍有东蔡家桥和西蔡家桥。

平江城遭此大难，城内被洗劫一空，熊熊大火五昼夜不息，房屋、街坊焚烧殆尽，成为一片焦土废墟。

居民在劫难后回到城里，看到这样一片景象：

> 入平江城市，并无一屋存者，但见人家后林木而已。菜园中间有屋，亦止半间许。河岸倒尸则无数。出城河中更无水可饮，以水皆浮尸。（引自宋王明清《玉照新志·卷四》）

此后，居民在寨处建房居住，后渐成小巷，即名为“北寨巷”“南寨巷”。明王鏊《姑苏志》上有著录，后约在清末民初时消失。桃花坞北的东蔡家桥、西蔡家桥，即北寨旧址之地，至今仍在。

五、续建子城和粮仓

高宗赵构仓皇南逃，皇帝要安身，国家要建都，到何处去建都呢？在南逃中，高宗曾两次驻跸平江，并接受大臣朝见。平江城内原有子城，乃是春秋时吴王的宫室、秦汉及唐时的郡守办公地，虽已被烧毁，但宫殿的遗址尚存，范围很大，地方极好。在这里重建宫殿，那是很合适的。于是，开始了子城的重建工作，由于尚在战乱期间，重建工作断断续续。

苏州环境优美，经济富庶，四面有城墙，城外有护城河。高宗拟在平江建都，后考虑到平江欠安，故在杭州建都，改称“临安”。但平江毕竟是富庶之地，又接近杭州，可以作为陪都之地。因而，城市建设不能马虎，着手重建，渐有起色。

绍兴十一年（1141），宋金议和，结束了长达十余年的战争状态，形成了南北对峙的局面。南宋朝廷暂且安稳。平江城也逐步重建。尤其在绍兴十四年，朝廷任命王映为苏州郡守。王映系秦桧的妻兄（一说妻弟），他到任后，凭着与秦桧的关系，虽“峻于聚俭，酷于用刑”，对平江城的街巷建设却十分用心。他看到金兵焚烧后的平江城，废墟相连，瓦砾遍地，垃圾成堆，街巷路面高低不平，道路很不通畅。这些碎瓦乱砖如何清除，他想了一个办法，下令凡是进城的船只，出城时必须装满碎砖乱瓦，义务运出城外，并将青石集中起来，砌窑烧成石灰，作为建筑材料。这个办法果然有效，城内的垃圾被清理掉了。

关于街巷居民住宅的重建，史载不详。但子城的重建，记载较为详尽，今摘录如下，亦可见一斑。《吴郡志·卷六·宫宇》云：

今州宅，官廨、学舍、仓庾、亭观之类，皆中兴后随事草创，不能悉如旧观。

谯楼，绍兴二年，郡守席益鸠工。三年，郡守李擢成之……

戟门，绍兴元年，郡守胡松年建……

设厅，皇祐中，李晋卿以兵部员外郎守郡，尝修大厅，蒋堂为记……

池光亭，在郡治宅后池北。绍兴十七年，郡守郑滋重建……

双瑞堂，旧名西斋。绍兴十四年，郡守王映建……

平易堂，在小厅东挟。绍兴间，郡守蒋璨立，自书扁榜……

思政堂，旧名东斋。绍兴三十年，郡守朱翌建……

思贤堂，旧名思贤亭，以祠韦应物、白居易、刘禹锡，后改曰三贤堂。绍兴二十八年，郡守蒋璨建……

瞻仪堂，旧在厅事之东。绍兴三十一年，郡守洪遵建……

齐云楼，在郡治后子城上。绍兴十四年，郡守王晩重建……

西楼，在郡治子城西门上。唐旧名西楼，后更为观风楼，今复旧。绍兴十五年郡守王晩重建……

四照亭，在郡圃之东北。绍兴十四年，郡守王晩为屋四合，各植花石，随岁时之宜，春海棠，夏湖石，秋芙蓉，冬梅。

坐啸斋，在四照亭南。绍兴二十七年，郡守蒋璨建，并书额。

秀野亭，在坐啸斋西。绍兴三十一年，郡守洪遵建。

观德堂，在教场。唐西园地也。绍兴二十一年，郡守徐琛建……

颁春、宜诏二亭，绍兴十四年，郡守王晩建……亭之侧东西两井亭，乾道四年，郡守姚宪建。

介庵，庆历八年，郡守梅挚建。

综上所述，可以看出在子城的废墟上又出现了一座座建筑物。这是经过了二三十年的努力，才清除了金兵烧掠的遗痕，基本上恢复了昔日子城的模样。

同时，随着郡治的机构日益扩大，办公用房不断增加。新设的机构有通判东厅、通判西厅、签判厅、教授厅、节推厅、府院、司理院、司户厅、司法厅、盐仓厅、粮料厅、四酒务、甲仗库、军资库、公使库、架阁库、激赏西库、激赏南库、作院、路钤衙、州钤厅、路分厅、转运衙。还修建了不少仓库、高楼，如府仓、常平仓、户部百万仓、归仁仓以及望云馆、清风楼、黄鹤楼、跨街楼、花月楼、丽景楼等。

与此同时，平江城的街巷也得到维修。有些街巷用砖砌街面，显得崭齐平整。史载：淳熙六年（1179），养育巷砌街开工。

在重建的同时，平江的人口也在逐渐恢复。据统计，宣和年间（1119—1125），有430000户。靖康之难后，城中几乎十室九空。至德祐元年（1275），户数大量增加，有329630户，基本上恢复了之前的规模。

宋金议和后，互派使臣，互有往来。平江风景优美，物华清嘉，为游乐之地，且与杭州接近，是接待使者的好地方。绍兴十四年（1144），王晩在胥门大兴土木，筑姑苏馆，在城门上筑姑苏台。姑苏馆一分为二，南曰“南馆”，北曰“北馆”。体势宏伟，装饰华丽，为浙西客馆之最。孙觌曰：“姑苏馆宏丽雄深，为三吴之冠，承平时亦未尝见之。”金国使者每岁往来此馆，专以奉国信。此外，一些朝廷大员来平江，亦在此接待。城上的姑苏台，可登城远眺，西南诸山，尽收眼底。城外的大河内，备有舣船，以便水上游览。在姑苏台下，即今之胥门与盘门之间，辟为苑圃，种植各种名贵花树，号曰“百花洲”，供宾客观赏。

在姑苏馆之东的直河上，建来远桥，取《论语》“有朋自远方来，不亦乐乎”之意。当然这些建筑，自有“媚金”之嫌。但从重建平江城来说，还是有一点贡献的。

江南地区气候温和，利于农作物生长，稻谷丰收。谚曰“苏湖熟，天下足”，指的是只要苏州、湖州两地的稻谷丰收，天下人就可以吃饱肚皮。为此，平江城大建粮仓。史载：淳熙元年（1174），郡守韩彦古创建归仁仓、报功仓，属平江府，故称“府仓”。《宋平江城坊考》引宋《续会要》云：

> 府仓前街……淳熙十三年十二月，提举罗点言：“平江府常平、归仁两仓，贮米之数当一路之半，而仓屋倾斜，乞于本府见椿管官钱内，支拨一万贯，措置起盖三十间，收贮米斛。”从之。

官府修建粮仓，主要是“谷贱增价以籴，谷贵减价以粜”。所谓义仓，“以备水旱灾伤之岁，即赈平民”。平江府仓的所在地，即今市立医院之地，“仓米巷”之名由此而来。

开禧三年（1207），建百万仓西仓。嘉熙四年（1240），建百万仓东仓。淳祐三年（1243），建平籴仓。淳祐五年，建宝祐百万仓。景定五年（1264），又建籴纳仓。这些仓库都是在南宋时所建的，说明南宋时苏州粮食富足，经济繁荣。

六、值得重视的“四大宋碑”

宋代，苏州的文化事业十分发达，除兴办书院之外，碑刻业也悄然兴起，产生了许多名碑，尤以《平江图》《天文图》《地理图》《帝王绍运图》“四大宋碑”为最，成为今日罕见的传世之宝。

《平江图》是一方大型石刻古代城市图，于绍定二年（1229）之前，由刻工吕梃、张允成、张允迪刻制。《平江图》反映了宋代建立平江府城（今苏州古城区）的面貌，详细地绘刻了城垣、衙署、坊市、河流、桥梁、寺观、兵营、园池等，标出名称者有610余处，是研究古代城市和苏州历史的珍贵文物。图碑高284厘米，宽164厘米，厚30厘米。青石质地，保存完好。《平江图》反映了当时苏州城的城市布局，是我国现存历史最久、最完整的城市平面图，在世界上也是较早的城市平面图。

《平江图》上，苏州城呈长方形状态，即自南至北较长。城墙笔直，毫无弯曲，似一本书，那横直有序的街巷，类似方格，活像一个棋盘，也像一个繁体“亞”字，让人真切体会到“棋盘城”格局和“亚（亞）字城”的形象。城内的7条河流，纵贯南北；14条河流，横贯东西。河道上桥梁排列有序，标有桥名。按图的比例计算，全城总长度达82公里。街巷与河道相依，水陆相随。城外有护城河围绕。唐代诗人杜荀鹤描写的“君到姑苏见，人家尽枕河”、白居易描写的“红栏三百九十桥”的景象，宛在眼前。《平江图》的刻制，严格遵循“上北下南、左西右东”法则，方位正确，比例相近，图形简洁，还原了宋代苏州古城平面图的原貌，十分难能可贵，为我们认识、研究苏州古城提供了宝贵的资料。

《天文图》是根据元丰年间（1078—1085）黄裳的观测结果绘制的，淳祐七年（1247）在苏州按原图刻石成碑。这是世界上现存最古老的东方星象测绘图。图碑高200厘米，宽150厘米，分上下两部分：上为星图，下为释文。星图以北极为中心，绘有1440颗星。释文共41行，每行51字，计2091字，简述了天体、地球、南北极、赤道及日月食成因等天文知识，内容丰富，方位准确，在世界古代天文学史上占有重要地位。

《地理图》是黄裳作的中国全国性地图，淳祐七年（1247）在苏州按原图刻石成碑。高180厘米，宽103厘米，厚22厘米。图碑分上下两个部分：上部详细刻画出山川、河流、湖泊、森林、长城及全国各级行政机构路、府、军、州的位置，并将地名用“题榜”标明，极其醒目，祖国山河尽收笔底。下部为文字，共36行，每行22字，计792字，大致记述了自夏禹到南宋的历代版图变迁情况，反映了我国古代制图学水平的高度。这是我国现存最早的全国性地图碑刻。

《帝王绍运图》是以我国古代帝王世系为核心的历史朝代沿革表。“绍运”即承上继下之意。图碑高177厘米，宽100厘米，厚25厘米，也是上图下文。上部以图表分左、中、右三路列出帝王世系，中路列出自黄帝起至南宋理宗止，自黄帝、颛顼、帝喾、尧、舜五帝，经夏、商、周、秦、汉至隋、唐，直至南宋，共13个朝代，247个帝号。另在左右两侧列出秦六国、五代僭伪、春秋十二国、五胡十六国。下部释文共550字，评述了古代“世道之理乱，五统之离合”，歌颂了宋太祖的立国之功。这是一件珍贵的历史碑刻作品。

七、街坊的毁建与演变

自春秋至北宋期间，城内有坊名而无巷名，全国各地都是如此。唐时，京城长安有

108个坊。苏州是个“雄州”，经济繁荣，商业发达，人口众多，城内有60个坊，这个数字是不小的。到了宋代，苏州城内有65个坊。但这个数字并非单纯的增加数量，而是有毁有建。就是说，唐代的有些街坊已经毁失，宋代又新建了一批街坊，笔者将唐、宋时的街坊名称逐一对照，发现唐代的60个坊名，到宋代仅剩有27个，即：

通关坊、儒教坊、和令坊、绣衣坊、建善坊、迁善坊、布德坊、豸冠坊、富春坊（现作“富仁坊”）、天宫坊、迎春坊、吴愉坊、平权坊、馆娃坊、丽泽坊、通波坊、孙君坊、义和坊、坤滩坊、载耜坊、同仁坊、南宫坊、嘉鱼坊（现作“嘉余坊”）、盍簪坊（现作“合村坊”）、甘节坊、立义坊、吴趋坊。

下面的33个坊名，已经毁失，即：

三让坊、水浮坊、阖闾坊、调啁坊、金风坊、白贲坊、南祀坊、长干坊、望馆坊、曳练坊、苌楚坊、处暑坊、棠棣坊、白华坊、即次坊、洊雷坊、噬嗑坊、陋蜀坊、旌孝坊、太元坊、黄鹂坊、玉铉坊、青阳坊、从义坊、开冰坊、释菜坊、夷则坊、南政坊、仲吕坊、必大坊、八貂坊、布农坊、循陔坊。

宋代的65个坊，除了唐代留下的27个坊外，新建了37个坊，即：

孝义坊、绣锦坊、旌义坊、孝友坊、玉渊坊、儒学坊、衮绣坊（现作“滚绣坊”）、状元坊、吴会坊、晋宁坊、孔圣坊、积善坊、阜通坊、干将坊、真庆坊、闻德坊、崇义坊、乘鲤坊、闾邱坊、大云坊、碧凤坊、庆源坊（现作“庆元坊”）、和丰坊、宾兴坊、好礼坊、灵芝坊、昼锦坊、西市坊、太平坊、流化坊、武状元坊、文正范公之坊、德庆坊、乐圃坊、清嘉坊、仁风坊、至德坊。

从唐至宋，历史长达300余年，在这期间，战争频发，兵祸连绵，有些街坊在战火中毁坏，有些街坊在战后重建。宋代街坊的增多，与人口增长、经济发展有很大的关系。

绍定二年（1229），郡守李寿朋在主持刻制《平江图》的同时，对城市建设十分重视，发现原有的街坊历经风雨侵蚀，有所损坏，就着手进行整理。在65个街坊口竖立花岗石牌坊，刻上坊名，整齐划一，极为壮观，街坊面貌为之一新。

进入南宋，随着社会的发展，经济的繁荣，城市人口的增多，街坊已不能适应社会发展的需求，从而演变成为“巷”。在宋代，苏州的人口究竟有多少？从明初卢熊撰的《苏州府志·卷十·户口》上的统计数字，便可知晓：

隋时，户止一万八千三百七十七……唐贞观八年，虽四县，户亦一万一千八百九十九，口亦五万四千四百七十一……宋初，有户二万七千八百八十九。祥符间，有户六万六千一百三十九。元丰三年，有户十九万九千有奇，口三十七万九千有奇。宣和间户至四十三万……其盛如此。一遭女真之难，人民颠覆，范志以为城中几于十室九空焉。南渡之后，抚字六十年至淳熙十一年，有户十七万三千四百一十二，有口二十九万八千四百五十……至德祐元年，主客户三十二万九千六百三十，僧道不与焉。

上述数字表明，宋代的户口与隋唐时代的相比，急剧增加，数字大得惊人。街坊内的住户日益增多，人口密集拥挤，给管理带来了难度。人们既要出行方便，更要谋求生活，坊墙的存在使得往来非常不便。于是，有的推倒坊墙作为通道，有的拆除坊墙开出小店，真是人多势大，管理者也无可奈何。久而久之，街坊的围墙毁坏、倒塌，不再修理，任其自然，渐至消失。这样，城市的街区不再以坊命名，而出现了“巷”甚至是“街”的名称。城市中使用“巷”名，是从宋代开始的。

时至今日，唐宋时代原有的坊自然是看不到了，坊虽已消失，但至今仍保留着少数古老的坊名，作为街巷的名称。笔者统计，现尚存唐以前的古坊名有5个，即通关坊、盍簪坊（现作“合村坊”）、吴趋坊、嘉鱼坊（现作“嘉余坊”）、富仁坊等。宋代的古坊名有6个，即孝义坊、衮绣坊（现作“滚绣坊”）、干将坊（现为干将东路之一段）、闾邱坊、碧凤坊、庆元坊等。两者合计共11个。这些古老的街坊名称，历经社会变革的洗礼，城市街巷改造的变化，依然排列在当代街巷名录之中，算是幸存者了。

八、街巷名称的命名与特色

范成大撰的《吴郡志》成书于绍定二年（1229）之前。在他列举的坊名后面，也写明“在××巷”。可见，在绍定二年之前，苏州城既有坊，也有巷。这一时期，是“坊”与“巷”的演变阶段。但那时有多少条巷，巷名是什么，宋书上记载不详，我们只能从明卢熊撰的《苏州府志》上记载的巷及巷名来进行分析。卢熊撰的《苏州府志》，其写作年代约在元末与明洪武初，所列的街巷名称，或可视为南宋及元末年间的街巷。那时，苏州已划分为两个县，以城中卧龙街（今人民路）为界，西为吴县，东为长洲县，共记载245条街巷。

明洪武《苏州府志·卷五·坊市》洪武十二年（1379）版，记载的巷名有：

吴县：金狮子巷、果子巷、夹城巷、水团巷、天灯巷、大石头巷、月楼巷、平权坊巷、孔家园巷、澄心园巷、五郎园巷、花街巷、西憩桥巷、纸廊巷、豆粉巷、铁瓶巷、康王庙巷、常安巷、西包司巷、仓后巷、米巷、柳巷、东石皮巷、西石皮巷、蒲帆巷、余家巷、太师巷、林家巷、潘家巷、章家巷、下家巷、南顾家巷、北顾家巷、陆侍郎巷、富郎中巷、东船场巷、西船场巷、六通巷、支家巷、板寮巷、庙堂巷、薛家巷、唐家巷、盛家浜巷、南百花巷、斑竹巷、寺巷、弹子巷、麋都兵巷、王天井巷、光荡巷、仲家巷、曹家巷、槐花巷、诸先生巷、百花巷、石家泥巷、庙湾巷、社坛巷、杨家巷、南园巷、侍其巷、穿堂巷、昼锦坊巷、开元寺后巷、驿后巷、郭家巷、莲花池巷、东采莲巷、西采莲巷、葛家巷、马大箓巷、桑园巷、蒲菱巷、双林巷、高师巷、曹虞部巷、刘迪功巷、汤家巷、芝草营巷、艾家巷、邹家巷、神堂巷、官司巷、开家巷、支使巷、道堂巷、长春巷、吴殿直巷、十九胜巷、纯孝坊巷、蒋家桥巷、王枢密巷、郑使桥巷、徐胡桥巷、四天灯巷、龙兴寺巷、许蕴子巷、乐圃坊巷、海红花巷、绣线巷、石灰巷、梵门桥巷。共103条。

长洲：花巷、东憩桥巷、张古老巷、双井巷、鼓角营巷、周司徒巷、盐仓巷、北新街巷、南新街巷、哪吒院子巷、柴巷、苏家巷、南白塔子巷、王判司巷、儒学巷、蒋巷、槐树巷、濠股巷、颜家巷、油巷、乐营堂巷、魏朱巷、孝友坊巷、魏家院子巷、范虹蜺巷、庞耆巷、林家院子巷、魏家巷、张家院子巷、郭乐官巷、干将巷、崇甫巷、障子巷、条坊巷、楝木巷、彭家巷、吉油巷、富仁坊巷、宝积寺后巷、大酒巷、巾子巷、乘鲤坊巷、闾邱坊巷、祥符寺巷、宫巷、水团巷、蓝家巷、萧家巷、丁晋公巷、碎金巷、白蚬巷、曹家巷、安毡巷、大云坊巷、九胜巷、南王家巷、王武功巷、故市巷、支史巷、大巷、新罗巷、庄家桥巷、资寿寺巷、玄坛庙巷、社坛巷、乔司空巷、丁家巷、南显子巷、北显子巷、迎春巷、大树巷、丁香巷、花桥巷、唐家巷、石皮巷、罗家巷、新桥巷、曹胡徐桥巷、马军巷、四酒务巷、醋库巷、中央巷、破楼巷、杨家院子巷、童家巷、盐船巷、金将仕巷、燕家巷、净河巷、五龙堂巷、船坊巷、破井巷、砖巷、莲城巷、黄师巷、孔夫子巷、廿八钱巷、张倪金浜巷、胡书记巷、净道桥巷、叶家巷、姜家巷、营桥巷、毛家巷、司马巷、十郎巷、严家巷、章家巷、林家巷、新院子巷、阁桥巷、庵巷、双池巷、竹园巷、倪巷、黄家带巷、通真巷、东谷场巷、西谷场巷、南津巷、通新巷、蔡家巷、觉报寺巷、杨王庙巷、石子巷、石匠巷、居公巷、衮绣坊巷、庙巷、褚家巷、同坊巷、白塔子巷、弦歌里巷、大木巷、葛家巷、诸家巷、刘真巷、北张家巷、李计议巷、会道观巷、南张家巷、朱张巷。共142条。

这些街巷的命名，虽处在初始阶段，但每条街巷的名称，都是依据该条街巷的地理环境、历史人物或其他特点而命名的，很有特色，既反映了这条街巷的来历出典，也有一定的文化内涵。经分析归纳，命名方式大体有10个方面：

一是依据地理环境而命名。这一命名十分广泛，其处有什么特点，即用于命名。如水团巷，位于升平桥东堍、学士街东侧。因其处地势低洼，形成水潭，故名。后作"水潭巷"，今仍在使用。昼锦坊，即今新市路，因其处有昼锦牌坊而得名。船舫巷，位于今带城桥之南，因其处有船舫而得名。

二是依据历史人物而命名。如干将坊，原位于乐桥南堍东侧。干将，传为春秋时著名冶匠。他在此铸剑，并竖有干将牌坊，故名。今位于干将东路西端。再如侍其巷，位于司前街南端西侧。因有善士侍其沔居此而命名。

三是依据园林、寺庙、宝塔而命名。如南园巷，位于今南园处，因那里有南园而命名。庙堂巷，位于养育巷南端西侧。巷内原有东岳仁圣庙，故名。再如白塔子巷，位于临顿路北段东侧。因其处有一座白塔，俗称"白塔子"而得名。

四是依据官衙所在而命名。如四酒务巷，位于平桥直街北端西侧。巷内有官府设立的四酒务衙门，故名。今讹为"泗井巷"。再如醋库巷，位于凤凰街南端西侧，巷内有官府设立的醋库而得名。

五是依据历史人物的官衔荣誉而命名。如糜都兵巷，位于人民路嘉余坊北侧。宋抗金名将糜登居于巷内，糜登官衔"都兵"，曾任安庆知府，有政绩，转为朝议大夫，封吴县开国男，故名。后经讹传，今作"宜多宾巷"。再如富郎中巷，位于养育巷南端、庙堂巷之北。宋代，因刑部郎中富严居此而得名。

六是依据花卉树木而命名。如丁香巷，位于平江路中段东侧。因巷内有多棵丁香树而得名。再如大树巷，位于临顿路南段东侧。原名"大木巷"，又名"大树巷"，因其处原有大树而得名。后因明代大儒王敬臣居此，遂改称"大儒巷"。王敬臣（1513—1595），字以道，长洲（今苏州）人。年十九为诸生。性至孝，父疽发背，亲自吮舐；老得瞀眩，则卧于榻下，夜不解衣。事继母如事父，妻失继母欢，不共室者十三载。万历中，以廷臣荐征为国子监博士，辞不行。诏以所授官致仕。万历二十一年（1593），巡按御史甘士价复荐吏部，以敬臣年高，请有司时加优礼，诏可。门人称其"仁孝先生"。

七是依据行业所在而命名。如纸廊巷，位于人民路乐桥南堍西侧。其处原有造纸作坊，制作彩笺，故名。后作"纸郎巷"，因谐音之讹，作"紫兰巷"。1993年拓宽干将路时，并入，巷名废。再如石匠弄，位于干将东路唐家巷西侧。巷内有石匠作坊，故名。果子巷，位于今东美巷，因巷内有果子行而得名。

八是依据住户姓氏而命名。如薛家巷、唐家巷、严家巷、汤家巷等，谁家先住此巷，或多家同姓住于此巷，即用谁家之姓为巷名。此种情况，在街巷命名上极为普遍。也有两姓、三姓为街巷名称的，如林家院子巷，即姓林的一家。朱张巷，即朱、张两家，今作“邾长巷”。曹胡徐桥巷，曹胡徐既是桥名，也是巷名，就是曹、胡、徐三家了。

九是依据桥梁、河浜而命名。该巷在某座桥、某条河浜处，即将桥名、河浜名作为巷名。如东憩桥巷、西憩桥巷，位于今乐桥南堍。那里原有憩桥，一在憩桥之东，一在憩桥之西，即用桥名作巷名，并于东、西方位区别之。在拓宽干将路时，两巷均已消失。盛家浜巷，位于剪金桥巷中段，东出游马坡巷，西出剪金桥巷，因其处有河浜，名盛家浜，即作巷名。苏州有多处桥巷同名和浜巷同名。

十是依据神话和民间传说而命名。如铁瓶巷，位于人民路乐桥北堍西侧，东出人民路，西至永定寺弄。传说，唐代有个仙人带着一只铁瓶，瓶内装酒，在巷内饮酒。饮毕，铁瓶留在巷内，因而得名。五龙堂，位于十全街西段南侧。民间传说宋时大旱，有五条小龙升天播雨而得名。

以上这些街巷地名，充分体现了苏州古城街巷的文化特色，并为后代的街巷命名打下了基础。

九、吴县、长洲两衙似园林

唐武则天时将吴县一分为二，设置长洲县。这样苏州城内就有了两个县，吴县在府治之西南，长洲县在府治之东北。两个县衙的建设，受到郡府的影响，在衙内也建有厅堂亭台、假山池水，植树种花，环境十分优美，像个园林似的。

吴县县衙，在府治之西二里许。衙内有平理堂、无倦堂，在堂之西，有延射亭。天圣七年（1029），知县徐的建。亭之南北，各有小山，山有小亭，南曰“松桂”，北曰“高荫”。淳熙五年（1178），知县赵不忿建。淳熙十二年，知县赵善宜重建衙门，并书额。

从章珉写的文章来看，县之西偏，旧有园圃及佛舍，后荒芜，经清除后，筑之于亭，植嘉木，种杂花，堆土筑山，穿沼为池。于是“春华烂而在目，暑风冷然罢扇。秋英坠砌，冬霰集楹。君赏心乐，击鲜为具”。杨备诗云：“高台芜没曲池平，十万人家古县城。烟水云山屏画里，阖闾坟域旧都名。”（见《吴郡志・卷三十七・县记》）

长洲县衙，在府治之北三里许。县有茂苑堂、岁寒堂。王禹偁曾为县令。他与白居易、韦应物一样，都是诗人，他们吟咏苏州的诗也很多。为此，有“苏州刺史例能诗”之名。王禹偁写有《移任长洲诗》五首，描述他移任长洲之经过甚详。录一首以赏：“移任长洲县，沿流渐入吴。见碑时下岸，逢店自微酤。野庙连荒冢，江禽似画图。高堂从别

后，应梦宿菰蒲。”（见《吴郡志·卷三十七·县记》）

据米友仁《茂苑堂记》所写，县衙内建筑繁多，景致优美。堂之南，植嘉木秀竹，奇芳蕙草，郁葱叶秀，而森然敷荫，如在丘壑。还有百花亭。堂之西有尊美堂、维摩丈室、绿野轩等。再向南，有绿筠庵，琴书雅玩，陈列其中。客人来此，试茗烹饮，从容赏景，怡然自得。

此外，园中还有蟠翠亭，由吕存中重修。初夏时节，新绿郁勃，林采焕发。坐在亭中，有风徐至，芳香袭人。还有企贤堂，建于淳熙九年（1182），知县曾栗从虎丘请来王禹偁像，绘于堂上，以仪以瞻，使识者敬慕。

十、达官显贵建园林

自太平兴国（976—984）至元丰（1078—1085）年间，这一时期比较太平，经济繁荣，百姓安居乐业，生活水平超过了唐代。苏州也同样如此，故有“上有天堂，下有苏杭”之誉。苏州的城市建设也蒸蒸日上，“郛郭填溢，楼阁相望，飞杠如红，栉比棋布”（《吴郡图经续记》），一片如画景象。“天堂”苏州，气候温和，环境优美，确是个宜居的城市。但宜居需要宅第，筑个“安乐窝”，这是很自然的事。北宋诗人苏舜钦原在京城为官，因获罪而流寓苏州，开始筑沧浪亭。他的诗友梅尧臣也来到苏州，在昼锦坊处筑园，称“梅家园”。

北宋“靖康之难”，城市建设遭到严重的破坏。南宋朝廷在杭州建立后，北方人大量南渡，经济、文化中心逐渐南移，尤其是那些达官显贵，迁来苏州居住。也有的是致仕后来苏定居的。他们既带来了物质财富，也带来了精神财富，加快了苏州经济的复苏。在这期间，苏州兴起了建造园林宅第的新风尚。

据现有资料统计，有宋一代，苏州建有园林宅第二十余座。园林的主人绝大部分是达官显贵，既有在任的，也有罢官或致仕的；既有本地的，也有外地的。他们为了显示自己的门第高贵，讲究豪华，追求享乐，大兴土木，醉心于建造宅第园林。

最为著名的宅第园林，有沧浪亭、万卷堂（网师园）、五亩园、乐圃、石湖别墅等。

沧浪亭，在南园处，今人民路南端府学之东。其地原为五代时广陵王钱元璙的别墅，或说是五代中吴节度使孙承祐的池馆，后废。庆历四年（1044），诗人苏舜钦流寓吴中，用四万钱购得孙氏池馆旧址，谋划布局，重加整修，临水筑亭。取《楚辞·渔父》之歌“沧浪之水清兮，可以濯我缨；沧浪之水浊兮，可以濯我足”的句意，名为“沧浪亭”，

苏舜钦像

自号“沧浪翁”，并写《沧浪亭记》。苏舜钦（1008—1048），字子美，开封（今属河南）人。他少年时有大志，好为古文，工歌诗，善书法，也好饮酒。他家三代为官，自己是进士出身，曾任太庙斋郎、荥阳县尉。二十一岁时因玉清宫受灾而向皇帝上疏，显示出他的胆识。范仲淹荐其为集贤校理。其岳父同平章事兼枢密使杜衍与范仲淹、富弼等欲行新政，被王拱辰等弹劾。杜衍离京任职，苏舜钦因“鬻故纸公钱召妓乐，间夕会宴客”，被对方抓住把柄，弹劾他以监守自盗而被除名，同时被逐出京城。（《宋史·苏舜钦传》）

苏舜钦将宅园取名为“沧浪亭”，自然有他的用意。他自比屈原被放逐，心怀朝廷，腹有才华却无法施展。他要学渔父那样，唱着“沧浪”之歌，看绿水青山，赏明月清风，不再进入官场，不再卷入斗争，不问朝廷之事。他在沧浪亭内“益读书，发愤懑于诗歌”（《宋史·苏舜钦传》），过着隐居生活，逍遥于山水之间。苏舜钦是一位诗人，风格豪放，与梅尧臣齐名，时称“苏梅”。著有《苏学士文集》等。

沧浪亭筑成后三四年，苏舜钦卒。宅园屡易其主，由章惇、龚明之家各得其半。章惇（1035—1105），字子厚，号大涤翁，建州浦城（今属福建）人。嘉祐二年（1057）进士，历任商洛县令、雄武军节度推官、著作佐郎等职。元祐八年（1093）拜相，死后赠太师，追封魏国公。著有《章子厚内制集》等。章氏曾扩建沧浪亭，堆山植树，建造楼阁，为一时雄观。龚明之（1091—1182或1186），字希仲，江苏昆山人。绍兴二十年（1150）始举于乡，后以特恩召廷试成进士，授高州文学。南宋绍兴初，抗金名将韩世忠提兵过吴，入住章、龚之园，并增建瑶华境界、清香馆、翠玲珑、冷风亭等诸胜，时称“韩园”，俗呼“韩家园”。《百城烟水·卷一·苏州》云：

> 韩蕲王府，俗称“韩家园”，即章氏园也。绍兴初，韩蕲王提兵过吴，意甚欲之。章殊不悟，即以随军转运檄之。章窘迫，急以为献，其家百口，一日散居。韩氏作桥两山之上，曰“飞虹”。张安国书扁，上有连理木，庆元间犹存。山之堂曰“寒光”，傍有台，曰“冷风亭”。又有翊运堂。池侧有濯缨亭。梅之亭曰“瑶华境界”，竹之亭曰“翠玲珑”，桂之亭曰“香馆”。

元代，宅园废为僧舍。延祐年间（1314—1320），僧宗敬在沧浪亭旧址建妙隐庵。至正年间（1341—1368），僧善庆在其东侧建大云庵，为南禅集云寺别院。至今，沧浪亭之东的小河上，仍有大云桥，即大云庵遗迹也。

明洪武二十四年（1391），宝昙和尚居南禅集云寺，将妙隐、大云两庵并入。嘉靖十三年（1534），知府胡缵宗将庵改建为韩蕲王祠；二十五年，结草庵僧文瑛复建沧浪亭，恢复旧貌，归有光作记。画家仇英绘有《沧浪渔笛图》、清初画家王恽绘有《沧浪亭图》。从绘图上看，亭内土山较高，建筑稀落，疏旷富于野趣。后又废。

清康熙初，在西部建苏子美祠。康熙三十四年（1695），巡抚宋荦见该处荒废不堪，复建沧浪亭，筑步倚廊与轩室等多处，其名多取自苏舜钦的诗文。临溪建石桥作入口处，名为重修，实同再创，但规模远逊于宋代。后长洲县令许同溪、巡抚吴存礼、雅尔哈善等各加扩建。乾隆三十八年（1773），于园西建中州三贤祠。乾隆皇帝南巡，曾驻跸于此。相传，乾隆帝曾在此听评弹艺人王周士说书。道光八年（1828），布政使梁章钜重修沧浪亭，巡抚陶澍于亭西南建五百名贤祠。梁章钜集苏舜钦、欧阳修的诗句“清风明月本无价”“近水远山皆有情”为对联，镌刻于沧浪亭石柱上。在园内五百名贤祠内，有石刻125方，集周代至清代道光2400多年间的吴郡名贤594人，勒石造像，垂范后人。伍子胥、白居易、范仲淹、文天祥、韩世忠、唐寅、文徵明、况钟、林则徐等皆列其中，有较高的文化内涵。太平天国战争时，园俱毁。同治十二年（1873），巡抚张树声、布政使应宝时重修，重建苏子美祠、中州三贤祠，并增建明道堂、看山楼等。

光绪初，园内仍有僧居。光绪末，被洋务局等借用，多时有七个部门。民国初，一度借设修志局。民国十五年（1926），苏州美术专科学校租用三贤祠堂。校长颜文樑（1893—1988），字栋臣，苏州人，美术教育家、油画家，受聘为沧浪亭保管员，美校亦迁入。画家吴子深慷慨捐助4000元，重修沧浪亭，历时年余，面貌焕然一新。民国二十一年，美校于园东墙外农田上建希腊柱廊式新校舍，辟门相通，建筑风格与该园形成中西鲜明对比。其建筑华美，采光科学，规模宏大，为20世纪30年代国内美术院校之最。后抗日战争全面爆发，苏州沦陷，园由日军占用，毁坏严重。抗日战争胜利后，美校复校于此，但荒芜满目而无力修复。

1949年后，美校迁无锡，此处改为苏南工专校舍。1954年，由市园林管理局接管整修，1955年春节对外正式开放。1982年，园被列为省文物保护单位。1964年，朱德视察苏州时所赠10盆川兰及《兰花谱》置于该园，园内增辟兰圃，设于原印心书屋处。“文化大革命”中，一度改名“工农兵公园”，园内家具陈设毁坏严重，20余副清代楹联被毁，后重制楹联匾额。全园计有堂馆亭榭20处，匾额22块，楹联23副，书画碑刻150余块。园的特点是，未入园门，园景隔水相迎，沿水花墙旧传有108式，无一相同，使园内园外似隔非隔、欲断还连，不同一般园林以高墙相隔、景不外泄。目前建筑相当完好。1961年,被列为全国重点文物保护单位。1997年,被联合国教科文组织以“苏州古典园林”的典范列入世界文化遗产名录。

可园,也称“近山林”“乐园”,位于南门内沧浪亭街,今人民路48号。原为五代时吴越军节度使孙承祐的别墅。园名曰“可”,取“无无不可”之意。北宋时为沧浪亭的一部分。南宋时为韩世忠宅邸。雍正六年至九年(1728—1731),江苏巡抚尹继善在此筑园,因有山林野趣之胜,名“近山林”。又取“仁者乐山,智者乐水”之意,名“乐园”。《吴县志·卷三十九中·第宅园林》云:

> 可园,在沧浪亭对门,一名近山林,与正谊书院毗连,梁中丞章钜重加修葺,有挹清堂、坐春舻、濯缨处诸胜。

可园占地面积5000平方米,虽无假山丘壑之奇,也无楼台金碧之美,但山水明瑟,庭宇清旷,环境雅静。道光七年(1827),江苏巡抚梁章钜重加修葺,划归正谊书院。园内有挹清堂,堂前池水,清泓可挹,名“挹清池”,又称“小西湖”。池内种荷养鱼,夏季荷花盛开,清香四溢。左有平台,可临池垂钓;右有亭,作舟形,名“坐春舻”,可临风赏月。四周曲廊相通,可悠然散步。廊旁有屋三楹,名“濯缨处”,可会客小憩。北面复有庭园小池,池上有轩,内列碑数块,记载史实,细读品尝,可考曩迹。旧时,园内种植梅树百余棵,梅花开时,幽香阵阵,四周都能闻到香气。有一株古梅“铁骨红”,被誉为“江南第一枝”。

咸丰、同治年间,可园受到兵燹之祸。光绪十四年(1888),由江苏布政使黄彭年重修,建立学古堂,又拓建书楼五楹,名“博约楼”,藏书8万卷。临池筑一小亭,名“浩歌亭”,为四角攒尖方亭。光绪三十一年,巡抚陆春江停办学古堂,改设游学预备科。光绪三十三年,又改存古学堂。因学古堂藏书之富,民国三年(1914),在此设立江苏省立第二图书馆,后改称“江苏省立苏州图书馆”。新中国成立后,由苏州医学院使用,后归入苏州大学西校区,园渐荒芜。1963年,被列为苏州市文物保护单位。2015年,由政府拨款修复,基本上恢复了原样,并对外开放。

梅家园,与沧浪亭相近,位于今新市路之西、梅家桥之南。诗人梅尧臣所筑。梅尧臣(1002—1060),字圣俞,宣州(今安徽宣城)人。赐进士出身,官至都官员外郎。与欧阳修一起推动古文运动,声望很高,与苏舜钦齐名,时称“苏梅”,著有《宛陵先生文集》。明洪武《苏州府志·卷七·园第》云:

> 梅都官园在府治西南,《祝檛野录》云:圣俞晚年谢事,卜筑沧浪亭之旁,正与子美相邻。二公一时名胜,日夕往还,酌酒赋诗,相得甚欢,今犹称其地为“梅

家园”。

但梅家园的范围有多大，有哪些建筑，史载不详，待考。

乐圃，在景德路雍熙寺之西（今慕家花园处）。元丰年间（1078—1085），由朱长文的祖母吴夫人购下五代时的金谷园旧址所筑。当时，金谷园已废为民居，经朱长文的祖辈、父辈及朱长文的不断修葺和扩建，后成为一座有山林野趣的私家园林。《吴郡志·卷十四·园亭》云：

> 乐圃，朱长文伯原所居。在雍熙寺之西，号“乐圃坊”。圃中有高冈清池，乔松寿桧。此地钱氏时号“金谷”，朱公光禄始得之。伯原营以为圃。名德所寓，邦人珍之，因号其巷曰“乐圃坊”。朱自有记。

朱长文《乐圃》记云：有堂三楹，为亲党所居。又有堂三楹，曰“邃经”，是讲“六艺”之处。有“鹤室”，为养鹤之处。有“蒙斋”，为蒙童之处。“邃经”西北有高冈，曰“见山”，冈上有琴台，朱长文在此弹琴赋诗。冈下有池，水质清洌，游鱼可数。池中有亭，曰“墨池”。池岸有亭，曰“笔溪”。溪旁有“钓渚”，可供垂钓。有桥三座，曰“招隐”“西涧”“幽兴”。园中广植花木，有松、桧、梧、柏、黄杨、冬青之类，高或参云，大或合抱，或直如绳，或曲如钩，或蔓如附，或偃如傲，或参如鼎足，或并如钗股，或圆如盖，或深如幄，或如蜕虬卧，或如惊蛇走，名不可以尽记，状不可以殚书。可见园之广大。园名“乐圃”，是依据孔子“乐天知命故不忧”和颜渊“在陋巷……不改其乐”句意，有自得其乐之含义。

朱长文（1039—1098），字伯原，号乐圃。吴县（今苏州）人。光禄卿公绰之子。嘉祐四年（1059）进士。因坠马伤足不仕。元祐年间（1086—1094）以苏轼等人推荐，充本州教授，时为苏州两教授之一。元祐八年，朱召为太常博士，迁秘书省正字。家有藏书二万余册，著有《吴郡图经续记》等。

《乐圃余稿》附有张景修的《墓志铭》，称朱长文：

> 因旧圃葺台榭池沼，竹石花木，有幽人之趣。州侯贵客，山翁野叟，或觞或咏，去则醉卧便腹，不知身世之在城郭也。太守章公伯望表其所居为乐圃坊，乡人相与尊之称乐圃先生。是时也，使东南者以不荐先生为耻，游吴郡者以不见先生为恨。

乐圃后来归于何人，史载不明。

万卷堂（网师园），在葑门内阔家头巷。淳熙年间（1174—1189），史正志所筑。

史正志，字志道，江都人，绍兴二十一年（1151）进士，除枢密院编修，历任吏、刑、兵、户各部侍郎等职。《宋史》记载，此人在治国、抗敌方面有建树，但最终与投降派等奸党沆瀣一气，贪安求和，反对北伐，后遭弹劾后罢官。遂流寓苏州，约十年后，耗费一百五十万缗筑万卷堂，并排列书橱，安置藏书，有藏书万卷，为其读书之所。在万卷堂之南，又筑渔隐，作为居所。“渔隐” 这个名字，反映了传统文人的心态，即罢官之后想和《楚辞》中的渔父一样，渔钓隐居。但万卷堂仅传一代，后为常州人丁季卿得。丁有四个儿子，绍定末，丁氏将园一分为四，给予四个儿子。而后，被苏州浙西路提刑官赵汝櫄占为百万仓和籴场。此后，园渐荒废。

清乾隆年间（1736—1795），光禄寺少卿宋宗元退隐苏州，购得此园，擘划布置，营造别业，借 “渔隐” 旧意，称园为 “网师园”，又称 “网师小筑”，自号 “网师”。乾隆末年，园归太仓富商瞿远村，他增置亭台竹木，重构堂轩，筑殿春簃、无喧庐等诸胜，俗称 “瞿园”。钱大昕撰有《网师园记》，记载甚详，有 “因其规模，别为结构，叠石种木，布置得宜，增建亭宇，易旧为新” 之语。同治年间（1862—1875），归江苏按察使李鸿裔所有，增建撷秀楼，浚池养鱼。因园与苏舜钦沧浪亭相近，自号 “苏邻”，园名 “苏邻小筑”。李鸿裔拥书万卷，精通书法，有十余块扇面石刻藏于园内。

光绪三十三年（1907），为吉林将军达桂宅居。民国六年（1917），张作霖以30万

网师园万卷堂

元购得此园，将该园赠给他的老师张锡銮，易名“逸园”，亦称“张家花园”。张锡銮未住园内，其子张师黄曾邀书画家叶公绰、张善孖、张大千等寓居园中。张氏兄弟在园内饲养乳虎，作为宠物，揣摩写生，至今在殿春簃留有遗迹。民国二十九年，园为何澄所得。何澄，号亚农，喜字画，富收藏。曾留学日本，参加同盟会。夫人王季山，为著名教育家、苏州振华女中校长王谢长达之四女，亦兼振华校董。新中国成立初，何氏子女遵从父嘱，将网师园及其所藏书画捐献给国家。市政府拨款整修后，于1959年9月对外开放。

网师园占地面积5400余平方米，是一座保存完整的典型清代宅园。现存主要建筑为瞿园时期遗物。园分东、中、西三部。东为宅第，大门内，从南至北，有门厅、轿厅、大厅，大厅正中悬有“万卷堂”匾额。厅前有一座砖雕门楼，高约6米，宽3.2米，雕刻精致，巧夺天工，为乾隆时遗物，被誉为“苏州古典园林中现存门楼之冠”。厅后为撷秀楼，即女厅，登楼眺望，全园景色尽收眼底。厅北面为梯云室，登梯可上五峰书屋，精洁雅致，为园主子女读书处。西为花园，园以水池为中心，环池建筑较多，南有小山丛桂轩、濯缨水阁、蹈和馆、琴室，为主人宴饮、听琴之区。北有集虚斋、看松读画轩，为主人作画吟诗之处。东有竹外一枝轩、射鸭廊，在此休闲游乐，品茗雅集。西有月到风来亭，居于水涯之上，明月清风，为赏月最佳处。在月到风来亭西北边，入小门为内园，有一处书斋式建筑的庭院，名“殿春簃”。殿春者，即芍药也。院中尽植芍药，花开时节，春色最浓。1987年，以殿春簃为蓝本设计的明轩，建成于美国纽约大都会艺术博物馆，永久性陈列。又有冷泉亭，亭内放置一块玲珑剔透的灵璧石，形似展翅欲飞的苍鹰，相传为明代江南才子唐伯虎的遗物。

网师园面积虽小，但结构紧凑，布局合理，假山池水、亭台楼阁参差错落，胜如画图。陈从周教授赞誉它是“苏州园林之小园极则，在全国园林中，亦居上选，是‘以少胜多’的典范”，童寯教授称它园宅兼具，典雅古洁，别具一格。

隐圃，在灵芝坊（今侍其巷内）。由北宋枢密直学士蒋堂所筑。蒋堂，字希鲁，自号遂翁，江苏宜兴人，迁居平江。大中祥符五年（1012）进士，任侍御史。出为淮南发运使，累迁枢密直学士，历知应天、洪州、杭州、益州等。他两度为苏州知府，以礼部侍郎致仕。蒋堂在平江筑宅第，号“隐圃”。明洪武《苏州府志·卷七·园第》云：

> 圃中有岩扃、水月庵、烟萝亭、风篁亭、香岩峰、古井、贪山等。

隐圃范围较大，除上述景点外，圃南有小溪，溪水碧绿，游鱼可数。水中有假山，筑南湖台。又植桃树一百株，桂树若干。自赋《隐圃十二咏》，多赞美之词，抒悠闲之意。绝笔诗云：“归来深隐太湖滨，天与扶持百岁身。虽是浮云隔双阙，丹心爱戴在君亲。”因圃内溪馆生有芝草，其居处之巷即名“灵芝坊”。

五亩园，在今桃花坞西大营门处。原为汉代张长史“植桑之地”，也是他隐居之处。熙宁间（1068—1077），梅宣义在其地筑台治园，取《孟子·梁惠王章句上》“五亩之宅，树之以桑，五十者可以衣帛矣”之意，名“五亩园”。

园的范围很大，东至今西大营门，西接今平四路中段，南至今校场路西段，其面积不止五亩。因园主姓梅，也称“梅园”。园内多植梅树，也称“梅树园”。但梅宣义是何等样人，史籍不载，难于考实。园内景色丰富，有更好轩、碧藻轩、鸳鸯亭、庆云亭、清云轩、锁烟亭、镜心池、闻香阁、栖鹤楼、拜石轩等，其中庆云亭匾额为抗金名将岳飞所书。还有小蠡湖，湖内有石舫，有渔艇妓船，内供范蠡西施之位。湖边筑有两楹房屋，题额曰“野鸳比翼”，又有梅林、竹林、荷花池等。

梅宣义的儿子梅灏，字子明，熙宁六年（1073）进士，曾在杭州任通判，时苏轼为杭州知州，两人是同僚，私交深厚。苏轼知道梅灏的父亲嗜石，将自己在山东文登做官时所得之白石赠给梅氏，梅氏专门筑台供拜。苏轼来到苏州也曾去园内玩赏，并有赞梅园诗云：“仙人子真后，还隐吴市门。不惜十年力，治此五亩园。”诗中讲的子真，系梅宣义之先祖，子真即梅福，传为汉成帝时的官员。王莽篡汉，梅福为避祸逃到苏州，改名换姓，在吴地做个门卒。后突然失踪，人们说他已得道成仙。梅宣义造园用了十年时间，花费的钱财和精力相当可观。清人查凌泗、谢家福撰有《五亩园志余》描述其事。

咸丰十年（1860），该园毁于兵燹，又废为菜圃。从此，五亩园仅成为一个地名。此后，在此荒地建保婴堂，筑孝子祠，祀宋代常熟人孝子周容等。20世纪60年代，其地由林业机械厂占用，园内残存之亭台楼阁等诸景就此消失，了无踪迹。

桃花坞别墅，在五亩园之南。绍圣年间（1094—1098），由太师章楶筑桃花坞别墅，时称“章园”。章楶（1027—1102），字质夫，建宁军蒲城（今福建蒲城）人，治平二年（1065）进士，官至同知枢密院事。以资政殿学士致仕。史籍记载，园的范围极大，广七百亩，筑有鸳鸯亭、庆云亭、吟梅社、旷观台、清夏轩、让渔池、小蠡湖、天半楼、杨柳楼台等诸景。

梅园与章园之间有旃檀庵，庵前有双鱼放生池。梅氏之子和章氏之子将双鱼放生池扩大，让池水与五亩园之双荷花池和桃花坞别墅之千尺潭相通，这样两园之景连在一起，更为壮观。章氏有七个儿子，皆喜游乐，他们在此广种桃树，每年三月桃花盛开，好似彩霞一般，景色迷人。当时，苏州人游春看桃花，这里成为最好的去处。《五备园志余》云：

> 五亩园旧址……皆梅校理修复者，柳堤花坞，风物一新。西南即章氏膏腴地，阡陌交通，溪流萦带，广七百亩，诸公子顾而乐之。广辟池沼，旁植桃李，曲折凡十余里，仍桃坞旧名。

可惜的是，建炎时金兵入侵，烧杀抢掠，将此处毁为一片废墟。

藏春园，在闾邱坊，今闾邱坊巷。南宋初，为保宁军节度使、兼治苏州的孟忠厚建的宅园，有静寄堂、清心亭、万卷堂等。孟忠厚（？—1157），字仁仲，为昭慈圣献太后之侄。靖康元年（1126）知海州。康王即位后，以保宁军节度使判平江，改绍兴浙东安抚使。他远避权势，不敢以私干涉朝廷。

《相城小志》载：元时，平江路总管张伯颜在此构建别业，仍名“藏春园”。清人钱泳《履园丛话》认为，清代的依园、息园，亦在此遗址上构建。

昼锦园，在府学西南，今新市路。昼锦之名，有衣锦还乡之意。事出《汉书·项羽传》：项羽入关，有人劝他留居关中，他说：“富贵不归故乡，如衣锦夜行。”由此，后人称富贵回乡为“衣锦昼行”，省称“昼锦”。由尚书赵师䍐所居。赵为淳熙年间进士。善画花草，长期在京城临安，所筑宅园，多堂屋亭台，配以花木，景观可嘉。昼锦园范围甚大，有聚奎堂、荣桂堂、泰然堂、四支堂、玉烨堂、拟蓬堂、净深堂、双清堂等。辟有莲池，荷花映日。植四季花木，建有霜林亭、玉虹亭、锦霞亭、古春亭、桃溪亭、采采亭等。有射圃，名“吾善舟步放船”，有好风景台等诸景。难得的是“聚奎”“玉烨”“宗表”“与闲”四个匾额，皆为宁宗御题。后园废。

范家园，位于范庄前，即范文正公义庄。宋皇祐年间，由范仲淹所建。范仲淹（989—1052），字希文，吴县（今苏州）。大中祥符八年（1015）进士。曾任两溪盐官，迁大理寺丞。康定元年（1040），以龙图阁直学士经略陕西，驻守边防。庆历三年（1043），任参知政事（副宰相）。范仲淹系文学家，写有大量诗文，其《岳阳楼记》中的“先天下之忧而忧，后天下之乐而乐”为传世名句。著有《范文正公文集》。

范仲淹在杭州任上时，回苏州买田千亩，建立义庄，以周济族人。义庄内有岁寒堂、松风阁等建筑。何以名“岁寒堂”？范仲淹在《岁寒堂三题》小序中称：

范仲淹史迹陈列馆

> 吾家西斋仅百载，二松对植，扶疏有轩……不出户庭，如在林壑。某少长北地，近还平江，美先人之故庐，有君子之嘉树，清阴大庇，期与千年……子子

孙孙，勿剪勿伐，唯吾家之旧物，在岁寒而后知。（见《范文正公文集》卷一）

范仲淹在诗中写道："双松俨可爱，高堂因以名。"后其侄孙范周在此建园，名"范家园"。咸淳十年（1274），知府潜说友建范文正公祠于义庄之东。元至正六年（1346），郡守吴秉彝改祠为文正书院，此后累次重修。门前建有四柱三间五楼石碑坊一座，额题"世济忠直"；枋间刻有范仲淹的名言"先天下之忧而忧，后天下之乐而乐"，故俗称"先忧后乐坊"，惜已倒毁。

清咸丰十年（1860），义庄、书院大部毁于兵燹。同治五年（1866）重建，但未能恢复旧观。近代以来，为学校所用。现为景范中学校址。校内有范仲淹史迹陈列。

小隐堂，在城北。由北宋太常丞叶清臣所筑。叶清臣（1000—1049），字道卿，乌程（今浙江湖州）人。天圣二年（1024）榜眼。历任光禄寺丞、集贤校理，迁太常丞，权三司使。著有《述煮茶小品》等。小隐堂为宅第园林，园中有秀野亭，植竹，有池塘，植荷花，建筑精致，可与沧浪亭媲美。《吴郡志·卷十四·园亭》：

小隐堂、秀野亭，在城北。蒋堂尝有《过叶道卿侍读小园》诗云："秀野亭连小隐园，红蕖绿筱媚沧浪。下山居士无归意，却借吴侬作醉乡。"

中隐堂，在大酒巷（今大井巷）。由都官员外郎分司南京龚宗元所居。取白乐天诗："大隐住朝市，小隐入丘樊。……不如作中隐，隐在留司官。"乃作"中隐堂"。龚与屯田员外郎程适、太子中允陈之奇游从，极文酒之乐。他们都是耆德硕儒，退官后归居吴中，吴人称之"三老"。

招隐堂，在昼锦坊，今新市路。敷文阁学士胡元质休官回归平江，购得程公辟故居之地，筑园林池馆，表其堂曰"招隐"，优游自娱。洪武《苏州府志·卷七·园第》云：

招隐堂，在昼锦坊，郡人胡元质给事所居溪堂也。后有荷堂曰"云锦"，竹堂曰"碧淋"，东又有榭曰"秀野"，水滨对立三石，甚奇伟，乃镇蜀时所携者，当时珍之。

胡元质，字长文，长洲（今苏州）人。他年少颖悟，好读书。绍兴十八年（1148）进士，后出守当涂、建业、成都等，皆有政绩，以敷文阁学士致仕。

闲贵堂，在醋坊桥东，即今之萧家巷。原为萧氏之双节堂，后由武状元周虎所得，易名"闲贵堂"。园中有台，名"凌霜"，环以古桂数千株。宅东有坡陀，上筑已高亭。

万华堂，在资寿寺后，今钮家巷。由蓝师稷筑之宅园。蓝师稷，字叔诚，开封府人。园内尽植牡丹。洪武《苏州府志·卷七·园第》云：

万华堂，在资寿寺后，蓝师稷提刑所居，植牡丹至三千株，多得洛中名品，如玉碗白、景云红、瑞云红、胜云红、间金之类，无不有之，后以游宦不能爱护，惟胜云红存焉。

园内能植三千余株牡丹，且多名品，其范围之大可以想见。

三瑞堂，在枫桥处。孝子姚淳所居。姚氏家世业儒，以孝名闻乡里。因由甘露、灵芝、麦双穗之异，故名“三瑞”。《中吴纪闻·卷二·姚氏三瑞堂》说：

阊门之西，有姚氏园亭，颇足雅致。姚名淳，家世业儒，东坡先生往来必憩焉。姚氏素以孝称，所居有三瑞堂，东坡尝为赋诗云：“君不见董召南，隐居行义孝且慈。天公亦恐无人知，故令鸡狗相哺儿，又令韩老为作诗。尔来三百年，名与淮水东南驰。此人世不乏，此事亦时有。枫桥三瑞皆目见，天意宛在虞鳏后。惟有此诗非昔人，君更往求无价手。”

企鸿轩，在升平桥。北宋词人贺铸所筑。贺铸（1052—1125），字方回，卫州（今河南卫辉）人。他是诗人贺知章的后裔，孝惠皇后族孙。生性耿直，对上司不会奉承拍马，因而仕宦不达，得不到升迁。辞官后闲居苏州，与苏舜钦、梅尧臣诗酒唱和。他在升平桥堍筑有宅第，曰“企鸿轩”，但有何具体建筑，史载不详。又在盘门外横塘建一别墅，常扁舟往来。他赋有《青玉案》词，有句云：“凌波不过横塘路……一川烟草，满城风絮，梅子黄时雨。”时人称为“贺梅子”。

蜗庐，在城北，具体地点不详。北宋中书舍人程致道所筑。程系外地人，因与当局者政见不合，遂辞官，举家来吴。政和年间（1111—1117）筑蜗庐庭院。院内有胜义斋、常寂光室等，后园种植竹、菊、凤仙、鸡冠、红苋、芭蕉、冬青等。小巧玲珑，甚是精致。程是诗人，著有《北山集》，有《迁居城北蜗庐》诗：

有舍仅容膝，有门不容车。寰中孰非寄，是岂真吾庐。不作大耳儿，闭关种园蔬。茅詹接环堵，无地可灌锄……

石涧书隐，在府学西采莲里（后称“东采莲巷”）。宝祐间，郡人俞琰傍石涧筑园隐居。民国《吴县志·卷三十九·第宅园林》：

石涧书隐在府学西，亦南园故址。隐士俞琰所构，因自号“石涧”。

俞琰，生卒年不详，字玉吾，号全阳子、林屋山人、石涧道人。为宋末元初道教学者。吴郡（今苏州）人。俞琰幼好博览，废寝忘食而以致成疾。入元后隐居不仕，以辞赋见称，雅好鼓琴、作谱，尤精于易学。郑元祐《题石涧书隐记后》云：“有花卉竹石，园池室庐，真称隐者之居焉。”

一说俞琰之子所构。俞琰之子，名仲温，字子玉，尝官平江路医学录。陈谦作《石涧书隐记》，称园中：

> 列植以松竹果木，有井可绠，有圃可锄，通渠周流，而僧龛渔坞映带乎其右。旁舍之所连属，湾埼之所回互，石梁之所往来，烟庖水槛，迤逦缮葺。是则可舟可舆，可以觞，可以钓，书檠茶具，鼎篆之物亦且间设。环而视之，不知山林城府孰为远迩。

吟香閣在銅坑高士顧凰建後王文恪顧文康相繼重修（同上）
陳逸民宅在閶門内桃花隖陳深所居深字子微生於宋宋亡篤志古學閉門著書弟子受業者戶屨恒滿閣臣以能書薦潛匿不出學者稱甯極先生子植字叔方折節讀書有孝行更世變以琴書自娛辟召皆不起里人稱陳逸民宅（五畝園小志）

元

王鵬隱居在洞庭東山近干山嶺號綠山宅有林園之勝（同治府志）
壽慶堂濇府史彥章復居所創堂西有室曰白雲窩揭趙孟頫書白雲二字於窗間（同上）
石磵書隱在府學西（亦南園故址）隱士俞琰所構因自號石磵中有詠春齋盟鷗軒端居室皆其孫貞木所作貞木孫振宗又作九芝堂皆久廢爲菜圃（同上）

《吴县志·石涧书隐记》

传至其孙贞木仍居此。贞木，字有立，号立庵，又号包山樵者、洞庭外史。又筑咏春斋，并有记云：“维本始之既萌，翕辟絪缊，或磅礴以地，或浑沦而天，橐钥众万，芸芸纷纷，骞而于云，泳而于川，何物何我，陶然一春。弁而五六士，卯而六七人，浴沂以嬉，风雩以归，而音沨沨而乐怡怡，匪列御风，匪周观鱼，造物者为徒，而曾晳之与居。舍曰咏春，其曷以名先生之斋庐者哉。”

传至贞木之孙嗣之，字振宗，又作“九芝堂”。嗣之仍以祖传为业，虽年已七十，设私塾，“教生徒十数人，性坦率，与物无忤”。朱存理《题俞氏家集》云：“园之中，有屋三楹，中揭以王清献公所书石涧书隐旧刻匾，祠石涧诸像，旁庋遗书。竹树阴翳，户庭萧洒，如在山林中也。屋后有秋蟾台，吴门周浩隶，亦山人，垒石为之，仍以其先命名台，上平旷，可坐四三人，荫以茂木。山人味淡泊，读书暇，灌园为事。”

此园连传数代，一代代增建修葺，且多继承祖业，读书授徒，研究易经，著书立说，实属不易。有《俞氏家集》传世。园已废。

石湖别墅，位于上方山麓、石湖之畔，为南宋诗人范成大退官归隐后所筑，为一处规模甚大的私家园林。范成大（1126—1193），字致能，号石湖居士。吴郡（今苏州）人。绍兴二十四年（1154）进士，先授户曹，曾出使金邦，官至资政殿学士，后加大学士。淳熙九年（1182）退居故里，在此筑石湖别墅，规模甚大，建有北山堂、千岩观、天镜阁、玉雪坡、锦绣坡、说虎轩、梦渔轩、绮川亭、盟鸥亭、越来城、寿栎堂等诸胜，以天镜阁为第一。淳熙八年，孝宗皇帝御赐"石湖"两字，后筑有御碑亭。范成大购下一方土地，栽梅种菊，著有《梅谱》和《菊谱》，流传于世。

西园，在阊门。西洛人赵思别业。额曰"古江村"。有足娱堂等构筑。

春锦园，位于王府基后。张士诚之弟张士信居此。

十一、僧侣创建狮子林

狮子林，初名"菩提正宗寺"。既是寺庙，也是园林。两者结合在一起，显得有点别致，却十分和谐。现在看来，狮子林是个园林，但最初的建设，是以寺庙为主的，称为"狮林寺"。因有园林建筑风格，民间称为"寺庙园林"。

一般来说，寺庙由僧人募建，园林则由达官显贵所筑。而狮子林则不同，名为寺庙，实为园林，是由僧侣们合力所筑的。这在苏州园林中是少有的，从目前存在的园林看，仅此一家而已。狮子林是寺庙与园林相结合的典范，也是苏州园林中唯一由僧侣建的寺庙园林。

狮子林，位于娄门内狮林寺巷。原门在潘儒巷，至今门尚存，但关闭。现大门开在园林路。狮子林始建主人是惟则，也作维则，史书上也有"天如维则""天如则"等称谓。惟则是著名高僧，俗姓谭，名吉之，字天如，江西永新人。元至正二年（1342）从浙江至苏州，与弟子共筑狮子林。工诗，著有《狮子林别录》。

狮子林之名，取自佛经中佛陀说法称"狮子吼"，其座称"狮子座"之义；又，惟则的老师中峰和尚（普应国师）得法于天目山狮子岩，故称"狮子林"，亦称"狮林寺"，其全称为"狮子林菩提正宗寺"。

狮子林之地，宋代为贵家别业。元至正二年（1342），惟则及其弟子共同出资，为纪念他的老师中峰和尚而创建。始建面积约十亩，竹与石占去大半，屋宇不过二十楹。中部用太湖石叠成假山，均模拟狮子形状，神态各异，形象生动，约有五百余种。

山上五峰耸立。居中最高者为狮子峰，状如狮舞，东面为含晖峰与玄玉峰，西面为吐月峰与昂霄峰。湖石假山之多，形状之异，为他处所罕见，被誉为“假山王国”。狮子峰后结茅为禅室，即方丈安禅之卧云室。有传法之立雪堂，有揖峰指柏轩、问梅阁及玉鉴池等诸胜。

狮子林风景优美，赢得了文人墨客的好感。画家朱德润第一个画狮子林图。朱德润（1294—1365），字泽民，号睢阳散人，睢阳（今河南商丘睢阳）人，迁居昆山，元代著名画家。《吴都文粹续集·卷三十》载有他写的《狮子林·图序》：

> 泰定中，仆自京师还吴中，适侍御史岳石木公、郡守多通公会于城南，询仆以归来意，仆告之以归林泉，以遂息肩意。二公曰：“子有退休志，盍求侣乎？近城东偏，有天如则师者，旧游松江九峰间，振锡来吴，结屋树竹，号师子林。其为学也，真实谨密，平淡无为，子盍与之言也？”仆于是谒师。师喜曰：“先生来何晚耶？相闻旧矣。”遂款净室蒲团茶具，接引清话。薄扣其旨，则问辨明敏，了无滞碍，余益信岳、通二公之言为然……因观其林木蔽翳，苍石巉立，所谓狮子峰者，突然乎其中……

文中的“师子林”，即狮子林。古文“狮”，也作“师”。

狮子林石舫

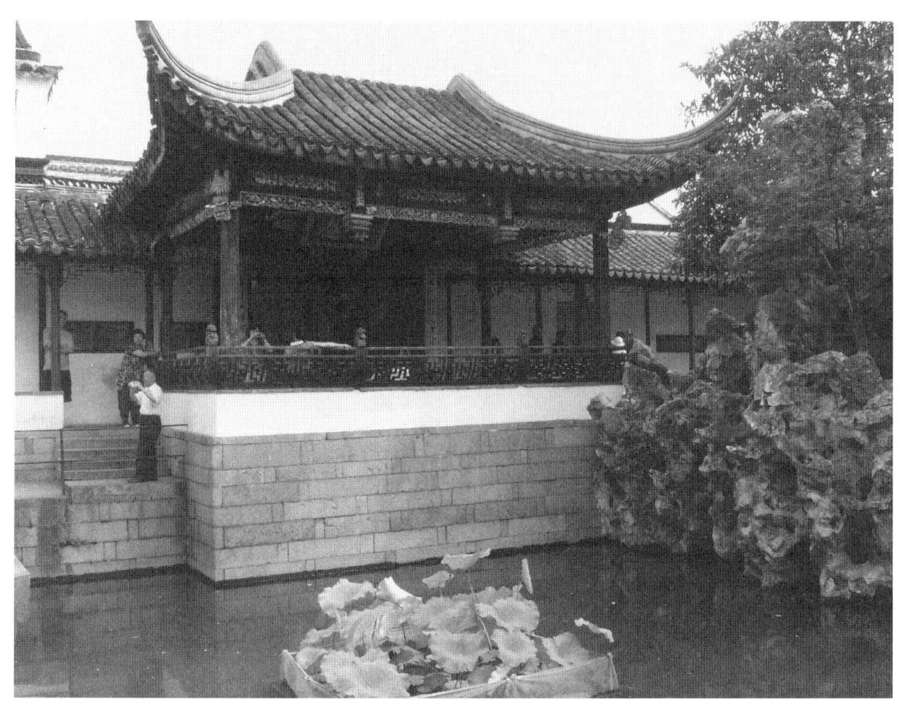

狮子林真趣亭

之后，又有倪云林画《狮子林图》。倪云林（1306或1301—1374），名瓒，字元镇，号云林子，江苏无锡人，著名画家。明洪武初，僧如海居此。洪武六年（1373），画师倪云林游览狮子林，应如海之邀作《狮子林图》。《百城烟水·卷三·长洲》云：

菩提正宗寺。倪高士瓒曾过之，爱其景，为之绘图兼有诗。

次年，如海又邀画师徐贲作《狮林十二景》，狮子林遂名闻吴中，成为胜地。明嘉靖时，寺僧散去，园渐荒芜。万历年间（1573—1620），由知县江盈科访求故地，重修是园。高僧明性又持钵化缘，重建佛殿、经阁、山门，名“圣恩寺”，再现景象兴旺。清康熙年间，山门、佛殿与后面园林分开，西南为寺庙，后面园林不再属佛寺，成为民居。康熙四十二年（1703），康熙帝南巡，游览狮子林，赐额“狮林寺”。乾隆初，改名“画禅寺”，并将寺、园分隔，园归黄熙父亲衡州知府黄兴祖所得，取名“涉园”。因园内有五棵古松，亦名“五松园”。

民间传说，乾隆皇帝游览狮子林，见假山都像狮子形状，甚觉好奇。陪同的状元黄熙要乾隆题字，乾隆即写了“真有趣”三字。黄熙向乾隆讨了一个“有”字，乾隆也嫌题字太口语化，遂将“有”字赐给黄熙，剩下“真趣”两字作亭的匾额。黄熙拿了“有”字，就占有了狮子林。今“真趣亭”之匾额，为乾隆御笔。乾隆还在倪云林《狮子林图》上题诗："一树一峰入画意，几湾几曲远尘心。"并下旨按园中景物和图中画意，在北京圆明园内仿造，名"长春园"，又移景于承德避暑山庄。

咸丰兵燹后，园渐荒落，散为民居。民国六年（1917），富商贝润生以9900银圆购得此园。贝润生（1870—1946），名仁元，以字行。晚清民国吴县（今苏州）人。在上海做颜料生意，名闻沪宁。他购下狮子林后，再花80万银圆进行修建，并筑住宅与祠堂。日寇侵入苏州，占领此园为特工队部招待所，后为大汉奸汪精卫别墅。抗日战争胜利后，为国民党军队驻地。1949年后，贝氏将该园捐给国家。经整修后，于1954年2月对外开放。

狮子林占地面积1.114公顷。主要建筑有燕誉堂、小方厅、揖峰指柏轩、古五松园、真趣亭、石舫、暗香疏影楼、飞瀑亭、问梅阁、双香仙馆、扇亭、文天祥碑亭、御碑亭、立雪堂、修竹阁、卧云室、湖心亭等。1982年被列为省级文物保护单位。2006年被列为全国重点文物保护单位。2000年被联合国教科文组织列入世界文化遗产名录。

十二、建造寺庙与祠堂

寺庙是城市建筑的一个部分。街巷内有了寺庙，进香人络绎不绝，这条街巷就会热闹许多。寺庙也是城市的一道风景，那黄墙黛瓦，飞檐翘角，引人眼球，十分入画。自萧梁开创造寺之风以来，苏州建寺之行为从未中断，宋代也不例外。南宋前所建的寺庙，在金兵入侵时无一幸免。金兵退出后，官府与民众收拾残局，对被烧毁的寺庙，有的修建，有的重建，逐步恢复原貌。

天庆观，即今玄妙观，在苏州城中心宫巷对面。

晋为真庆道院。唐乾符元年（874），增建文昌、张仙两殿。大顺元年（890），乱军入城，四面建筑全都毁失，仅存山门和正殿。入宋后，逐渐修复，增建东西南北四庑、八仙堂，又新建山门。大中祥符五年（1012），赐额"天庆观"。李志升为左阶道录主之，赐内帑建东西南北四廊，壁画三十二天宫胜景。建筑精致，栋宇最为宏丽。后毁于建炎兵燹。元代加以修复。元贞元年（1295），始名"玄妙观"。元末，朱元璋兵围苏城，观遭受炮火，损坏严重。明代，殿堂渐次修好。

玄妙观规模宏大，范围很广，占地面积5.5万平方米，建有30多座殿阁楼宇，著名的有正山门、三清殿、弥罗宝阁、财神殿、文昌殿、蓑衣真人殿、雷尊殿、慈航殿、三官殿等，与北京天坛、上海城隍庙、南京夫子庙齐名。《百城烟水・卷三・长洲》云：

左有玉皇、神州、五路、天医真官、真武、三元、梓潼张仙、三茅机房、关帝、东岳、丰都十王、净乐等殿;右有雷尊、五雷、观音、三官、八仙、灵宝、转藏等殿,后有蓑衣、圣贤、高真、方丈等殿。其所豁基周广五百亩。

三清殿为玄妙观主殿,宋淳熙六年(1179)重建,重檐歇山式,青灰筒瓦顶,面阔九间,广45.64米;进深六间,深25.6米,高度27.5米。殿柱排列,纵横成行,内外一致,共有7列,每列10柱,无减柱或移柱,俗称“满堂柱”。殿内有珍贵文物宋刻石碑,碑上有道教创始人李耳(老子)画像石碑,为唐代著名画家吴道子所绘,其上有著名书法家颜真卿所书唐玄宗李隆基的“御赞”,俗称“三绝碑”,为镇观之宝。1988年出版的《中国大百科全书》,列有“三清殿”词条云:“是中国长江以南最大的木构建筑。它既是宋官式建筑的代表,也表现出地方性建筑特点,是研究宋代南北建筑差异的重要例证。”

玄妙观旧有“十八景”之说,即:1.元赵孟頫所书重修山门碑;2.麒麟照墙;3.朝北玄帝铜殿;4.六角亭;5.钉钉石栏杆;6.一步三条桥;7.无字碑;8.海井;9.石水盂;10.七星池;11.五鹤街;12.鱼篮观音像碑;13.七星坛;14.一人弄;15.杨芝画壁;16.运木古井;17.妙一统元;18.靠天吃饭图碑。上述古迹有的已经湮没,经寻找整理,现1、3、4、5、6、7、9、11、12、17、18尚存。余者废(参阅第七章清代“寺庙道观与庵堂”)。

新中国建立后,对玄妙观进行多次重修,1956年,翻修正山门、三清殿,增建东西庑廊。1980年,由市道教组织筹资全面修缮三清殿、正山门,重点修复“文革”期间受损的神像。1982年、1998年,再次进行全面修缮。主殿三清殿,1956年被列为江苏省文物保护单位,1982年被列为全国重点文物保护单位。

福济观,俗称“神仙庙”,在阊门内下塘街(今迁移至阊门外南浩街),内供吕洞宾神像。宋淳熙年间(1174—1189)创建,主供吕纯阳。相传,纯阳本姓李,原是唐朝宗室,武则天称帝时,他为避祸,携妻逃遁,改姓吕,名岩,字洞宾,妻故后,号纯阳子。吕洞宾巧遇钟离权,被授以丹诀,得道成仙,自称“回道人”,为八仙之一。民间称他为吕祖、吕仙。在苏州民间流传着他的许多传说故事,十分生动感人。《百城烟水·卷二·吴县》云:

福济观,俗称“神仙庙”。在皋桥东。宋为李王祠。朐山王省干大猷来吴,淳熙某年四月十四日,从岩中道院陆道坚设云水斋,感异人,授神方,以疗风疾。至今赖之。元至大辛亥,叶竹居重建,奏今额,后圮。明景泰间,郭卧云重建。有玄帝殿、五祖七真堂、吕仙祠……

此后历代均有修建。民国十四年（1925）重建。日军侵占苏州时，福济观部分庙屋被拆毁。1952年时占地5.94亩。“文革”期间，神像全毁，殿宇改建为民居。

1998年，经苏州市人民政府批准，江苏亚细亚集团实施南浩街北段改造工程时，将庙移建于南浩街万人码头北侧，门额“神仙庙”。现庙占地500平方米，坐北朝南，共三进。头进为山门，东侧供奉慈航道人，西侧供奉财神；过庭院为正殿，供奉吕纯阳等神像。殿后两层楼为辅房。正殿筑鱼龙吻脊，南面书“风调雨顺”，北面书“国泰民安”，四周飞檐翘角，饰以狮子等吉祥物。1999年3月竣工，5月18日举行神像开光仪式。每逢农历四月十四日吕祖诞辰，苏州举行“轧神仙”活动，万人空巷，热闹异常，被称为苏州人的“狂欢节”。

三茅观，在中街路仁风坊（今三茅观巷27号）。淳熙元年（1174），道士倪玄素始建，内供三茅真君神位。三茅真君为道教人物，即茅盈、茅固、茅衷兄弟三人，传为汉景帝时人，茅盈在句曲山（今江苏句容境内茅山）修道，二弟茅固、三弟茅衷后均从盈得道，世称“三茅真君”。观屡毁屡建，元时重建，元末又毁。明初归并于福济观。正统二年（1437）重建正殿，增创玄天阁。嘉靖末又毁。隆庆二年（1568）再修。万历四十八年（1620），住持鼎新重修正殿。清康熙时，建玉帝阁，再修大殿。建筑规模与春申君庙相当。新中国成立后，为木器工场占用。1966年庙门被毁，后又陆续拆除，今已无存。

朝真观（回真道院），在悬桥巷。咸淳二年（1266），由沈道祥建。正殿供回道人像。回道人即八仙之一吕洞宾的别称，亦称“回老”“回处士”。明弘治年间，尚书吴宽建望鹤楼。嘉靖九年（1530），诏毁淫祠，请有司给帖得免。隆庆三年（1569），徐惟谨建楼。后楼废，由宋道隆重修。清顺治六年（1649），郑秉中与他的师父吴敏政、弟孙世淳、徒周弘教集资重建正殿。康熙时又建斗阁等。

又：朝真观，在阊门外义慈巷（今义慈巷23号）。景定中由道士沈道祥建。元代毁。明代屡有重修扩建，曾有殿宇5048间，清代毁而又建。“文化大革命”中改为民居，“敕赐朝真观”砖额尚存。

佑圣观，又名“佑圣道院”（在今阊门外佑圣观弄）。志乘记载：元至正年间，道士杨道常创建，后失修而毁。明万历二十二年（1594），由商人崔希哲等发起，重建龙王殿、关帝殿。康熙六十一年（1722），因火而废。雍正三年（1725），道士许天锡募化重建玄帝殿、玉皇阁、三宫殿、斗姥阁、灵宫殿、文昌殿。乾隆八年（1743），重修关帝殿。以后屡有修建，规模较大，香火极盛。民国时逐渐散为民居。现已无存。

文山寺，位于文丞相弄（今文丞相弄30号）。始建于宋，祀宋丞相文天祥。其处原有文山寺、潮音庵、云林庵三处，历经兴废。清同治年间复兴。民国五年（1916），住持心传将三寺合一，统称“文山寺”。此后陆续建筑，有大小殿宇65间，分东中西三路。东路有文山厅、三圣殿（俗称“念佛堂”）、云山无恙厅（俗称“东厅”）；中路有韦驮殿、大殿、净业堂；西路为生活区，有斋堂、厨房、客房、花圃等。“文化大革命”中遭到破坏。1989年重修。寺内有一纯铜铸造的佛塔，平面六角形，高七层6.8米，重4.5吨，塔身雕刻佛像1042尊，极为壮观。

文天祥（1236—1283），字宋瑞，号文山，吉州庐陵（今江西吉安）人。宝祐四年（1256）进士，为宁海军节度判官。咸淳十年（1274）知赣州。当时，元兵大举入侵，国家危在旦夕。他变卖家产作军资，组织兵士抗金。德祐元年（1275）九月出任平江（今苏州）知府。洪武《苏州府志》云：

> 文天祥……九月十八日到任，十月十八日除端明殿学士，仍任旧职，十二月二十二日记赴行在。

宋与金邦谈判时，他以右丞相兼枢密使往元营谈判，因据理力争，不肯屈服，被元丞相伯颜押至镇江。他设法逃脱，经真州（今江苏仪征）、扬州、通州入海至温州，与陆秀夫等在福州拥立益王赵昰为帝，升为左丞相。祥兴元年（1278），在广东五坡岭兵败被俘，押至大都（今北京）。元世祖屡次劝他投降，他至死不从，遂于至元十九年（1282）十二月被害。著有《文山先生全集》，流传于世。他写有“人生自古谁无死，留取丹心照汗青”的诗句，表现出视死如归的英雄气概，为传世名句。

明正德十年（1515），为纪念文天祥而建忠烈祠于此，俗称“文山祠”“文丞相祠”。嘉靖二十年（1541）迁祠于旧学前，此处遂称“文山寺”。

报恩寺，在卧龙街之北，今人民路香花桥北堍。俗称“北寺”。内有五个小院，即文殊、法华、泗洲、水陆、普贤。有宝塔十一层，毁于兵火。元丰年间重建，仍为十一层。苏轼舍金龟以藏舍利。崇宁初，徽宗赵佶写《佛牙舍利赞》一文，并赐寺名为“万岁”，故称“报恩万岁寺”。建炎四年（1130），寺塔具毁于兵火。绍兴二十三年（1153），行者金大圆募众复建，塔为九层，高76米，由外廊、内廊和塔心方室组成。塔身重檐复宇，栏廊萦绕，红柱黛瓦，浮光耀金，飞檐翘角，气势雄伟。每层设置木梯，可层层登高，眺望平江全城。所费计数十万缗。淳祐五年（1245），奉名为“报恩万岁贤首教寺”，建巨阁七楹。寺内有卧佛，北人多呼为“卧佛寺”。元至元年间（1264—1294），崧之法孙南轩薰复建堂门庑。至正年间（1341—1367），张士诚改释伽卧像为立像。

定慧寺，详情前文已述。

宋代文学家苏轼与定慧寺住持僧守钦友善，来苏州必居寺中。绍圣初，苏轼被贬惠州，与留居宜兴的长子苏迈音讯阻隔，守钦遣徒卓契顺携带苏迈书信，长途跋涉赶至惠州探视，并赠《拟寒山十颂》诗。苏轼和诗八首答谢，又书陶渊明《归去来兮辞》赠卓契顺。明正统四年（1439），巡抚周忱为苏轼所书《归去来兮辞》墨本题跋，命住持妙玹摹勒上石，嵌于寺壁。知府况钟在寺内建“啸轩”纪念苏轼。清道光十四年（1834），按察使李彦章、郡绅石韫玉、吴廷琛、顾沅等倡议，由总督陶澍、巡抚林则徐、织造豫堃等率属捐款，征购了定慧寺旁的民居，建筑苏公祠，并筑有苏亭、雪浪亭、思无邪等诸胜。许多文人墨客题写书联。总督陶澍书联曰：“吃惠州饭，和渊明诗，陶云吾云，书就一篇归去来；判维摩凭，到东坡界，人相我相，笑看二士往来同。”额为“心境奇绝”。巡抚林则徐书联曰：“岭海答传书，七百年佛地因缘，不仅高楼邻白傅；岷峨回远梦，四千里仙踪游戏，尚留名刹配黄州。”额为“缘并二邱”。按察使李彦章书联曰：“江海宿缘深，片石犹留古吴郡；轩楹遗址拓，瓣香长溯旧苏斋。”并辑有《苏亭小志》十卷，刊行于世。咸丰十年（1860）毁。同治七年（1868），知府蒯德模重建，光绪十九年（1893）募修。今已无存。

定慧寺坐北朝南，现存山门、天王殿、大殿等近代建筑。大殿为单檐歇山造，面阔三间19米，进深18米，高约12米。四周檐柱均为抹角石柱，檐下布列象鼻昂枫拱十字牌科，扁作梁架，结构完整。殿前有古银杏两株并峙，树龄有200余年，夏日浓荫如幄。

1991年冬，大殿曾进行修缮。碑刻尚存四种：《定慧禅寺重建佛殿碑》，张洪文，仰瞻书，张勖篆额，明正统二年（1437）立石；《苏文忠公宋本真像》，镌苏轼全身画像，清嘉庆二十一年（1816），翁方纲诗并识，道光十四年（1834），李彦章题记，同年摹刻；《苏文忠公祠募修诗碑》，李超琼诗并识，光绪十九年（1893）立；《重修定慧寺碑记》，王隆瀚文，董蔚书，民国十七年（1928）立。1982年被列为苏州市文物保护单位。

普福寺，在山塘街（今青山桥浜内）。淳熙年间（1174—1189）僧文诚建。清咸丰十年（1860）毁，同治四年（1865），僧道明重建。清末因供奉朱天菩萨，俗称“朱天庙”。朱天菩萨金身塑像高约二尺，直立，右手高擎一环，披发跣足，怒目圆睁，为二十四护法诸天之一，相传为明末死难之崇祯皇帝朱由检的化身。寺庙虽小，香火极盛。四月廿四日为朱天菩萨诞辰，进香拜佛者摩肩接踵。1958年毁。

利济寺，在阊门外姚家弄。绍兴间僧道隆建。明洪武初年为丛林，成化六年（1470）毁。寺僧德柔谋建未就。成化二十三年，法裔弘毅、大心、净心募建，郡绅毛埕倡聚助成。杨循吉有《重建利济寺记》并有诗。

妙湛尼寺，在提举常平司之东。寺旧有塔，金兵入侵时毁。王岐公（按：王岐公，即王珪，字禹玉，宋仁宗庆历二年进士。官至参知政事，进同中书门下平章事。封岐国公）之孙女慈明大师者，募众重建。

胜感寺，在娄门外。后名接待寺。嘉定年间（1208—1224），净梵法主卓锡之地。明永乐中相继修之。清康熙初，郡戊戌进士蒋德峻捐资重建。

报国禅寺，在郡学西（今东大街处），元至元年间（1264—1294），普照明禅师开山。明天顺初，僧志学创法堂，请赐今额。成化二十三年（1487）建正殿，造诸佛像，创禅堂。万历三十年（1602），慧如诚募建僧寮云水堂。万历四十五年，重建三门、天王毗庐殿、方丈、客寮，修大难殿、华岩堂。清代又多次重修。后毁。

宝林寺，在阊门内（今宝林寺前）。元至正二年（1342），僧圆明大师宝林懋建。初名“宝林庵”。明宣德二年（1427）毁于火。次年重建。正统十三年（1448）重建，赐额“宝林禅寺”。内有梧桐园、山茶场、方塘、石桥等十景。清康熙时重建，分为东寺、西寺，大殿五开间。门前有牌坊一座。民国时已衰落，东寺为国民党三区警署，西寺为警察操练之所。“文化大革命”时拆毁殆尽。

海弘寺，在海弘坊（今海弘坊4、6号）。元楼子和尚创建。清康熙十年（1671），竹怀念法师重建。同治六年（1867），僧人苇江修而居之。同治十二年，吴县知县将不守戒律的苇江逐出，寺院被没收为官署。光绪初年为督粮通判署，后改为法政学堂。民国及日伪时期曾为律师公所。新中国成立后为学校所用。现存大殿曾于1993年整修。相传金圣叹曾居此。

竹堂寺，在王府基东南（今民治路），以竹盛得名。原为宋将杨存忠别墅。元代，为陆志宁园居，后舍为庵，号“大林”。明洪武二十五年（1392），归并于万寿寺。宣德十年（1435），僧此宗重建，赐额正觉寺。地广百亩，多植美竹，“入其寺，竹树茂密，禽声上下，如在山林中”，故别称“竹堂寺”。祝枝山、唐伯虎等皆曾在寺内读书。寺壁有唐伯虎画达摩像并书赞和文徵明绘寒林图。清康熙五十六年（1717），寺中部改建万寿宫，剩东西两院，称“东、西竹堂寺”。咸丰十年（1860）毁于兵火。同治十一年（1872），巡抚张之万移刘猛将军庙于西寺故址。民国初，重建西竹堂寺。民国二十年（1931）时尚有殿宇二十余间，地基二亩余，为苏城著名梵音丛林。1965年起由工厂使用，后变为民居。

石佛寺，在今石佛寺弄。嘉定时重建。清初废为民居，康熙三十二年（1693）重修。佛像、碑刻均已散。2004年时尚存部分殿宇，被用作民居。寺前有水井一口，八角形井栏，浮雕曹国舅、何仙姑、汉钟离神像及“石佛寺甘泉”五字。

梵门讲寺，在梵门桥西。宋高宗时敕建，右为观音院，名“宝月”，后废。明万历十四年（1586），僧惦斋重建。后废为民居。

昭庆寺，在大儒里（今大儒巷）。元天历元年（1328），宣政院阿咱剌建。至正九年（1349）建旃檀阁。明洪武初归并北禅寺，后废为王氏园。崇祯末，僧养素赎回为寺。清康熙二十四年（1685）重建大殿。咸丰十年（1860）毁，仅存山门。同治十年（1871），僧启宗重建。光绪三十三年（1907），因住持僧不守戒律，封收归官，即改为高等小学校，后为平江区大儒中心小学校。1983年被列入市控制保护古建筑。

定光寺，在刘家浜（今刘家浜18号）。景定间建，初为庵，后毁于火。明洪武初归并于广化寺。景泰间重建，赐额定光寺。有三门、大雄殿、天王殿等建筑。万历八年（1580）修天王殿。清康熙四年（1665）修。嘉庆六年（1801），僧先贤重修。民国期间香火极盛。1950年仍有僧人。1958年后为工厂所用。现为民居。

大弘寺，全称“大弘天台教寺”，在娄门内（今拙政园东园内）。元大德年间创建，僧余泽居此，别创东斋，斋前有井，号“天泉”。延祐间奏赐今额。元末寺毁，而独存东斋。据钱永《履园丛话》，元末吴王张士诚婿潘元绍曾居此。明洪武元年（1368）归并永定寺。嘉靖中，御史王献臣霸占寺庙，刮取佛像贴金，并利用大弘寺一部分基地建造私人花园，名拙政园。清道光年间，王心一后裔居拙政园东部。咸丰十年（1860）寺毁。光绪年间重建大殿，后又毁。民国二十六年（1937），留有大殿残迹及天泉古井。1950年后，大弘寺所在东园与西部合并，对外开放。现仍留“天泉”古井，并悬有天泉匾额。

大智寺，在东花桥巷（今东花桥巷25号与赛银巷1-9号），建于端平年间。《吴县志·卷三十八·寺观》载：

> 大智寺，在东花桥巷。宋端平元年，万户姚八郎舍宅建寺，景定二年赐额。明嘉靖中申时行建观音殿。崇祯中，里人郑燦修葺。清康熙五十二年，里人金廷珪等捐资重建。

明代，该寺为吴中十二古刹之一。今存康熙五十三年（1714）《重建大智寺记》碑载：为僧戒实、金廷珪和郑燦子埙合而募捐重建。十四个月后而成，当时殿宇有三十余间。民国十六年（1927），苏州铁机工人联合会的一个分会设在寺内。1958年做过居民食堂，后归工厂使用。1985年后为民居。

觉报寺，在府东南。旧名“老寿庵”，王岐公家香火院。金兵侵入平江时，寺庙尽行焚毁，唯此寺独存。《吴郡志·卷三十一·府郭寺》云：

> 靖康狄难，此寺贼酋所寓，故不得焚。吴下古名屋，唯此寺耳。

隆兴寺，位于桃花坞，隆兴元年（1163）敕建。

戒幢律院（西园寺），在阊门外野芳浜东，始建于元至元年间（1264—1294），初名“归原寺”。后寺废。明万历年间（1573—1620），太仆寺卿徐泰时购下这块废墟，筑西园。其东园即今之留园。后由其子工部尚书徐溶舍宅为寺，复为归原寺。明崇祯八年（1635）重加修葺后，改称“戒幢律寺”，俗称“西园寺”，成为苏州唯一的律宗寺，与杭州灵隐寺、净慈寺鼎峙，并为江南名刹。

全寺占地约6.58万平方米，东为殿宇，西为寺园。殿宇中轴线上依次建有牌楼、山门、天王殿、香花桥、大雄宝殿、藏经楼。左右有观音殿、西方殿、方丈室、法云堂、延寿堂、爱道堂、斋堂、库房等，西侧为五百罗汉堂。牌楼为石木结构四柱三间五楼，额题“敕赐西园戒幢律寺”。天王殿为重檐歇山式，面阔五间。大雄宝殿广七间计32米，深七檩计21米，高约17米，重檐歇山造，高踞于台基之上。大殿西南侧为罗汉堂，共三进48间，呈“田”字形。内以中国佛教“四大名山”塑座为中心，四周列坐泥塑金身五百罗汉，神态各异，蔚为大观。此外，供有千手千眼四面观音、三宝如来、济公、疯僧、韦驮、关公诸像，雕塑颇具匠心。尤其是济公、疯僧像，栩栩如生，颇为著名。西有约3000平方米的放生池。池中立重檐六角湖心亭，以曲桥通达东西两岸以及黄石假山等。

妙音禅院，亦名“潮音寺”“石佛寺”。在行春桥西、茶磨山麓。淳祐中，尧山主开山。明洪武中重建，有“石湖佳山水”匾额。嘉靖中，郡守胡缵宗爱其胜，题曰“崖石涧”。中有大士像，立于岩下，高丈六。明都穆题曰“小天台”。崇祯四年（1631），郡绅申用懋倚山构阁，重建大殿。《吴县志·卷十九·舆地考山》：

> 有石湖书院，其南普陀岩上有潮音寺，俗名“石佛寺”。

资寿尼禅院，原在资寿寺巷（后为大郎桥巷，今建新巷）内。又名“资寿寺”。绍兴年间建，绍定初重修。从《平江图》上看，应为资寿寺。有正法堂，有砖浮屠。后毁。靖康初，邑人翁氏重建。又有庐舍部阁，僧居简记。今废。

法华院（寿圣教寺），在山塘街半塘中。治平年间（1064—1067）赐今额。毁于兵火。绍兴七年（1137）重建。有稚儿塔，晋高僧竺道生有童子能诵《法华经》，死后葬此。明崇间重建毗庐阁。清康熙初，佟方伯、彭年又修。

崇义院，在城西北隅。绍兴年间（1131—1162），僧真如建。

崇真宫，在永丰仓东、能仁寺西（今阊门内下塘街）。政和七年（1117），里人黄悟微舍宅建，朝南面河。道士项举之开山，赐额“崇真寿圣宫”。宣和中，改名“神霄宫”，毁于兵火。门有青石桥栏，雕刻之工，细如丝发，为吴中桥栏之最。明正统间再建。民国时曾为救火会驻地。现为民居。

天后宫，亦作“天妃宫”。在苏州城北（今阊门内西北街110号）。其地原为宋大中大夫章粢故居，后为专祠。章粢，福建浦城人。其子孙舍宅建庙。建于宣和五年（1123），赐额“顺济”。绍兴二十六年（1156）封灵惠夫人，赐庙额“灵应”。宫内供天妃娘娘。传说，天妃原姓林，福建兴化莆田人，系林愿的第六个女儿，名林默，幼信神道，能庇护航途平安，后升天为仙，遂立庙祀之。此后连续加封，有昭应、崇福、美利、灵惠妃、助顺、显卫、英烈、嘉应、协正、慈济、善庆等，多达数十字。由“天妃”进为“天后”，俗称“妈祖”。

清乾隆十年（1745），里人范天锡等出资重修。后遇兵祸，遭到破坏，遗下旧址变作寄柩之所。光绪十二年（1886），道士秦琴鹤法师重建，烧香做佛事，兴旺一时。后疏散灵柩，东院改为仁济局，西院（原三宫殿）由道教创办公益半日学校。后为工厂、学校所用。1977年，拆除大殿和西院，改建成一幢四层楼校舍。古庙即不复存在。

机圣庙、轩辕宫，又称“仙机道院”，在祥符寺巷（今祥符寺巷36—38号），始建于元丰元年（1078），甚小。明万历元年（1573），里绅章焕、王天爵、顾豫重建，久废。清乾隆三十七年（1772），里人孙辅成、王瑞生等重建。乾隆五十七年，毛永昌等再建，顾翰记。道光二年（1822），建门庑、台房。咸丰十年（1860）毁。同治元年（1862），住持李兹基募建。同年，绸缎业借基地建云锦公所。同治三年，又借东西两旁的余地扩建公所。轩辕宫占地1.2亩，为一落四进四开间的古建筑。

宫内供奉黄帝、嫘祖娘娘及丝织诸神。黄帝复姓公孙，名轩辕，故称“轩辕宫”。因庙内供奉丝织诸神，故又称“机神庙”。祭祀的诸神，大都与丝织业有关，神数之多，为其他寺庙所少有。《吴门表隐・卷五》载：

> 机圣庙，名“轩辕宫”，在祥符寺巷，宋元丰初建……祀黄帝，并祀先蚕圣母西陵氏、东后方累氏（去苎造服）、西后彤鱼氏（作丝线，磨针，刺成章作服），祔以云机仙圣伯余（始作机杼，见《淮南子》）、胡曹（始制衣服，见《吕氏春秋》）、马头圣母、寓氏公主、天驷星君、菀窳夫人、蚕花娘娘、发茧仙姑、佐染仙姑、纺炼仙姑、造织仙姑、助福大姑、滋福二姑、崇福三姑、马明菩萨（皆蚕丝之神，参《汉礼仪志通考》）、染色花缸仙师（或云即葛仙翁）、天仙织女、照应局神（神姓欧阳，有驸马称）、机神褚河南父子、张平子、发花仙圣、黄道仙婆（始作振掉、综线、挈花、踏棉、弹棉，见《松江府志》）、接头方仙。庙门，相国潘世恩书“为章于天”。另祀大挠氏等（始作甲子，黄帝臣，称时运福神）。

每逢农历九月十六日机神生日，苏州丝织业的老板和机工都要到机神庙内去进香，祈求丝织业兴旺发达，生意兴隆。

1953年，云锦公所及房屋移交给苏州市商业联合会。原有敬道堂、龙马阁、罗汉堂等，1967年被毁。今临街石库门上尚存“云锦公所”字迹。第二进茶厅、第三进大厅，有圆木柱、石鼓墩，内院有正朝堂、寒方阁的楼厅，为教工托儿所，1983年12月拆除。今留有轩辕殿，有粗直径40厘米圆木庭柱12根，门窗16扇。大殿结构高大宏伟，有翻轩，保存较好。门上有“轩辕宫——为章于天——同治元年夏月冯桂芬题字”字样。现为苏州市控制保护古建筑。

周王庙，在今周王庙弄28号，全称为“周宣灵王庙”。周宣灵王，相传为南宋时孝子周雄，新城人。淳祐元年（1241），始封王爵，立庙于此。始建于南宋，庙门朝西，左边有两道门楼，门楼前各有石狮一对。右侧上面为戏台，下面为马夫塑像。天井后是大殿，正中端坐周宣灵王神像。两侧排列差役塑像，类似旧衙门的威仪。碑刻记载：清同治九年（1870）重修，并为珠晶玉业公所，周王被奉为玉器业的祖师。每逢庙会，有一大箱抬出，名曰“八宝箱”，内藏玉器、珠宝业的上好宝物，以显示工匠的技艺。最为显眼的是一只硕大的碧玉蟾，翡翠雕成，工艺精致，被抬着出会，供人观看，热闹异常。该玉蟾为镇庙之宝，现藏苏州博物馆。“文化大革命”时，庙内塑像全毁，石狮倒于地，庙屋被改造成学校与民居，现仅存三座殿宇和一口康熙时的古井。

关帝庙，在卧龙街（今人民路饮马桥南堍西侧处）。淳熙年间建。明弘治、万历年间重修。庙内的关帝像，身材高大，威武雄壮，系用一棵大树雕成，神态毕现，十分难得。《吴门表隐·卷二》云：

> 卧龙街关帝像，宋淳熙初就大树雕成，连根。乾隆三十三年，巡抚彰宝欲改建，因像不可移，乃至。

民间传说：清顺治二年（1645）闰六月十三日凌晨，清总兵土国宝率军屠城，由盘门至饮马桥。天色微明，遥见关帝跃马提刀立于桥上，土国宝惊为神明显灵，遂下马跪拜，并下令封刀。实则，昨夜两个醉汉将关帝像抬到桥上，无意间吓退了清兵。民国二十年（1931）时，有庙屋20余间，神像十几尊，地基360平方米。1952年散为民居。1982年被拆除，改建科技大楼。

水仙庙，在原盘胥路北首泰让桥东南，临近胥江与外城河交汇处。宋绍熙年间（1190—1194）创建，占地面积约2000平方米，庙宇三进，房80间左右。清雍正十三年（1735）重建，咸丰十年（1860）毁，同治四年（1865）重建大殿，光绪十五年（1889）修复庙门。《吴门表隐·卷九》云：

> 陈水仙庙在胥江大日晖桥西，神姓陈，名闵，字大有，为胥台乡土谷神。（神名汉，隆兴二年官郡太守，太湖水决，以身殉止。）宋绍熙（碑误作“兴”字）中建。国朝雍正十三年重建，沈德潜记。

原住持奚福安说，相传“水仙”为陈闵。因胥江水深流速，与外城河汇合处更为湍急，时有旋涡，沉船常有发生。陈闵限于库帑，屡次治理失败，遂投水身殉。地方绅民感其德，于其投水处立庙供奉，后将陈闵封为“水仙明王”。庙内有大殿、斗姆阁等殿宇，香火颇盛。民国二年（1913）起，在庙内设立小学。1978年，泰让桥改建拓宽，学校迁出，庙废。

又：**水仙庙**，原称“洞庭君祠”。在凤凰街南端东侧，醋库巷南面（今水仙弄）内，创建无考。清咸丰十年（1860）毁，同治中重建。庙宇多进，回廊曲折，内有园亭，植花和树，环境清幽。每逢神诞，庙内装饰如龙宫一般，插烛于花瓶间，名曰“花照”。花光灯影，宝鼎香浮，若龙宫夜宴。白日演戏，夜则或笙箫歌唱，或煮茗清谈，观者如蚁，热闹异常。民国《吴县志·卷三十四·坛庙祠宇》：

> 水仙庙，在府治东南醋库巷，古苍龙堂。所祀之神相传为唐柳毅，今奉为上元乡土谷神，创建无考。

柳毅，即唐传奇故事“柳毅传书”（一称“龙女牧羊”）中的主人公，故事详见李朝威《柳毅传》。民间传说：柳毅在洞庭东山的太湖边上，为受到虐待的龙王小女儿送信到东海。柳毅入海如履平地，直达龙宫，见到了龙王，龙王终将小女儿救出。柳毅被尊为“水仙”，人们立庙以祭祀。柳毅在苏州的古迹较多，东山席家花园内有柳毅井，传为柳毅下海之井；松家湾有白马庙，传是柳毅系白马处；阊门下塘有柳毅桥；五峰园内有柳毅墓。《红兰逸乘·卷一》：

> 唐洞庭君柳毅墓在西街五峰园之楼下，久已芜没。有居人昼卧，见车马驺卫入室，有美丈夫绯袍玉带上堂，忽不见，骇而掘之，得碑及金绠悬柩，知系柳君所葬，不敢犯而止。见太仓王昊《当恕轩偶笔》。今郡中白鹤三乡庙、水仙王庙，皆祀柳君也。醋库巷水仙庙香火极盛，堂前有方池颇深。乾隆年间赛会，观者拥挤，有五岁婴儿堕入深池，浮于水面，众见而拯之，手中糕饵纸包犹未湿，儿言水中若有人抚其背者，绝不惊怖。其灵佑如此。

西山庙，在苏州市阊门外山塘街西端西山庙桥北堍。因在虎丘山之西，故称“西山庙”。宋崇宁二年（1103）建，祀晋司空王珉。《虎阜志·卷四·祠宇》云：

> 西山庙，王《志》：“去山无百步，在平壤，临大溪，祀司空珉。”王宾曰：“此盖东西寺庙，寺去而庙存耳。在元时，每当元夕，两庙张灯设馔，箫鼓喧阗，游人杂沓。寺之山径，节节有灯。往来之人，或以鼓乐自随，竞相为乐。此踵宋时故事也。”

《晋书·卷六十五》载：王珉，字季琰。少有才艺，善行书，其名声在兄王珣之上。

历任著作、散骑郎、国子博士、黄门侍郎，代王献之为长兼中书令。卒后，追赠太常。

清咸丰十年（1860），毁于兵燹。同治十一年（1872）重建。民国期间，庙已拆除，其原址曾为朱家庄小学。现已改建为退休教工活动中心。

温将军庙，又称“温天君庙”，在通和坊（原通和坊12、14号）。淳祐时始建。据《三教搜神大全・卷五》：温将军，俗称“元帅”。姓温，名琼，浙江温州人。“面青，发赤，蓝身猱猛，握简，游衍坐立，英毅勇猛”。他是泰山神，为东岳大帝的部将，以伐妖精，治病驱邪。每年农历五月的温琼诞辰日时，人们要抬着他的神像在街上游行，意为驱赶疫疠。元代毁。明洪武初，道士韩靖虚重建。万历时，乡绅蒋彬舍宅广其址。清嘉庆二十三年（1818）重建，列入祀典。同治中重修。1966年，神像被毁，门前石狮被砸，后为民居和居委会驻地。隔巷有戏楼北向，硬顶，面阔7.1米，进深6.3米，台口高3米，檐口高3米，外檐雕饰垂篮和挂落。台下辟三门，一大两小，门面贴砖。台南紧接临河楼屋三间，为后台。1994年干将路拓建时，殿宇、戏楼全部被拆除。

二郎神庙，在十全街二郎巷内，即清源妙道真君庙，又名“杨山太尉庙”。宋绍兴初建，古名“溪山第一祠”。《吴门表隐・卷五》：

> 二郎神庙在葑门内西营，向在水中，突起一阜。宋绍兴初建庙，古名溪山第一祠。凡患疡者，祀以白鸡即愈，久废。国朝嘉庆二十年重建，顾承记。神姓赵，名昱（亦作李冰，六月二十六神诞），灌州人，少从李珏隐青城山……

《清嘉录》也有记载，说农历六月二十四日为二郎神生日。患疡者拜祷于庙，必以白雄鸡祀之，即愈。1966年后庙毁。

施相公庙，原在施相公弄。宋咸淳三年（1267）建。施相公，本名施锷，华亭县（旧属苏州）人，北宋参知政事施钜之弟。“相公”是对读书人的尊称。施锷自幼好学，诗书礼乐，无不精通，是当时很有名望的诸生。相传，他幼年时在山间拾得一小卵，后生出一条小蛇，小蛇逐渐长大，被他养在筒内。这年，施锷赴苏州考试，将蛇带到舍间。他去考试时，未将筒盖闭上，蛇爬出至屋面，在阳光下耀出金光，众人齐呼有怪物出现，急去报告守城官兵。官兵来时，蛇亦毫不害怕。施锷考试回来，说道：“不必惊慌，这是我养的蛇。”即将蛇捉入筒内。守城官十分恼火，将此事上奏朝廷，施锷被处于斩决。

施锷死后，蛇非常愤怒，经常为施锷索命，伤人无数。为此，里人请求封施锷为护国镇海侯，并建庙塑像，称“施相公庙”。每逢农历八月十六施锷生日，官府和百姓前去祭祀。施锷生前爱吃馒头，人们在祭祀时带去大馒头。后发现蛇盘在馒头上而死，故苏州人有“盘龙馒头”之说。《吴门表隐・卷二》云：

施相公庙，在圆妙观西弄内，宋咸淳三年建。神姓施，名锷，宋湖州名诸生，有化蛇异迹。吴民尸祝，有镇海侯之封，俗以蟠龙馒头祀焉。

吉祥庵（猛将堂），在宋仙洲巷（今宋仙洲巷4号）。宋景定年间建，初名"扬威侯祠"，后改"吉祥庵"，俗称"大猛将堂"。猛将，也称"刘猛将军"，为著名的驱蝗神。《清嘉录·祭猛将》条云：

相传，神能驱蝗，天旱祷雨辄应，为福畎亩，故乡人酬答，尤为心愫。

猛将究系何人？历来说法不一，有说是南宋名将刘锜，或说是刘锜之弟刘锐，有说是南宋循吏金坛人刘漫塘，也有说是元末人刘承忠。旧时蝗灾较多，故乡人对猛将十分敬重，每年要举行祭猛将庙会。清雍正二年（1724）被列入祀典。乾隆八年（1743），苏州知府重修。咸丰十年（1860）圮。光绪年间，里人重修。每逢农历正月十三日至十八日有庙会，俗称"看大蜡烛"，十三日上灯（点蜡烛），十八日落灯（灭蜡烛）。庙会时非常热闹。民国初年，曾为商团大队部，抗日战争后逐渐冷落。现建筑已拆除。

休休庵，在原申庄前，一名"圆觉寺"。宋咸淳中建。元至正间重建。明成化时修，万历时，申时行重修。清代，申时行裔孙重修。乾隆七年（1742），申氏义庄因大风坏屋，遂移入休休庵，该庵便成为申氏家庵。现为民居。

佛慧庵，名"福来庵"，在齐门内平家巷（今平家巷5—17号）。元大德十年（1306），僧法亮奉敕创建，称"北禅寺子院"，后为家庵。清康熙七年（1668），复归北禅寺。道光三十年（1850）重修。同治四年（1865）浚放生池，重建殿宇。光绪十一年（1885）修建。清末民初，为陈锡杭家庵，僧富印持院。其间多做佛事，香火很盛。后因陈锡杭在上海黄金交易失利，以300块银圆将庵产售给普陀山道真和尚，道真不务佛事，以变卖佛产为生。1958年后由工厂租用。今大殿及配殿结构完好，朝南，面阔三间7米，进深12.7米。部分为民居。1983年被列为苏州市控制保护古建筑。

佛慧庵，在虎丘寺东。宋绍兴间，僧无善建庵，有钟秀轩，梁用行记。

梅隐庵，在盘门内瑞光寺右。一名"灵瑞园"。开禧间，由钟氏舍地建，陈一如增修。后废。明天启末、清顺治间重修。今毁。

兴福庵，在縻都兵巷南（今宜多宾巷）。嘉定年间（1208—1224），僧智明建，名"集福"。明、清两代均重修。

梵门庵，又称"宝月庵"。在梵门桥西（今梵门桥弄处），宋高宗敕建梵门讲寺。寺的基地原有观音院，称"宝月庵"。明万历十四年（1586），僧性斋重建。崇祯十四年（1641），僧普洁增建。清顺治十一年（1654），普经开讲三载，嗣弥邵继住。康熙十九年（1680），心明法师掩关书经及修宗系。

三宿庵，在小日晖桥西。为宋元间之庵。所谓“三宿”，是宿三世之尊也。

云泉庵，在阊门外东虹桥侧。元至治年间（1321—1323）创。明万历间，天台僧传灯重修。天启初，僧受益再葺，内有漱松轩。后由云栖道源法师住持。他的徒弟苍竹、孙墨农、徒孙栖平等重建大殿、听云堂等。虹桥西有云泉塔院。

百花庵，在胥门内百花洲南端，处于盘门与胥门之间。淳祐八年（1248）创建。规模极大，屋宇宏伟，号称有房一千九百九十间半。每逢农历二月十二日百花生日，举办庙会，百花洲因而闻名。太平天国时尽毁。光绪间再建。今废。

百花庵，在齐门内百花洲上，旧名“崇庆院”（《乾隆县志》云旧名“西隐庵”）。宋淳祐八年（1248），长者时安与其弟清舍田园建。明代，定文公吴宽见庵中百花佳胜，形诸赋咏，遂习焉为号。清乾隆中，邑令王继祖捐俸倡修。今废。

大乘庵，在白塔东路（今白塔东路72号）。咸淳五年（1269），僧了然创建。占地1.35亩，一落四进五开间，东西18米，南北50米。为苏州佛教协会著名的三庵一寺（即大乘庵、寄叶庵、瑞莲庵和宝元寺）之一。清雍正八年（1730），顾考宽出家购为家庵。乾隆四十九年（1784），顾氏集资重修。咸丰十年（1860）毁。同治二年（1863），僧云峰修复。新中国成立前由僧映文执管。1952年停做佛事。1958年为工厂所用。后工厂迁出，改为狮林苑，庵全废。

天龙庵，在百家巷（今百家巷7号）。元至正九年（1349），僧慧慈建。明万历三十七年（1609），郡人缪国维捐资重修。清顺治六年（1649），国维子慧隆建大悲殿。康熙八年（1669），慧隆子彤助饭僧田亩。咸丰九年（1859）重修，翌年毁。同治三年（1864），僧问铃重修。清末民初，属北禅寺下院。1949年为佛教协会公庵，沁法师太等做佛事为生。1955年，住持尼将殿屋租给漳绒合作社，1957年停做佛事。后为工厂所用。1974年，工厂花资重修大殿，接待柬埔寨西哈努克亲王。1980年，庵房拆除改建。

结草庵，在原沧浪亭东北（今一〇〇医院东南部）。原名“大云庵”。元至正年间（1341—1370），僧善庆建，内有放生池与周围河道相通，其水自葑溪入城，分支向南，绕庵前后，庵在水中央。放生池中有两座石塔，并立可观。殿后有土岗，古木荫蔽，竹径幽深，为修禅读书最佳处。明画家沈周、文徵明、唐寅曾读书于此，并有诗记之。明嘉靖初，僧一峰重修。清嘉庆十三年（1808），僧达玲重建。咸丰十年（1860）毁于兵燹。同治年间重修，有大殿、彩云殿等。民国二十年（1931），尚有殿宇40余间，佛像19尊。1966年划归一〇〇医院，1978年医院扩建，殿宇全被拆毁。仅存放生池及七孔石梁长桥。

幻住庵，在阊门西五里雁宕村。元大德年间（1297—1307）。郡人陆德润施地，中峰国师明本建。初明本至吴，喜其地名，与雁宕山合，遂结草庵于此。赵孟頫亲为运甓、题额“栖云”。元末毁。明洪武初重建。至民国时期尚有旧貌。《吴县志·卷三十六·舆地考·寺观》云：

> 幻住庵……今仅存临河破屋数间，由附近积公堂经营。

后寺废。

云隐庵，在阊门外桐泾桥幻住庵南。元延祐元年（1314），月潭禅师建。明永乐初，僧法三勇重建。中有法雨轩、立雪堂、山水窟。清代又多次修建。

金井庵，在齐门内（今北园东灰场12号），旧名“铭心庵”。因二进堂屋有九口井，故名。元至正四年（1344）建，后毁。明洪武元年（1368）重建。嘉靖间由僧祖晓、法志重建，因井发金光，易今名。庵堂占地3.96亩，第一进为客厅，两边为厢房。第二进为佛堂大殿，供释迦牟尼佛像，左面弥勒佛、韦驮佛，右面南海观音大士、开山祖师佛。并有古井一口。后有常州某官家为母带发修行，出资修建此庵。庵以常州香客为主。民国十二年（1923），常州糠行王家女到庵修行，取名德月，并助银圆一千元。后德月继承当家师太之位，静心修行，不接佛事。后收靖江袁姓女为小尼，取名善法。又继收孤儿福根、林寿、四秀为小尼。1950年后，善法进厂当工人，小尼还俗婚嫁。1958年，庵屋作公房，后为民居。

宋元时期，开始建立祠堂。

言子祠，在干将坊，今乐桥东堍北侧。庆元二年（1196）建，内祀言子。言子（前506—？），名偃，字子游，春秋末吴国人，为孔子得意门生，孔门“十哲”之一。回到南方后，即在南方办学，开门收徒，是开创吴地文化教育的始祖，被誉为“南方夫子”。现为言子书院。书院东侧、言桥畔，今筑有言子亭。

范公祠，位于天平山前。宣和五年（1123），建范公祠于庆阳（庆州治所，在今甘肃省），徽宗赵佶赐额“忠烈”。又称范文正公忠烈庙。因“西土皆陷，忠烈之庙越在异邦”，苏州官绅以为“苏，公故郡也，而天平山则公祠坟在焉，公之精神必往来乎此”（见《重修范文正公忠烈庙记》）。其地原有范仲淹所建祖祠及其子孙增建之范公祠，遂于南宋绍兴间重修，改建一新，揭“忠烈”之榜于庙门。历元、明、清三代，祠庙历经战火，屡圮屡修。民国初年曾修葺，并改名“敕赐范文正公忠烈庙”，额为“范文正公祠”。此后失修、颓败。1982年进行全面整修，在祠前建四柱三间三楼石坊，镌刻其名言“先天下之忧而忧，后天下之乐而乐”。1995年4月19日被公布为江苏省文物保护单位。

十三、范仲淹创办义庄

义庄为北宋范仲淹始创。义者，施舍、救济他人，为公益而不取任何报酬也。范仲淹青年时就有“不为良相，亦为名医”的愿望，要为百姓做好事。他考中进士进入官场以后，官至参知政事（副宰相）。他为官清正，体贴百姓，乐善好施。因而在苏州创办义庄，救济族中无依无靠的贫穷之人，受到世人的称赞。

范仲淹创办的义庄，也称“范氏义庄”，俗称“范义庄”，位于芝草灵桥（今范庄前32号）。《吴门表隐·卷六》：

> 范文正公义宅，在芝草灵桥西，即范氏旧宅，郡守李大异书“范家园”三大字碑在焉。东隅是吴县废址，相传文正公曾雪周羽冤，后其子官吴令，请让地扩庄，今庄中土地谓周某云。宋皇祐元年，始建庄，庄中文正祠，咸淳三年所建。

义庄创办于皇祐元年（1049）。范仲淹在任杭州知府时，有人劝他营造别墅，作为颐养天年之地，他断然拒绝。回苏州时，他与族人相聚，决定要办义庄，以救济族人。是年，他买下田地一千余亩，交给族里，号为“义田”，作为族中的公产。这些义田租给农民耕种，用收来的租金救济族里的贫困者，含伤残、无人赡养的老人等。如何救济，范仲淹亲自制定了十三条义庄规则，其主要内容是：“每日逐房计口给米，每口一升，并支白米，如支糙米，则临时加折。”“冬每口一匹，十岁以下及五岁以上者，各半匹。每房许给奴婢米一口，即不支衣。”“嫁女，支钱三十贯。再嫁，二十贯。”“娶妇，支钱二十贯。再娶不支。子弟出官人，每还家待阙、守选、丁忧，或任川、广、福建官留家乡里者，并依诸房例，给米绢并吉凶钱数。虽近官，实有故留家者，并依此例支给。逐房丧葬，尊长有丧，先支一十贯，至丧事，又支一十五贯。次长五贯，丧事支十贯。乡里、外姻、亲戚如贫窘中非次急难或遇年饥不能度日，诸房同共相度诣实，即于义田米内量行济助。”（见《范仲淹史科新编》）具体实施，由族中长而贤者主持，按公平的原则发放。范仲淹因何建立义庄，向族人发放钱粮？宋人龚明之《中吴纪闻·卷三·范文正公还乡》有记载：

> 宗族乡党，见我生长，幼学壮仕，为我助喜。我何以报之。又买负郭常稔之田千亩，号曰“义田”，以济养群族，择族之长而贤者一人主之。其计日食人米一升，

岁衣人二缣,嫁女者钱五十千,娶妇者二十千,再嫁者三十千,再娶者十五千,葬者如再嫁之数,葬幼者十千。族之聚者九十口,岁入粳稻八百斛,以其所入给其所聚,仕而家居俟代者预焉,仕而之官者罢其给。

在义庄附近还建有义宅,占地约二十五亩。宅内有二松,即以堂名,一曰“岁寒”,一曰“松风”。如族人遇有灾祸,无家可归,可在这里借住。还办有义学,供族人小孩在此读书。

在义庄门前,建有一座雄伟的木结构牌坊,四柱三间五楼,额题“世济忠直”;枋间刻有范仲淹的名言“先天下之忧而忧,后天下之乐而乐”,俗称“先忧后乐坊”。

范仲淹去世后,由其子范纯仁接管义庄。范纯仁(1027—1101),字尧夫,皇祐元年(1049)进士。元祐元年(1086)同知枢密院事,后拜相。他除了办好这里的义庄外,又在城外天平山附近,购置义田一千余亩地,充入义庄。在其父制定的义庄规则基础上,续订义庄规则,增加了不少内容。例如:“诸位子弟得大比试者,每支钱一十贯文。再贡者减半。并须实赴大比试乃给,即已给而无故不试者,追纳。”“诸位子弟纵人采取近坟竹木,掌管人申官理断。”“诸位子弟内选曾得解或预贡有士行者二人,充诸位教授月给糙米五石。”鼓励族中子弟读书上进。

范仲淹创办义庄,受到大众的称赞,尤其受族中人的欢迎。此后,历代当官者、士大夫之流相继仿效、延续,成为我国一种良好的社会风尚。义庄也成为一种普遍受欢迎的慈善机构。

十四、城内河道的布局

宋元之前,苏州城内的河道有多少条,史籍上无明文记载。绍定二年(1229)绘制的《平江图》是一幅苏州古城区的地图,翔实地反映城内河道、桥梁的布局状况。细看《平江图》,城内河道纵横交错,横直有序,桥梁横跨河上,均清楚地标有桥名。那么,宋元时代,苏州城内究有多少条河流,多少座桥梁呢?今据《平江图》上所示,将河流及桥梁分列如下:

城内的河流,南北走向的称“直河”,东西走向的称“横河”,共有“七直”“十四横”。

七直:

第一直河,南自盘门水关起,北至第一横河止。桥梁有明泽桥、升平桥、黄牛坊桥、

皋桥、柳毅桥、桃花桥。（有桥6座）

第二直河，南自第一直河东侧新桥起，北至鸿桥入内城河止。桥梁有葛家桥、南张师桥、先生桥、北张师桥、杉渎桥、查家桥、李公桥、杉板桥、西馆桥、马禅寺西桥、白礓桥、谷市桥、小市桥、县西桥、雍熙寺西桥、善济桥、艇船桥、德庆桥、都亭桥、单家桥、曹使桥、鸿桥。（有桥22座）

第三直河，南自马禅寺北弹子桥起，至能仁寺东桥入第一横河止。桥梁有芮家桥、黛眉桥、憩桥、望婆桥、献花桥、草鞋桥、西市桥、利市桥、鹅栏桥、鸭舍桥、琵琶桥、趿鞋桥、县东桥、雍熙寺东桥、芝草营桥、蒲老桥、元通桥、艾家桥、卢家桥、能仁寺东桥。（有桥20座）

第四直河，南自内城河起，北至第十横河止。桥梁有南星桥、祝桥、洞桥、燕家桥、乌鹊桥、复经夏侯桥、金母桥、竹隔桥。（有桥8座）

第五直河，自杨园桥起，至尤桥入第十横河止。桥梁有蒋家桥、沙糕桥、贤至桥、子城后桥。（有桥4座）

第六直河，南自杨园桥起，至北新桥入齐门内水关止。桥梁有书记桥、驱鬼桥、顾家桥、大郎桥、醋坊桥、北新桥。（有桥6座）

第七直河，南自望门桥起，北至庆历桥入第一横河止。桥梁有望信桥、营桥、吴王桥、苑桥、资寿寺东桥、资寿寺后桥、雪糕桥、积庆桥、苏军桥、众安桥、通利桥、胡厢使桥、打急路桥、庆历桥。（有桥14座）

十四横：

第一横河，西自内城河起，至娄门水关止。桥梁有桃花桥、北过军桥、能仁寺后桥、香花桥、中路桥、临顿桥、周通桥、华阳桥、张香桥。（有桥9座）

第二横河，西自阊门水关起，东至第六直河止。桥梁有至德庙桥、张广桥、红桥、崇真宫桥、南过军桥、能仁寺前桥、西章家桥、灵鹫寺西桥。（有桥8座）

第三横河，东自祥符寺后起，西至第六直河止。桥梁有鹤舞桥。（有桥1座）

第四横河，东自第二直河起，西至第六直河止。桥梁有崇利桥、祥符寺桥、寺东桥、院子桥。（有桥4座）

第五横河，东自第二直河起，西至东内城河止。桥梁有安民桥、张马步桥、金狮子桥、广化寺后桥、圆通桥、众善桥、唐家桥、东开明桥。（有桥8座）

第六横河，东自夏驾湖起，西至营街之西止。桥梁有徐胡桥、杨家桥、寺后桥、席家桥、雍熙寺后桥、禅兴寺桥、四通桥、广化寺桥、（长洲县）县前桥、定跨桥、众安桥、北张家桥。（有桥12座）

第七横河，东自夏驾湖东侧起，西至营街之西止。桥梁有梵门桥、寿圣桥、三太尉桥、高家桥、丁家桥、小平桥、（吴县）县东桥、周太保桥、北仓桥、宫桥、顾周桥、兵马司

桥、熙宁桥。(有桥13座)

第八横河，东自第三直河起，西至第七直河止。桥梁有黄土塔桥、天心桥、永福寺西桥、新街桥、双板桥、钱都衙桥。(有桥6座)

第九横河，东自第一直河起，桥梁有龙兴寺西桥、慈悲桥、洞桥、永定寺后桥、丝行桥、济州桥、鱼行桥、马黄桥、李师堂桥、管家桥、红炉子桥、瓶场桥。(有桥12座)

第十横河，自第一直河起起，入东内城河止。桥梁有渡子桥、太平桥、芮桥、荐行桥、市曹桥(穿第三直河)、乐桥、乘鱼桥、阎桥、草桥、篠桥、马津桥、甫桥、白蚬桥(穿第七直河)、尽市桥、顾庭桥。(有桥15座)

第十一横河，自第四直河起，至第五直河止。桥梁有庆善桥。(有桥1座)

第十二横河，自第一直河起，入第七直河止。桥梁有孙老桥、吉利桥(穿第二直河)、饮马桥、平桥、永安桥、南仓桥、清道桥、迎葑桥。(有桥8座)

第十三横河，自第四直河起，至葑门水关止。桥梁有乌鹊桥、带城桥、砖桥。(有桥3座)

第十四横河，自龙堂桥起，在相王庙北徼东内城河止。桥梁有觉报寺后桥、西长桥、烧香桥、东长桥。(有桥4座)

以上共计184座桥梁。

此外，尚有许多支流和小河浜，散布在城内各地，有的支流、河浜上也有桥梁。

苏州城内有这么多的河流，河流上有这么多的桥梁，真是名副其实的江南水乡。

十五、以石代木建桥梁(内城河)

唐以前的桥梁，大都是木结构的，统称“木桥”。所谓“红栏三百九十桥”，这“红栏”，指的是红漆栏杆。到了宋代，人们认识到木桥容易损坏，遂以石代木，改用石块筑桥，桥墩用石块叠砌，桥面用条石铺设，桥栏用石条装饰。不仅牢固，使用年限长，而且可以雕刻各种图案，十分古朴美观。

宋代的造桥快速发展，旧的木桥坏了，重新构筑石桥，新建的桥梁，都用石块构筑。洪武《苏州府志・卷六・桥梁》上所记录的桥梁，应是宋、元时代所建，与唐代相比，大有增加。有序曰：

白乐天诗云“红栏三百九十桥”，自宋以来，皆叠石甃甓，坚巧细密，始不用红栏矣。

是书以乐桥为中心，依据方位，分别记录了桥名。乐桥西北87座，乐桥西南51座，乐桥东北90座，乐桥东南66座，盘门外27座，阊门外38座，齐门外27座，葑门外17座，娄门外25座。共计428座。

这个数字，应是确切的。说明在南宋时期，不断增建桥梁。而且，造桥范围在扩大，除了城内造桥外，城外也在大兴建桥之风。据上述统计，在城外建造的桥梁也有134座。这个数字也很可观。

现将桥梁直录如下：

百花桥，跨城内第一直河（学士河）。始建于宋朝前期，《平江图》标注"百花洲桥"。民国二十二年（1933），铸造局局长及律师方某等12家，在百花洲造别墅，集款重建两桥，约定俗成，称"南、北百花洲桥"。2000年，《苏州市古城区水道分布示意图》标注"百花桥"。桥为钢筋水泥T形单孔平桥，长64米，宽2.45米，跨径4.8米，砖砌水泥粉面桥栏。1999年街坊改造时重建，为单孔钢筋混凝土平桥，长11米，宽9米，跨径8.9米。花岗石桥栏，两侧桥栏各有6根望柱。

明泽桥，跨城内第一直河（学士河）。皇祐五年（1053）建。《平江图》注"明泽桥"。今名"歌薰桥"。明《姑苏志·卷十九·桥梁上》：

明泽桥，西河上，皇祐五年建，景定五年重修，刘震孙题名立石其上，今名过军桥。以路通盘、阊，为士卒经由之地也。

民国二十九年（1940）改建，为木质平桥，后又改为钢筋混凝土平桥。1984年重建，为单孔钢筋混凝土平桥，长29.6米，宽11.5米，花岗石空腹桥栏，桥栏中部刻楷书填红桥名。

来远桥，跨城内第一直河（学士河）。绍兴年间建。在建造姑苏馆时同时建造。当时，胥门建有姑苏馆，专门接待属国信使和往来达官显宦，建筑雄冠三吴。此桥在姑苏馆侧畔，取《论语》"有朋自远方来，不亦乐乎"句意，题名"来远桥"。明成化十三年（1477）重建，为花岗石、青石结构，石级单孔拱桥，现桥堍南犹嵌青石一方，上刻"成化戊戌下四月吉口，苏州知县府刘瑀、吴县知县□□重建"字样。民国十二年（1923），胥盘市民公社重建，为方便车马行驶，取消石级，降低坡度，保留原拱，加铁杆桥栏。1998年重修，将桥向南移至寿宁弄西口，径对古胥门。现桥为单孔花岗石拱桥，长10米，宽5米，跨径5.9米。桥两堍石阶东16级，西15级，西堍南北两侧均有引桥，各为8级石阶，花岗石实腹桥栏，高0.6米，南北各10根望柱，栏板上雕刻飞鸟、花卉图案。

梵门桥，跨城内第一直河支河梵门河，原名“雁门桥”。梵门，指佛门。梵门桥弄有宝月庵，故名。《吴郡志》有著录。其地原有小河，名“梵门河”，弄口东有桥，即梵门桥，用三块石板组成，南北向。后河道淤塞。民国时，河填没，桥拆除。

升平桥，跨城内第一直河（学士河），其南为渡子桥，与升平桥并列，为姐妹桥。建于皇祐五年（1053）。原为石拱桥，宽2.5米。1956年改建，为钢筋水泥平桥，长15米，宽5.7米，跨度5.5米。1994年拓宽干将东路时，将桥移建于此。现为单孔钢筋混凝土板平桥，花岗石桥栏，跨度6米，长8米，宽20米，其中车行道12米，南人行道3米，北人行道5米。桥柱上书写桥名。

荐行桥，在谷市桥东侧，跨城内第二直河（平门河）。民国《吴县志》云：“桥旁明人修桥题记有相传吴相伍大夫率师祖道饯行于此。”故名“饯行桥”。但案语云：“自来字书无荐饯通用之文，此语出自附会……当系荐行所在地也。”荐，即草荐，一种日用品。

谷市桥，在铁瓶巷口，跨城内第二直河（平门河）。始建于宋。清乾隆五十八年（1793）重修。

校场桥，跨城内第二直河（平门河）。原名“西教场桥”，讹名“高长桥”“高尚桥”。建于宋代。《宋平江城坊考》云：此桥即《平江图》上所标的鸿桥。此处原为一块广阔的场地，适宜军队训练。南宋建都杭州，在苏州驻扎禁军。《吴郡志·卷五·营寨》：禁军“威果二十八指挥……全捷二十一指挥”。有禁军常在场上操练，遂名“教场”。桥在教场之西，故名。原为石桥。民国十六年（1927）重建，改为单孔钢筋水泥平桥，长7米，宽5.5米，跨度3.8米。

落瓜桥，跨城内第三直河（临顿河）。初建于北宋年间。《宋平江城坊考》云：“顾周桥巷，今落瓜桥浜。”桥名的来历有个传说：北宋宰相吕蒙正少年时流落苏州，曾在此处向卖瓜翁乞瓜，得瓜后却落入河中，失声痛哭。后吕蒙正得中状元，回到苏州，乃建桥于此，并以“落瓜”名之。一说，落瓜者为汉代大臣朱买臣。民国《吴县志·卷二十四·坊巷》：

> 落瓜桥浜。顾周桥，俗名“落瓜桥”。相传朱买臣微时尝落瓜于此。窑基即其所卧之废窑也。

原为南北向，跨临顿河支河落瓜桥浜，仅铺石板三块。清宣统三年（1911）前，落瓜桥浜填没，桥也不存。1982年疏浚临顿河时，在此仿古建花岗石单孔拱桥，为东西向。长9.5米，宽3.2米，跨径6.8米。花岗石雕栏，高4米，中间书写桥名。桥两侧均有踏步，东9级，西16级。1999年重修，长7.15米，宽18.9米，跨径6.8米。

醋坊桥，跨城内第三直河（临顿河）。治平二年（1065），由道士方希辨、孔应期募建。重建醋坊桥碑记云："治平乙巳岁八月十五日，劝募天庆观主兼监库道士方希辨题，都劝缘观内道正赐紫孔应期立石。"该处为官方卖醋所在地，故名。元至元二十四年（1287），僧智净捐募重建。明天启四年（1624），里绅郭忠宁、申绍芳、顾项捐修。清乾隆元年（1736），里人重建。道光五年（1825），潘师升、曹元潜、江元荣、潘筠霄等再建。1982年改建，为单孔钢筋混凝土平桥，长8.4米，宽15米，跨径6米，花岗石雕栏杆，中间书写桥名。1999年重修，仍为单孔钢筋混凝土平桥，长7.15米，宽18.9米，跨径6米，花岗石雕双龙戏珠栏杆，望柱一侧书写桥名，另一侧书写建桥年月。

忠善桥，跨城内第三直河（临顿河）。始建于宋。《平江图》标"南新桥"。明《水道图》标"曹胡徐桥"。巷内有曹、胡、徐三姓大户，劳资建桥，故以三姓名桥。清《巡警图》标注"忠善桥"。嘉定四年（1211）修建。清乾隆元年（1736）重修，改今名。1978年，由苏州刺绣厂出资拓建。1980年加固重修。1999年重建。现为钢筋混凝土平桥，长6.6米，宽5米，跨径6米，石雕桥栏，中间书写桥名。

白塔子桥，跨城内第三直河（临顿河）。始建于宋。《平江图》标注"东章家桥"。清康熙《苏州府志》载："白塔子桥，旧名东章家桥。"乾隆《姑苏城图》标注"白塔子桥"。因其地原有白塔，为苏州城内"七塔"之一，故名。咸淳五年（1269）二月重建。清嘉庆二十年（1815）重修。光绪十七年（1891）再修，为石拱桥。1959年加固维修。1962年、1999年两次改建，为单孔钢筋混凝土平桥，长12.6米，宽17.05米，跨径7.8米。花岗石雕桥栏，望柱上书写桥名。

任蒋桥，跨城内第三直河（临顿河）。嘉定四年（1211）建。《吴郡志》著录。清乾隆三十七年（1772）重修，光绪年间再修。长4.8米，宽2.9米，为石板平桥。1999年12月重建，为单孔钢筋混凝土平桥，长7.6米，宽3.5米，跨径6米。花岗石桥栏，中间书写桥名。桥名"任蒋"，取两个姓氏。任即任延，蒋即蒋子文。《宋平江城坊考·卷四》云：

> 《后汉书》言任延为会稽都尉，能得士心。蒋渐避莽乱，徙吴中大皇里。是巷当以任、蒋两庙得义。而方志顾以任侯为彦升，蒋侯为子文，未详其溯。

《姑苏小志》有"任蒋桥条"。临顿路有任蒋桥，桥西蒋庙，桥东任庙，晨钟暮鼓相闻焉。

望星桥，跨城内第四直河（盛家带河）南端。建于绍定二年（1229），原名"望信桥"，外来客船停泊于桥下，旅人在此等修家信，故名。《平江图》标名"望信桥"。王謇《宋平江城坊考·卷三》载："望新桥石刻云：'望信桥乃姑苏东南隅之要津，于绍定己丑孟冬是瀚日鼎新毕工。孟榷院方县丞则劝缘其人也。以誉高乡里乐然助之□众，金宣义、季御干诸公弗吝舍钱，由是□日而成，姑识岁月，以效昔人题柱云。'题名后云：'右愿□□□□□□□□□寿，次愿桥之东西南北住人子孙昌盛，□□□□，绍定二年□月□□日，修造道者张□□具。”

寿星桥，跨城内第四直河（官太尉河）。绍兴十年（1140）建。里人在疏浚河道时，在泥中得一陶瓷寿星像，认为是祥瑞之物，遂建桥以纪念。桥用武康石砌就，石色紫实褐。桥为东西向，单孔石桥，全长18.4米，中宽2.9米，净跨4.7米，矢高2.6米，两坡设有踏步各15级。至今已有880余年，可称是桥中“寿星”了。历代虽有修建，但保留宋代的原石较多，看起来古朴凝重。1965年，邻近的百狮子桥塌毁，将其雕狮桥栏移置于此桥，舞狮依稀可见。《吴县志·卷三十二·舆地考古迹》：

> 寿星桥，有瓷寿星像，宋绍兴十年里人浚河得之，遂桥，立庙祀之。

1982年，苏州市政府公布其为市文物保护单位。1984年整修后，桥畔竖有《寿星桥重修记》：

> 寿星桥，宋名“营桥”，始建年代不详，后修葺不继，颇多损毁。一九六五年曾予修缮，并将百狮子桥宋雕石栏移此，一九八四年再次整修加固配齐桥栏。寿星桥为城内仅存之古武康石拱桥，一九八二年被列为市文物保护单位。公元一九八九年十月苏州市人民政府立。

寿星桥

百狮子桥，跨城内第四直河（官太尉河）。建于南宋，用武康石建成的石级拱桥。桥栏上雕有舞狮九十九头，号称一百，故名。其雕刻艺术精细，十分高超，舞狮有各种姿态，栩栩如生。明嘉靖十六年（1537）重修。清嘉庆十一年（1806）又重修。因是宋代桥梁，且石刻艺术超凡，被视为古桥之珍。1963年被列入苏州市文物保护单位。但因年代久远，历经风雨侵蚀，桥已腐朽塌毁，难以修复，行走其上易发生危险。经主管部门研究批准后，于1965年拆除。其武康石舞狮桥栏，虽模糊不清，但仍作为文物保存，移置于旁边的寿星桥和苏州人民大会堂前的福民桥两处。

官太尉桥，跨城内第四直河（官太尉河）。始建于宋前期，《吴郡志》著录。“官太尉”，官为姓。《宋平江城坊考·卷三》案：“《左传》云，‘官有世功，邑亦如之。据此，古人以官名族。故有官氏。吴中官氏，未详其朔。’”疑此桥名与一官姓的太尉有关。太尉，官名，古代为全国军政首脑，与丞相、御史大夫并称三公。清康熙三十五年（1696）重建。光绪四年（1878）修建，东西走向，为单孔条石梁式石桥，长15.7米，宽2.4米，跨径3.45米，矢高2.5米。上为武康石长系石，下为武康石水盘石。桥面由五条花岗石长梁并列组成，两侧立花岗石栏板，金刚墙以青石、花岗石间杂砌筑。两坡设条石踏步，各11级。桥额刻楷书“官太尉桥”，两侧刻“光绪四年六月□日立”“里人募捐重建”。2002年重建，长15.6米，宽3.3米，跨径3.5米，两边有步阶11级。1998年被列为苏州市文物保护单位。

兴市桥，跨城内第四直河与第二横河的接口。始建于宋前。古名“尽市桥”。宋《吴郡志》《平江图》、明《水道图》著录“尽市桥”，指市场之尽头也。《吴县志·卷九·桥梁》：

> 尽市桥，今名兴市桥。

此处水运方便，成为商市。自此而西，为非商业地段，集市至此而尽，故称“尽市桥”。清《姑苏城图》标注“兴市桥”。清嘉庆十年（1805）重建，单孔石级桥，桥梁西侧阴刻“兴市桥”，字外套圆圈，其傍阴刻小字“嘉庆乙丑年六月立”。1994年拓宽干将东路时重建，改为跨第四直河。现为单孔钢筋混凝土板梁桥，长10米，宽20米，跨度8米，其中车行道12米，南人行道5米，北人行道3米。

庆林桥，跨城内第四直河（平江河）。庆历三年（1043），里人张文贵筹建。《平江图》标“庆林桥”。嘉泰三年（1203）修建。1985年重修，为五条长石板并列之平桥，长12.2米，宽2.5米，跨径4.5米，花岗石桥栏，栏板中间书写桥名。

祖家桥，跨城内第四直河。东向南起第三横河支河西口。原名“佐家桥”。《吴郡志》有著录。《宋平江城坊考·卷三》案：“佐氏，不见氏姓典籍。古有左人氏，或即其族。”《平江图》标“佐家桥”，后因音讹而作“祖家桥”。1957年填河时桥废。

雪糕桥，跨城内第四直河（平江河）。始建于绍定年间。《平江图》《吴郡志》有著录。《红兰逸乘》云：

> 昔张孝子抟雪为糕以奉亲，所居在萧家巷，祠亦在焉。

相传，张孝子逝世后，里人将其就地安葬，后在墓旁立祠祭祀，并以孝子的事迹，将萧家巷西首小石桥命名为“雪糕桥”，在桥上建庙以祀。事迹为二十四孝之一。清乾隆十八年（1753）、光绪三十一年（1905）先后重建。民国三十四年（1945）重建，将原砖砌石拱桥改为石板平桥，保留桥上原有庙堂建筑，构成“桥驮庙”的格局。新中国成立后，庙堂建筑拆除，1983年重修加固。1985年按照历史原貌修建，为单孔花岗石石板平桥，长9.9米，宽3.6米，跨径2.6米，桥上再建长廊及庙堂，匾额“玉檀阁”。石雕桥栏，中间书写桥名。

积庆桥，跨城内第四直河（平江河）。始建于绍定元年（1228）之前。《吴郡志》《平江图》著录。清嘉庆十九年（1814）重修。抗战胜利后改名为“胜利桥”。1960年、1970年、1980年三次重修，恢复原名“积庆桥”。2007年改建时，将原石拱桥改为花岗石单孔石板桥，为方便河面游船通行，孔高增加三踏级，长6.9米，宽7.1米，跨径5.28米。石雕实腹桥栏，东西两堍各有踏步3级，桥栏中间望柱书写桥名。

朱马交桥，跨城内第四直河（平江河）支河。始建于宋。《吴郡志》《平江图》有著录。《宋平江城坊考·卷四》云：通利桥桥拱石刻有“星桥，朱马茭桥……”字样。“交”应作“茭”。《说文解字》云：“茭，干刍也。”即干草。茭，为牛马之饲料，与“马”字合。近人写作“朱马交桥”或“朱马高桥”，显系音讹。淳祐十年（1250）重建。清康熙二十三年（1684）再建。1982年重修，为石板平桥，长6.2米，宽4.1米，跨径4.6米。花岗石桥栏，中间书写桥名。沿河两岸设长条石栏。南北堍各有2级踏步，中间各有3块石条并列斜铺方便车辆通行。

胡厢使桥，跨城内第四直河（平江河）。始建于宋前期。《平江图》标“胡厢使桥”。清乾隆九年（1744）重建，为清代典型的花岗石拱桥，单孔，金刚墙夹杂青石和武康石，还有一方“桥神土地”刻石遗迹。1983年和1988年两次修建加固，现为石级拱桥，桥长13.2米，宽3.7米，跨径6米，花岗石雕实腹桥栏，桥额刻“重建胡厢使桥”，东堍踏步13级，西堍踏步12级。“厢使”系官名。民间不熟，以谐音呼“胡相思桥”。

苏军桥，跨城内第四直河（平江河）。始建于绍定元年（1228）之前。《平江图》《吴郡志》有著录。清嘉庆十九年（1814）重建，为石拱桥。民国十年（1921）补建，因用青条石建桥，故又名“青石桥”。新中国成立后曾四次再修。现为单孔圆弧石拱桥，长14.1米，宽2.3米，跨径5米。桥面方形青石刻有圆形轮回纹图案。石雕实腹桥栏，中间书写桥名。东堍踏步17级，西堍踏步15级。

保吉利桥，跨城内第四直河（平江河），始建于宋前期。《平江图》标注“打急路桥”，清《巡警图》标注“保吉利桥”。嘉庆九年（1804）重修。1954年加固整修，原为石拱桥，加建花岗石雕桥栏。1983年重修，为单孔钢筋混凝土平桥，长9米，宽14.4米，跨径6米。石雕空腹栏杆，栏杆两侧各有2根望柱，中间书写桥名及重建年月。

潘家桥，跨城内第四直河（平江河）。始建于北宋年间。北宋大臣章綡居此，在附近造桥，称“章家桥”。后归富家潘时用，称“潘家桥”。1981年由苏州市地名办定为“潘家桥”。清光绪年间两次修建。1984年重建，为单孔石级拱桥，长16.72米，宽2.08米，跨径6米，矢高4米，西堍踏步17级，东堍踏步19级。花岗石雕实腹桥栏，南北各有8根望柱，中间桥额刻5个圆圈，内刻有“重建潘家桥”字样。

奚家桥，跨第四直河（平江河东麒麟河）。建于宋代。因何名“奚家桥”？《吴门表隐・卷十》载：

> 奚公、奚婆二桥在瑞光寺东，宋善士奚仁三夫妇所建。平江路奚家桥，仁三世居。曾孙縠，明初登榜。

原为石板平桥，长条石桥栏，外侧刻三个圆圈，内刻“奚家桥”三字。1983年重建，为钢筋混凝土平桥，长4.25米，宽3.9米。石栏杆，高0.5米。

北开明桥，跨城内第四直河（平江河）支河胡厢使河。建于北宋年间。《平江图》标注“东开明桥”。明《水道图》标注“开明桥”。1974年重建，将原石拱桥改建为钢筋混凝土平桥，长8.3米，宽8米，跨径6.3米。1984年重建，为钢筋混凝土拱桥，长8.3米，跨径6.3米。两侧各4根望柱，中间书写桥名。

唐家桥，跨第四直河（平江河）支河胡厢使河。建于北宋。《平江图》著录。桥名来自桥畔唐氏家族，唐岳千户次子居此，故名。桥北堍西侧与东西向跨平江河的胡厢使桥东堍南侧直角相交为双桥。这是始建于宋代最早的双桥。形状犹若旧时钥匙，故又称“钥匙桥”。清乾隆九年（1744）重建，易木为石，为花岗石、武康石平桥。1982年后三次改建，现为石板平桥，长4.4米，宽3.4米，跨径3.1米。桥面为6条石梁并列，其中2条为武康石，4条为花岗石，桥面两边有石雕桥栏，两侧立有4根望柱，柱头上雕有简易图案，栏板中间书写桥名。

香花桥，跨城内第一横河（桃坞河）。建于宋前期。《平江图》有著录。明《姑苏志卷十九・桥梁上》载：

> 香花桥，在报恩寺前，一名“永安桥”。

有虔诚礼佛、香花铺地之意。明万历八年（1580）重建，为石板桥。清乾隆二十五年（1760）修，桥面铺石板3块，宽约6米，两旁有石栏杆。清《吴门表隐》载："北寺前香花桥水底，更有一桥适之。嘉庆初，开河竟见桥面石。"可能是旧桥。1951年加固拓宽，石板由3块增加为5块。1959年改建为钢筋混凝土结构。1981年再度改建拓宽，现为单孔钢筋混凝土拱桥，长17米，宽32.7米，跨径8米，花岗石镂空桥栏，高0.85米，东西两侧桥栏望柱上刻有石雕狮子8对。

周通桥，跨城内第一横河（北街河）。始建于宋前期。《平江图》著录。宋代，苏州百姓在农历立春前一日，在迎春坊一带举行迎春活动，官府从此桥出城祈福，故又名"迎春桥"。民国《吴县志・卷二十五・桥梁》载：

> 迎春桥，俗名"周通桥"，在华阳桥西。清嘉庆十九年重修。

民国十六年（1927）改建，为条石平桥。1986年重建，为单孔石板桥，长9米，宽2.3米，跨径4.5米，花岗石桥栏，栏杆望柱两各有1对石狮。

华阳桥，跨城内第一横河（北街河）。始建于宋初。《平江图》有著录。庆元四年（1198）重建，由石拱桥改为平桥，长5米，宽3米，砖砌水泥栏杆，高0.8米。1991年进行重建，为条石平桥，长13.2米，宽3.3米，砖砌水泥栏杆，高0.8米。1999年重建，为钢筋混凝土平桥，长12.75米，宽8米，跨径9.6米，花岗石栏杆，高0.8米，东侧6根望柱，西侧10根望柱。

桃花桥，跨城内第一横河（桃花坞河）。建于宋初，《平江图》有著录。嘉庆十七年（1812）重修。民国三十四年（1945）又重修。为石板桥，长5.25米，宽7.5米，跨径9米。桥东侧有过河房数间，内供佛像，为当时桥盘头的聚集场所。所谓桥盘头，指当时装卸、桥夫等替人搬运的劳动者，他们会聚在过河房内休息。1958年拆除过河房。2004年4月重建。现为水泥石拱桥，长16.1米，宽19米，跨径9.95米。花岗石镂空桥栏，高1.1米，两侧各立望柱12根，桥栏中间书写桥名。

太平桥，跨城内第二横河（干将河）。皇祐五年（1053）建。《吴郡志》著录。原为石板单孔平桥，桥北有太平坊，故名。1953年建，两侧加铁管桥栏。1962年重修，保留原石拱，两侧加钢筋混凝土板梁，为单孔石板平桥，水泥空腹桥栏，长6米，宽11.4米，跨径4.56米。1993年拓宽干将路时，又改建为水泥板梁桥，花岗石桥栏。长8米，宽34米，跨度6米。正中车行道28米，两边人行道各3米。

芮桥，跨城内第一横河（干将河）。始建于宋前期。《吴郡志》有著录。清咸丰九年（1859）重建，十年毁。同治六年（1867）再建，改名"自新桥"，长5米，宽2米。1972年修防空洞时拆除。1993年拓建干将路时重建，为单孔钢筋混凝土拱桥，长8米，宽12米，跨径6米。花岗石桥栏，桥栏上有4根望柱，望柱顶端各雕1只石狮，重建后恢复原桥名。

升龙桥，跨城内第二横河（干将河）。建于宋代。因桥北有万寿禅寺，称“万寿寺前桥”。《中吴纪闻·卷四》载：

> 张仪，字几道，居万寿寺桥，与顾棠叔思，皆为王荆公门下士。荆公修《三经义》，二公与焉。几道登第，未几捐馆。方子通作挽诗……至今诵其诗者，为之出涕。

明代寺废，改称“升龙桥”，与附近“甲辰巷”之名有关。王鏊《姑苏志·卷十九·桥梁上》称：

> 万寿寺前桥，今改为“升龙桥”。

现为石级单孔拱桥，卧条石桥栏。长18米，基部宽4.5米，顶部宽3.2米，跨径4.5米，矢高3.2米。两坡步阶各16级。原带有斜形，1994年改筑干将东路时，随干将河取直，并北移10米，按原结构重建，是干将河上现存唯一的一座古石桥。

顾亭桥，跨城内第二横河（干将河）。端平二年（1235）建。《平江图》作“顾庭桥”。《吴郡志》作“顾亭桥”。相传，宋人顾亭居于此处。《吴门表隐·卷二》载：顾亭待母甚孝。其母以磨豆为生，因遭难得林酒仙相救，遂皈依佛门，并舍全部家产独建此桥。原为石拱桥，1974年改建为钢筋水泥平桥，长11米，宽3米，跨度5.2米。1994年拓宽干将路时重建，为单孔石拱桥，花岗石桥栏，长12.8米，宽8米，跨径8米。其中车行道7.4米。桥柱两面均有对联，东面为“群虎随双狮共舞，金鸡伴白鹤齐飞”，西面为“漫步独怀砖塔古，泛舟共赏水城幽”，为现代书法家费之雄撰并书。

百步桥，跨城内第三横河（十全河）。始建于宋。《平江图》《吴郡志》录。明《姑苏志》录，原名“砖桥”。隆庆元年（1567），知府蔡国熙重建。清中叶又称“春和桥”，清末复称“砖桥”。原为石拱桥。1952年改建，为单孔钢筋混凝土平桥，长8.8米，宽3.4米，跨径6米，镂花桥栏。1980年修建时，因桥址在百步街南，故命名“百步桥”。现为单孔钢筋混凝土平桥，长8.8米，宽4米，跨径6米，砖砌实腹桥栏，中间嵌花岗石书写桥名。

望门桥，跨城内盛家带河。始建于宋。《平江图》著录。桥址近葑门，故名。清乾隆五十四年（1789）重建，为石级单孔拱桥。1970年，苏州大学在桥东堍开辟边门时改建，为单孔钢筋混凝土板梁平桥，长6.5米，宽6.9米，跨径5.4米，水泥栅形桥栏。桥东侧竖碑刻“望门桥”字样。

船场桥，跨城内第三横河（十全河）。建于宋朝。其地为金氏船坊所在地，故名。《吴郡志》录，名“船坊桥”。《平江图》标“船场桥”。明《姑苏志》录“船场桥”，下注

"张林浜"。1983年，南林饭店于门前建桥，遂移借古桥之名命名，为单孔钢筋混凝土拱桥，长12.6米，宽9米，跨径6米。花岗石雕花桥栏，中间饰空心花形，12根望柱上各雕小狮，姿态各异。桥栏南北桥端望柱书写桥名及建桥年月。

南仓桥，跨城内第三横河（十全河）。建于绍定二年（1229）之前。《平江图》名"南仓桥"。旧有义仓在桥南，故名。明正统六年（1441），因原石坡平桥净空过低，船舶难以通过，重建单孔石拱桥。清同治六年（1867），长洲县正堂蒯重修。桥小工细，花岗石块镶铺桥面，花岗石实腹桥栏，梁侧阴刻楷书桥名，两旁阴刻小字"同治六年""长洲县正堂蒯重修"。1984年修，为单孔石拱桥，长13.7米，宽3.5米，跨径5.2米。

帝赐莲桥，也称"帝师桥"。跨城内第三横河（十全河）。始建于咸淳年间。明《姑苏志・卷十九・桥梁上》：

> 帝师桥，长洲县西，宋咸淳间建。

清康熙《苏州府志》、乾隆《苏州府志》录，名"帝师里桥"，俗名"帝赐莲桥"，历代修建未见记载。1984年改建为单孔石拱桥，长14米，宽2米，跨径4.8米，花岗石实腹桥栏。踏步石阶，南为15级，北为18级。

崇真宫桥，跨城内中市河。始建于政和七年（1117）。《平江图》著录，名"宫桥"。《吴郡志・卷三十一・宫观》载：

> 崇真宫，在能仁寺西。宣和中，为神霄宫。毁于兵。门有青石桥，扶栏雕刻之工，细如丝发。为吴中桥栏之最。

《姑苏志・卷三十六・寺观》载：

> 崇真宫，在承天寺西，宋政和七年，郡人黄悟微舍宅建，道士项举之开山，赐额"崇真圣寿宫"。宣和中改神霄宫，建炎中改崇真广福宫。

明嘉靖四十四年（1565）修建。清嘉庆二十四年（1819）重建。1982年重建，为石板平桥，长11.8米，宽3.5米，跨径4.8米，两端为石砌桥台，石柱上留有系缆孔2个。

泰伯庙桥，跨城内中市河。宋乾道二年（1166），知府沈度重建庙宇和至德桥。泰伯，一作太伯。古公亶父长子，古公亶父晚年，欲传位于少子季历。泰伯和弟弟仲雍一起，率部分周人逃往江南，从当地习俗，并传授耕作、筑城等技术，被推为君长，号曰"勾吴"，在梅里（今江苏无锡东南）建都。周灭商后，封其三世孙周章，称"吴"，列为诸侯。庙前有石牌坊，横额“至德坊”，桥名“至德桥”。今称“泰伯庙桥”。

胜迹桥，跨城内南园河。建于庆历四年（1044），三孔条石板梁平桥，俗名“沧浪亭桥”，系沧浪亭的组成部分。清咸丰、同治年间多次修整。1984年依据“沧浪胜迹”牌坊改称“胜迹桥”。现为三跨石板梁平桥，长15米，宽3.2米，跨径6米，条凳式石栏杆，高0.5米。桥身稍微三折，北堍石阶7级，南堍呈扇形，连接沧浪亭大门。

大云桥，跨城内南园河。始建于嘉祐三年（1058），因桥北有元代大云庵，故名“大云桥”，俗称“三官桥”。王謇《宋平江城坊考》载：

> 大云桥侧，有砖刻“宋嘉祐三年七月募建，宝祐二年三月募修”，元大德三年己亥四月里人重建。

1970年扩建为条石板梁平桥，宽2.8米，跨径2.3米，钢筋水泥桥栏，西侧石梁阴刻桥名。1990年拓宽乌鹊桥路时重建，为钢筋水泥板梁平桥，长30米，宽12米，跨径8米，花岗石实腹桥栏，望柱镶嵌云头纹饰，桥中间书写桥名，引桥两侧各有步阶14级。

木杏桥，跨城内南园河。始建于宋。《平江图》标注“西长桥”。因位于觉报寺后，又名“觉报寺桥”。清初重建。《巡警图》标注“木杏桥”。嘉庆十六年（1811）重修，为条石石级板梁平桥，长6.5米，宽2米。1981年去除石级，改建为单孔钢筋混凝土平桥，长8米，宽5米，跨径5.2米，水泥栅状桥栏。

红杏子桥，跨城内南园河。始建于宋。明《水道图》标注“杨杏子桥”。清康熙、乾隆《苏州府志》著录，名“扬矮子桥”，俗呼“养鸭子桥”。清末《巡警图》标注“杨杏子桥”。原为石拱桥，1985年南园大队重建，为钢筋混凝土平桥，长6.3米，宽3.4米，跨径5.4米。砖砌实腹桥栏。定名为“红杏子桥”。

西烧香桥，跨城内南园河，始建于宋。《平江图》名“烧香桥”。《吴郡志》录“西长桥”，俗名“西烧香桥”。民国《吴县志・卷二十五・桥梁》：

> 西长桥，俗名“西烧香桥”；东长桥，俗名“东烧香桥”。二桥并在葑门南营，近二郎庙。

民国十二年（1923），李根源发起重建，由石拱桥改为石板平桥。1985年重建，为钢筋混凝土平桥，长9.8米，宽4.3米，跨径4米。2008年重建，现为钢筋混凝土平桥，长16米，宽5米，跨径6.1米，砖石实腹桥栏。

相王桥，跨城内南园河。始建于宋。《平江图》著录，名“东长桥”。《吴郡志》、明《姑苏志》录。清康熙《苏州府志》：

俗名“东烧香桥”，在葑门南营，近二郎庙。

原为石拱桥，1975年改建为单孔钢筋混凝土平桥，长4.1米，宽3.2米，跨径3.6米。1987年拓宽相王弄时，拓宽为7米。现桥为单孔钢筋混凝土拱桥，长23.3米，宽11.9米，跨径3.6米。水泥镂花栏杆，桥梁外侧各嵌石雕狮子。桥南堍立水泥碑，书写桥名及“一九八七年改造”字样。

竹韵桥，跨城内南园河向南分支乌鹊桥河。始建于嘉祐三年（1058）。《平江图》注“南星桥”。宋宝祐二年（1254）、元大德三年（1299）重建。1981年因桥址在竹辉路，定名“竹辉桥”。1986年重建，为水泥平桥，雕花桥栏，长10米，宽21.6米，跨径5米。1994年，竹辉路拓宽东移，另建新的竹辉桥，此桥改名“竹韵桥”。现桥为钢筋混凝土平桥，长13.4米，宽31.3米，跨径12.7米。花岗石雕栏杆，南北两侧各有5根望柱，栏板中间书写桥名。

单家桥，跨内城河。始建于宋。《平江图》《吴郡志》著录。桥之得名，来源于宋人单锷、单邦显曾住在桥堍。原系石板桥，今为钢筋混凝土平桥，长6米，宽6.75米，跨径5米，石雕镂空桥栏，中间书写桥名。

窥塔桥，跨盘门内城河。南北连盘门城墙根。始建于宋。《宋平江城坊考·卷一》载：庙桥，《祥符图经》著录，作盘门桥。《吴地记》作盘门里庙桥。《吴郡志》著录。洪武《苏州府志》：“庙桥，双庙桥。”《姑苏志·卷十九·桥梁上》：

伍大夫庙，近盘门，又名盘门桥。

乾隆《吴县志》：伍大夫庙南。初建时为木桥，后残损，改建为石桥。1953年重建，为单孔钢筋混凝土平桥，长9.8米，宽4.4米，跨径4.5米。水泥栏杆，1999年再重建，为钢筋混凝土拱桥，长5.5米，宽3.8米，跨径4.5米，花岗石雕栏杆。

十六、以石代木建桥梁（外城河）

星桥，跨阊门外山塘河。初名“新桥”。建于宋代。《吴郡志》作“星桥”。民国《吴县志·卷二十五·桥梁》载：

新桥，亦名“星桥”，在通贵桥西。

明成化二十年（1484）重修。清同治五年（1866）重建，为单孔圆弧石级拱桥，长26米，宽1.8米，跨度8米，南、北堍各有踏步23级。栏板中间书写“星桥”两字。

彩云桥，跨阊门外山塘河。又名“半塘桥”。建于天禧四年（1020），为木板桥。清同治《苏州府志》载：

半塘桥与彩云桥相接，头东尾西者是也。

初建时为双桥模式，或三桥相连模式。彩云桥，北接半塘桥，南联广福桥，三者组成“工”字形平面。这在古桥史上极为罕见。政和元年（1111）重建。后多次修建。1975年，改建为钢筋混凝土单孔桥，装铁栏杆，长7.9米，宽3米，跨径7.4米。后为居民出行方便，将半塘桥和广福桥搬掉石级，降下坡度，再把彩云桥坡度拉平，铺上几块石板，利于行车。但古桥旧貌已面目全非。

半塘桥，跨阊门外山塘河。始建于天禧四年（1020）。《半塘小志》载：

桥在半塘寺右，横跨山塘。天禧四年增起旧址，建石桥，名曰“彩云”。

因地处彩云里而得名，俗名“半塘桥”。宋政和元年（1111）重建。明嘉靖、清康熙年间重修。民国二十六年（1937）被日机炸损。1955年重修，为石板木栏桥。1975年改建为铁栏钢筋混凝土板桥，长7.9米，宽3米，跨径7.4米。1975年桥面改建。

青山桥，跨阊门外山塘河支流青山桥浜。始建于宋。曾名“白云桥”。清乾隆《苏州府志》：“白云桥，在白公桥西。”桥址所在地山清水秀，故名“青山桥”。清同治五年（1866）重修，系石板桥。1986年整修，为单孔石板石栏平桥，长3.5米，宽3.1米，跨径2.36米，砖石实腹桥栏。望柱上书写桥名。

绿水桥，跨阊门外山塘河北支流绿水桥浜。始建于宋，初名“普福桥”，《桐桥倚棹录·卷七》载：

普福桥，在普福庵前。《府志》以绿水桥作普福桥，误。

因桥址在青山桥西，青山绿水，周围自然环境良好，故定名为“绿水桥”。清乾隆《苏州府志》：“一名普福桥，明万历二年重建。”桥栏柱刻“虎丘昌善局募资重建”。清嘉庆三年（1798）、同治五年（1866），昌善局重修。现桥为单孔石板平桥，长11.8米，宽3.1米，跨径2.4米，砖石实腹桥栏，望柱上书写桥名。

乐将武桥，跨阊门外山塘河南支流五泾浜。始建于北宋。为石拱桥。历代修建未见史志记载。1978年改建，为单孔钢筋混凝土平桥，长12.6米，宽3.7米，跨径11.8米，实腹桥栏。

钱万里桥，跨阊门外山塘河东北较偏十字洋河。始建于宋。《平江图》标注“钱卖女桥”。清《吴门表隐·卷十》载：

> 钱万二桥，宋善士钱万二创建。

民间口语误传为“钱万里桥”。《宋平江城坊考·附录》案：

> 沈万三之兄，亦名万二，见《红兰逸乘》，则“万二”为当时名字通称，非‘万里’明甚。

《平江图》标“钱卖女桥”。民间有钱卖女桥传说。明正统年间，知府况钟再建。嘉靖十一年（1532）重建。清同治年间改建为木面桥。光绪元年（1875），由沪宁铁路总办资助，翻建拓宽为钢筋混凝土桥。1990年拓宽改建，为钢筋混凝土拱桥，长19.1米，宽13.9米，跨径12.3米。2009年重建，为三孔钢筋混凝土梁桥，长58米，宽47米，跨径48米（每孔均为16米）。

普思桥，在南新桥北，跨运河。一名“北津桥”，俗名“北新桥”。宋庆元三年（1197），僧妙寿建。后圮。明弘治九年（1496），主事刘焕重建。清乾隆四十三年（1778）重建。同治七年（1868）又重建。

吴门桥，跨盘门外大运河。元丰七年（1084）建，一位姓石的富户出资在盘门外西南建造了一座石桥，人称“新桥”。因北岸两座木桥与南岸一座石桥相连，三起三落，俗称“三条桥”。《吴郡图经续记》云：

> 新桥，在盘门外。自郡南出，徒行趋诸乡至木渎者，每过运河，须舟以济。又当两派交流之间，颇为深广，故自昔未有为梁者。今太守朝议章公下车，有石氏建请出钱造桥者，公立限督之，即日而裁，逾时而毕。横绝漫流，分而三桥，往来便之。

建炎四年（1130），金兵南下，桥被损坏。绍定年间，原有的三条桥再也不能满足日益繁忙的水路交通需要，于是苏州地方官拆除了旧桥，重新建起了气势雄伟的三孔石级

吴门桥

拱桥，定名为“吴门桥”。明正统、弘治间再建。清同治十一年（1872）夏四月重建，成为现今的单孔桥，现桥全长66.2米，面宽4.8米，净跨10米，矢高9.85米，南北两坡各铺设石踏步50级。在桥洞砌有纤夫走道，这在全国也极罕见。2006年，江苏省人民政府将其列为江苏省文物保护单位。

觅渡桥，跨城东南京杭大运河。元大德二年（1298）建，大德四年竣工。为单孔半圆石拱桥，长78.5米，高约9.5米，宽4.5米。当时，苏州经济发达，此处商贾行人较多，但过河唯靠摆渡。造桥之起因，《苏州老桥志》引张元亨《灭渡桥记》云：

> 舟人横暴，侵凌旅客，风晨雨昏，或颠越取货。昆山僧敬修几遭其厄，仅得免，走诉公廷法治之。既思创建石梁，利济永久。偕里人陈玠、张光福遍吁郡城……期月，金钱汇萃，爰兴工作。始大德二年十月，乞工四年三月。桥成，长二十八丈四尺，高三丈六尺，广视高之半有加。工万六千有奇。南北往来踊跃称庆，名“灭渡”，志平横暴也。

因消灭了摆渡，故取名为“灭渡”。其本义为“志平横暴也”。吴语“灭”“觅”同音，后演变为“觅渡桥”。明正统间（1436—1449），苏州知府况钟主持重建。清同治年间（1862—1874）修建，为单孔石级桥，长70.75米，宽3.78米，跨径19.3米，矢高8.5米，两坡设步阶90级。桥身以武康石、青石、花岗石混砌，桥东西两堍略呈喇叭形，西堍宽

4.65米，东堍宽5.45米，桥北筑金刚墙，墙下有突出墙外约1.5米、露出水面约1米的桥墩，以防止洪水与船只直接冲击桥体。桥体南北两侧面各出梁头3对，共12个，上面一对以青石雕成兽头，下面两对为素面花岗石，未施雕饰。1985年大修，修建后的觅渡桥，长81.3米，宽4.5米，跨径19.3米，矢高8.5米，恢复花岗石云纹望柱，空腹栏板，两坡步阶各53级，后因翻修垫高路面，西坡49级，东坡47级。

1972年，市政府为保护觅渡桥，在此桥旁另建一座公路桥，以通车辆行人。为与旧桥有别，名曰"新觅渡桥"，长337.4米，主桥宽36米，引桥宽30米，最高通航水位2.12米。桥呈弧形，与古灭渡桥相映，成苏州环古城风貌带"觅渡揽月"胜景。古灭渡桥于2002年被公布为江苏省文物保护单位。

安里桥，跨葑门外城河。始建于宋。"里"为城内街坊之意。安里，保护城内平安也。《平江图》标注"安里桥"。因"里"和"利"谐音，后讹为"安利桥"。元至正十四年（1354），由城东丹霞观道士周玄初主持重建。明成化十年（1474）重建，清同治十二年（1873），改为木板桥面。1971年重建为单孔钢筋混凝土平桥，长12.8米，宽13米，跨径9.5米。1980年扩建，为单孔钢筋混凝土空心板梁桥，长12.8米，宽18米，跨径9.5米，水泥漏空桥栏，栏板中间书写桥名。1990年又扩建，长12.8米，宽18米，跨径10.1米。

徐公桥，跨葑门外葑门塘。宋代里人徐雅建，故名"徐公桥"。南宋庆元四年（1198）重建。元至正十一年（1351），承直郎、长洲县尹刘某重修。清道光三十年（1850），里人集资再建，为石阶高穿平桥。宣统三年（1911）修建。1971年，往西移建，为钢筋混凝土单孔桥，长21.83米，宽9.5米，跨径16米，空腹桥栏，中间书写桥名。1994年随着道路的拓宽而拓宽，桥宽从9.5米拓为24米，以满足交通的需求。

吉水桥，跨盘门外盘溪。始建不晚于宋元。清康熙《苏州府志》著录，名"急水桥"。因桥下水流湍急，常发生翻船事故，原名"急水桥"，里人为求平安习称"吉水桥"，后从俗定名"吉水桥"。清光绪年间重建，为单孔石拱桥，长18.9米，宽3.1米，跨径6.3米，矢高3.25米，青石拱券分节并列砌筑，两堍步阶，东坡13级，西坡17级，条石桥栏，下部水盘石为武康石，桥面和桥台主要为花岗石，也有少量的武康石和青石，三种石料并存于一桥，十分奇特，实为罕见。

兴龙桥，跨盘门外大龙江。始建于宋。《平江图》著录，名"虹桥"。北宋时，为方便大龙江两岸的交通往来，人们在古运河和大龙江交汇口上，曾架起一座木结构的桥梁，时称"堰桥""虹桥"。明洪武《苏州府志·卷七·园第》："虹桥，跨运河上。开禧二年重建，更名'如京桥'。"《姑苏志·卷十九·桥梁》载：

> 如京桥，即盘门虹桥，开禧二年重建，改今名，周虎臣书三大字刻其下。

官渎桥，跨娄门外娄江。元至正二年（1342）建。《姑苏志·卷十九·桥梁》载：

> 官渎桥，跨至和塘，元至正二年建。

因桥位于娄门外官渎里而得名。明弘治十三年（1500）重建。清咸丰十年（1860）毁。同治四年（1865）募资重建。民国三十一年（1942）加固。1970年重建，将原木结构平坡桥改为单孔钢筋混凝土双曲拱桥，长36.32米，宽12.3米，跨径28.8米，水泥栏杆。1990年因公路与铁路交会于此，新建官渎里立交桥，为苏城东北交通枢纽，四孔下沉式立交结构，孔身长30米，高5米。双向快车道各12米，双向慢车道各5米，路幅总宽36米，南北引道各长234米。三层大型碟型部分互通式立交桥，一层为现道路系统，二层为北环路东西向直行高架桥，三层为东环路南北直行高架桥。

永宁桥，俗称“永林桥”。位于娄门外，跨娄江。宋崇宁初建，明弘治十一年（1498），里绅卢珪重建。万历五年（1577），顾豫、蒋二南、莫怀月等倡修。清乾隆元年（1736），里人重建。道光十八年（1838）重修，同治年间又重修。为石拱桥，宽3.7米，长41.15米，单孔，跨度11.2米。

永安桥，俗称“里跨塘桥”。跨娄门外娄江。宋庆元时建。桥的变迁，《吴门表隐·卷七》记之甚详：

> 娄门永安桥，宋庆元时建。明万历九年，里绅蒋二南重建。国朝康熙十九年，僧惟悦、蒋德埈倡建。道光元年，里人重修。十六年，石韫玉、程仁藻、仁霈、吴蔚林、曹文熙、俞孝庭、包汝霖等捐募重修，顾震涛记。

咸丰十年（1860）损坏。光绪二十四年（1898）又重建。1971年再重建。为石拱桥，宽4米，长29.9米，单孔，跨度12.5米。1994年改建为平木桥。桥东侧刻有对联：“潮接唯亭，几曲烟波迎画鹢；市通官渎，万家灯火耀垂虹。”桥西侧对联：“鼓棹东来，蠡泽湖光涵远塔；扬帆西去，马鞍山色送行舟。”

福星桥，跨齐门河。始建于宋。《平江图》著录，名“北新桥”。其意是城北面新造的桥，里人俗称“新桥”。民国《吴县图》标为“福星桥”。清乾隆三十二年（1767）重修，原为石级单孔拱桥。1986年改建为花岗石平桥，长9米，宽2.4米，跨径2.2米，实腹桥栏，北侧5根望柱，南侧5根望柱，中间望柱刻有桥名及改建时间。

宫桥，跨观前街河，政和年间（1111—1117）建。

四通桥，跨因果巷河，绍兴二十六年（1156）建。

祥符寺桥，跨祥符寺河，嘉祐四年（1059）建。

周太保桥，跨祥符寺河，庆历年间（1041—1048）建。

华阳桥，跨东西北街河，庆元年间（1195—1200）建。

郑使桥，位于吴趋坊，宋天圣年间（1023—1031）建。节度使郑戬卒官，归柩于吴。所居有桥，即名“郑使桥”。一说为郑氏所建。郑戬，字天休，吴县（今苏州）人，曾居皋桥。天圣二年（1024）进士，官龙图阁直学士、知开封府。

宋元时代的桥梁，始用石块、条石叠砌，其形状与木桥不同，主要以拱形为多，俗称“环洞桥”。有单环洞、双环洞、三环洞，以至五环洞者；有曲折型的，有三曲、五曲、七曲等；长条石铺的平桥，有双条石、三条石、五条石不等。在桥栏及望柱上雕刻图案，以花卉、动物为主，也有福寿等吉祥图案，望柱上最普遍刻的是狮子，或蹲或坐，或抱小狮，或弄绣球，姿态各异，非常美观。桥上刻名者，也始于宋代。《中吴纪闻·卷三》云：

> 城中有桥梁三百六十所，每桥刻名于旁者，始于郡守韩子文度支。

十七、虎丘筑城与金屋藏娇

元末，由于朝廷腐败，官吏剥削百姓，民怨沸腾，各地农民纷纷起义，攻城夺地，自称为王。南方起义军领袖张士诚从苏北打到江南，占据苏州。张士诚在苏州期间，自称“吴王”。先在承天寺（今承天寺前）内作王府。后将子城（即吴王宫）粉饰一新，将王府移至子城内。建立张氏朝廷，设左、右丞相，建枢密院、弘文馆等中央机构。张士诚将苏州视为都城，在城市建设上也下过功夫。他修固城墙，在城门内增建瓮城，为防敌之用。

同时，张士诚在虎丘也筑有新城，以阻攻来犯之敌。虎丘因地理位置的险要，往往成为扼守古城或进窥苏州的兵家必争之地。《桐桥倚棹录·卷九·古迹》云：

> 张士诚筑城处，在今后山，故垒犹存。按茹《志》云：“士诚环山为城，山之东及前旧有溪，乃复开山后及西，相接为堑，而前则跨南北为桥，以通出入。士诚败后，撤桥而壅之。”

明初高士王宾（字仲光）编纂的《虎丘诗集》，收有郏泾（字仲谊）《奉陪志学彦鲁仲原三君同登虎丘就呈居中长老》诗云：“虎丘山前新筑城，虎丘寺里断人行。”吕敏

（字志学）《次韵》诗云："山上楼台山下城，朱旗夹道少人行。"曾朴（字彦鲁）《次韵》诗云："阖闾冢上见新城，无复行人载酒行。"周南老（字正道）《至正丁酉冬督役城虎丘诗》八首，其中有句云："四垒新城绕涧限，剑池池上碧崔巍。"从这些诗句来看，在虎丘筑有城墙，由军队防守，行人无法上山，故而"断人行""少人行"了。这城筑于何时？当在朱元璋大军进攻苏州之前。诗作者均是明初人，其中周南老还是筑城的具体经办人，因亲眼所见，故写入诗中。估计占山筑城的时间不长，故志书上没有记载，知道的人并不多。有人考证，今虎丘的环山路，就是当年城墙的遗址。

张士诚称王以后，完全忘记了起义的本质，逐步走向了起义的对立面，追求安乐享受，贪恋美色，沉湎于纸醉金迷的生活。他"经岁不出门，不理政事"，日夜歌舞自娱。张士诚已有妻妾多人，又选良家女八十余人充内。这还不够，他的弟弟张士信在湖州觅得二位美女，献给士诚。于是，张士诚在城北隅专为美女造蕙香、桐芳两阁，以金屋藏娇。今后得到美女，亦如此。《红兰逸乘·卷一》云：

张王得美人，择其最姝丽者，贮以蕙香、桐芳二阁，今桐芳巷在城北隅。

当张士诚失败、朱元璋大军破城时，蕙香、桐芳两阁也被焚烧殆尽，成为一片废墟。今在那里建有桐芳苑，为居民住宅区，巷名桐芳，借用"桐芳"之名，即其遗址也。

十八、开辟南园、北园与火烧齐云楼

元末，朱元璋的起义军占领了集庆（今江苏江宁），他在打败了陈友谅的起义军之后，为一统天下，建立大明王朝，命大将徐达攻打苏州。但苏州城池坚固，攻打不下，徐达就将苏州城团团围住，欲绝城内之粮草，好叫张士诚不战自降。但张士诚拒不投降，他为了解决粮食危机，在城内开辟了南园、北园，既种粮食，也种蔬菜。而播种粮食要有种子（稻谷），但城内没有，怎么办？他见丫头喂鸡得到了启发。

据民间传说，张士诚为种稻没有种子而忧愁，他去后花园散步解闷，见一个丫头用稻谷在喂鸡，立即训诉丫头："城内正缺稻谷做种，你怎么用稻谷喂鸡？"丫头说："这是我在烧火时从稻草上勒下来的。"张士诚猛然省悟，即传下旨意，命满城百姓在灶间放一小甏，在烧火时将稻草上残留的谷子勒下来，放入甏内。不到半月，家家甏内积满了谷子，陆续缴到官府，集中起来有几百担之多，足够做种子之用。后来，这个甏就叫"积谷甏”。从此，灶间放甏成为苏州百姓一个爱惜粮食的习俗。

张士诚有了稻谷，立即命人育秧做种，在北园种植。秋收时节，稻花飘香，一片金黄，获得丰收。同时在南园上种菜，碧绿新鲜。这样，粮食、蔬菜均能满足城内百姓的需求。进入明清以后，北园、南园一直种稻、种菜，形成了城内的农村，富有田园风光。所以，苏州城里的百姓，能吃到城内种的大米和新鲜蔬菜。尤其是蔬菜，四季常青，并有“杭州不断笋，苏州不断菜”之谚。清乾隆年间，沈复（1763—约1838）在游春时节，与妻子芸娘带着烹调工具，带着酒和菜肴，一起去南园野餐，观赏一片金黄的菜花。这在《浮生六记》中有详细的描写。直到新中国成立之前，南园、北园还是农村建制。

徐达围困苏州城，按兵不动，以为等到城内断粮，张士诚自会投降。但城墙上的士兵依旧精神抖擞。当徐达得知城内的种粮、种菜举措时，知道围城之法已毫无作用，便设法强攻，终于攻破了城池。据说徐达围困苏城有一年有余。《吴县志·卷五十三·兵防》云：

> 二十六年八月辛亥，明太祖命大将军徐达、副将军常遇春等，帅师二十万讨张士诚。二十七年（明太祖吴元年）九月辛巳，徐达等克平江，执士诚，以平江路为苏州府。

当徐达率兵攻破苏城之际，张士诚自知失败难免，对妻子说道：“我军已败，我也将死，你们怎么办呢？”其妻答：“你不用担心，我们不会辜负于你。”张士诚命人在齐云楼下堆积柴草，以备用。时日城破，张士诚驱妻妾登楼，命养子辰保纵火焚烧。顷刻间，大火熊熊，火焰冲天，齐云楼被烧成灰烬，张士诚的妻妾也全被活活烧死。

焚烧齐云楼，火势熊熊，顺其蔓延，烧毁了整个子城。上千年的吴王宫城化为灰烬，成为一片废墟。此后，居民在那里搭棚造屋，居住成巷，其巷名曰“王府基”，亦称“皇府基”“皇废基”，至今仍在。

张士诚的女婿潘元绍，共有程氏、翟氏、徐氏、罗氏、卞氏、彭氏和段氏七个妻妾，眼见形势危急，即召集她们，问她们怎么办。诸姬为保全名节，愿一起死于夫前。段氏先自缢死，其余六人也自缢身亡。明嘉靖年间，由知府胡瓒宗建庙，塑七人像以祀之，名“七姬庙”。今有七姬庙弄。

本章节主要参考书目：

《宋史》，脱脱等撰，中华书局
《苏州府志》，卢熊撰，成文出版社
《姑苏志》，王鏊撰，上海人民出版社
《吴郡志》，范成大撰，江苏古籍出版社
《吴门表隐》，顾震涛著，江苏古籍出版社
《侨吴集》，郑元佑撰，上海人民出版社
《钦定四库全书·范文正集》，范仲淹撰，上海人民出版社
《苏州文献丛钞初编·红兰逸乘》，张紫琳撰，古吴轩出版社
《虎阜志》，陆肇域、任兆麟编，古吴轩出版社
《钦定四库全书·吴郡文粹续集》，钱穀撰，上海人民出版社
《吴县志》，曹允源、李根源纂，苏州文新公司
《钦定四库全书·北山集》，程致道著，上海人民出版社
《吴城日记》，佚名，叶廷琯批注，江苏古籍出版社
《中吴纪闻》，龚明之撰，上海古籍出版社
《百城烟水》，徐崧、张大纯同辑，江苏古籍出版社
《宋平江城坊考》，王謇著，江苏古籍出版社
《苏州河道志》，苏州河道志编写组编，吉林人民出版社
《苏州街巷文化》，潘君明著，古吴轩出版社
《苏州老桥志》，苏州市地方志办公室编，广陵书社

第六章 明代

洪武元年（1368），朱元璋扫平各路政敌以后，在应天府（今江苏南京）坐上皇帝宝座，国号明。朱元璋统治天下后，改平江府为苏州府。由于苏州百姓曾支持吴王张士诚，朱元璋对苏州百姓心生愤恨，另眼看待，除了征收高额税赋外，对苏州城的建设极不关心。尤其是知府魏观因造府衙而被杀，此后的苏州知府不敢再建府衙门，由此影响到苏州的城市建设。

明代，日本的浪人海盗，习称『倭寇』，屡屡侵犯我沿海边境。时，苏州逐渐富庶，商业发达，经济繁荣。倭寇对苏州早有所谋，曾多次骚扰，烧杀抢掠，无恶不作。因而，苏州加固了城墙，筑起了『三关』，防止倭寇入侵。在城市建设上，街巷既有拆除，也有新建，并渐向城外发展。牌坊建立悄然兴起。始建巡抚衙门和苏州织造局。明代中期，苏州开始出现资本主义萌芽，阊门繁荣，会馆产生。祠堂建设也有发展。值得称赞的是，园林建筑进入高潮，并出现了家族和文人造园热。中国『四大名园』中的拙政园、留园应运而生。寺庙、道观建设也相继跟上。

有明一代，传十六帝，至崇祯十七年（1644）亡，共统治了二百七十六年。

一、修建城墙、堞楼与“三关”

洪武元年(1368),朱元璋派大将徐达、常遇春统领大军围攻苏城。因苏州城十分高大坚固,围困一年有余而未能攻下。及至攻下,城墙在战火中受到严重破坏。朱元璋攻下苏州后,觉得苏州城高大坚固,大有防御的作用。

朱元璋平吴后,对城墙进行了维修加固。《姑苏志·卷十六·城池》云:

国朝平吴,更加修筑,高广坚致,度越畴昔。今城为“亚”字形,周三十四里五十三步九分,高二丈三尺,女墙高六尺,基广三丈五尺。自阊门南至胥门六百三十九丈五尺,自胥门南至盘门三百八十八丈七尺,自盘门东至葑门一千一百一十八丈,自葑门北至娄门八百六十四丈二尺,自娄门北至齐门五百八十丈,自齐门西至阊门八百九十二丈二尺五寸,总计四千四百八十三丈六尺五寸,为一万二千二百九十三步九分。南北一十二里,东西九里,城内大河三横四直,各门上为画楼,周循雉堞,每十步为铺舍,内外夹以长濠,广至数丈,门皆有钓桥,以通出入。

城门沿袭宋元旧制,仍开启阊、胥、盘、葑、齐、娄六个城门。除胥门外,都辟有水城门,通行舟楫。

旧城墙遭破坏后,城砖碎裂、散失,难于复原。那么,新筑城墙的城砖从何处来呢?是从周围城镇的城墙上拆下来的。浙江《湖州府志》记载:“南浔镇,城在县东七十二里,周三里。元至正十三年,张士诚所筑。洪武二年十月,拆其砖石移筑苏州,现遗址尚存。”《南浔镇志·卷一·城壕》亦记载:

按邑志,城周三里,元至正十六年张士诚所筑,明洪武二年,移修苏州,城基址尚存。

有专家分析,拆周围城镇城墙之砖,运来修苏州城恐有两个原因:一是县镇之城为张士诚所筑,拆除后可消除其影响;二是节省经费,并在时间上可以提早完成。

有明一代,苏州城墙虽有损坏,但时有修建,直至明末,仍保持着原状。

嘉靖年间，日本海盗（倭寇）活动非常猖獗，常在福建、浙江沿海一带登陆，骚扰百姓，并与当地的海盗相勾结，大肆抢劫百姓财物。后来，海盗由崇明进入苏州，在阊门、枫桥一带疯狂作恶，焚烧房屋，掠夺财物，无故杀人，城外百姓纷纷逃入城内。嘉靖三十三年（1554），倭寇自太仓入海口进犯苏州，苏松太兵备道副使任环、副将解明道率众狙击于阊门上津桥，歼寇二十人，生擒一人。次年，倭寇又自浒墅关犯枫桥，后经苏松太兵备道副使任环、总兵汤克宽率领军民奋战，终于全歼寇贼。

为防范倭寇入侵苏城，在城外建有三座敌楼。《吴门表隐·卷三》：

敌楼有三，高三丈六尺，方广周十三丈。一在木渎市东，一在葑门外，一在枫桥，名铁铃关。

敌楼，也作“堞楼”，俗称“碉堡”，或称为“关”。苏州敌楼有三，习称“三关”。

铁铃关，在枫桥东堍，即枫桥敌楼（堞楼）。嘉靖三十六年（1557），为防御和抗击倭寇，由江南巡抚御史尚维持、吴县知县安谦在阊门外枫桥督建关楼——堞楼，清乾隆《吴县志·卷七·城池》云：

在枫桥堍下方，广周十三丈有奇，高三丈六尺有奇，下垒石为基，四面甃砖，中为三层，上覆以瓦，旁置多孔，发矢石铳炮。嘉靖三十六年，巡按御史尚维持、知府温景葵、知县安谦建。

铁铃关

清道光九年（1829）重修。次年，江苏巡抚陶澍改建上层为文星阁。其后，阁楼颓毁，下部关台也年久失修，雉堞、女墙、射孔等都已倾圮无存。1963年被列为市文物保护单位。此后曾几次维修加固。1986年、1987年大修，加固关台拱门，重砌雉堞，并在关台上建单檐歇山顶单层楼阁三间，大体恢复到清代的模样。关台以条石为基础，城砖砌墙，底平面作长方形，面阔15米，纵深10.2米，高7米。正中辟拱门，西跨枫桥东堍，东接枫桥大街。关门内南北壁面均辟大小拱门各一，内砌登关砖级，并有藏兵和存储武器的空间。现在关内陈列着明代苏州军民抗倭的文物史料，供人参观。关额上刻有“铁铃关”三字，楼上匾额为“御寇安民”。御寇，即防御倭寇，反映了敌楼的历史作用。堞楼至今保存完好。1987年，在堞楼上开辟展览馆，陈列抗倭时用的火箭、火炮等武器，对游人开放。1982年被列为省级文物保护单位。

白虎关，在阊门外下津桥东侧南堍。因何称“白虎关”？因虎是“百兽之长”，是“四灵”之一，是威武、勇猛的象征。古籍称：“白虎，王者不暴虐则白虎仁，不害物。”白虎为国泰民安之兆。白虎还是方位之保护神，故以“白虎”名关，寄托着百姓渴望和平的愿望。

青龙关，在阊门外普安桥东堍。因何称“青龙关”？青龙与白虎一样，也是“四灵”之一。中国道教认为青龙、白虎、朱雀、玄武创造了世界，是四方的保护神。古有“左青龙，右白虎”之说。

青龙关在明代早已毁坏，清同治年间重建，并有碑记。关上有楼，可瞭望远方，观察敌人动向，下面为木栅门，可以关闭。在关的南面，即普安桥之西，沿河筑有一道矮墙，派兵士守护，以防敌人从水上入侵。因在阊门，故也称“金阊关”。《吴县志·卷第三十二·舆地考古迹》云：

> 金阊关即古金阊亭，在普安桥。明嘉靖时，同知任环拒倭所建。清康熙二十三年，知府赵禄星重建。

新中国成立前后，关尚在，因为无人管理，城楼上长满了野草，既起不了关的作用，又妨碍交通，故于1958年拆除，关由此消失。

三个关共同的特点是都建在桥堍。这是因为桥跨河上，是交通要道，也是人员必经之地。关筑在桥堍，可以形成桥、河、关相连的防御体系。关对桥面，不仅阻止来犯之敌进城的道路，对来犯之敌也看得清清楚楚，而且容易集中火力打击敌人。

三个关口形成了阻止倭寇入侵的三道防线。倭寇入侵苏州时，在铁铃关、白虎关曾发生过多次战斗，有些战斗还相当激烈。由于军民团结抵抗，倭寇均失败而退，未能进入苏城。所以说，这三个关在抵抗倭寇侵犯、保卫苏州城的安全方面，确实起到了至关重要的作用。

又，葑门外的堞楼，骑跨于要道的十字路口（今横街东端），用石块叠砌，十分牢固。史籍记载，原称为“台”，为元末朱元璋大将徐达所筑，为攻城所用。《明史·卷一百二十五·列传第二十三·徐达》：

从太湖进围平江……达军葑门，遇春军虎丘……筑长围困之。架木塔与城中浮屠等。别筑台三层，瞰城中，置弓弩火筒，台上又置巨炮，所击辄糜碎。城中大震。

《吴王张士诚记》亦云：

达军葑门，筑台三层，下瞰城中，名曰“敌楼”，每层施弓弩火铳于上，又设襄阳炮击之，城中震恐。

徐达攻破平江城后，此台尚存。明嘉靖年间，因有倭寇来犯，改筑成堞楼，形似方堡，下有拱形通道似城门，其上置有大炮，以铁砂作炮弹。敌寇来犯时，堞楼上火炮、石块、铁砂齐发，以打击来犯之敌。1959年，因叠楼已失去战备作用，且又妨碍交通，故拆除。其处的一条小巷，即名“石炮头”，今犹在。

二、魏观重建府衙获重刑

洪武五年（1372），魏观任苏州知府。他到任以后，一反前任知府的苛政严刑，注重教化，讲究礼仪，建黉舍，正风俗，并与苏州的文人学士共同切磋诗文，十分友好。其时，苏州府衙设在胥门外都水行司，地方狭小，地势低湿，且在城外，办事很不方便。魏观见子城处断砖残瓦，杂草丛生，满目荒凉，觉得可在这里建造府衙，迁到这里来办公。他与群僚商议，决定在子城处建造府衙。于是，他绘制图纸，大兴土木，不消几月，一幢幢房屋拔地而起。中间为殿堂，作为府衙的会议大厅。两边为辅房，为官员的办事处所。按照苏州的风俗，造房子上正梁时要举行仪式，梁上挂红绸，贴福字，匠人唱祝词，既表示祝贺，也讨个吉利。但官府造大殿上正梁另有一番讲究，要请著名人士写一篇祝词，雅称“上梁文”。叫谁来写呢？魏观想到了高启。

高启（1336—1374），字季迪，长洲（今苏州）人。博学工诗，与杨基、张羽、徐贲合称为“吴中四杰”。高启曾任户部右侍郎，与魏观早就相识。高启辞官回乡，隐居于吴淞青丘，自号“青丘子”。魏观任苏州知府，请高启搬来苏州城内居住，经常喝酒聚会，切磋诗文，请他写一篇《郡治上梁文》，高启自然应允。在上梁那天，高启在仪式上高声朗读。

然而，就是这篇《上梁文》招来了杀身之祸。因文中有“龙盘虎踞”四字，有人向朝廷告发，说魏观在张士诚宫殿的废基上建造府衙，其心叵测，恐有谋叛之心。御史张度向朱元璋上奏表章，诬魏观为“兴灭王之基，开败国之河”。再追查下来，上梁文是高启写的。高启曾在京城为官，因不满明朝统治而辞官，朱元璋早记恨在心中，现在又知《上梁文》出自高启之手，龙颜大怒，就下旨将魏观、高启两人一起逮捕解京，问成死罪，将两人腰斩于市。魏观，字杞山，蒲圻（今湖北赤壁）人。元时隐居乡间，入明后，朱元璋命他访求贤才。后聘为国子助教，“命侍太子说书，及授诸王经”，并不断升迁，曾任侍读学士、礼部主事等，可说是朱元璋信得过的红人。但红人有什么用呢？皇帝面孔一板，翻脸不认人，照样腰斩。《明史·卷一百四十·列传第二十八·魏观》：

> 初，张士诚以苏州旧治为宫，迁府治于都水行司。观以其地湫隘，还治旧基。又浚锦帆泾，兴水利。或谮观兴既灭之基。帝使御史张度廉共事，遂被诛。帝亦寻悔，命归葬。

在建造府衙上，高启是从犯，因何要腰斩呢？洪武初，朱元璋访求天下贤才。高启是名士，被征入京，参与修史。史成，朝廷要高启留在京城当官，高启不从，不愿与新朝合作，并写了一些诗文，带有讽刺。朱元璋怀恨在心，故将其与魏观一起腰斩。《明史·卷二百八十五·列传第一百七十三·高启》：

> 知府魏观为移其家郡中，旦夕延见，甚欢。观以改修府治，获谴。帝见启所作上梁文，因发怒，腰斩于市，年三十有九。

魏观所建的房屋，自然被拆除得干干净净，一间不剩。此后，子城长年荒废，成为废基，再也没有人敢在那里规划建房。影响所及，有清一代，官府也不敢在那里搞什么建设，依然十分冷落，杂草遍地，并作过刑场。直至民国初期，在西部建体育场，东部建大公园。在西部那里，渐有居民搭房居住，形成小巷，即命名为“王府基”，也作“皇府基”“王废基”。

三、街巷的消失与新建

进入明代以后，苏州城内虽然仍有“坊”名，但人们居住之处，除极少数用“坊”作巷名外，绝大数以“巷”作标志，或在“坊”下加一巷字。

明洪武《苏州府志·卷五·坊市》上所录的街巷，可视为南宋时期的街巷，计249条。那么，明代有多少条街巷呢？王鏊《姑苏志》上所录街巷，有246条。至明代中晚期，宋代街巷尚存的有135条，明代新增的街巷有111条，合计246条。

下面以王鏊《姑苏志》所录巷名为依据，与卢熊《苏州府志》所录的巷名相对照，对照后便可发现，巷是有所变化的，既有拆除的巷，也有新增的巷。

《姑苏志·卷十七·坊巷》东南隅巷58条。

其中卢熊《苏州府志》上原有的街巷：花巷、东憩桥巷、北新街巷、南新街巷、双井巷、张古老巷、周司徒巷、鼓角营巷、盐仓巷、柴巷、阎桥巷、濠股巷、槐树巷、乐营堂巷、廿八钱巷、十郎巷、司马巷、胡书记巷、张倪金浜巷、白蚬巷、夹城巷、石匠巷、王判司巷、叶家巷、孔夫子巷、醋库巷、马军巷、四酒务巷、庞耆巷、孝友坊巷、五龙堂巷、破井巷、莲城巷、黄师巷、石皮巷、南白塔子巷、苏家巷。（37条）

卢熊《苏州府志》上没有的街巷，即新建的街巷：晋宁坊巷、逍遥巷、儒达巷、道堂巷、尽市桥巷、积庆寺巷、颜回巷、金雀巷、水仙庙巷、滚绣坊、公孙巷、皂夹巷、旌义坊巷、通津巷、翁家巷、东杨家巷、白重章巷、倪真巷、五圣巷、赵家园巷、船舫巷。（21条）

《姑苏志·卷十七·坊巷》西南隅巷55条。

其中卢熊《苏州府志》上原有的街巷：纸廊巷、西憩桥巷、平权巷、仓后巷、东米巷、大石头巷、豆粉巷、柳巷、花街巷、支家巷、板寮巷、庙堂巷、富郎中巷、陆侍郎巷、四天灯巷、东船场巷、西船场巷、侍其巷、穿堂巷、社坛巷、杨家巷、南园巷、蒲帆巷、开元寺后巷、庙湾巷、西包司巷、太师巷、郭家巷、昼锦坊巷、莲花池巷、东采莲巷、西采莲巷、金狮子巷、果子巷、水团巷、天灯巷、孔家园巷、澄心园巷、五郎园巷。（39条）

卢熊《苏州府志》上没有的街巷，即新建的街巷：明月巷、娥眉桥巷、勾栏巷、西米巷、府后巷、八娘子巷、中街巷、东打纯巷、陈麻皮巷、寿宁巷、新桥巷、芙蓉巷、双隐巷、朱香狮巷、泮环巷、射朵巷。（16条）

《姑苏志·卷十七·坊巷》东北隅巷68条。

其中卢熊《苏州府志》上原有的街巷：富仁坊巷、大酒巷、条坊巷、九胜巷、宝积寺后巷、大云坊巷、油巷、丁晋公巷、萧家巷、资寿寺巷、巾子巷、金将仕巷、破楼巷、净河巷、郭乐官巷、范虹蜺巷、乔司空巷、乘鲤坊巷、闾邱坊巷、祥符寺巷、故市巷、南王家巷、工武功巷、倪巷、碎金巷、花桥巷、迎春坊巷、南白塔子巷、丁香巷、南显子巷、北显子巷、唐家巷。（32条）

卢熊《苏州府志》上没有的街巷，即新建的街巷：吉由巷、塔儿巷、宫巷、周将军巷、朱张巷、真庆坊巷、迎仙坊巷、积善坊巷、阜通坊巷、锦绣坊巷、南寨巷、北寨巷、芦获巷、章家桥巷、北王家巷、张家园巷、石塘巷、乐鼓巷、官沙巷、车栏巷、显子巷、碎银巷、东故市巷、碧凤坊巷、珍珠巷、运通巷、包婆巷、百家巷、骑龙巷、李基巷、周通桥巷、任

蒋巷、周坊巷、流真巷、崇甫巷、新桥巷。(36条)

《姑苏志·卷十七·坊巷》西北隅巷48条。

其中卢熊《苏州府志》上原有的街巷：铁瓶巷、康王庙巷、弹子巷、光荡巷、糜都兵巷、蒲菱巷、双林巷、桑园巷、马大录巷、曹家巷、高师巷、纯孝坊巷、绣线巷、海红花巷、许蕴子巷、乐圃坊巷、吴殿直巷、斑竹巷、查先生巷、王天井巷、长春巷、汤家巷、郑使桥巷、梵门桥巷、王枢密巷、蒋家桥巷。(26条)

卢熊《苏州府志》上没有的街巷，即新建的街巷：嘉鱼坊巷、尚书巷、流化坊巷、周武状元巷、祭祀巷、盍簪坊巷、德庆坊巷、王洗马巷、仁风巷、东百花巷、西百花巷、金银巷、通济巷、普济巷、德胜巷、书巷、石塔子巷、周五郎巷、寨儿巷、徐大船巷、升平桥巷、赞龟巷。(22条)

《姑苏志·卷十七·坊巷》城外17条。

其中卢熊《苏州府志》上原有的街巷：丁家巷。(1条)

卢熊《苏州府志》上没有的街巷，即新建的街巷：义泽巷、方基巷、蓬巷、小猪巷、石牌巷、义慈巷、乐营堂巷、碧潭巷、姚家巷、郑家园巷、石衢巷、肖浜巷、周方巷、施家巷、陈佥使巷、邢家巷。(16条)

王鏊生于景泰元年(1450)，卒于嘉靖三年(1524)。他于正德四年(1509)致仕。史载，《姑苏志》是在王鏊致仕后编撰的。可见，《姑苏志》成书于明代中晚期，所录街巷可视为明代的街巷。从时间上看，自洪武元年(1368)至嘉靖三年，两者相距150余年，在这150多年间，苏州城的街巷中，有了很大的变化。宋代原有街巷为249条，至明代中晚期，宋代街巷留存的为135条，明代新增的为111条，合计246条。

这就可以看出，街巷是随着城市建设而变化的，有的拆除，有的新建，这怕是城市建设发展的规律，也是城市百姓居住的变迁、物质生活的需求。但总的来说，明代的苏州街巷无多大发展，其数字与南宋时期基本相仿。

街巷名称，基本上是固定的，但有些街巷因官方或民众看法不同，或是谐音关系而有所更改。

阊门内的专诸巷，因专诸是勇士、刺客，曾刺杀吴王僚，专诸后也被杀。隆庆元年(1567)，知府蔡国熙认为：专诸为谋杀之士，是凶恶的象征，用其名作巷名不妥。遂改称“迁善巷”。清同治《苏州府志》载有《专诸巷歌》云：

匕首才一出，长戟空满前。遂成阖闾篡，永愧延陵贤。
要离踵其风，肢体先自捐。其为伍胥嗾，妻孥祸更延。
杀身而不仁，志士奚取焉。嘉名贤守锡，易俗善可迁。

自建城以来，百姓为保护安全，都居住于城内，街巷也建于城内。自明代始，街巷建设向城外发展，在城外也陆续建有街巷。王鏊《姑苏志・卷十七・坊巷》载，在阊门外、葑门外均建有街巷。阊门外有义泽巷、方基上、蓬巷、小猪巷、丁家巷、石牌巷、义慈巷、乐营堂巷、碧潭巷、姚家巷。葑门外有郑家园巷、石衢弄巷、肖浜巷、周方巷、施家巷、陈佥使巷、邢家巷。这些巷名，有的在民国时期尚在，如阊门外的义泽巷、丁家巷、碧潭巷、乐营堂巷、姚家巷等，葑门外的肖浜巷、石衢巷、施家巷等；有的巷名至今尚存，如小猪巷（今为小郗弄）、义慈巷、丁家巷（今有南丁家巷、北丁家巷）、乐营坊（今名荟春里）、肖浜巷等。

四、牌坊的兴起

坊，原是街巷的名称。坊有门，为牌楼式结构。自南宋拆除坊墙以后，坊已失去作用。由此，由坊渐变成牌坊，成为一种为表彰某人而设立的纪念性建筑物。但它的形式，却被官府和民间所利用，用于表彰人物，称为“牌坊”，俗称“牌楼”。有明一代，建立牌坊成为一种风尚，兴起了建牌坊热，大街小巷，几乎随处可以见到，尤其在行人多的街巷，所建牌坊一座连着一座，可谓牌坊林立。牌坊大都是官府立的，表彰朝廷高官或是考取功名的人士，也有少数是私人立的。

牌坊的规模有大有小，有高有低。有所谓双柱单门者、四柱三门者、五柱四门者。有高至三层、五层的。所用的材料也不一样，有石结构的，有木结构的，有石木混合结构的。牌坊上部为横向匾额，题有文字，说明何种官衔，为何人所立。讲究一点的，牌坊构筑飞檐翘角，髹漆，绘上彩色图案，在石柱上还刻有对联等。

综合嘉靖年间王鏊等编纂的《姑苏志》和同治年间冯桂芬编纂的《苏州府志》上的记载，明代苏州建立的牌坊计有140座左右，遍布于苏城内外的大街小巷。牌坊，称为“某某坊”，同宋代的街坊名称一样，但这不是街巷的名称，而是用来表彰人物的，主要表彰在朝廷做了大官，官衔极高的人，如“三公”“阁老”“尚书”“太宰”“大学士”“大理”“方伯”“翰林”等。用官衔作坊名，以示显赫。如：

三公坊，为刑部尚书俞士悦所立。俞士悦（1387—1468），字仕朝，长洲（今苏州）人。永乐十三年（1415）进士，任监察御史。宣德八年（1433），升任浙江左参政后，后又出任湖广按察副使。正统九年（1444），为防备倭寇有功，升任大理寺卿。景泰元年（1450），因保卫京师有功，升任刑部尚书、太子太保，位列“三公”。

太史坊，为吴一鹏、陈霁立。吴一鹏（1460—1542），字南夫，号白楼，长洲（今苏州）人。弘治六年（1493）进士，历任翰林院编修、南京礼部祠祭司郎中、侍讲学士、礼部尚书兼翰林学士，以太子少保、南京吏部尚书致仕，人称“吴国老”。陈霁（1465—1539），字子雨，号苇川，吴县（今苏州）人。弘治九年（1496）进士，授编修。正德九年（1514）升南京翰林院侍讲学士，充经筵讲官，终国子监祭酒。著有《玉堂集》《归田稿》等。

大学士坊，立于县治前，为严讷立。严讷（1511—1584），字敏卿，号养斋，常熟人。嘉靖二十年（1541）进士，授编修，迁侍读。官至武英殿大学士，入内阁参机务。死后赠少保。

考中状元、会元、解元以及进士、举人等，也要立个牌坊，用状元、会元、解元、登第作坊名，以示荣耀。从记载上看，用状元、会元、解元、进士、登第（举人）作坊名的，计有45座。其中考中进士的人多，就合起来建一个牌坊，将人名镌刻在坊上。

状元坊，有3座，为施槃、吴宽、朱希周立。施槃（1417—1440），字宗铭，吴县（今苏州）洞庭东山人。其祖先本姓吴，后入赘于施氏。祖上都是农民，他遵父嘱，开始读书。正统四年（1439）举人，次年入京考试，高中状元。这是明朝开国以来苏州府第一个状元。吴宽（1435—1504），字原博，号匏庵，又号玉延亭主，长洲（今苏州）人。成化八年（1472）连中会元、状元，授翰林院修撰，官至礼部尚书，死后追封为太子太保。朱希周（1474—1557），原名璞，字懋忠，号玉峰，原籍昆山。弘治九年（1496）进士，孝宗喜其姓名，擢为第一，状元，官至南京吏部尚书，死后追赠太子太保，著有《明伦大典》传世。

会元坊，有2座，为吴宽、王鏊立。王鏊（1450—1524），字济之，号守溪，晚号拙叟，吴县（今苏州）洞庭东山人，成化十年（1474）中乡试第一名解元，翌年乙未科中第一名会元，授翰林院编修，官至户部尚书兼文渊阁大学士（副宰相），加少傅兼太子太傅衔，以武英殿大学士致仕。

解元坊，有5座，为谢瑶、刘昌、贺恩、王鏊、唐寅立。唐寅（1470—1523），字伯虎，一字子畏，自号六如居士、桃花庵主、逃禅仙吏等。祖籍山西晋昌，世居吴中，原住吴趋坊，后迁桃花坞。弘治十一年（1498）中解元，世称“唐解元”。

进士坊，有30座，为张柷、韩雍、赵禛、黄鉴、吴璘埬、选翥、孔镛、冯定、刘瀚、马愈、周观文、文森等立。

登第坊，有5座，为举人浦应祥、郭忱、朱木、茹昂、刘桐立。举人，为乡考试中的专称，考中者荣称“登第”。

在建立的牌坊中，有一人建立多座的，如明代状元宰相申时行：有“状元宰辅坊”，立于阊门外皇华亭；“台衡盛世坊”，立于清嘉坊西；“师柱清朝坊”，立于黄鹂坊桥堍。

有一人在多座牌坊上均有名录的，如尚书吴宽，在状元坊、尚书坊上均有他的名字。官府还为他专门建立“期文山斗坊”。还有父子、兄弟同建的，如父子进士六诏文宗坊，立于文正书院西普济桥西堍，为范惟丕、范允临立。范惟丕，嘉靖三十八年（1559）进士，其子范允临，万历二十三年（1595）进士。兄弟联芳坊，立于中街路，为文林、文森立。文林，成化八年（1472）进士，弟文森，成化二十三年（1487）进士。

当官者为民办了好事，有些声望，或是当官者相互表彰，也有建立牌坊的。如“德庆坊”“泽被东南坊”“藩屏硕望坊”“经元肃宪坊”等。

在建立的牌坊中，也有为百姓建立的。主要是为孝子、节妇、烈妇所建。封建社会提倡“忠孝节义”，尤其是对妇女的节操十分重视。凡妇女守节者，由官府或私人建立牌坊，以予表彰。有所谓“节妇坊”“贞节坊”“烈妇坊”“旌节坊”等。民国年间编纂的《吴县志》记载，明清两代，有“节孝坊”191座，数字可谓不少矣，其中大都为妇女所立。

对年老长寿者或义士也建立牌坊。如：

人瑞坊，在葑门外。人瑞，指有德行的老年长寿者。嘉靖时，张愿的妻子活过一百岁，为她而立。

义风千古坊，在虎丘山塘五人墓前，明天启六年（1626），义士颜佩韦、杨念、沈扬、马杰、周文元等五人，为反对奸党魏忠贤而被害，人们在山塘街上立“义风千古坊”。

五、巡抚衙门与长洲县署

巡抚，意为巡行天下，抚军安民。洪武二十四年（1391），懿文太子巡抚陕西，巡抚官名自此始。巡抚为地方上的军政大官，具有处理一省民政、司法、监察及指挥军事大权。自设有巡抚官员之后，苏州就有了巡抚衙门。

巡抚衙门位于书院巷，此处原是宋代的鹤山书院。

苏州最早的巡抚官员是在永乐十九年（1421）。民国《吴县志·卷六·职官表五·巡抚》：

> 明永乐，蹇义宜之巴人进士，十九年以尚书巡行应天诸府。

巡抚衙门是朝廷驻苏州品级最高、规模最大的官署。其范围东至今人民路，西至今金狮河沿，北抵今金狮巷。大门对面有照墙。门前有石狮一对，有旗杆大斗、吹鼓亭。进大门，入仪门，内有书堂、旁廊、来鹤楼等建筑，显得威武壮丽。后有花园，蓄池栽竹，幽邃之至。在署后辟有演兵场，为操练兵士之用。入清后，仍为巡抚衙门，直至民国。

现存建筑为清同治五年（1866）重建。南向一路四进，头门为将军门，面阔五间23.13米，进深9.45米。扁作梁架，上有彩绘，中柱前两架后四架，檐口一字斗拱。仪门面阔五间22.85米，进深8.27米，穿斗式圆作梁架，有彩绘，中柱前后各两架，檐口一字拱挑云头。后堂面阔三间16.9米，进深七架椽11米，檐高4.5米。两面山墙设博风、先排山、竖带脊，正脊为七套龙脊。内有覆莲式青石柱础。后楼始建于明正统间。周忱为苏州巡抚时，某日，在后院与宾客宴饮，忽有双鹤自南面而来，集于庭中。此日恰逢周忱生日，知府朱胜遂集资建楼，题名“来鹤楼”。现存为清代建筑，面阔五间23米，进深六架椽9.4米，檐高2.8米。底层及楼层均施船篷轩。底层扁作梁架，楼层为圆作。南立面檐口云头挑梓桁，飞椽断面作矩形。

清代，苏州末任巡抚程德全曾在此办公。民国初，程德全在此宣布江苏独立，成立江苏都督府。后在此设立吴县公安局。日寇侵华，苏州沦陷，伪军进驻于此，军械乱放，房屋建筑遭严重破坏。新中国成立前，此处大门敞开，无人管理，门窗破旧，杂草丛生，一片荒芜景象，成为逃荒者、乞丐的落脚处。新中国成立后，在此设立康复医院，后又成立护士学校、卫生学校。

改革开放后，为保护古典建筑、历史文化遗产，使用单位迁出。2000年将后堂和来鹤楼移建至现有位置，并维修头门、仪门。经维修后，被列为江苏省文物保护单位。

长洲县署，位于乌鹊桥北堍西侧。自唐武则天年间从吴县分出长洲县后，县治一直在旧学前。洪武元年（1368），苏州巡抚饶天明拟在长洲县衙处建忠烈祠，祀宋代丞相文天祥，长洲县署由旧学前迁至乌鹊桥北堍西侧。县署建筑很有规模，有大门、二门。内有大堂、二堂及内室。大堂为县官升堂所用，二堂为议事及接待宾客之处。内室是县官家属的居室。另有书房三间，为县令读书、藏书处。两边还有花厅、廊房，是衙役们办事的地方。另有魁星阁、土地祠。在县衙东边，建有监狱一所，是关押犯人的场所。县内还建有掬月亭、蟠翠亭等，将县署装点得如园林一般。以后屡有修建。

六、阊门繁荣与会馆的产生

阊门，位于苏州城之西北，其范围包括今阊门外的石路、山塘街、上塘街、南浩街，阊门内的中市路（东、西中市）、桃花坞等地区，居住在这里的人家，习称老家在阊门。

阊门为苏州主要城门之一，自唐代白居易开辟山塘街以来，商业逐渐繁荣。但在洪

阊门

武初期，朱元璋对城市经济从各方面进行限制，将商铺编成铺户，工匠纳入匠籍，牙行（旧时为买卖双方说合交易而从中收取佣金的商行）必须登记核准，处处设卡，生意人举步维艰。商人虽非残民，却也属于“末业”，不被重视。

元末，苏州百姓支持吴王张士诚。朱元璋建立大明后，下旨将苏州的大批居民，主要是支持张士诚的富户，数十万人迁移至苏北，史称“洪武赶散”，并在阊门那里设立码头，运送迁移百姓。这一举动使大批人员在这里流动，客观上助长了阊门的繁荣。但直至正统、天顺年间，苏州经济才有所好转，成化、弘治年间开始真正繁荣。

阊门为水陆交通枢纽，水路有外城河、上塘河、山塘河，并与内城河沟通。陆路有山塘街、上塘街，与城内的中市路沟通。

阊门那里人烟稠密。“附郭通舟，商旅辐集”，为盈利者必争之地。凭着交通的便捷，苏州的货物运送到全国各地，全国各地的货物运送到苏州，由此形成了发达的商业区。正如王锜在《寓圃杂记》中所说：

> 闾檐辐辏，万瓦甃鳞。城隅濠股，亭馆布列，略无隙地。舆马从盖，壶觞罍盒，交驰于通衢。水巷中光彩耀目，游山之舫，载妓之舟，鱼贯于绿波朱阁之间，丝竹

讴舞与市声相杂。

阊门是苏州经济的中心，陆上车马，水上船只，大都在阊门停留，货物在此运转、集散。因而，阊门成了苏州最热闹的地方。那些官绅大家和书画雅士，在此构建别墅，为阊门增光添彩。在山塘街东杨安浜，礼部尚书吴一鹏（1460—1542）于嘉靖年间（1522—1566）建有玉涵堂，亦名“真趣园”，俗称“阁老厅”，占地面积5000平方米，建筑面积5468平方米。房屋可分为三路，正路第一、二进为楼，第三进为主厅，额“玉涵堂”，面阔三间16米，进深六檩14米，扁作梁架，东西山墙贴砖细墙裙，青石鼓臻墩柱础，轩敞古朴。第四、五进以两厢连通的走马楼。南京兵部尚书杨成，于嘉靖年间在阊门外建五峰园（今五峰园弄）。这两处古建筑至今尚存。

在桃花坞地区，唐宋时建有园林别墅，已很著名，金兵入侵时遭到严重破坏，入明后逐渐恢复。阊门内下塘街的福济观（俗称“神仙庙”），于景泰年间重建。每年农历四月十四，举办“轧神仙”活动，万人空巷，在此倾轧，摩肩接踵，热闹非凡。画家唐伯虎也看中了这块地方，购下一块荒地，小兴土木，构筑桃花庵。因而，唐伯虎常去阊门游赏，登酒楼，上街市，入青楼，对阊门的情况非常熟悉。他在《阊门即事》诗中写道：

世间乐土是吴中，中有阊门最擅雄。翠袖三千楼上下，黄金百万水西东。
五更市卖何曾绝，四远方言总不同。若使画师描作画，画师应道画难工。

从这首诗中可以看出，阊门那里的酒馆、妓院，装饰华丽，灯红酒绿，宾客满座，一天要花去多少金银，难于计数。史料称：那时，阊门外的妓院特别多，专门接待达官贵人、过路客商。所谓“翠袖三千”“黄金百万”。从早上直至五更，由四面八方来的商人进进出出，忙忙碌碌，虽然操着不同的方言，但贸易活动极其频繁。阊门的繁荣程度可想而知。如果叫画师画一幅写真图，恐怕画师也难以画出。唐伯虎的这首诗虽有些夸张，却是写实。阊门的繁荣景象如在眼前，真是“世间乐土是吴中”，而吴中最繁荣的地方，当首推阊门了。

阊门，在宋元时期，阊门外尚无街巷，说明那里十分冷清。入明后，逐渐热闹起来，住户增多，商人相聚，并形成了街巷。正德元年（1506），王鏊撰的《姑苏志・卷十七・坊巷》上，就有义泽巷（阊门外钓桥下，俗名“狗肉巷”。巷虽隘，而商贾所集）、方基巷、蓬巷、小猪巷、丁家巷、石牌巷、义慈巷、乐营巷、碧潭巷等。街巷建立，居民增多，商业之繁荣可想而知了。

此外，各地商人纷纷来苏州经商。商人聚集同乡，形成合力，维护自己的利益，会馆便应运而生。会馆，是同省、同府、同县或同业的人士在他乡设立的机构，这些人士共同出资建造房舍，便于同乡或同业聚会，商讨同业的生意行情，或向同省、同府、同县或同业人士提供工作的机会，帮助同乡人解决困难等。在当时，会馆是个新生事物。

史料记载，自万历、天启年间（1573—1627），在阊门外创立的会馆有：

岭南会馆，位于山塘街西，由广东仕、商共建。清康熙五年（1666）重建。

东官会馆，位于山塘街，由广东东莞商人建。清康熙十六年（1677）在此新建宝安（今深圳）会馆，此处称“老会馆”。

三山会馆，位于原胥门外万年桥大街，后门在阊胥路。由福建干果、青果、丝花、紫竹商帮建，以莆田商人为主。因莆田有鼓山、罗汉山、大拇指山，故名“三山会馆”。清康熙三十五年（1696）重建，道光十年（1830）又建。

这些会馆是苏州最早的会馆，数量虽不多，却开创了建立会馆的先河，为苏州城的建筑增添了一个新的项目，增加了新的活力。

七、建设苏州织染局

苏州土地肥沃，除种植稻麦、棉花之外，农民又擅长种桑养蚕，因而，丝织业十分发达。那时，丝绸是一种高贵物品，被制成被褥及衣服，大都由达官显贵享用。史料记载，早在元代时，苏州就建有织染局，始建于平桥南。织染局为朝廷的官署，说得通俗一点，就是皇家的被服工场。洪武初，原有的织染局地方太小，不能满足皇家的需求，便在元末张士诚建的狱址上重建一座织染局，即今观前街中段南侧北局处。对于织染局的规模，文徵明在《重修织染局记》中有详细的记载：

> 局之基址，共计房屋二百四十五间，内织作八十七间，分为前、后、中、东、西六堂，又大堂两旁东西厢房等处。机杼共计一百七十三张。掉络作二十三间，染作十四间，打线作七十二间。大堂并库厨府局二厅等房五十间。后有避火园池，真武殿、土地堂、碑亭各一座，古井二口。墙堵四立，俱在大堂之左。外局衙二，在局东官衙巷。其四址悉载真武庙旧碑甚详，兹不赘及。（《苏州织造局志》）

建筑如此之多，可见其规模之大。上述所讲之“六堂”，在作业上有明确的分工，具体为：东纻丝堂，即天字号，机四十八张；西纻丝堂，即地字号，机二十四张；纱堂，即元字号，机四十二张；横罗堂，即黄字号，机十八张；东后罗堂，即宇字号，机二十四张；西后罗堂，即宙字号，机十七张。按照局的旧规，每年纻一千五百三十四匹，如遇上闰月，该造一千六百七十三匹。织染局有机工六百六十七人，日夜开工，疲于奔命，出产的丝绸物品全部由大船运送到京城，供皇家使用。

织染局的太监是由皇帝亲自派来的亲信。这些太监借着皇上的声威，除了严格管理本局的机工，收受官员的贿赂外，常将局外的机工抓来当义役，并对个体户征收重税。万历二十九年（1601），太监孙隆驻苏督税。他私设税官，横征暴敛，民怨沸天，机户杜门罢织，万余机匠失业，“哄聚填街塞巷”，由此爆发了著名的苏州两千余名丝织工人的起义。

在明王朝统治的270余年间，对织染局都非常重视，几乎历朝均有修葺。《苏州织造局志》云：

> 织染局至正末年，在平桥南。明洪武年，始建于天心桥东。永乐间，奉御萧月，内侍阮礼葺。洪熙间，太监刘景大修。天顺间，太监来福又修。嘉靖二十六年，太监郭秀、宗伟继葺。万历中，太监孙隆更新，规模整丽。天启六年，太监李实重葺。崇祯元年，停止织造，渐就倾圮。

这段文字告诉我们，明代的织染局是随着明王朝的兴起而繁荣的。明王朝灭亡后，由清朝接管。

八、建筑园林掀高潮

明代中后期，苏州经济繁荣，市民生活水平显著提高，促进了城市建设的发展，造园之风更盛。尤其是那些达官贵人、文人雅士，讲究改善居住环境，将住宅精心设计，建成园林式的宅第。其特点为既是住宅又是园林，俗称“私家园林”。而且，构思巧妙，布局合理，章法多样，善用奇花异石，精心装饰景点，艺术之高，独步江南，成为造园史上一大流派。故谚有：“江南园林甲天下，苏州园林甲江南。”据魏嘉瓒先生所著《苏州古典园林史》的统计，有明一代，苏州建有园林250多处，其中80多处在府城范围之内。

（一）达官显贵筑园林

建筑园林，尤其是面积较大的园林，需要大量的资金投入，一般平民百姓是无力企及的，只有达官显贵才有这个能力。他们或在朝廷任职，或在地方上做官。在为官任职期间，聚敛钱财，积累资金，然后着手购买地块，营造宅第园林。从造园的时间来说，基本上是在致仕后建造的，也有少数在任期时就已动工。有明一代，造园者相继不断，几乎形成风尚。在众多园林中，有两座园林最为显眼，一为城东之拙政园，一为城西北之东园（留园）。这两座园林面积广大，建筑精致，亭台楼阁，假山池水，一应俱全。全国有“四大名园”，这两座园林均位列其中。

拙政园，位于城东之东北街。始建于正德八年（1513）。园主王献臣（1469—？），字敬止，号槐雨，又号玉泉山人。吴县（今苏州）人。弘治六年（1493）进士，擢御史。出使朝鲜，任县丞、知县等。正德五年（1510）父亲病故，回家料理丧事，就此离开仕途，三年后营建此园。拙政园规模甚大，广二百余亩，前后经营二十年之久。据史载，拙政园的建筑规划、布局构图，画家文徵明也参与其事，并绘制了设计图纸。有了画家文人的参与，因而，拙政园建筑之精，布局之妙，艺术之美，风景之雅，有别于其他园林。至于亭台楼阁、曲径回廊、假山池水、奇花异石等许多园林建筑的要素，园内应有尽有。

拙政园占地面积51950平方米，规模宏大。园分东、中、西三个部分。其特点是多水，池水面积约占全园面积的三分之一。总体布局以水池为中心，各式楼阁亭轩，皆临水而建，清新幽雅，平淡自然，如诗如画，境界深远。文徵明写有一篇《王氏拙政园记》，园内的布局、建筑物及命名，记载得极为详细，不妨摘录如下：

槐雨先生王君敬止所居，在郡城东北，界娄、齐门之间。居多隙地，有积水亘其中，稍加浚治。环以林木。为重屋其阳，曰“梦隐楼”，为堂其阴，曰“若墅堂”。堂之前为繁香坞，其后为倚玉轩。轩北曰“梦隐”，绝水为梁，曰“小飞虹”。逾小飞虹而北，循水西行，岸多木芙蓉，曰“芙蓉隈”。又西，中流为榭，曰“小沧浪亭”。亭之南，翳以修竹。经竹而西，出于水澨，有石可坐，可俯而濯，曰“志清处”。至是水折而北，滉漾渺弥，望若湖泊，夹岸皆佳木，其西多柳，曰“柳隈”。东岸积土为台，曰“意远台”。台之下植石为矶，可坐而渔，曰“钓碧”。遵钓碧而北，地益迥，林木益深，水益清驶。水尽，别疏小沼，植莲其中，曰“水花池”。池上美竹千挺，可以追凉，中为亭，曰“净深”。循净深而东，柑橘数十本，亭曰“待霜”。又东，出梦隐楼之后，长松数植，风至泠然有声，曰“听松风处”。自此绕出梦隐之前，古木疏篁，可以憩息，曰“怡颜处”。又前，循水而东，果林弥望，曰“来禽囿”。囿尽，缚四桧为幄，曰“得真亭”。亭之后为珍李坂，其前为玫瑰柴。又前为蔷薇径。至是水折而南，夹岸植桃，曰“桃花沜”。沜之南，为湘筠坞。又南，古槐一株，敷荫数弓，曰“槐幄”。其下跨水为杠，逾杠而东，篁竹阴翳，榆槐蔽亏，有亭翼然而临水上者，槐雨亭也。亭之后为尔耳轩，左为芭蕉槛。凡诸亭槛台榭，皆因水为面势。自桃花沜而南，水流渐细，至是伏流而南，逾百武，出于别圃丛竹之间，是为竹涧。竹涧之东，江梅百

> 株，花时香雪烂然，望如瑶林玉树。曰“瑶圃”，圃中有亭，曰“嘉实亭”，泉曰“玉泉”。凡为堂一，楼一，为亭六，轩、槛、池、台、坞、涧之属二十有三，总三十有一，名曰“拙政园”。（《文徵明集·补辑·卷二十》）

文徵明画有拙政园三十一景图，刻石补壁于园中，至今犹在，成为筑园的最好见证。

园名“拙政”，取晋代潘岳《闲居赋》“筑室种树，逍遥自得……灌园鬻蔬，以供朝夕之膳，此亦拙者之为政也”的意思。这与王献臣的仕途不得意有关。“拙者之为政”，其用意可想而知。拙政园的筑成，也有“名园拙政冠三吴”之誉。它是苏州最大的园林。

王献臣殁后不久，园即易主。王献臣的儿子与人豪赌，一夜之间输掉家园，园为徐少泉所有。徐氏后裔徐树丕（字武子，明末秀才）所著《识小录》，有一段关于豪赌的记载：

> 当御史殁后，园即为我家所有。曾祖叔少泉以千金与其子赌，约六色皆绯者为胜。赌久，呼妓进酒，丝竹并作，俟其倦，阴以六面皆绯色者一掷，四座大哗，不肖子惘然叵测，园遂归徐氏。

徐氏拥园将近百年，后卖给海宁人陈之遴。陈之遴（1605—1666），字彦升，号素庵，崇祯年间进士，原为明代高官，入清后，曾任礼部尚书等职。他购下拙政园不久，因结党营私罪被贬谪辽东，最终死于贬所。可惜连园门也未进一步，更别说享受了。

清康熙元年（1662），园没入官府，先后为驻防将军府、兵备道行馆。后为吴三桂女婿王永宁居所，筑楠木厅、斑竹厅、娘娘厅等，雕龙刻凤，穷极奢丽。王永宁死，园再入官府，曾为苏松常道署。康熙南巡曾游此园，后道署裁撤，散为民居，园渐荒废。乾隆初，园中部归太守蒋棨，葺旧成新，取名“复园”。西部归太史叶书宽，取名“书园”。以后又归程、赵、汪姓等。清嘉庆十四年（1809），中部归刑部郎中海宁查世倓。清嘉庆二十五年，又归平湖吴璥，时称“吴园”。咸丰十年（1860），太平军攻入苏城，忠王李秀成在此建忠王府。清同治二年（1863），清军收复苏州，为巡抚行辕。同治十年冬，江苏巡抚张之万入居吴园。清同治十一年改为八旗奉直会馆，园仍名“拙政园”。光绪三年（1877），园西部归富商张履谦，改名“补园”。辛亥革命时，江苏都督程德全在此设立省级机关。汪伪时期，伪维新会在此设江苏省政府办公。日本投降后，一度作为国立社会教育学院校舍。1950年初，由苏南行署苏州专员公署使用。1951年11月，园划入苏南区文物管理委员会。1960年1月，建立苏州博物馆，中部划入苏州市园林管理处，建为苏州园林博物馆。

1961年，被国务院颁布为第一批全国重点文物保护单位。1997年，又被联合国教科文组织列入世界遗产名录。

东园（留园），位于苏州城阊门外。始建于万历十七年（1589），一说万历二十一年。园主徐泰时（1540—1598），字叔乘，号舆浦，长洲（今苏州）人。万历八年（1580）进士，曾任工部营缮司主事，主持修复慈宁宫，督修寿陵，官至太仆寺少卿。后因有人劾他“受贿匿商”罪被免官。徐泰时回籍后，“一切不问户外，益治园圃”。徐泰时善于营造，又善于管理。东园原是徐氏祖业，经徐泰时的修治重建后，面貌一新。东园内建筑究竟如何，史载不详，但徐泰时的朋友江盈科、袁宏道两人，对园内的景点有所记录。江盈科，任长洲县令，与徐泰时友好，写有《后乐堂记》云：

> 太仆卿渔浦徐公解组归田，治别业金阊门外二里许。不佞游览其中，顾而乐之，题其堂曰后乐，盖取文正公记岳阳楼义云。堂之前为楼三楹，登高骋望，灵岩、天平诸山，若远若近，若起若伏，献奇耸秀，苍翠可掬。楼之下，北向左右隅，各植牡丹、芍药数十本，五色相间，花开如绣。其中为堂凡三楹，环以周廊。堂墀迤右为径一道，相去步许，植野梅一林，总计若干株。径转仄而东，地高出前堂三尺许，里之巧人周丹泉为累怪石，作普陀、天台诸诸峰峦状。石上植红梅数十株，或穿石出，或倚石立，岩树相得，势若拱遇。其中为亭一座，步自亭下，由径右转，有池盈二亩，清涟湛人，可鉴须发。池上为堤，长数丈，植红杏百株，间以垂杨，春来丹脸翠眉，绰约交映。堤尽为亭一座，杂植紫薇、木樨、芙蓉、木兰诸奇卉。亭之阳，修竹一丛。其地高于亭五尺许，结茅其上，徐氏顾不佞曰：“此余所构逃禅庵也。”（《雪涛阁集·卷七》）

袁宏道，任吴县县令，与徐泰时常相往来，写有《吴中园亭纪略》，极赞宅园之胜，重点记一石屏和石峰云：

> 石屏为周生时臣所堆，高三丈，阔可二十丈，玲珑峭削，如一幅山水横披画，了无断续痕迹，真妙手也。堂则有垅甚高，多古木。垅上太湖石一座，名“瑞云峰”，高三丈余，妍巧甲于江南。（《文章辨体汇选·卷六百三十七》）

文中提到的奇石瑞云峰，为镇园之宝。这座峰的来历，在文人的笔记和百姓的口述中，极富传奇色彩。瑞云峰为宋朝朱勔采办“花石纲”的遗物。朱勔在开采太湖石时，采得此石，拟送往京城。运输时沉入湖中，适逢靖康之难，就此作罢。后为湖州董氏所得。董氏为打捞此石，在石的周围筑堤，用水车将水抽干。动用千百人工，架木悬索，将石捞出。董氏有女嫁给徐泰时，将此石作为陪嫁。在运输途中，因石之沉重，桥梁也不

留园冠云峰

知压垮了多少，总算运到苏州，矗于园中，被誉为江南“四大名石”之首。明人姜埰赞为“三吴金谷地，万古瑞云峰”。清康熙四十二年（1703），苏州织造署（带城桥下塘，今苏州十中）将西花园改建为行宫，供皇帝来苏州驻跸。因装修花园，增添景观，于乾隆四十四年将瑞云峰迁移至行宫。

今园内尚有巨石冠云峰，峰高6.5米，形态奇特，孤高磊落，皱、瘦、漏、透，秀美无比。俞樾在《冠云峰赞有序》中说：“如翔如舞，如伏如跧。秀逾灵璧，巧夺平泉。”此峰三面入画，堪称奇石。传说，此石为宋代朱勔“花石纲”遗物，有多种故事在民间流传。另有瑞云（已移至织造署的瑞云峰）岫云二峰，合称为“姐妹三峰”。

同时，徐氏还筑有西园，即今之西园戒幢律寺，简称“西园寺”，俗称“西园”。

西园，位于阊门上塘河畔。嘉靖末，由太仆寺少卿徐泰时建。这里原为元至元年间的归原寺，后废。徐购下寺址后，营建宅园。因在东面建有东园（留园），故此处称“西园”。《吴县志·卷二十九上·舆地考》：

园内多美石，有太湖甲族、不染尘、移云三亭。

园内有池，蓄鱼可赏。四植花木，环境清幽。徐泰时殁后，由其子徐溶接管。后徐溶舍宅为寺，名“戒幢律寺”，俗称“西园寺”。

崇祯八年（1635），茂林来此住持，始名“戒幢律寺”。咸丰十年（1860）后沦为荒墟，同治间稍有修复。

光绪间，王同愈等出资商购寺西隙地，辟为广仁放生园。光绪十八年（1892），盛宣怀等请禅宗荣通及徒广慧来寺先后住持，殿堂次第兴建。广慧号称清末江南宗门五老之一，他主持后广事募款兴修。二十七年重葺放生池，建四面厅、清凉阁（湖心亭）。

民国元年（1912），大殿落成。盛宣怀死后，广慧又奔走大江南北及日本募化。民国十四年，兴工于光绪二十六年（1900）的五百罗汉堂竣工，翌年，金刚观音殿、方丈室等均修整一新，至此共屋190多间，基地由40多亩扩大至64.6亩。规模居当时苏城丛林之首。寺中罗汉堂内一尊济公塑像，歪戴破僧帽，肩披破袈裟，手持破葵扇，形象逼真，其面部神情更富奇特色彩：从右侧面看，是在发笑；从左侧面看，是在发愁；从正面看，似笑非笑，似哭非哭。从几个方向望去，他都好像在盯着你。

东庄（志乐园），位于葑门内天赐庄苏州大学一带，因在城之东面，故名。原为五代十国时钱元璙的别墅，其子钱文奉为衙前指挥使所创。这是一座庄园式园林。后废。元末明初，为邑人吴孟融所得，在此基址上建成东庄，亦称“东墅”。据李东阳所撰《东庄记》，东庄地广六十亩，东有菱濠，西有小溪，有两个港口，皆可乘舟而至。过桥而入，有一处稻畦，向南则为果林，又南西为菜圃。又东有振衣冈，南有鹤峒；乘艇子入小浜，是为麦丘。由竹田而入，是为折桂桥。堂屋居中，曰“续古之堂”，庵曰“拙修之庵”，轩曰“耕息之轩”，筑亭于桃花池，曰“知乐之亭”，亭建成后，东庄之建设基本完毕。总名之曰“东庄”。因自号东庄翁。其子吴宽（1435—1504），字原博，号匏庵，成化八年（1472）状元及第，入翰林，为修撰，因以其官封翁。听说吴宽的父亲有贤名，因而，来东庄的客人很多，并多为东庄作诗，相互唱和，由此而庄名益著。吴宽的从子吴奕，又增建看云、临渚二亭。

嘉靖年间，东庄归徐廷祼参议所有，易名“志乐园”，也称“徐参议园”，同样闻名于世。徐廷祼，字士敏，号沙浦，嘉靖三十八年（1559）进士，曾任浙江布政使参议等职。致仕后，于万历六年（1578）购东庄废址，筑成庄园，从此定居苏州。王世贞写有《游吴城徐少参园记》，对徐少参园记之甚详。游记中写道：

郡城之坎，有水木岗阜之胜，甲于一城……启西门而入，复过一门，有小轩以憩客。更西一门，呀然而辟崇堂五楹，雄丽若王侯。前为大庭，庭阳广池，三隅皆山，卉树蓊霭，冈岭遒峻……绕出山后，逶迤长溪，至西阁而休。阁东枕溪，而西为台，台广平，可以望月……前历深洞，登绝顶，主峰最雄壮。复下穿至一岩前，凭朱栏磬折依水，玉蝶梅数株丽之，为举数大白。复前，陟降几百许武，则瀑布岩出矣。岩陡峭，可三丈许，仰而望之，势若十余丈者，叠乱石为峭壁，隃天成已。岩鼓瀑瀑，自山顶穿石虢而下，若一匹练，中忽为燕尾，进入一小圆池，千珠逆喷，复繇池窦而绕余前，浮觞渺渺，争先取捷，久之，瀑水益雄，布罽于地……飞空作雨声……（《弇州四部稿·续稿·卷六十四》）

袁宏道写有《吴中园亭纪略》，称徐参议园。他说：

近日城中，唯葑门内徐参议园最盛，画壁攒青，飞流界练，水行石中，人穿洞底，巧逾生成，幻若鬼工。千溪万壑，游者几迷出入，殆与王元美小祇园争胜。

上述两文的描写，说明在东庄之地所筑的徐参议园，其规模、景观超过了吴氏的东庄。

以后东庄又几易其主。延至清代，崇明人施何牧吏部曾寓居于此，然已荒废殆尽。

真趣园，原位于阊门外郦季子巷，今杨安浜16号。明嘉靖年间，尚书吴一鹏建造宅第园林，晚年归隐于此。取宋王禹偁诗“忘机得真趣，怀古生远思”句意，名“真趣园”。民国《吴县志·卷三十九·第宅园林》：

真趣园，在阊门外郦季子巷，明尚书吴一鹏所筑。

吴一鹏（1460—1542），字南夫，号白楼，长洲（今苏州）人。明弘治六年（1493）进士，曾任翰林院编修，累官至大学士，以太子少保、南京礼部尚书致仕。卒赠太子太保，人称“吴阁老”。其故居称“玉涵堂”，也称“阁老厅”。其子孝顺，为父亲备游观之娱，在故居之后特建一花园。清雍正年间，由邑人赵秩得之，重加修葺，俗名“赵园”，中有梅花亭、拜石轩诸胜。后散为民居。

真趣园虽小，但亭台轩榭齐全，曲廊环绕，高低起伏，景致幽静。内有梅花草堂、拜石轩、月影桥、问梅廊等诸景。梅花草堂作双面花篮厅结构，制作精良，两面可走通，前后不分，出入方便。左右两堂落地罩雕刻松竹梅岁寒三友，象征着吴一鹏高尚的人品；正中屏门一面镌刻老气横秋的百年古梅，另一面浅刻明文徵明手写梅花诗一首。其中抱子亭造型尤为别致，五个小亭组合在一起，寓意为“父严、母慈、妻贤、子孝、女淑”五福齐全，构思之巧在苏州园林中独树一帜，别无他例。1985年，市政府拨款对吴一鹏故居做了一次大规模的整修，居民迁出，真趣园也同时修复。

废园，位于桃花坞大街264号。史料记载，明永乐初，养真老人沈均在此筑废园，因不满燕王朱棣靖难之役，遂隐居不出。园中有锁烟亭、镜心池、闻香堂、环翠轩、栖鹤楼等诸胜。后为宝庆知府陆俸所得。陆俸，字天爵，号桃谷。吴县（今苏州）人。明正德六年（1511）进士，历官刑部主事、员外郎、郎中，以谏武宗南巡被杖，谪出为府同知。世宗即位，复仕宝庆知府。后弃官归隐于此，种橘成林，号称“橘林”。

后归文人谢家福。谢家福（1847—1896），字绥之，号望炊。吴县（今苏州）人。他购下废园后整修。在栖鹤楼旧址上建望炊楼，其厅堂即名“望炊楼”。太平天国时，曾被占用为劝王万镇坤王府。后复归谢氏，至20世纪80年代初，宅园面积尚有3456平方米，分东西两路，西路有楼五进，东路存轿厅、大厅，大厅面宽三间12米，进深七檩11.8米，扁作梁架，前轩后廊。大厅主体结构基本完整。“废园”两字石刻仍嵌在老墙上，今属市控保建筑。谢系文人，著有《望炊楼诗文稿》《五亩园小志》等。

五峰园，位于阊门西街五峰园弄。嘉靖年间（1522—1566）由尚书杨成所筑。杨成（1521—1600），字汝大，号震厓，嘉靖三十五年（1556）进士，授工部营缮司主事。出为浙江副使，转四川参政。后任广西布政使、工部侍郎、南京兵部尚书等职。致仕回里后建五峰园，俗称“杨家园”。

园内最为著名的是五座太湖石峰，即丈人峰、观音峰、三老峰、桃坞庆云峰、擎天柱。《五亩园小志》记载：丈人峰、观音峰为汉晋遗物，三老峰、桃坞庆云峰、擎天柱为宋代梅园、章园中的遗物，皆为少见。

园西部有一土墩，传为唐柳毅墓。柳毅为唐代传奇小说中的人物，家喻户晓，在苏州有多处遗迹，此处为其中之一。原有墓碑，上书“唐柳毅之墓”。墓上建亭，名“柳毅亭”，以作纪念，至今尚存。

洽隐山房（惠荫园），位于临顿路中端东侧南显子巷。嘉靖年间（1522—1566）由太学归湛初所筑，俗称“归氏园”。后属胡汝淳，取名“洽隐山房”。园内多美石，有“小林屋洞”之誉。由叠山名家周时臣仿洞庭西山林屋洞设计叠成，石洞幽深，玲珑剔透，洞若天开，可与环秀山庄假山相媲美。

清顺治六年（1649），为韩馨所得，重加修葺，取名为“洽隐园”。韩馨，字幼明，长洲（今苏州）人。明末复社成员。其曾孙韩是升《小林屋记》云：

> 洞故仿包山林屋，石床、神钲、玉柱金庭，无不毕具。历二百年，苔藓若封，烟云自吐。

后归皖人倪莲舫，改称“皖山别墅”。清同治年间，李鸿章抚苏，置为安徽会馆，取名“惠荫园”，后又扩建，有惠荫八景，即柳荫系舫、松荫眠琴、屏山听瀑、林屋探奇、藤崖伫月、荷岸观鱼、石窦收云、棕亭霁雪。清光绪四年至六年（1878—1880），会馆增筑伫月楼、戏台。二十年，张振轩增创安徽先贤祠于昭忠祠。李鸿章续拨巨款，命赵宗道修园，并于园北厅堂两廊壁间嵌置“惠荫园八景”石刻。于是，游园观戏，赋诗作画，经商习工，祭先祀祖，坐堂办公，集于一处，是为全盛时期。

民国时期，园渐衰落，小林屋洞被毁，又拆去会馆头门及假山。后在此办从云小学，由侠女施剑翘任校长。2003年修复，现由市第一初级中学使用并保护。

墨池园，位于凤凰街中段东侧孔付司巷。为侍郎孔镛所筑。孔镛（1427—1489），长洲（今苏州）人，景泰五年（1454）进士，曾做广西按察使。园中有墨池，传苏文忠公曾洗砚于此，因有是名。园中有碧涟亭。至弘治、嘉靖年间，皇甫录及其子冲、津、汸、濂皆居此，有晨熹楼、梧亭等建筑。明末归周嘉定。

清初割嘉定宅为苏州织造局，其余为李之先得而为园。举人朱绶又得李氏园隅为园居。园中水木清华，池水一泓，广可及亩，乔木五六株皆百年物，屋皆绕池，轩户洞达，池旁有隙地，杂植花竹瓜蔬之属。后园废。建筑住宅，散为民居。

辟疆馆，位于和丰坊五显庙南。正统年间，郡守况钟私第。况钟（1383—1443），字伯律，靖安（今江西靖安）人。宣德五年（1430）知苏州，因百姓相留，连任十三年知府。他整饬吏治，均平徭役；断案公正，不徇私情。百姓称之为“况青天”。况钟治苏，“以五显王灵异，三祷旱潦皆应，请于朝为重兴楹桷，落成后，甃井得断石为‘辟疆东晋’字”（《况太守集》）。遂以为此处是东晋顾辟疆故地，因此，亦名其私第为“辟疆馆”。此馆有山池之胜，“青葱蓊霭，竹木明瑟，为薄书萧闲地”。况钟常于此与宾客论政事，亦时而为小诗。

葑溪草堂，原位于姜家巷（今十梓街东端）。景泰元年（1450），韩雍始筑。韩雍（1422—1478），字永熙，长洲（今苏州）人。正统七年（1442）进士，授御史。景泰二年擢广东按察副使，代巡抚江西，官至右都御史，总督两广军务。成化十年（1474），因被人所诬，明宪宗命其致仕。成化十四年逝世，追谥“襄毅”，后世称他为“韩襄毅”。著有《襄毅文集》等。

园占地约30亩，园内林木茂盛，绿荫一片。韩雍写有《葑溪草堂记》，记之甚详。园内有老桂两株，幽兰数本。植箓竹三百竿，大可合围，高可四五丈。又有斑竹，紫竹、黄金间碧玉竹。又植柑橘、林檎、樱桃、枇杷、银杏、石榴、宣梨、胡桃、海门柿等三百余株。西南有小池，植千叶红莲，池边又植桑、枣、槐、梓、榆、柳杂树二百株，余则皆蔬畦也。这个园林是在韩雍致仕后所建，作为安度晚年之用。“而当雪残雨收、月白风清之时，与良朋佳客游其间，又可以恣清玩、解尘虑”。韩雍与徐有贞、祝颢、冯定、刘珏等于园中联句唱和，有“葑溪古无名，得名自兹始”“波光动园林，野色到城市”“池深鱼影晦，林密鸟声喜”诸咏。刘珏并为韩雍绘《葑溪草堂十景图》，邱濬亦作《葑溪草堂记》，称其“治第于葑溪之上，盖豫以为退休归宿之地也。其园林池沼之胜，甲于吴下……”园已废。

二株园，位于吴趋坊周五郎巷，为徐湃住宅后园。徐湃官居京师时，其次子徐贯时家居，常交结宾友，文酒宴会于此，有姬侍、音乐、狗马、禽鱼、花木、亭榭、水石等，备极豪侈。徐湃死后，园属他人。

无梦园，位于孔夫子巷（今孔付司巷）。由陈太史芝台（仁锡）所筑。民国《吴县志·卷三十九·舆地考·第宅园林》：

> 陈文庄公仁锡宅，在葑门内下塘……又有别墅在孔副使巷，曰无梦园。中有息浪、见龙峰诸胜。康熙辛酉次，公尔重修，旁有又一村。

陈仁锡（1579—1634），字明卿，号芝台，长洲（今苏州）人。明天启二年（1622）探花，授翰林院编修，官至南京国子监祭酒。崇祯七年（1634）得疾卒，谥文庄。陈仁锡性好学，喜著述，有《四书备考》《无梦园集》《明史艺文志》等。

其宅在今孔付司巷，有耀远堂、白松堂、轩辕台、息浪、见龙峰等诸胜。旁有又一村，陈太史自署斋联云："流水之间心自得，浮云以外梦俱无。"今为民居。

徐园，位于府学西，御史徐源燕所筑。

毛家园，位于在阊门外下津桥义慈巷，由中丞毛理所建。园西为其宅。

苏家园（杨柳岸），位于阊门内后板厂。万历间，苏怀愚御史所治。园西北滨河，河北尽植杨柳，因名曰"杨柳岸"，俗称"北园"。循堤而西，即蔡家桥，风景绝佳。后园渐荒废，仅存树石。后由兵备道李模购得此处，辟为圃，名"密庵旧筑"。内有桃坞草堂及芥阁诸胜。李模（1598—1679），字子木，太仓人。天启五年（1625）进士。任东莞县令，有政绩，授御史。福王立，起补河南御史，后告病归。李模之子李文中常于园中诗酒会友，多有题咏。李模死后，吴人即其故居建祠供奉香火，名"老和尚堂"。若干年后，此处皆为菜地，为郡中菜花最胜处，相沿呼为"北园"。某乡贤有《忆江南》一阕写道："苏城好，城北菜花黄。齐女门边脂粉腻，桃花坞口酒卮香。处处弄笙簧。"

近蜂别业，位于虎丘旁。弘治间，顺庆太守皇甫录所筑。皇甫录（1470—1540），字世庸，长洲（今苏州）人，弘治九年（1496）进士，宅第在孔副使巷。

息圃，位于盘门内开元寺后西蒲帆巷。为将军王弓经所憩，有帆影堂，浚沼通流，竹木交荫，极幽栖之胜。

橘林，位于桃花坞。陆倖弃官隐此，种橘成林，故人来访，悠游其间。

何衙园，位于水仙庙东。为指挥何真园第。久废。嘉庆年间，其十四世孙呈官立碣，以表遗址。

适园，位于景德路中段。万历年间，为宰相申时行宅第旁之别业。原为唐武则天时所建龙兴寺基地。有老银杏数十株，皆千年故物。

绿荫园，位于仁孝里（今迎晓里）。明大参顾豫园居。顾豫，字乐恬，原居光福铜坑，迁居甫里（角直镇），再迁苏州大儒坊仁孝里。他年轻时从大儒王敬臣学。由乡贡荐官至云南布政司参政。他事亲至孝，兄瘫废，敬事扶持，三十年如一日。为明嘉靖至万历间乡贤。老年后隐于渔村。卒后配仁孝祠内予以祭祀。内有燃松堂。后北部归树某，南部归文起鸿、文起潜。园内东有巢凤堂，西有介寿堂。至文起鸿曾孙文培源扩西隅，穿池叠石，有卓闲居。后为民居。

郭氏别业，位于阊门外长荡东，郭少卿所筑，楼榭辉煌，林木阴翳，甚为壮观。

有怀堂，位于娄门内直街。万历年间，韩菼从祖韩洽始建。韩洽（1622—1689），字君望，万历三十四年（1606）举人，曾任云和知县，受百姓拥戴。当时有开云堂、寒碧斋、绀雪斋，有文震孟、董其昌书额。清乾隆时，韩菼又重修，另筑归愚咫、闻斗室等。临溪流构敞宇，可遥望西山。

归田园居，位于拙政园东。建于崇祯四年（1631），历时四年完工，有景点60余处。园主王心一（1572—1645），字纯甫，号玄珠。万历四十一年（1613）进士，曾任刑部侍郎等官。他弃官后，在娄门内拙政园东部购得荒地十余亩，营筑宅第，取名“归田园居”。王心一写有《归田园居记》，对园居的建筑布局、景点命名等记之甚详。其文开头云：

> 予性有邱山之癖，每遇佳山水处，俯仰徘徊，辄不忍去。凝眸久之，觉心间指下，生气勃勃。因于画事，亦稍知理会。辛未，以先府君年高，弃官归田，敝庐之后，有荒地十数余亩，偶地主求售，予勉力就焉。（《兰雪堂集·卷四》）

这段文字极有代表性，一般致仕官员造园均有这个过程。辞官后闲情逸致，想筑个安乐窝以享晚年。归田园居的建筑十分精致，景点多多。后园废，变为民居。再后，成为拙政园之东部。

顾宗孟宅，位于天赐庄（今十梓街）。内有高酣亭，为文震孟题额。顾宗孟（1585—1636），字岩叟，长洲（今苏州）人。少孤。母守节教之。万历四十七年（1619）进士，授定海知县。后擢御史。崇祯初，起为福建参政，母老辞归。当时与文震孟、姚希孟并称“吴中三孟”。清时，崇明施何牧侨居于此，焚香吟诗，翛然绝俗。

蒋若来宅，位于娄门外接待寺旁，东有玉兰堂，植玉兰五株，甚古。蒋若来（1604—1646），字龙江，长洲（今苏州）人。世居娄门。身材短小，独臂，善骑射。家贫，流落，巡抚张国维异其才，拔自行伍，以把总守备江浦。流贼薄城，蚁附而上，若来，提刀截杀，应手而毙。以功擢游击，累迁浙江总兵。

（二）文人墨客筑园林

有些文人墨客，为追求一种时尚雅兴，营造一种幽闲环境，便于以文会友、饮酒赋诗，构筑园林式的宅第。但他们的经济并不宽裕，大兴土木不可能，筑园范围不大，而其园之命名及景点却十分雅致。

桃花庵，位于桃花坞，由画家唐寅（1470—1524）所筑。唐寅字伯虎，一字子畏，号六如居士。吴县（今苏州）人。自幼聪明好学，刻苦攻读，诗文书画，无不精工。十六岁中秀才，二十九岁中解元，世称“唐解元”。三十岁赴京会试，因科场舞弊案牵连而下锦衣卫狱。此后，他无意于功名，潜心作画，与沈周、文徵明、仇英合称为“明四家”。他又是很有风格的文学家，与祝允明、文徵明、徐祯卿合称为“吴中四才子”。唐寅原住吴趋坊。弘治年间，他买下桃花坞五亩园废墟部分，建造宅第，广植桃树，取名“桃花庵”。筑有学圃堂、梦墨亭、蛱蝶斋等，时人称为“唐家园”。《百城烟水·卷二·吴县》：

> 唐家园，在阊门内桃花坞，唐解元寅所居。

唐寅自号桃花庵主，作《桃花庵诗》云：

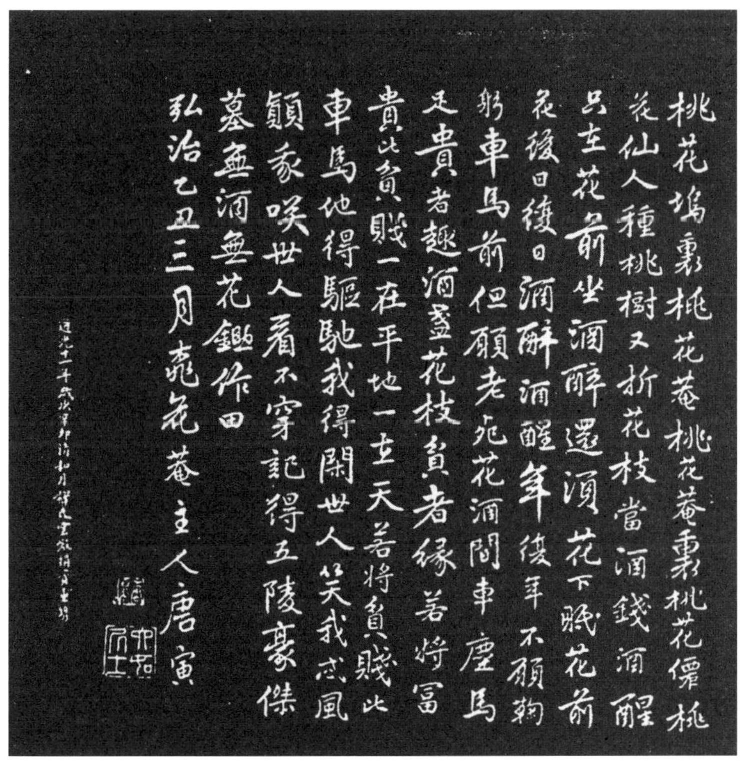

唐寅手迹《桃花庵诗》

> 桃花坞里桃花庵，桃花庵里桃花仙。桃花仙人种桃树，又折花枝当酒钱。
> 酒醒只在花前坐，酒醉还须花下眠。花前花后日复日，酒醉酒醒年复年。
> 不愿鞠躬车马前，但愿老死花酒间。车尘马足贵者趣，酒盏花枝贫者缘。
> 若将富贵比贫贱，一在平地一在天。若将贫贱比车马，他得驱驰我得闲。
> 世人笑我忒风颠，我叹世人看不穿。记得五陵豪杰墓，无酒无花锄作田。

唐寅小筑宅园，虽然简陋，但也是个园第。他在此度过了一生，也算是风雅的了。唐寅晚年穷愁潦倒，靠鬻画为生，死后也被葬在桃花庵内。至今，那里的一条小巷，名为“唐寅坟”，即其遗址也。

芳草园（花溪），位于齐门内石皮巷。明诸生顾凝远筑。顾凝远（1583？—1652），字青霞。画家，隐居不仕。顾氏爱好文物及收藏古籍。郡邑志称其园“水石清幽，花竹秀野，别馆闲亭，颇擅佳胜”（金宝树《芳草园记》）。民国《吴县志·卷三十九·第宅园林》：

> 芳草园，在定跨桥之北，青霞居士顾凝远筑。一名“花溪”。

清初，归曾任开封知府、观察之职的周荃。周荃，生卒年不详，字静香，号花溪老人。长洲（今苏州）人。工书擅画，画山水宗倪、董。间作大士像，深得古法，而花鸟虫鱼，亦各得大意。其自题句尤佳，书法有生气。康熙年间，又归江苏昆山人徐乾学，为别业。徐乾学（1631—1694），字原一，号健庵。康熙九年（1670）探花，授编修，累官至刑部尚书。曾主持编修《明史》《一统志》等，著有《憺园集》。园内平泉花木，艳耀动人。有亭，内奉康熙皇帝御书“勤耕乐织”四字。有石壁，高三丈余，名“瑞云峰”。园后石碑上刻董其昌书“花溪”二字。传至徐之孙绳武，未能守其业，乾隆十三年（1748）售予金传经。金传经（1732—1793），买以奉母，金氏居此园一百余年。金传经之孙金宝树曾写有《芳草园记》。金宝树（1800—1857），道光十八年（1838）进士，雅擅诗文。园殁于太平天国战事。

《芳草园记》载，此园自明末始建至清道光年间，在这三百余年间，虽屡易其主，但主要景观基本未变。园归金氏时，有屋一百五十九间，披廊亭棚二十九间。主要构筑有自香池上、春晖堂、荫远堂、致远堂、二虞书屋、在水一方、下帷处水阁、旱船绿阴等景。园中土冈回互，高出檐际，垒石多倾圮，而遗迹俱在。两面皆有溪，一在自香池上之南迤西，一在荫远堂之北，二虞书屋居其中，环绕映带而达于屋外之官河，积水深者丈余，浅亦数尺，雨盛水涨时倍之。园内栽有松、柏、梧、柳、枫、桑之属。莳花有木樨、山茶、杜鹃、蔷薇、海棠之属。种果有桃、梅、石榴、金柑、枇杷之属。蒲草有萱艾、马兰、薄荷之属。春晚夏初，浓绿如幄；秋冬沃寥，雪月交映。晨曦乍升，夕烟将敛，坐而听之，则有鸟声、蝉声、风叶声、折竹声、络纬声、池鱼唼喋声，可以陶性情，助啸咏，如赠如答，而莫知其所以然。金氏之后，其园半归陆氏，更名“廉石山庄”。东邻为胡氏，亦占园之一偏。乾隆二十三年（1758），于园南建顾贞孝国本祠。道光九年（1829），学士顾莼重书“花溪”两个大字于路门。民国二十年（1931），画家余觉居此，时有香雪草堂、丛桂轩，水池、古柏、竹木。1949年前归陆姓所有，园内尚存二池、四亭、荷花厅、旱船、曲桥等。“文化大革命”时，大部分被毁。1976年后拆亭填池，在园址上建居民住宅楼。

梅园，位于娄门安齐王庙西。明初诗人杨维祯所筑。杨维桢（1296—1370），字廉夫，号铁崖，会稽（今浙江绍兴）人。元泰定四年（1327）进士，署天台尹。兵乱时，游浙西山水间，后迁钱塘（今浙江杭州）。张士诚据平江，累招不赴。明初，诏征遗逸之士，赋《老客妇谣》以进。太祖留百有十日，即乞归。宋濂赠之诗曰：“不受君王五色诏，白衣宣至白衣还。”抵家卒。著有《东维子集》《铁崖先生古乐府》等。后由其门人张适种梅于此，称“张氏梅园”。天启初，顾大任得之，建小吟香阁，赵宧光篆额。后屡易其主，继为诗人范起凤结社。后又属费氏，阁俗呼“酒酿楼”。后废。

顾家园，位于碧凤坊。为顾凤川所筑。顾氏原籍金陵，世袭都指挥千户，成化中避祸来吴，筑此园，日与友人诗酒唱酬。据《吴门坊巷待辅吟》云：

> 明高士顾元振，字碧川。弟元新，字凤川。原籍金陵，世袭都指挥千户，成化中避祸来吴，筑小园，与人诗酒唱酬，无虚日。后凤川返里，碧川思之不置，疾及时犹嘱治葬地，营昭穆二穴。后人建坊纪念，以名之。

今碧凤坊名由此而来。

桐园，位于城东甫桥，为王世材家旁之园。园中多梧桐。祝允明有记。

小漆园，位于小曹家巷。嘉靖年间，张凤翼孝廉所构。园内池亭木石，俱有幽致。张凤翼（1527—1613），字伯起，号灵墟，长洲（今苏州）人。嘉靖四十三年（1564）举人。家本素封，以不事生产而日落，以致鬻书自给。擅词曲传奇，著有《红拂记》《虎符记》《灌园记》，诗文集《处实堂集》，散曲集《敲月轩词稿》等。当时吴中皇甫四子冲、汸、涍、濂，皆有才名。张氏兄弟三人凤翼、燕翼、献翼继起。吴人语曰：“前有四皇，后有三张。”

求志园，位于城东北隅，为张凤翼园居。钱叔宝绘《求志园图》。

月驾园，位于西麒麟巷西三太尉桥。为皇甫汸所构。皇甫汸（1504—1583），字子循，号百泉，长洲（今苏州）人。嘉靖八年（1529）进士，官南京史部稽勋司郎中。工书法，喜吟咏。著有《皇甫司勋集》，纂《长洲县志》。后为词人钱希言寓居，有亭沼林石之胜。再后，由于叔夜取园之一隅治宅第。

多木园，位于宝城桥北，万历年间，为乡贡顾云龙所筑，中多乔木，故名。

竹梧园，位于旧学前，为醉竹先生所筑，醉竹，姓顾，名汝玉。有亭池树石之胜。后改为父子名贤祠。

朱氏园，距虎丘三里许。明晚期，朱某买田圃而创为园，广二百亩，费金数万。园中亭榭楼阁，竹木水石，重叠映带，极一时之盛。又有七松草庐，有七株松树，皆宋元时物，数里外望之，挺然立于云表。有绿荫斋。朱某垂殁时，将园分给诸子，绿荫斋为其季子所得。季子读书其间，召朋友赋诗饮酒。斋东有古桂一株，百余年物，枝叶纷披而下，其下可坐数十人。花开时，招客宴集其下，绿叶倒垂，风动花落，拂襟萦袖，环境舒人。诗人贺甫《过虎丘朱氏花园》云："朱氏园挤近水滨，王孙公子往来频。若将金帛来行赏，须与东家种麦人。"至清康熙时，台榭倾圮，水涸石颓，竹木存者十不一二，苔生于牖，草环于亭。七松仅存一株，唯桂树仍茂，园已非旧时之盛。

晚圃，位于憩桥巷。弘治间为钱孟浒所筑。占地数亩，凿池构亭，植花卉，培蔬果。每春和景明，群芳竞秀，众香馥郁。孟浒则邀朋速客，觞咏其间。伊乘有《晚圃歌》咏之。

水竹庄，位于临顿，占地十亩。为顾荣夫（春潜）园池。"临顿"，指临顿里，今临顿路北端处。庄内建筑雅致，环境幽静。文人墨客常去饮酒聚会，吟诗作赋。文徵明有多首题咏，如《顾荣夫园池》："临顿东来十亩庄，门无车马有垂杨。风流吾爱陶元亮，水竹人推顾辟疆。早岁论文常接席，暮年投社忝同乡。寄言莫把山扉掩，时拟看花到草堂。"又《荣夫见和再叠》："为爱高人水竹庄，几回系马屋边杨。每开蒋径延求仲，常伴山公有葛彊。陋巷谁云无辙迹，城居曾不异江乡。春来见说多幽致，开遍梅花月满堂。"祝允明也有题为《顾明府荣夫》之诗："鸡山燕市每依依，此日都抛入洛衣。家近郁林公旧隐，门如彭泽令初归。空怜旧社惟君密，却笑无车访我稀。最爱沧浪池水好，几时同坐一方儿。"

小园，位于西白塔子巷瓦爿街，明顾贞孝园第。内有两园，中名"淡园"，西名"小园"。顾贞孝隐居不仕，日集名流，诗酒其间。

小隐堂、秀野亭，位于虎丘半塘。嘉靖间，汤珍所筑。汤珍，字子重，本嘉定（今上海嘉定）人，迁长洲（今苏州）碧凤里。为郡诸生，博览群书。与王宠兄弟读书石湖治平寺十五年，为蔡羽、文徵明所推重。年四十应试岁贡，除崇德县丞。以平易为治，不加笞责，民甚爱之，称为"佛子"。长于诗，读书著文以老。

荒荒斋，原位于馆娃里（今西美巷处）。汤传楹所居。汤传楹（1620—1644），字子辅，更字卿谋，吴县（今苏州）人。明诸生。工词曲，小词多秀发之句。尤侗为其作传。

著有《游吴山记》《游虎丘记》《湘中草》等。此园屋宇卑朴，墙垣窗牖皆无雕凿。有上种牡丹数种，丛桂四株，杂花几色，点缀曲槛。斋西有一斗室，为主人藏书处。庭东有一隙地，植梅三株。庭墙南角植梅，北角植桂，旁有瘦竹、小桃、瑞香等。庭墙西以木莲为衣，枝蔓累累，绿阴垂暮，不见天日。庭中蔓草纠葛，略显荒疏。汤氏不善打理，唯喜读书，因园呈荒意，又谦称自己腹中空荒，故名"荒荒斋"。

圆峤仙馆，位于悬桥巷，明末清初为高士徐波宅第。徐波，字元叹，号浪斋。善诗词，著有《浪斋新旧诗》。钱谦益曾以"天宝贞元词客尽，江东留得一徐波"誉之。明亡，弃家入鄣山读书。将宅第予外孙许眉叟，改筑为圆峤仙馆，精雅宏敞。圆峤者，传说中的仙山，常指隐士、神仙所居之地。其曾孙又营来鹤亭、碧梧龛诸胜。后归诸生祝寿眉，葺为琢园别业。一说为"祝园别业"。园已废。

管园，位于油车巷，管正心筑。《吴门表隐・卷二》云：

> 管园，在北园崇甫巷东北，俗称"油车巷"，明管正心昕筑。又有管家园，在胡厢使巷北，子孙尚居之。

但管园、管家园的范围有多大，有哪些景点，史无记载，待考。

（三）家族筑园林

值得注意的是，在造园过程中，出现了整个家族筑园林，父亲筑，儿子筑，族人筑。一个家庭、一个家族有多个园林。这在过去历史上是没有的。比较突出的是王氏、文氏、徐氏三家。

1.王氏家族所筑的园林，包括洞庭东山老家在内多达八处。王鏊、王鏊儿子、王鏊长兄、王鏊仲兄、王鏊之弟及王鏊之侄均筑有宅园。

怡老园，位于胥门内学士街。园名有"怡悦长辈"之意。为大学士王鏊的府第。王鏊（1450—1524），字济之，号守溪，晚号拙叟。吴县（今苏州）洞庭东山人。时人尊称为"震泽先生"。王鏊从小聪颖，八岁读经史，十二岁能诗，成化十年（1474）中乡试第一名解元，翌年乙未科中第一名会元，殿试时录为第三名探花，授翰林院编修。正德元年（1506）转为吏部左侍郎，后以太子太傅、户部尚书兼武英殿大学士（宰相）致仕。他的儿子尚宝为他筑园，名"怡老"，让他安度晚年。园内有清荫看竹、玄修芳草、撷芳笑春、抚松采霞、阆风云水等诸景。文震亨写有《王文恪公怡老园记》云：

> 入其园，古栝老桧。百章，花竹称是，石骨如铁藓蚀之，藤萝蛇馆汀蓼石发，钱菌云芝，皆作山典殷盘色，鸟雀不惊，苍翠极目，无一不遂其性。

这个宅园，王氏子孙世居园中，有六世，经八朝，共二百余年。后王氏家道中落，宅第散为民居，今尚有遗迹可寻。

真适园，在太湖东山唐股村王鏊故宅后，王鏊建。内有十六景。王鏊《且适园记》云：

> 昔官京师，作园焉，曰小适。今自内阁告归，又作园焉，曰“真适”，盖自是始足吾好焉。

安隐，在洞庭东山，王鏊长兄王铭（字警之）所筑之园。

“安隐”者，安心隐居也。王鏊撰有《安隐记》云：

> 其迹隐也，其心隐也，安隐者也……太湖之滨，洞庭之麓，有田数亩，吾肆力而耕。于是，凿其中以为池，疏其旁以为堤，除其高以为园。园，吾艺之桔，池，吾蓄之鱼，堤，吾种之梅竹花柳。吾诚于是安焉，乐焉……

壑舟，在洞庭东山陆巷。王鏊仲兄王盤（字涤之）所筑之园。王盤能文，不乐仕进，隐于壑舟，并以壑舟为号。王鏊有记。

且适园，在太湖东横金（横泾）塘桥。王鏊弟王铨（字秉之）所筑之园。王铨，隐士也，曾选杭州府经历，不仕。有东望楼、遂高堂、远喧堂诸胜。

招隐园，在洞庭东山大园村。《太湖备考》云：王鏊之季子延陵所筑。

从适园，在洞庭东山陆巷王鏊宅第静观楼之侧。王鏊之侄王学所筑。王鏊《从适园记》谓：余园名真适，学盖知余之乐，而有意从之者也，故名之曰“从适”。

2.文氏家族所筑的园林，有父子、兄弟、孙辈等。而且，还出现了造园专家，对苏州的造园艺术做出了贡献。

停云馆，位于曹家巷。文林（文徵明父）所筑之园，建有百窗楼。文林（1445—1499），字宗儒，自号衡山。长洲（今苏州）人。明成化八年（1472）进士。曾知永嘉县，迁南京太仆寺丞，后因病告归，复起为温州知府。文林有《停云馆初成》诗云：“林西隙地旧生涯，小室幽轩次第加。久矣青山终老愿，居然白板野人家。百钱湖上输奇石，四季墙根树杂花。尽有功名都置却，酒杯诗卷送年华。”文徵明与其兄均居于此。文徵明绘有《停云馆言别图》。《文氏族谱续集》记载，停云馆不大，仅三楹：

> 前一壁山，大梧一枝，后竹百余竿。悟言室在馆之中。中有玉兰堂、玉磬山房、歌斯楼。

香草垞，位于高师巷。天启年间，由文震亨购下冯氏废园营建。文震亨（1586—1645），字启美，长洲（今苏州）人。文徵明曾孙。天启四年（1624），试秋闱不利，即弃科举。日游佳山水间。崇祯八年（1635），以贡生出仕中书舍人，协理校正书籍事。因建言触怒皇上，下刑部狱，后复职。北都沦陷后，福王立南都，召复原官，上书告病归。其对面即是他曾祖父文徵明之停云馆。当初，文徵明曾拓宅其间，建百窗楼。至震亨，添筑四婵娟堂、绣铗堂、笼鹅阁、斜月廊、众香廊、玉局斋、啸台等诸构。乔柯、奇石、方池、曲沼、鹤栖、鹿砦、鱼床、燕幕，以至纤筠、弱草、盎峰、盆卉，无不被以嘉名。堂前叠石，峰颇高。有石榴树，为文徵明手植。入清后，园归陆纯锡，后渐废。光绪时归江宁邓某，旧迹全非。

塔影园，原位于阊门外山塘街（今山塘街845号）。上林苑录事文肇祉构建。民国《吴县志·卷二十九·第宅园林》：

> 塔影园即海涌山庄，在虎丘便山桥南数步，上林录事文肇祉所筑。

文肇祉，字基圣，号雁峰，长洲（今苏州）人。文徵明孙。凿池及泉，池成而塔影见，即更以“塔影”为名。张伯起先生赋诗云：“雁塔朝流舍利光，半空飞影入寒塘。应知不是池中物，会有题名在上方。”园后有桥，通虎丘山，桥亦改名为“塔影桥”。园内屋宇高爽，中立一亭，苍梧修竹，清泉白石，擅山水之胜。既而有文徵明门下士居士贞住园中。士贞离去后，败瓦颓垣，风沼霜林，依然如昔。天启间，属松陵赵氏，在此读书，复临池构屋，稍停歌舞。崇祯中，赵出门仕宦，世乱乃归，意欲让园与人。时顾苓（云美）退官归里，购下塔影园原址，构筑园庭，定名“云阳草堂”。顾苓（1609—1685），长洲（今苏州）人，字云美，号浊斋居士。从钱谦益学。潜心篆隶，精鉴金石碑版。明亡后，避居塔影园。著有《三吴旧语》《塔影园文集》等。

园内筑有松风寝、照怀亭、倚竹山房诸胜。钱谦益写有《云阳草堂记》，顾苓写有《松风寝记》，归庄写有《照怀亭记》。顾苓栖息园中，直至终老。顾苓有《移家塔影园》诗曰：“为疏牛马近鱼虾，小小亭台竹树遮。隔岸千人聚箫管，背城七里散烟霞。风流死后真娘墓，丘壑生前短簿家。万事只因颠倒见，浮屠沉影石阑斜。”

清光绪二十八年（1902），在园内建李鸿章祠，题曰“靖园”。园中花木亭台，颇擅幽趣。辛亥革命后，逐渐荒废。现由苏州市园林和绿化管理局规划，在旧址上重建塔影园，2021年竣工，并对外开放。

药圃（今名艺圃），位于阊门内文衙弄，由文徵明曾孙文震孟建。文震孟（1574—1636），他自幼刻苦攻读，学识渊博，天启二年（1622）状元。曾为天启（熹宗）、崇祯（思宗）两帝讲筵。曾官礼部左侍郎兼东阁大学士（副宰相），后因弹劾落职，从此不再为官。他回到苏州后，购下醉颖堂旧址筑园。醉颖堂，原为礼科副使袁祖庚弃官隐居而筑。文震孟在此基础上筑园，由其弟文震亨帮助设计宅第，建有思敬居、博雅堂、乳鱼亭等，该园是一座非常雅致的宅第园林，取名“药圃”。药者，香草也，古代文人常将香草喻君子，表示清白纯洁。或云草药，文震孟喜种药草，故以“药圃”名之。

文震孟殁后，园渐荒芜，后归姜埰。姜埰（1607—1673），字如农，山东莱阳人。崇祯四年（1631）进士，曾官至礼部主事，因直谏触怒皇帝，几被杖死。明末，他流寓苏州，对药圃重加修葺，更名“敬亭山房”，又称“颐圃”，后又改称“艺圃”。艺圃的建筑如何？汪琬写有《艺圃后记》，记之甚详：

> 艺圃纵横凡若干步，甫入门，而径有桐数十本。桐尽，得重屋三楹间，曰“延光阁”。稍进，则曰“东莱草堂”，圃之主人延见宾客之所也……逾堂而右，曰“馎饦斋”。折而左，方池二亩许，莲荷蒲柳之属甚茂。面池为屋五楹间，曰“念祖堂”，主人岁时伏腊祭祀燕享之所也。堂之前为广庭，左穴垣而入，曰“旸谷书堂”，曰“爱莲窝”，主人伯子讲学之所也。堂之后，曰“四时读书乐楼”，曰“香草居”，则仲子之故塾也。由堂庑迤而右，曰“敬亭山房”，主人盖尝以谏官事，谪戍宣城，虽未行，及其老而追念君恩，故取宣之山以志也。馆曰“红鹅”，轩曰“六松”，又皆仲子读书行我之所也。轩曰“改过”，阁曰“绣佛”，则在山房之北。廊曰“响月”，则又在其西。横三折板于池上，为略彴以行，曰“度香桥”。桥之南，则“南村”，“鹤柴”皆聚焉。中间垒土为山，登其巅稍夷，曰“朝爽台”。山麓水涯，群峰十数，最高与念祖堂相向者，曰“垂云峰”。有亭直爱莲窝者，曰“乳鱼亭”。山之西南，主人尝植枣数株，翼之以轩，曰“思嗜”，伯子构之以思其亲者也。今伯子与其弟又将除改过轩之侧筑重屋，以藏弃主人遗集，曰“谏草楼”，方鸠工而未落也。（同治《苏州府志·卷四十五》）

后宅园屡易其主。清道光十九年（1839）归绸业同人，改名“七襄公所”，增建思敬堂。

3.徐氏家族所筑的园林，一是范围大，二是流传久。上文所述的东园（留园）、西园、拙政园、东庄（志乐园），均为徐氏家庭所建，这里不再赘述。

紫芝园，位于阊门外上津桥石磐（排）巷。明嘉靖二十五年（1546），由太学生徐默川始建。徐默川，名封，字子慎，号默川，长洲（今苏州）人。为徐泰时的堂伯父。家庭富裕。园初建时，他邀请好友文徵明设计布图，仇英精心藻饰。一泉一石，一榱一题，无不秀绝工巧，雕墙绣户，文石青铺，金丝缕翠，穷极精丽，较之江左其他园林，胜出一筹。徐氏晚年，家境旁落，疏于管理，园渐荒废。至其孙徐元正，字景文，万历十四年

(1586)进士，官太仆寺少卿，遂收拾旧园，大加增葺。是园居室三，池二，山与林木磴道五，峰三十六，亭四，洞三，桥三，楼观台榭与岛屿不可计。因假山约占园之一半，世人遂呼徐景文为“假山徐”。

诗人王穉登应徐景文之邀，作园记，对园之胜概，记之甚详。录如下：

园负阳面阴，甲第连云，右为长廊，数百步而至园。园南向而临大池，跨以修梁曰“紫芝”，梁成而朱草生，园亦因此而得名。循梁而入，有门翼然，堂曰“永贞”，堂东西各有门，中门曰“揽秀”。堂西有楼曰“五云”。再入为友恭堂，堂后深房曲室，接栋连楄，沉沉莫可窥。紫芝桥南迭石为峰曰“五老”，又名“仙掌”，巨灵奇迹，纵非蜀道移来，亦仿佛汉宫承露，金铜仙人五指排空。左轩右楼，楼小于轩，轩名“迎旭”，楼名“延熏”，轩在东，楼在南。稍西折而南，经一门，名“入林”，梁石而渡名“卧虹”。堂曰“东雅”，栋宇坚壮，闳丽爽垲，榱题斗拱，若雁齿鱼鳞。夏屋渠渠，可容数百人。堂后小山二，古松一，虬枝偃蹇，为数百年物。堂西书室名“太乙斋”，火光荧荧，循池而右，循池而右，有楼名“白雪”，水槛名“遣心”，绿波粼粼，房廊倒影，宛如仙境。池右折，汇于东雅之前，岩岫参差，磴道屈曲，一亭临池，三峰环列，名“浮岚”。左折而上，有峰为屏，下俯石洞曰“窥壑”。由洞右折而上，亭北向，曰“瞻辰”。渡石一峰秀出，拾级而下为钓台，天目奇松覆之，清风时来，声如秋江八月涛，可以洗心，可以濯足。俯而西过石门，曲径临流，飞岩夹道，峭石巑岏。南行入一洞，峰石皆锦川，双洞岩环，名“联珠”，清旷通明，石如天成，流丹染黛，欲上人衣。其上为台，曰“骋望”，为山之最高处。东望城闉，千门万户，西望诸山，群龙蜿蜒。峰之最高者名“标霞”，其他群石，或如潜虬，或如跃兕，或狮而蹲，或虎而卧，飞者伏者走者跃者，怒而奔林、渴而饮涧者，灵怪毕集，莫可名状。每当朝霏夕辉，烟横树暝，池光澄澄，冰轮浸魄，若深山大泽，含气出云；又如仙家楼阁，雾闼云窗，与琪花瑶草相映带，非复人间世矣。山势正与东雅相向，右过石门名“排云”，石径折而下，古木奇峰，左右森列，过小石梁，临以碧沼，旁皆峰峦岛屿，大小凡五六，径尽有亭，名“隔尘”。逶迤而入，修篁蔽日，暑气不到。楼在竹中，曰“留客”。竹尽处一轩，名“浮白”。过北穿径入水洞，广可三五寻，下临幽涧，名“浮波”。折而上东向一亭，三峰在侧，曰“清响”。亭西皆竹，有石梁、琴台在此，山水清音，绝胜丝竹，此外可持螯，可醉月。园尽处杰阁嵯峨，曰“玄览”。登兹四望，一园之胜，悉在眉睫。（转引自《苏州古典园林》）

崇祯间，徐景文兄弟发生大讼，将园卖给吴县人、进士项煜，园改称为“项家花园”。项煜为东林党首，后投奔闯王李自成，园被焚毁，遂废。

（四）和尚、道士筑园林

少数有文化修养的和尚、道士，虽然身在佛门，却也追求雅兴，加入了造园行列。他们将园林建筑引进寺院，将寺院建筑规划成园林式布局，筑亭台楼阁，叠假山，挖池塘，种奇花异草等，名曰“寺院园林”。

宝林寺，位于阊门内专诸巷东。始建于元代，明宣德二年（1427），寺毁。后由白云英重建，时尚无园林特色。正德年间（1491—1521），素庵褧加以重修，重建大殿、五圣殿之外，依照园林模样，叠石浚池，植树种花，筑有梧桐园、水竹亭、煮茶寮、山茶坞、蕉窗、方塘、石桥、栟榈径、停鹤馆、薜萝庵等十景。一听这些名称，就知是个园林了。画家沈周常去寺内游玩，曾咏诗多首，举如下：《梓宇》：“高倚寮居种，清阴带北山。瑟材人不用，且伴老僧闲。”《山茶坞》：“叶暗冬林黑，花深晚径迷。落红僧过处，打着紫伽黎。”《山水竹亭》：“清流环四面，有竹在亭傍。十日无人到，修然春笋长。”《山蕉窗》：“净植碧窗下，疏棂大叶垂。夜来春雨里，愁洗旧题诗。”《山方塘》：“方塘方似斗，涵天生四角。还见月团团，夜向潭心落。”《山薜萝龛》：“牵绿补春云，闭门不须锁。夜深禅诵时，玲珑见灯火。

韩蕲王庙，位于胥门外枣市街。嘉靖年间始建。庙内筑有假山、亭子，种花植树，类似园林，称为“韩蕲王庙花园”。韩蕲王即韩世忠（1089—1151），字良臣，延安（今陕西延安）人。十八岁应募入伍。宋崇宁四年（1105）以御西夏有功，转进武副使。宣和二年（1120）以偏将从征方腊，在青溪洞将方腊擒获。金兵南下，他在河北屡败金军。高宗即位，授御营左军统制，参与平定河南、山东等乱兵。金兵南侵，他在黄天荡（今镇江与南京之间）与金兵激战，用八千兵大败兀术十万大军，为著名的“黄天荡战役”。后宋金议和，秦桧收掉他的兵权，改拜枢密使。未几，罢为醴泉观使。死后封蕲王。

九、寺庙的建设

朱元璋曾做过和尚，对寺庙的情况甚为熟悉。他坐上皇帝宝座后，对佛教颇有好感。《明史・卷一百三十九・李仕鲁传》云：“帝自践阼，颇好释氏教。”但朱元璋对佛教也存有戒心，其政策为“崇奉、抑制、控制”并举，对寺庙的建设时松时紧。洪武初，朱元璋淘汰天下寺院，苏州仅存十二所。正德年间（1506—1521）以后，佛教始盛，苏州有寺庙八十五所，遍布于大街小巷。

苏州城隍庙，在景德路（今景德路94号）。史载，其处原为三国时周瑜故宅。《吴门表隐·卷四》云：

> 周瑜宅即今郡庙址，故井犹存。内有古柏，瑜手所植。至宋，周虎尚居之，因建武状元坊，地名“周将军巷”。

南北朝梁时为太守陆襄宅，梁天监二年（503），陆舍宅建寺，名“法水寺”。宋代雍熙年间（984—987）改称雍熙寺。

旧时有个习俗，凡地方官生前“功施于民”，死后可为地方城隍神。城隍，本义指城墙和护城河，也指城池，后作守护城池之神。城隍在明代之前就有祭祀。朱元璋建立大明后，为了达到“使人知畏，人所有畏，则不敢妄为”的目的，诏封天下城隍，封各府城隍为“鉴察司民城隍威灵公”，将城隍信仰推到了高峰。春申君被封为苏州城隍。原在子城西南隅有春申君祠，元末毁于兵火。明洪武三年（1370），在雍熙寺基地建苏州府城隍庙，即景德路今址。正殿内供奉春申君像。春申君，即战国时楚国大臣黄歇（？—前238），与信陵君魏无忌、平原君赵胜、孟尝君田文合称为“战国四君子”。顷襄王时，他出使秦国，上书昭王，说退秦兵。又设巧计骗秦王，使人质的太子完脱险归楚。太子完即位，是为考烈王，他受封为义相，封淮北十二县。后改封江东，以吴（今苏州）为都邑。门下有食客三千。考烈王死，他在内讧中被杀。春申君在吴期间，对苏州有过杰出的贡献：一是修复阖闾古城，二是兴修水利。吴人为纪念他的功绩，曾在各地建造春申君祠供奉。唐以后又曾将他奉为苏州城隍神。上海人把黄浦江称为母亲河，将上海称为“申”，均与春申君有关。

现在的城隍庙，于2003年重修。有正门、仪门、城隍殿、三清殿，以及偏殿等。城隍殿内立碑供奉十个城隍，分别是：1.韦应物（约737—791），京兆万年（今陕西西安）人。贞元五年（789）任苏州刺史，清正勤政，赋性高洁。他与吴中名士相互唱酬，部分诗篇同情人民疾苦，以清德为唐人所重，天下号称“韦苏州”。2.白居易（772—846），字乐天。唐下邽（陕西渭南北）人。宝庆元年（825）任苏州刺史。居官勤瘁，为民造福。为便于交通，开辟山塘河岸，人称“白堤”。后因病离任，百姓啼哭相送。刘禹锡赠诗云“姑苏十万户，皆作婴儿啼”。3.刘禹锡（772—842），字梦得，唐洛阳人。大和六年（832）任苏州刺史，时水潦刚退，流庸尚多，灾民极多。他免赋除役，开仓赈灾，夙夜竭诚，不敢稍怠。与白居易诗歌唱和，时称“刘白”。4.范仲淹（989—1052），字希文，宋吴县（今苏州）人。大中祥符八年（1015）出知苏州。时大水，农田不能耕，乃疏白茆塘等五河，兴修水利，数年大稔。首创郡学，培养人才。生平好施，建义庄、义宅、义学、义田，极受百姓爱戴。5.文天祥（1236—1283），字宋瑞，号文山。宋庐陵

（今江西吉安）人。德祐元年（1275）知平江府。不久奉命移守余杭，转战抗元。兵败被俘，屡经威胁利诱，始终不屈，后被害。有“人生自古谁无死，留取丹心照汗青”之传世名句。6.周忱（1381—1453），字恂如，号双崖，明江西吉水人。宣德五年（1430）巡抚江南诸府，总督税粮。他革除积弊，兴修水利。改运粮法，设济农仓。改革两税，公私饶足。与吏民同乐，如同家人。7.况钟（1383—1443），字伯律，明靖安（今江西靖安）人。宣德五年知苏州，因百姓相留，连任十三年知府。他整饬吏治，均平徭役；断案公正，不徇私情。百姓称之为“况青天”。8.任环（1519—1558），字应乾，号复庵。明山西长治人。嘉靖三十年（1551）历任苏州同知。时倭寇犯苏州，任环带兵奋勇出击，屡战屡捷。自己身披数枪，几至死，为保卫苏州城的安全，立下功绩。9.张国维（1595—1646），字九一，号玉笥。浙江东阳人。明天启二年（1622）进士。明崇祯七年（1634）巡抚应天、苏州、安庆等十府，俗称“江南巡抚”。为人宽厚得士大夫心。建苏州九里石塘，修松江捍海堤。清军南下，以其势不可支而投河自尽。10.汤斌（1627—1687），字孔伯，河南睢州（今河南睢县）人。清康熙二十三年（1684）为江苏巡抚，除耗羡，禁私派，清漕弊，汰徭役，革盐商，复社学，重修泰伯庙，毁上方山邪神。吴中风俗为之一变。

吴县城隍庙，位于苏州城隍庙西侧。明代，苏州城内有两个县，即吴县、长洲县，每个县有自己的城隍，需建城隍庙。明万历二十三年（1595），袁宏道任吴县县令，在郡庙西侧的空地上建吴县城隍庙。

长洲县城隍庙，位于苏州城隍庙东侧。同年，长洲县令江盈科在郡庙东侧的空地上建长洲县城隍庙。这样，三座城隍庙并立一起，殿宇层层，飞檐翘角，黄墙红柱，瑰丽雄姿，蔚为壮观，形成了城隍庙建筑群。

春申君庙，位于王洗马巷（今王洗马巷16号）。祀春申君黄歇。据史料载，子城西南隅原有春申君祠，元末毁于兵火。明洪武三年（1370），将春申君祠移建于此。清乾隆四年（1739）六月重建大殿。咸丰十年（1860）又毁于兵火。同治五年（1866）又重建。

春申君庙，历来为道教活动的重要场所。1949年后，一度散为民居。春申君及夫人像、三十六天将及庙门口的石狮等，在“文革”中被毁。1990年，庙宇归还道教协会。由市道教协会重新修复。现存庙门、戏楼、大殿、二殿、厢房、道舍等建筑。庙前有照墙，两株古银杏左右耸峙，树龄在200年以上。庙门三间，门额为“春申君庙”，大门朱漆，庄重古朴。庙门上层为戏楼。戏台朝北伸出，宽4.85米，深5.5米，高2.97米。下承方石柱，上覆歇山顶，双戗飞翘，雕梁画栋，蔚为壮观。八角形藻井天花板上，一条神采飞扬的彩绘盘龙栩栩如生。檐下置牌科，配牡丹纹花板，额枋雕云龙纹饰。两侧有看楼（东楼已毁）。大殿面阔三间，宽16米，进深12米。殿脊上书“风调雨顺、国泰民安”，饰有鹤、鹿、云彩等。殿内塑春申君及夫人像。东厢房为天师殿，供奉道教创始人张道陵和八仙之一吕洞宾像。西厢房供的是慈航道人，两侧金童玉女侍立。东廊墙面嵌有石碑，记载庙的沿革变迁。2003年被列为苏州市控制保护建筑。

蒋侯庙，位于蒋庙前（今蒋庙前19、21、22号）。洪武年间建，祀蒋侯。蒋侯，字子文，汉末秣陵尉，讨黄巾军时于钟山阵亡。据传，吴大帝孙权定都建邺，蒋侯乘白马执白羽扇，示显灵异，遂封中都侯，立庙以祀。清雍正四年（1726）庙颓废，由里人重修。乾隆十年（1745）碑刻纪念。咸丰十年（1860）毁于兵火。同治十年（1871）重建。宣统二年（1910）又毁于火，又重建。

原庙大殿高敞，殿前露天石板上置铁香炉。有戏楼分上下层，高3.96米，宽1.11米，深3.7米。右“出将”，左“入相”。并有优伶候场处。戏楼下层通高3.95米，面积与上层等同。戏楼上层宽4.36米，长6.59米。朝演区一面置半窗，设有贵宾、香客、女眷等观剧席。

旧时，每逢农历八月二十八日蒋侯神诞，庙照例演剧、打醮致祭。民国十九年（1930）后，香火渐衰。“文化大革命”期间，神像等被毁。此后大殿、头门下层等为工厂所用。戏楼上层与看楼等散为民居，原建筑结构尚存。现为苏州市控制保护古建筑。

五路财神庙，位于芝草营桥。明初建，原在桥上，甚小，仅丈许。清乾隆三十八年（1773），知府萨载、吴县程兆选、绅士陈王宾、张萼咸等捐资历，购下西首民房后改建。道光十九年（1839），郡绅顾森、潘曾琦、王汉涛、陈鼎元、杨裕仁、马钊等捐募重建。光绪年间重修，面阔三间，共四进二十一间；隔巷有戏楼。抗日战争胜利后，庙内有南词（苏滩）同业公所“开智社”，并供老郎神立轴。但财神是何许人呢？历来说法不一。有说神姓杜名平，唐初人，兄弟五人，掌天下财源，正月初五日为神诞。有说是顾野王之子盛南、鸿南、夏南、周南、允南。有说姓何名五路，元末御寇死。有说姓杜名定，元时人。左右有招财乔有明、利市姚从益二神。

火神庙，位于景德路城隍庙西侧。万历年间由申时行出资建，祭祀火神菩萨。相传，中国火神有三：一为祝融，也作祝诵、祝和。传说是颛顼后裔的一支，帝喾任火正，因以火施化，号赤帝，故后世奉为火神。二为炎帝。因炎为双火，故奉为火神。三为回禄，又名吴回。《左传·昭公十八年》：“禳火于玄冥、回禄。”杜预注：玄冥，水神；回禄，火神。敬奉火神，为免除火灾，以保安宁。清康熙五十二年（1713）修。乾隆七年（1742）知府拓地扩建。咸丰十年（1860）毁。同治六年（1867）重建。大殿中供奉神像，正中为青娄圣帝，其左为火德星君，右侧是东厨司命。民国时期为救火会驻地，20世纪50年代改为小学，庙门、戏台、大殿尚存。

皮场庙，亦名“皮场大王庙”，位于盛家浜（巷）。《吴门表隐·卷三》云：

> 瘪虱大王庙在盛家浜，神本东京显神坊土神，神姓张名森，汉时汤阴人，为皮场镇吏（《榴龛随笔》）。森曾于镇上杀蝎除害，民感之，立惠应庙祀之（《湖山便览》）。庙向在汴京，与贡院邻，士人试礼部者必祷焉。宋初创建于吴，咸淳中加封显佑王。今民间生瘪虱者，用白雄鸡祀之甚验（《玉峰随笔》）。

此庙是明代为惩治贪官污吏专门建立的。此处原为盐政衙门，于天顺五年（1461）改建为皮场庙，简称“皮王庙”。《吴门表隐·附集》云：

> 各衙门立土地一祠，明太祖命建，名皮场大王神。曾定例，官吏坐赃八两以上，罪至剥皮楦草，故立此以警之。今各大宪仪仗中有搁楞，乃剥皮楦草器。法用滚桐油灌入腹中，坐罪人于上，上置水缸，将炒热河沙淋身，即硬，将起剥下，须眉俱有。锡捌即悬首木，藤棍，盘肠木。故刽子名捆绑手，有血衣等名色。

把贪赃者的皮完整地剥下来后，做成皮囊，内塞干稻草，悬挂于衙门外示众，以儆效尤。皮囊内塞草，是干瘪的，故附近百姓戏谑地称为“瘪虱大王庙”。所有剥皮工具，都存放在庙内保管，平时庙内供奉土地神，算是专管剥人皮的神灵。《明史·海瑞传》记载，海瑞上疏认为：当今惩治贪官的刑罚太轻，因举太祖法剥皮囊草及洪武三十年（1397）定律枉法八十贯论绞，谓今当用此惩治贪官。至今，皮场大王庙遗址犹在。

七姬庙，在城东北临顿里，今七姬庙弄。嘉靖年间建。相传，吴王张士诚之婿潘元绍，有妾七人，即程氏、翟氏、徐氏、罗氏、卞氏、彭氏和段氏，皆姿容绝世，工辞章，善刺绣。潘元绍为张士诚左丞相，朱元璋攻打苏州，兵临城下，他自知即将败亡，遂用语言激励诸姬，说：“敌兵攻城，城破奈何？”诸姬为保全名节，愿一起死于夫前。段氏先自缢死，其余六人也自缢身亡。明嘉靖四年（1525）知府胡缵宗题联曰：“三吴昭七烈，一死足千秋。”尚书吴宽题匾额“气凛璇晖”。清康熙二十四年（1685），巡抚汤斌题联曰：“死者不愧，转怜其生；一姬难见，而况有七。”郡绅贝墉辑有《七姬咏林》行世。今七姬庙已毁，其处有小巷，即名“七姬庙弄”。

关帝庙，在专诸巷太平弄西口，明永乐年间建。关帝，关圣大帝的简称。庙内供奉关公神像。关公即关羽，字云长。三国时河东郡解县（今山西运城）人。他与张飞投奔刘备，并结为兄弟，为刘备部将，帮刘备共扶汉室。曹操击败刘备，他被俘，曹操封他为汉寿亭侯，后仍投奔刘备。刘备在蜀中称王，任他为前将军，假节钺，镇守荆州。孙权袭取荆州，他骄傲轻敌，兵败被杀。关公生前忠义刚勇，神威凛凛，胸怀磊落，正气勃发，疾恶如仇，恩怨分明，所以民间对他十分崇敬，被佛化为神。初在荆州地区立庙，后遍及全国。历代帝王均给以加封，直至封为“三界伏魔大帝”“神威远镇天尊关圣大帝”。民间尊称为“关帝”“关圣”，并与“孔圣”（孔子）并立。旧俗，五月十三为关帝生日。是日，进香者络绎不绝，庙内香火极盛。是日下雨，称为“磨刀雨”。但钱塘冯少渠《关公祖系记》云：“侯以桓帝延熹三年庚子六月十四日生。”今以五月十三日生，非也。明弘治中，王鏊修。天启中文震孟重修。清康熙五年（1666），道士张有恒募建。民国时已衰败。1966年前为工厂占用，神像被毁。后翻建为民房。

安齐王庙，位于齐门内北园渔郎桥浜东首。因在城内，俗称“内安齐王庙”。祀安万年。宣统《吴县志稿》：

> 安齐王庙，在齐门内北园渔郎桥浜，神为安万年。元末，张士诚破齐门，万年拒战死，故土人以为神明。洪熙初建。清同治中重建。

后，安万年被封为大云乡土谷神，兼胥江河神。农历十月二十六日神诞。清代，在齐门外又建一座安齐王庙，时人称为“齐大老爷”。两老爷都姓安，二者之间分不清楚，因此苏州人有一句谚语：“倷碰着仔齐大老爷哉。”意思是“你糊涂，搞勿清”。

玄坛庙，位于司前街（今司前街95号）。明嘉靖十年（1531），里人张云龙建。清同治三年（1864）重建，俗称“财神庙”。传说神姓赵名朗，字公明，人称“赵公元帅”。他头戴黑冠，黑脸黑须，手执黑鞭，身跨黑虎。农历三月十五日为赵公明生日，苏州人有“斋玄坛”之俗。《清嘉录·三月》云：

> 十五日为玄坛神诞辰。谓神司财，能致人富，故居人多塑像供奉。又谓神回族，不食猪，每祀以烧酒、牛肉，俗称“斋玄坛”。

1964年拆毁，改建住宅区。

姜太公庙，位于仓米巷大卫弄（今大卫弄9号）。始建于明，后毁。清康熙四十二年（1703），僧悟通重建于明苏州卫治内之旗纛庙遗址。后其师在四川圆寂，函召悟通返川接任住持，遂将庙产折价归王道凝。后为居民住用。留有完整的石碑一块，载明该庙沿革，字迹清晰可见。姜太公，一名太公望，姜姓，吕氏，名尚。传说姜太公能驱神役鬼、呼风唤雨，在民间影响广泛，被视为家宅保护神。百姓在家门、屋壁等处张贴姜太公像或“姜太公在此，百无禁忌”字条，用以镇宅辟邪。若日常生活中不慎犯了禁忌，也说“姜太公在此——百无禁忌”，以为即可消解。

正觉寺（竹堂寺），位于王府基东南，即今公园路南端东边，宋代为杨和王别墅，元代为陆志宁的园居，后舍宅为庵，名大林庵，庵废。明洪武二十五年（1392）归万寿寺。明宣德十年(1435),僧此宗重建,敕赐名“正觉”,地广百亩,多植美竹,入寺竹树茂密,禽声上下,如入山林中,不知其为城市也,人称“竹堂寺”。因寺内环境幽静,吴宽、沈周、唐伯虎、文徵明等常去寺内读书、吟诗作画。沈周绘有《竹堂梅花图》,并题诗云:“竹堂梅花一千树,晴雪塞门无入处。秋官黄门两诗客,珂马西来花为驻……”唐寅画有达摩像并有书赞,嵌于壁间。辛亥革命后,重建为西竹堂寺,基地二百余亩,为苏州著名的梵音丛林。后废。

开元禅寺,位于盘门内。始建于三国东吴时期,孙权母吴夫人舍宅建。永禅师开山,名“通玄寺”。后毁。明代曾多次重修。《百城烟水·卷二·吴县》记载:

> 明永乐间重修。嘉靖间寺基西半为民居。至万历七年,苏松参政舒化檄府勘复归寺,命僧圆净募修,未成。十四年,郡绅钱有威、管志道偕寺僧净因,延虞山僧明宗修大殿。二十年,优婆塞真安修石佛殿、佛阁、天王殿,又建地藏殿、西方殿。二十六年,僧净因修戒坛。三十八年殿毁。四十六年,僧如缘建阁供奉钦赐大藏,纯垒细砖,不用寸木,雄杰冠江南。崇祯八年,僧海澄募建大殿。

这段文字,充分说明了明代修复寺观的曲折过程。其中万历四十六年(1618)“僧如缘建阁供奉钦赐大藏,纯垒细砖,不用寸木”。文中的“阁”即藏经阁,因不用寸木,无木料构架,故称“无梁殿”。内供无量寿佛,又称“无量殿”。殿呈平面长方形,面阔七间,宽20.9米,进深11.2米,重檐歇山顶,为楼阁式建筑。正座殿阁,用6根圆砖倚柱,凡墙、窗、门都不用木料,纯用细砖砌就,精工制造,坚固耐用,堪称一件艺术珍品,雄冠江南,为明代建筑史上的杰作。据传,太平军攻打苏州时,曾放火焚烧寺院,开元寺也难于幸免。但大火过后,其他殿阁尽毁,成为一片废墟,唯无梁殿独存,究其原因,殿无木料,皆细砖砌就也。

南禅集云寺,位于沧浪亭西。原为南禅寺,由唐代刺史白居易倡建,后毁。其处原有大云庵。洪武中重建南禅寺,将大云庵合并,更名为南禅集云寺。明嘉靖十二年(1533)重建。清咸丰十年(1860)毁于兵火,同治年间再重修,有大云殿、彩云殿等。民国二十年(1931)时,尚有大成殿、天王殿、钟楼等殿宇70余间,占地5000余平方米。抗战胜利后被占为伤兵医院。1956年筑工人文化宫,大佛四尊迁往他寺,寺庙被拆。

法雨放生寺,位于南星桥(今竹辉路竹韵桥)西,创建于明嘉靖年间(1522—1566)。清乾隆年间,在法雨寺后建放生寺。至民国尚有殿宇、僧寮20余间,供佛像数十尊。后两寺合并,改称“法雨放生寺”,又称“法尔放生寺”。1956年,建造苏州市工人文化宫时被拆。

灵慧寺，又名“周孝子庙”，位于乐桥西塊东侧，在今孝义坊。明成化七年（1471），郡人王英募建，吴宽、祝允明皆有记。内有蓬莱古井一口，其水清隽甘芳，相传为姑苏古井之一。周孝子系何人，有多种说法：一指晋阳羡人周处，入水斩蛟，上山杀虎，自己立志改邪归正，称为“除三害”，终为忠臣孝子。二指常熟人周容，事母至孝，人称“周孝子”。又有除蝗、驱虎、救水旱、攘寇盗等显迹，殁为神，乡人立庙祀之。三指平江市人周翁，因告城隍而驱除孝义坊一带疟疾，乡人称道而祀。民国二十年（1931）时，有殿宇、僧寮20余间，供佛像十数尊，占地600多平方米。正殿供奉千手观音、地藏、韦驮诸像。1970年后全部拆除。

礼拜寺，位于人民路北端砂皮巷内，永乐五年（1407）建。《姑苏小志》的“礼拜寺”条云：“七日一礼拜……”其库门上有“礼拜寺”三字。七日一礼拜，俗称“礼拜寺”。有教长米里闪思丁汉文石碑一座，永乐五年立。相传，明开国将领徐达、常遇春、胡大海等出征前后必来教堂洗浴，祈祷出征得胜，后为保护教长而立碑。

准提庵，又名“七子庵”，位于桃花坞廖家巷新光里。明万历十年（1582），僧旭小构建，供奉准提佛像。清嘉庆五年（1800），吴县知县唐仲冕（长沙唐氏族裔）重修，拓庵东之别室为唐寅祠，又称“唐解元祠”，祀唐寅、祝允明、文徵明三人像，署其室曰“桃花仙馆”。东壁嵌有唐寅于弘治十八年（1505）撰书的《桃花庵歌》，另有《六如居士画大士像》，以及蒋和书《般若波罗蜜多心经》、蒋和画《竹石图》等碑。后因房屋破旧，上述部分碑刻暂迁唐寅墓保存。房屋经整修后，现由为苏州版画院使用。

结草庵，位于沧浪亭东北，为南禅集云寺别院。据传：原有一个姓吉号草庵的人住在这里，故名，后讹为“结草庵”。旧名“大云庵”。元至正年间，僧善庄始建。正德中毁。明嘉靖十二年（1533），僧一峰重修。结草庵地处南园，平野特别空旷，竹林丛生，清幽雅静。有溪流前后环绕，庵在水中央。身入庵中，仿佛游于尘外，俗虑皆忘。明代，沈周、文徵明、唐寅、祝允明、杨循吉等常来寺内小憩、读书，或约会雅集，吟诗作画，乐而忘返。为此，沈周专门写有记游一篇，将结草庵周围之环境描绘得淋漓尽致，不妨引述如下：

弘治十年八月十七日，余有役于城东草庵为始游也……庵近南城，竹树丛邃，极类村落间。隔岸望之，地浸一水中。其水从葑溪而西，过长洲县治支港，稍南折而东，复南衍至庵……池广十亩，名放生。中有两石塔，一藏四大部经目，一藏宝昙和尚舍利。东西两小洲，椭而方，浮汩塔下，犹笔研相倚。东洲南次通一桥，惟独木板耳。过洲复接一木桥，人行侧足慄股栒，桥若与世绝。自此达主僧茂公房，房据东偏，中有佛殿。后亘土冈，延四十丈，高逾三丈，上有古栝，乔然十寻。其枝骹□深翠，数百年物。西亦有房，与东房等……山空水流，人境俱寂，宜为修禅读书之地……是夕宿西小斋，纸窗月色，耿耿无寐。因得五字律一首。“尘海嵌佛地，迴塘独木梁。不客人跬步，宛在水中央。僧闲兀蒲坐，鸟鸣空竹房，巍然双石塔，和月浸沧浪。”（沈周《草庵纪游诗并引》）

清嘉庆十三年（1808），僧达玲重建。咸丰十年（1860）毁于兵火。同治年间再重修，有大云殿、彩云殿等。民国二十年（1931）尚占地近20亩，有殿宇四40间，佛像19尊。1966年划归100医院。1978年医院扩建，殿塔尽行拆除。现仅存放生池和七孔桥，以及古银杏二株和白皮松一株，苍劲挺拔，古貌犹存。

瑞莲庵（大悲庵），位于齐门星桥巷16、18、20、22号。明崇祯九年（1636）建。清道光七年（1827），僧如本重建。殿宇朝南四路三进。西路第二进为大殿，屋脊有“佛日增辉”四字。面阔三间11.2米，进深12.2米，圆作梁，前翻轩。有佛堂、卧室以及东西厢房等。潘世恩记勒石。民国二十一年（1932），僧修文（镇江人，佛教会长）重修。殿后为园，内有池塘，植五色莲花，池中心筑亭，夏日莲花盛开，清香幽绝，故名。1950年，佛像和九个佛台迁入西园寺，1958年后归工厂。1966年破“四旧”，佛像全毁。1977年后，九曲桥、荷花池由工厂拆填造楼房。现为苏州市控制保护古建筑。

白椎庵，位于阊门外鸭脚浜。初名“清照”。万历间，湛明法师重建，文湛持太师书“晋生公放生处”，后更今名。淇之徒闻照传衣，苍雪继住。清顺治末，闻之徒雪邻传衣，玄道住持。

慕栖庵，位于桃花坞蔡家桥。万历末建，崇祯间，僧萝云修。西偏深竹中有禅室五间。

金幢庵，位于南仓桥东北。崇祯年间许方伯园居，名“石虹园”。内有三层楼房及池台花木。或云是七塔寺外院废址。清顺治时，由释印持与法弟湛门分构，建为金幢庵。印持，名溥闻，吴县（今苏州）人。于西禅寺出家，传衣于中峰苍大师。当时人对金幢庵多有题咏，如“桃花落尽不知年，卜得幽居爱地偏”“楼高双塔云天外，城俯长洲万户悬”“荒园成鹿苑，高阁出千家”“树密藏啼乌，庭深积落花”等。

卫道观，位于平江路中段东侧，今卫道观前16号。祀奉“三清神”，即玉清元始天尊、上清灵宝天尊、太清道德天尊。卫道者，有保卫道教神仙之意。元初，蜀人邓道枢建。他以教法显于理宗、度宗两朝，宋亡后避祸来平江，建卫道观。明弘治中，法师张复淳重建。史载，明申时行曾在观内读书。申时行（1535—1614），字汝默，号瑶泉，晚号休休居士。长洲（今苏州）人。嘉靖四十一年（1562）状元。授修撰，十九年加太傅。世称“太平宰相”。著有《书经讲义会编》《赐闲堂集》等。康熙五年（1666），法师周弘教重开山，扩建堂宇，鼎建三清大殿，东为东华堂、申文定公读书处，西为西华堂，王太常时敏书额。

十、祠堂(墓)的建筑

祠堂是封建社会的产物。在封建社会,为祭祀先贤或祖宗,建造祠堂是常有的事。祠堂,也称“庙堂”,或称“家庙”“家祠”。祠堂的设立由皇帝的太庙演变而来,约兴起于汉代,历经宋元,明代是鼎盛时期。苏州地方官署多,官员多,大户人家也多,因而,所建祠堂也多。祠堂建筑的规模是依据官衔或家族的经济实力决定的。苏州的大街小巷,几乎都建有祠堂,成为街巷的一道风景,一种文化现象。

苏公祠,全称“苏文忠公祠”,在定慧寺巷(今苏公弄处)。明宣德五年(1430),苏州知府况钟建祠,祀宋代文学家苏轼。清道光十四年(1834),按察使李彦章、郡绅石韫玉、吴廷琛、顾沅倡议,总督陶澍、巡抚林则徐等官绅捐助,重建苏公祠于定慧寺北。咸丰十年(1860)毁。同治七年(1868)知府蒯德模重建。光绪十九年(1893)重修。苏轼(1037—1101),字子瞻,号东坡居士,眉州眉山(今四川眉山)人。宋仁宗嘉祐二年(1057)进士。曾任福昌主簿,签书凤翔府判官。后以龙图阁学士出知杭州。苏轼学问渊博,为“唐宋八大家”之一。著有《东坡七集》《东坡乐府》等。他与苏州闾邱孝终(任黄州太守)和定慧寺方丈守钦友好,往来甚密。来苏州必居定慧寺啸轩,后以啸轩辟苏公祠。今已废。(参阅第五章宋元·定慧寺)

况公祠,位于道前街西美巷。况钟(1383—1443),字伯律,江西靖安人。初为小吏。永乐二十一年(1423)荐授礼部中。宣德五年(1430)出任苏州知府,政绩卓著,秉公执法,平反冤狱,被尊为“况青天”。届满时,民众二万余人乞留,感动朝廷,下诏留任。在任共十三载,积劳成疾,正统七年(1443)病故于苏州。

二尚书祠,位于胥门外皇亭街。建于弘治十一年(1498),祀户部尚书夏原吉、工部尚书周忱。夏原吉(1366—1430),字维喆,湘阴(今湖南湘阴)人,洪武初入太学,选入禁中,擢户部主事。成祖即位,进户部尚书。永乐元年(1403)受命主持浙西水利,多有建树。他理财有方,为成祖所信赖。周忱(1381—1453),字恂如,号双崖,吉水(今属江西)人,永乐二年(1404)进士,进文渊阁。宣德五年(1430),以荐超迁工部右侍郎,巡抚江南诸府。他革除税弊,请减苏州田赋七十二万石,又赈贷余资,兴修水利,恢复农业,仓有余粮。苏州百姓深感其德,故建祠以祀。今废。

王鏊祠,位于景德路中段北侧。原名“王文恪公祠”。嘉靖十一年(1532),王鏊的儿子中书舍人王延喆奏建此祠。清代历经修缮。祠坐北朝阴南,占地约1000平方米。

现有头门面阔五间，进深五界。过厅、享堂三进，为明代遗构。过厅面阔五间，进深七界。享堂面阔三间15.02米，进深13.84米，高7.66米，上饰挂落，下安栏杆，落地长窗明间八扇。1950年后，长期被企业用作仓库，房屋失修，门窗缺损。1980年7月全面整修。1995年被公布为江苏省文物保护单位。现由中国苏绣艺术博物馆使用。

忠烈祠，位于乘鲤坊（今旧学前）。正德十年（1515）建，祀南宋文天祥。相传祠初位于永丰仓北，大学士李东阳题曰“正气堂”。此处原为长洲县学，嘉靖二十年（1541），县学迁移至狮子口东（今干将东路东端），即改建为祠。墙上嵌有文天祥后裔文徵明所书的《正气歌》。万历四十三年（1615），知县胡士容与文徵明的曾孙文震孟协商将祠堂修葺一新。清乾隆三十一年（1766）御赐“正气成仁”匾额。光绪十四年（1888）重修信国公祠碑。“文化大革命”中遭毁。现原祠堂全废，其处已改建为民房。

范成大祠，即范文穆公祠。位于高新区石湖茶磨屿下。范成大（1126—1193），字致能，号石湖居士，吴县（今苏州）人。以诗与陆游、杨万里、尤袤齐名，合称“南宋四大家”。官参知政事、资政殿大学士。曾奉命出使金邦，不畏强暴，不辱使命，几乎被杀。出使途中作纪行诗七十二首，表达了渴望国家统一的强烈爱国主义思想。著有《石湖集》《吴郡志》等。正德十五年（1520），御史卢熊于石湖行春桥畔建范文穆公祠。次年，又将范成大手书《四时田园杂兴》六十首诗摹刻石碑，嵌于祠壁。万历四十年（1612），参议范允临重建。崇祯十二年（1639），巡抚张国维重修。1963年被列为苏州市文物保护单位。

言子祠，乐桥北堍东侧，今干将东路乐桥东堍北侧。万历十二年（1584），由状元宰相申时行倡建。言子（前506—？），名偃，字子游，春秋末吴国人。孔子得意门生，为孔门十哲之一，被尊称为“南方夫子”。新中国成立后为干将小学，今为言子书院。

五人墓

五人墓，位于阊门外山塘街青山桥畔，为纪念明代苏州市民反抗宦官魏忠贤、仗义捐躯的五位义士之墓。天启六年（1626），有个朝廷官员被东厂特务逮捕，押解路过苏州，苏州退职官员周顺昌设宴招待，并将自己的孙女许配给他的孙子。魏忠贤知道后非常恼火，派出特务将周顺昌逮捕。这一消息很快传遍了整个苏城，大家声称周顺昌无罪，特务非但不听，还手举刑具威胁市民。此时，颜佩韦、杨念、沈扬、马杰、周文元等站出来为周顺昌喊冤，大骂奸贼魏忠贤。特务们拔出剑来，搏击五人。这时，市民愤怒地围了上去，与特务展开搏斗，打得特务四散奔逃。事情过后，官府逮捕十三人下狱，将颜佩韦、杨念、沈扬、马杰、周文元五人处以极刑。十一个月后，天启皇帝死了，魏忠贤失去靠山，不久被罢职逮捕，并畏罪自杀。崇祯元年（1628），苏州市民共同倡议拆除山塘街上魏忠贤普惠生祠，将五位义士的骸骨葬在那里，题为“五人之墓”。文学家张溥写有《五人墓碑记》，影响广泛，被收入《古文观止》。

葛成墓，位于山塘街五人墓畔。万历二十九年（1601），太监孙隆受派到苏州增加税收，设立关卡，横征暴敛，民怨沸腾。万余机匠失业，掀起了反税监的斗争。葛成是一位丝织工人，他在玄妙观“攘臂而起，手执芭蕉扇，一呼而千人响应”，缚税官六七人投之于河，焚宦家之蓄税官者，又包围税监司衙门，吓得税监逃至杭州。不久，葛成被官府抓去，关押十三年。出狱后，他被尊称为“葛贤”“葛将军”。葛成自愿去五人墓守墓，病殁后，葬于五人墓侧，墓碑刻“有吴葛贤之墓”。

张公祠，即张忠敏公祠，又称“张东阳祠”，位于山塘街（今山塘街800号）。祀明末应天巡抚张国维。崇祯十六年（1643）建。清乾隆十一年（1746）重建，咸丰十年（1860）毁。同治十一年（1872）再建。光绪三十三年（1907）十月，文学团体南社在此成立。《明史·卷二百七十六·张国维》载：张国维，字玉笥，浙江东阳人。崇祯七年以右佥都御史巡抚应天、安庆等十府。宽厚得士大夫心，属郡灾伤，辄为请命。筑太湖、繁昌二城，建苏州九里石塘及平望内外塘、长洲至和等塘。修松江捍海堤。迁工部右侍郎，总理河道。后抗清失败投水自尽，谥“忠敏”。

祠前有四柱三间五楼石坊一座，额题“泽被东南”。坊前有石狮一对。祠内有“风清海江”匾额。李根源《虎丘金石经眼录》记述：“（周）文襄祠园暨张忠敏公祠园，池馆山石，离落有致，花木亦修古，名园也。今任其颓废，可惜！”1950年后，在此办酒坊，办香料厂，祠毁。

原有乾隆时苏州知府赵锡礼《重修张忠敏祠碑》，现嵌入山塘街800号西侧屋内隔墙间；原有同治时冯桂芬撰书《重修张忠敏公祠记》条石半方，在1995年建房时被当作建筑垃圾丢弃。现张公祠已修复，并成立了中国南社纪念馆。2019年8月，张公祠被列入苏州市文物保护单位。

十一、城区的水利建设

苏州为水乡城市，城外运河围绕，城内河道纵横。河道是水利的重要建设，也是排水的主要渠道。有明一代，对河道建设十分重视，据《苏州河道志》记载，曾多次疏浚城内河道。主要有：

天顺八年（1464），知府邢宥于阊门内下塘宋元古仓址，重建船埠码头，东西长约80米，河面宽30米，以供送粮船停靠，至今遗址尚存。

弘治六年（1493），苏州府水利通判应能主持浚治府城内河，又浚枫塘、虎丘山塘。

嘉靖四年（1525），水利佥事蔡乾浚市河七段，自盘门新桥起，至北过军桥（即第一直河）止。

万历三十四年（1606），巡抚都御史周孔教浚府城内三横四直河。

万历四十五年（1617），巡抚都御史王应麟主持浚治苏州城内河流。浚三横四直及玉带河。

崇祯三年（1630），吴县知县陈文瑞浚县前河。

崇祯九年（1636），江南巡抚张国维编辑《吴中水利全书》，命人详细绘制《苏州府城内水道总图及四隅分治图》（简称《水道图》）附于书中。

崇祯十年（1637），巡抚张国维疏浚三横四直河。

崇祯十四年（1641），苏州知府陈洪谧、推官倪长圩、长洲县知县牛若麟缮城浚河。

据《明末苏州府城内水道图》所载河道桥梁数目统计，明代苏州城内有以三横四直为骨干，经纬交织的长短水道百余条，总长度约84—89公里。较《平江图》上所载河道长度增加约4149米。

（一）新开河道15处，计约4479米

1.阊内门浒溪东环河经东仓桥一段，约长311米。

2.北寺东环河向北延伸通北内城河一段，约长311米。

3.富孙桥向东延伸通内城河一段，约长248米。

4.朱马交桥向东延伸通内城河一段，约长248米。

5.北张家桥向东延伸通内城河一段，约长248米。

6.熙宁桥向东延伸通内城河一段，约长248米。

7.南张家桥向东延伸通内城河一段,约长248米。

8.长洲县学东环河通北环河一段,约长124米。

9.寺西桥经大云桥通沧浪池一段,约长594米。

10.南星桥经天灯桥至溪公桥一段,约长995米。

11.和丰仓西环河经仓桥通北环河一段,约长466米。

12.第二直河李公桥西经采莲泾桥一段,约长248米。

13.第一直河西蒋家桥以西一段,约长80米。

14.第一直河西梵门桥以西一段,约长80米。

15.瓶场桥往北延伸通宫桥所跨横河一段,约长30米。

(二)填没河道五处,计约330米

1.第一直河支河郑使桥西一段,约长80米。

2.第二直河支河徐胡桥西一段,约长80米。

3.第三横河支河唐家桥所跨河段,约长70米。

4.第二直河支河蔡家桥所跨河段,约长70米。

5.城中心天心池东一段,约长30米。

以上数据摘自《苏州河道志》。

十二、城内外的桥梁建设

明代继宋元之后,为方便行人,在城内河道及城外河道上,新建和修建了许多桥梁。

(一)城内桥梁建设

宝城桥,跨城内第一横河(桃花坞河)。建于明初。官府在苏州设立东、西、南、北四个府仓,储存粮食。北仓名“宝城仓”,桥在府仓畔,因而得名。讹写“宝成桥”。清嘉庆七年(1802)修。为单孔砖石桥,长11米,宽2.9米,跨4.8米。1978年重建,改为单孔水泥石板桥。后又改建为花岗石单孔平桥,长11米,宽3.3米,跨径4.8米。花岗石镂空桥栏,立望柱6根,高1.1米。

乘马坡桥,跨城内第二横河(干将河)。弘治年间(1488—1505)建,名“青云桥”。《姑苏志·卷十九·桥梁上》载,弘治年间,知县邝播移桥于县学学门西,改名“青云桥”。万历三十四年（1606），吴县知县曾如君再移桥至文庙庙门东侧，改称“状元桥”。清雍正、嘉庆年间曾重建，为条石三块板梁单孔平桥，长5米，宽1.6米。1993年改建干将路时重建，并因正对乘马坡直巷而改今名。为单孔钢筋混凝土拱桥，长8米，宽12米，跨径6米，花岗石桥栏。

福民桥，跨城内第三横河，位于长洲县衙门前。洪武元年（1368），据旧俗，县衙门前造桥，大都称“福民”，有“为官在于福民”之意，以表其志。桥北堍正对县衙大门。为便于官员坐轿、骑马出行，为条石板梁单孔平桥，宣德年间，知府况钟建。1983年，改建为钢筋水泥板梁单跨平桥，长19.2米，宽4米，跨度5米。花岗石实腹桥栏，阴刻填红行书桥名及“沧浪区城建局一九八三年改建”字样。

福民桥，跨城内第三横河，位于原府衙之前（今苏州人民大会堂附近），亦名“府署桥”。宣德五年（1430），况钟任苏州知府时建。嘉靖元年（1522）重修。1985年重建，为单孔条石板梁平桥，长8米，宽4.5米，跨径4.6米。并将望星桥北堍已拆迁的宋朝所建百狮子桥部分武康石桥栏移建于此。为实腹桥栏，两侧武康石边梁浮雕舞狮24只，矫健活泼，虽年代久远，模样模糊不清，但图案依稀可见。2010年，沧浪区政府出资重修，并改今名。

星造桥，跨城内第三横河（十金河）。建于明初。相传，有块陨石砌入桥中，故名为“星造桥”。后里人俗称“新造桥”。清雍正年间曾重建。1984年精工大修，为单孔花岗石有阶拱桥，长14.8米，宽2.8米，跨径5.6米，两堍步阶各18级，花岗石实腹桥栏，栏中间书写桥名。

西城桥，跨城内第一直河（黄鹂坊河）。《姑苏志·卷十九·桥梁上》：“西成桥，大西门内，知县邝璠建。”文林撰有《西成桥记》记录如下：

> 弘治甲寅冬，任丘邝侯璠来宰是邑，爱民治事匪怠。乃明年，相地市民居，创石桥跨河，剡上块下，置墩镌级，去柱与栋，连卷不假寸木而固，卧若偃月，而修衍袤若干尺，广如袤之半，为工若干，完美倍他……因名曰“西成”，亦以地控县西，而岁又适饥，示有年也。既而曰“里”，名“北贞”。贞可以保有终也。《易》曰“贞则实之成也”，斯里实有儆于予。乃表里于东，曰“北贞”；表桥于西，曰“西成”。（转引自《苏州老桥志》）

明《水道图》标注为“西成桥”。原系单孔石平桥。清嘉庆十七年（1812）重修。民国十八年（1929），苏州工务局重建。民国二十四年又重建，为单孔钢筋水泥拱桥，长24.4米，宽5.4米，跨径8.8米，石柱铁栏杆，望柱上书写桥名。

平安桥，跨城内第一直河（黄鹂坊河）。始建于明。清光绪三十四年（1908），里人募捐重建，为条石平桥，长12.6米，宽4米，跨径7.5米，由3块大长石铺桥面，实腹条石桥栏。新中国成立后又重建，现为花岗石单孔平桥，长13米，宽2.2米，跨径7.5米，由3块大条石作桥面，花岗石桥栏，高0.8米。南北两侧各有2根望柱，柱头有简单图案，跨梁中间书写桥名。

青龙桥，跨城内第三直河（临顿河）。旧在文庙前，名“青龙桥”。弘治中，知县邝璠移置于此，改名“青云桥”。嘉靖年间（1522—1566），推官张滂重建。万历二十四年（1596），知县曾一刀以形势不称又移桥至文庙门左侧，改名“青龙桥”。原系石拱桥，1982年改建为石板平桥，长7.8米，宽3.2米，跨径6米。花岗石雕桥栏，中间书写桥名。

堵带桥，跨城内第三直河（齐门河）。始建于明。明《水道图》标注为“赌赛桥”。清《三横四直图》标注为“堵带桥”，俗称“肚带桥”。民国二十三年（1934）改建。原为石级桥，现为石板平桥，长12米，宽4.7米，跨径6米，花岗石栏杆，南北两侧各有6根望柱，栏板中间书写桥名。

新桥，跨城内第四直河。始建于正德元年（1506）。桥之南堍与跨平河上东西向的众安桥东堍北侧直角相交为双桥格局。横桥为众安桥，竖桥为新桥。1960年重建，为单孔石板平桥，长4.5米，宽3.1米，跨径2.5米，石雕实腹桥栏，中间书写桥名。

南开明桥，跨城内第四直河支河大柳枝巷河。始建于明初。民国《吴县志·卷二十五·桥梁》：

> 南开明桥，在宝成仓南。万历十六年里人龚勋重建。清乾隆四十四年重修。

1974年改建为钢筋混凝土平桥，长9.5米，宽6.9米，跨径7.1米。石雕桥栏，高0.5米。

通济桥，跨第四直河支河大新桥河，始建于万历年间。清《姑苏城图》标“新造桥”。民国《吴县志·卷二十五·桥梁》：

> 通济桥，在青邱仓西，清嘉庆二年重建。

民国七年（1918）改建，由石拱桥改为石梁桥。1989年拓建，原为单孔条石平桥，现为钢筋混凝土平桥，桥长14.6米，宽5.6米，跨径6.2米，花岗石实腹桥栏，栏板上雕有纹饰，中间书写桥名。两侧各立4根望柱，上刻简单图案。

探桥，跨城内中市河，始建于洪武元年（1368），筑阊门月城时建。为守城驻军在此侦探敌人军事行动，同时放哨瞭望，故名“探桥”。清嘉庆二十年（1815）整修加固，为石级拱桥。1966年，将原石级拱桥改建为单孔石板平桥，长8.7米，宽5米，跨径5.2米。雕花石栏杆，栏板中间书写桥名。

尚义桥，跨阊门内城河。始建于天启年间（1621—1627）。明《水道图》标注为“尚义桥”。桥处于古城西北部荒僻之地，为外地受灾农民逃奔苏州的暂居处，共同的苦难经历与贫困生活，使得居民崇尚江湖义气，故将此桥命名为“尚义桥”。清乾隆十二年（1747）重修，为石拱桥，长5米，宽3米，跨径3.5米。1983年修建，改石拱桥为石板平桥，长6.2米，宽3.55米，跨径4米。

（二）城外桥梁建设

普安桥，跨阊门外山塘河支流鸭蛋桥浜。《吴县志·卷二十五·桥梁》载：

> 普安桥，明弘治十四年知县邝璠建。清嘉庆十九年建。

东西向，此桥结构独特，为马蹄形石拱平桥，长30米，宽21.2米，跨径4.5米，矢高3.6米。武康石拱券分节并列砌置，拱顶为长纹石2根。桥孔由南北两个拱卷并列合成，南孔净跨4.5米，矢高3.6米，中宽3.5米。北拱与之相似，而中宽达17.7米。清嘉庆十九年（1814）重建，为椭圆形石拱桥，长6.5米，宽21.2米，跨度6.5米，高0.65米。石雕桥栏，桥面上雕有八卦图案。清同治五年（1866），桥面上增建一关帝庙，内供关帝神像。整个建筑坐落在拱形隧洞上，隧洞长约30米，至今基础未动，仍可通船。桥面是庙桥结合的典型。庙房占去桥83%的面积；庙前仍有桥面，供行人、车辆通行。民谚云：“普安桥，造得好，庙蹲桥，桥载庙，庙门对河道。”桥南10米处，原有跨河戏台与关帝庙门相对。每逢庙会，台上演戏，人站在庙前桥上和沿河两岸及船上看戏，热闹异常。

通贵桥，跨阊门外山塘河。弘治初，里人吴一鹏捐建。清顾公燮《丹午笔记》：

> 山塘吴文公端一鹏与菩萨庵前郭方伯某友善，朝夕过从，造桥以便往来，名曰“通贵”。

清乾隆《元和县志》载，隆庆二年（1568），五色云见桥上，故名“瑞云桥”。明崇祯十三年（1640）重修。清乾隆五十三年（1788），里人吴三复捐资重修。清光绪六年（1880），虎丘昌善局、清节堂募资重修。桥长19米，宽2.3米，跨度7.2米，南堍踏步13级，北堍踏步16级。砖石砌实腹桥栏，栏板中书写桥名，望柱上刻有“里人吴三复重建通贵桥”“光绪六年玖月吉旦”“虎丘清节堂、昌善局重修”字样。桥侧立有石碑，因字迹漫漶，已无法辨识。

五泾浜桥，跨阊门外山塘河南支流五泾浜。始建于明朝。始称“吴泾浜桥”。清初，曾名“渔泾浜桥”，后讹为“五泾浜桥”。历代修建，未见史志记载。新中国成立后重建，为钢筋混凝土桥，长6.5米，宽4米，跨径4.2米。山塘河两侧在夏季洪水多发季节常有水患，居民积水成河，防汛抗涝。1985年5月，市人民政府在五泾浜桥东侧建有五泾浜闸，控制山塘河水位，解决居民受淹灾害，桥闸一体，成为属留园地区控制河道水位的防汛设施。现为钢筋混凝土桥，长5.5米，宽4米，跨径4.5米。

龙华寺桥，跨阊门外山塘河支流打柴浜。建于明代。因桥南有龙华寺，以寺名桥。历代修建，未见史书志记载。新中国成立后，曾整修，为单孔石拱桥，长15米，宽2.5米，跨径4.7米，桥两端原有石级踏步。1986年因车辆交通需要，在石级上铺设水泥。桥面中心石浮雕轮回纹，桥孔内镌刻“莲池”两字，字迹已渐风化。

万点桥，跨阊门外山塘河北支流席家浜。明代中期建。《姑苏志》作“范点桥”。弘治十三年（1500）重建，将木板桥改为石板桥。清光绪六年（1880）修建。新中国成立后，将石板桥改建为武康石、花岗石混构的平板桥，长米6.5米，宽2.8米，跨径3米，花岗石桥栏。

仓桥，跨阊门外山塘河支流仓桥浜。天启年间（1621—1627）之前建。明《水道图》标注为“东仓桥”。桥址所在地为浒溪仓，东西两桥以仓的方位得名，仓西名“西仓桥”，仓东名“东仓桥”。后东仓桥改称“仓桥”，西仓桥改称“里水关桥”。清乾隆二十年（1755）重建。清代桥名错乱混杂，曾更名为“延庆桥”“义役仓桥”“乐输仓桥”“绿水仓桥”等。新中国成立后，通过地名整顿，现苏州仅存两处仓桥：一为阊门内的“仓桥”，一为长洲路的“南仓桥”。1984年重修，为石板平桥，长6.6米，宽3.5米，跨径3.8米，砖石实腹桥栏，栏高0.8米。

白莲桥，跨阊门外山塘河支流白莲桥浜河。始建于明朝前期。《姑苏志》著录。桥名取自所处的白莲浜。清同治十二年（1873），将原木桥拆除，重建石拱桥。20世纪50年代改建，为单孔钢筋混凝土板桥。1987年拓建，桥长12米，宽17.5米，跨径5.8米，加水泥镂空桥栏，栏板两侧书写桥名。

上津桥，跨阊门外上塘河（古运河）。津，渡口也。因在上首，故名“上津桥”，与下津桥相对。约始建于明末，其名最早见于清康熙年间。清康熙《苏州府志》有著录。现桥身西侧金刚墙上刻有“丙寅年河道重建”“上津桥口北□工毕”等字。为半圆形单孔石拱桥，南北走向。全长42.45米，宽3.7米，净跨12.2米，矢高5.9米，赤色花岗石砌拱券为分节并列式砌置，东侧桥额阳刻楷书“上津桥”，桥面石刻轮回纹，桥栏以青砖砌成，间以花岗石望柱，条石压顶。南北两坡铺设石阶踏步，南为27级，北为31级。青砖桥栏，间以石望柱，上覆条石。1985年重修。2010年，进行整修维护。

明朝嘉靖年间，苏州人民在上津桥处抗击倭寇，值得一提。民国《吴县志·卷五十四·兵防考》载：明世宗嘉靖三十三年（1554）六月间，倭寇在枫桥、上津桥、阊门一带焚掠抢劫。苏州总兵任环带兵出击，在上津桥处杀败倭寇，迫使倭寇狼狈逃窜。

上津桥西南有一座碑亭，为清光绪年间吴县知县李超琼立，上书“故明郝将军卖药处”。郝将军，名太极，明末云南晋宁州人。明亡后隐于医，卖药于吴中上津桥。死后也葬于此。顾炎武有诗：“曾提一旅制黔中，水蔺诸酋指顾空。入楚廉颇犹未老，过秦扁鹊更能工。风高剑气岭川外，水沸茶声鹤涧东。桥畔相逢不相识，漫将方技试英雄。”李超琼有《题上津桥郝将军卖药处》诗：“上津桥下水沄沄，药市风清远莫闻。路近留园花舫织，无人解吊郝将军。”1982年被列入苏州市文物保护单位。

下津桥，跨阊门外上塘河。成化十八年（1482）建，为单孔弧形石拱桥。桥据要津，故名“通津”。清康熙四年（1665）、道光二年（1822）、光绪三十二年（1906）相继整修。1984年，市政府拨款重修。为花岗石混合结构单孔石拱桥，全长36.7米，顶部宽4.8米，底桥南、北分别宽6米和6.5米，中宽40.95米，净跨12.2米，矢高6.3米。拱券用青石并列砌置，其他部位均为花岗石。石雕实腹桥栏，栏板中间阳刻“下津桥”额。桥面石刻轮回纹，青石拱形分节并列砌置。两坡铺设花岗石踏步，南26级，北25级。条石栏板，高0.45米。现桥西北部望柱上仍刻有“金阊永善堂重修”“光绪三十二年秋立”字样。

广济桥，跨阊门外上塘河。始建于明朝前期。《姑苏志》著录。清同治元年（1862）重建，为石墩石级木梁桥，条木桥面。光绪三十二年（1906），上海至无锡段铁路运营后，此处急需桥梁，宣统三年（1911）改建为钢筋混凝土拱桥，由于建桥结构受西方桥梁影响，桥梁较大，俗称“洋桥”。民国十一年（1922）扩建，改引桥孔为砖拱，长10米，宽12米，跨径8米。2003年拓建，为三孔钢筋混凝土平桥，石雕桥栏，长43米，宽32米，跨径43米。跨上塘街一侧有旱桥，为苏州最早的城市道路立交桥之一。

吊桥（万年桥前身），跨胥门外城河。《吴门表隐·卷七》载：

> 胥门向有吊桥，紫石甚古。明嘉靖时，严嵩爱而拆去，今在袁州城外，亦名“万年桥”。

说明在嘉靖之前，胥门城门外有一座古桥，用紫石筑成。后被奸相严嵩拆去，一说是造了相府的后花园，一说是运到严嵩老家江西分宜县，在城外照样安装了一座大桥，仍名“万年桥”。在《江西通志》上也有这样一段记载：

> 万年桥，分宜县清源古渡东。明嘉靖丙子严嵩建，以万年祝天子万寿自为记。

诗人潘耒专门写有一首《万年桥》诗，以纪其事。诗云：

旧传吴胥门，有桥甚雄壮。不知何当事，谄媚分宜相。
折毁远送之，未悉其真妄。兹来经秀江，巍桥俨相望。
横铺八九筵，袤亘数十丈。石质尽坚珉，蹲狮屹相向。
皆言自苏来，运载以漕舫。严老自撰碑，亦颇言其状。
始知语不虚，世事多奇创。桥梁是何物，乃作权门饷。
鞭石与驱山，势力岂多让。充此何不为，穹天一手障。
为德于乡里，或云差可谅。不闻掠彼衣，而今此挟纩。
冰山一朝摧，没籍无留藏。独此岿然存，千秋截江涨。
颂詈两不磨，功罪亦相当。犹胜庸庸流，片善无足况。
吴山多佳石，胥江足良匠。有能更作桥，旧式犹可仿。

万年桥被拆除以后，行人过河靠船只摆渡，江深水急，遇上大风，有覆舟之危。后在清代乾隆时重建。

通渭桥，跨胥门外小河浜。始建于明。清乾隆二年（1737）重建，为单孔梁式石板石级平桥，长13.5米，宽2.1米，跨径4.43米。砖石实腹桥栏，两坡石级，东面10级，西面7级，桥梁正中刻“通渭桥”额。北侧刻桥联：“凡析利时行自利，此心平处路皆平。”南侧刻桥联：“旅喜船新山踊跃，舟歌沚湜水潆洄。”新中国成立以后，桥周围商市繁荣，通过桥梁的行人车辆繁多，随着东坡道路的不断提高，东坡步阶已消失，东坡和长春弄填平，西坡步阶仅存5级踏步。桥梁的结构、形态、长度、宽度、跨度、矢高均无变化，仍保持清代桥梁的面貌。

归泾桥，跨胥江与康履桥河交汇处。始建于明。清代重建，系单孔花岗石结构拱桥，长11.1米，宽3.1米.跨径5.7米，矢高3米。拱券为纵联分节并列砌置，砖石桥栏，北侧金刚墙上刻桥联：“横连南北占坦途，市接东西庆物丰。”2008年修建，为单孔花岗石拱桥，长11米，宽3米，跨径4米，砖石砌实腹桥栏，两侧各有6根望柱，柱头刻水纹图客，栏板中间书写桥名。

高木桥，跨胥江支流水车浜。始建于明，原系高架木桥，故名“高木桥”。清末重建，系石板拱桥。1959年改建，单孔钢筋混凝土平桥，长5.5米，宽6.15米，跨4.7米。1991年扩建阊胥路时重建，为钢筋混凝土平桥，长10米，宽21米，跨径6米。2006年重建，为水泥板梁平桥。长17.2米，宽34.5米，跨径8米。桥北建有水闸。

小日晖桥，跨胥门外夏驾河。原名“夏驾桥”，讹称为“小石灰桥”。始建于明。民国《吴县志·卷二十五·桥梁》载：

夏驾桥，俗名“小日晖桥”，跨夏驾湖口。明成化十年知府邱霁建。

清光绪晚期，胥门外开辟大马路时，在此重建新式木结构桥梁，当时民间曾将此桥称为“小洋桥”（与泰让桥“大洋桥”相对）。民国十九年（1930）重建，为钢筋水泥现浇板桥。水泥桥栏嵌有矩形青石碑四方，刻有桥名“小日晖桥”“民国十九年十一月吴县建设局建造”字样。长9.9米，宽10.95米，跨度8.75米。1993年6月拓宽阊胥路时重建，同年11月竣工，为钢筋混凝土半梁桥，长6米，宽45米，单跨7.8米，斜交40度。

普福桥（亭子桥），跨胥门外横塘运河，又称“横塘桥”。《横溪录》云：横塘桥之名普福也。洪武二十年（1387），由僧人明嬰募修，正统八年（1443）秋八月落成，期间相隔了五十多年。清康熙四十七年（1708），郡人章豫重修。桥为三孔石桥，桥中央建有一石柱亭子，题“横塘古渡”。亭中一石幢，刻佛像，祈佑行人平安。在桥两岸的四角，各掘有一井，井上也建有亭子，且都有题额，东南面题“玉宇悬河”，西南面题“宝云拱极”，东北面题“百雉回翔”，西北面题“万峰丛秀”。这四座亭子，连桥上的一座，共有五座亭子。所以俗称为“亭子桥”。

吉水桥，跨盘门外盘溪与外城河交汇处。《姑苏志·卷十九·桥梁上》：

云津桥，吴门桥北，俗呼“急水桥”。洪武中建。

地处外城河转角，桥下水流湍急，古名“急水桥”。因为水急，常有翻船事故，为讨吉利，改称“吉水桥”，以求平安。清光绪时重建，花岗石单孔拱桥，条石桥栏。青石拱券分节并列砌置。长18.9米，宽3.1米，跨度6.3米，矢高3.25米，踏步东坡13级、西坡17级。下部水盘石为武康石，桥面和桥台主要为花岗石，也有少量武康石和青石。一座桥用三种石料砌筑，实为罕见。经分析，苏州古桥甚多，有毁有建，此桥可能就地取材，用多座桥的废料建成。

北马路桥，跨齐门外元和塘。始建于明前期。《姑苏志》著录，名“义成桥”。因桥正对齐门大街北，故改称“北马路桥”。清康熙年间，督粮道刘鼎目重建，为单孔石拱桥。清同治六年（1867）修建。1981年整修加固，为花岗石砌拱桥，长30.1米，宽3.13米，跨径10.2米，砖石实腹桥栏，桥栏两侧有“同治六年三月重修”“东汇仁济局”字样，桥东坡38级踏步，西坡30级踏步。

有明一代，《明末苏州府城内水道图》所绘340座桥梁中，城内有桥329座，较《平江图》所载桥梁增加33座，其名称为水关桥、西仓桥、永久桥、昇龙桥、先生桥、市西桥、程桥、东仓桥、百花洲桥、石塔桥、停云桥、尚书桥、东虹桥、玉带桥、保安桥、子城北桥、相园桥、小胡家桥、杨杏子桥、程桥、隐溪桥、龙须桥、天灯桥、平安桥、卧龙桥、洗马桥、来秀桥、钟秀桥、泮桥桥、华阳寺桥、寺东桥、寺西桥、寺前桥。

1506年至1636年间，拆除桥梁有23座，其名称为北禅寺西桥、北禅寺东桥、天宫寺前桥、天宫寺西桥、北禅寺前桥、万寿寺前桥、万寿寺西桥、西市门桥、禅兴寺后桥、小博桥、驱鬼桥、党报寺西桥、杨家院子桥、双塔寺桥、五龙堂桥、观音堂桥、延寿桥、景德寺前桥、南寺后桥、因觉寺桥、探桥、张乡桥、盛婆桥。

本章主要参考书目：

《明史》，张廷玉等撰，中华书局
《苏州府志》，卢熊撰，成文出版社
《钦定四库全书·甫田集》，文徵明撰，上海人民出版社
《雪涛阁集》，江盈科撰，上海人民出版社
《钦定四库全书·弇州四部稿续稿》，王世贞撰，上海人民出版社
《苏州园林历代文钞》，衣学领主编，上海三联书店
《吴门表隐》，顾震涛著，江苏古籍出版社
《苏州古典园林》，魏嘉瓒著，上海三联书店
《百城烟水》，徐崧、张大纯同辑，江苏古籍出版社
《苏州城建大事记》，苏州市城市建设博物馆编，上海科学技术文献出版社
《苏州佛教寺院》，江苏省政协、苏州市政协文史委员会等编印
《苏州河道志》，《苏州河道志》编写组编，吉林人民出版社
《苏州老桥志》，苏州市地方志办公室编，广陵书社

第七章 清代

明思宗崇祯十七年、清世祖顺治元年（1644）十月，清军进入北京，世祖福临登金銮殿称帝，年号顺治。顺治二年五月，清军占领南京后，继续挥师南下，六月攻入苏州城。这期间，虽有士大夫组织义军不断抗清，但终究敌不过清军势力，以失败告终。咸丰十年（1860），太平军攻克苏州，建立苏福省。同治二年（1863），清军围攻苏州，太平军败出苏城。这两次战争，均给苏州城造成了严重破坏。在苏州这块土地上，留下了严重的历史创伤。

清代，苏州城墙破坏后修复，城楼上有题字。街巷有所发展，尤其是到了清后期，街巷增加了三分之一。牌坊建立达到了高潮。官府衙门（太平天国建王府）也有兴建。寺庙、道观继续增多，造园热度依然不减，基督教堂开始建立。并兴起了会馆、义庄、祠堂建筑热。名人宅第遍布大街小巷。公益事业开始发展，官方开始办厂。铁路开始建设，马路开始出现，供电电路开始运用。清末，由于政府腐败，与外国签订不平等条约，城南郊青旸地开辟了租界。

宣统三年（1911），清王朝末代皇帝溥仪退位，清亡。

一、攻城、守城中的城墙

顺治二年（1645）六月初三，清军由李延龄、土国宝领兵围困苏州，继而攻破城门，清军一拥而入，举刀纵火，烧杀不停。六月十三日，苏州抗清民兵攻城，先从葑门入，然后各门皆入，手持大明旗号。民兵纵火烧断阊门吊桥，延及月城内，民房俱毁。又放火焚烧府县署及都察院、北察院、监兑署，俱成灰烬。但民兵很快遭到清兵镇压。清兵又纵火焚烧，房塌屋倒，焦木遍地。《吴城日记》多处记载清兵烧杀抢掠，摘录如下：

> 十八日，南京兵到阊门外，约有几千……遂纵火南北两濠，掠取财物、衣饰、妇女无算。
>
> 有兵转至娄、齐各门外，杀人掠财，抢占妇女，惨不忍言。
>
> 至是步出阊门，只见纷华喧闹之地，但败瓦颓垣，市廛烧尽，无椽仅存。自吊桥西去钩玉巷、南濠街、南城下，直过新开河桥皆然。伤心惨目，莫甚于此。廿七日，步出胥门，月城内亦皆烧尽。外城驿前，光景萧然。

六月十五日，清军总兵土国宝又从盘门杀入，见人即砍，见房即烧。盘门一带，原来房屋连片，街市繁荣，十分热闹。自清军烧杀后，房屋墙塌壁倒，瓦砾成堆，成为一片废墟。此后，久久未曾恢复，只有零星的几间房屋，住着几户人家，曲曲折折的泥土路，地上种着蔬菜，犹如田野荒村，十分冷清，至民国时期仍然如此。故有"冷落盘门"之谚。

清王朝建立后，巡按御史秦世桢对被破坏的城墙、门楼及望楼做过修葺，基本上恢复了旧貌。

康熙元年（1662），巡抚都御史韩世琦改筑城垣，并拓女墙。城周四十五里（22.5公里），高二丈八尺（9.33米），宽一丈八尺（6米），女墙高六尺（2米）。城开六门：葑门、娄门、齐门、阊门、盘门、胥门。除胥门外，各有水门。

雍正七年（1729），浙江总督李卫暨署江苏巡抚张坦麟檄委修缮倾圮；雍正八年，巡抚尹继善复檄补修。

乾隆十年（1745），由苏州知府傅椿主持、候选主簿徐扬绘制的《姑苏城图》的问世。

乾隆二十四年（1759），徐扬绘《盛世滋生图》（俗称《姑苏繁华图》）。该图描绘了苏州城内外数十里山光水色的繁荣景象。画卷约长1255厘米，宽约36厘米。

道光九年（1829），江苏巡抚陶澍于铁铃关上筑门楼，改称“文星阁”。

咸丰十年（1860），太平军逼近苏城。江苏巡抚徐有壬命清军张玉良部将马德昭布置防敌，马主张焚毁沿城民房，以利守城。徐听从马的计划，即给马三道令箭：“首令民装裹，次令迁徙，三令纵火。”阊门外向来万商云集，市肆繁华，马“三令”齐出，顷刻之间火光冲天，烈焰腾空，三日不绝。居民号哭之声震天，南北两濠民房化为灰烬。阊门至胥门一带，沿城房屋夷为平地。太平军占领苏州后，曾将月城拆除。

同治二年（1863），李鸿章率洋枪队攻占苏州城，在双方交战中，娄门、盘门等城楼遭毁。同治中，太平军退出苏州，各城门先后修复，唯阊门月城未复旧制。

有清一代，苏州的城墙、城门虽有破坏，但又经常修理，并无多大改动。除胥门之外，阊门、盘门、齐门、葑门均有水城门，水与内城河相连，方便船只进出，基本上保持原貌。

1875—1906年，《苏城全图》印行。

二、城楼上的题字

苏州城门上砌有城楼，古朴庄严，飞檐翘角，气势雄伟。最显眼的是城楼上的匾额题字，恰当地表明了这座城楼的含义、地理特征及物华景观。在八座城门中，除平门、蛇门外，历代常开的有六座城门，清代亦是。六座城楼上悬有匾额题字。《吴门表隐·卷一》云：

> 六门题字，太史顾嗣立书。阊曰：气通阊阖。胥曰：姑胥拥翠。（尚在）盘曰：龙蟠水陆。娄曰：江海扬华。齐曰：臣心拱北。葑曰：溪流清映。

顾嗣立（1665—1722），字侠君，号闾丘。长洲（今苏州）人。清康熙五十一年（1712）进士，授知县，移疾而归。他喜欢藏书，长于吟咏，善于豪饮，有“酒王”“酒帝”之称。他学识渊博，很有才名，曾预修《佩文韵府》，著有《秀野集》《闾丘集》等。

“气通阊阖”，题阊门城楼。阊门城楼是楼阁式的，用粗大的楹柱、横梁作架，配有长窗，飞檐翘角，高大宽敞。晋代诗人陆机作《吴趋行》，诗曰：“吴趋自有始，请从阊门起。阊门何峨峨，飞阁跨通波。重栾承游极，回轩启曲阿。”诗中描写的“飞阁”，当指城门上的城楼；“曲阿”，屋角也；“回轩”，长窗也；“重栾”，楹柱、横梁也。由此可知，阊门的城楼雄伟壮丽。“阊阖”是传说中的天门。《吴越春秋》云：“阊门以象天门，通阊阖风也。”阊阖风为西风，即秋风，简称“阊风”。题字既嵌入吴王阖闾之名，又合在西方之意。它的含义有二：一是吴王的意愿来自天庭，破楚是天意，吴军破楚似秋风落叶之势。二是吴王阖闾为天帝之子，阖闾城有个“阊门”，便于与天帝沟通。此外，阊阖，也有京城之意。按《易》卦，正西方曰兑，为金，所以，阊门又称为“金阊门”。由此可见，“气通阊阖”有多方面的含义。

“姑胥拥翠”，题胥门城楼。《越绝书》云“姑胥门”。“姑胥”，苏州音说成“姑苏”。苏州城西南有姑苏山，也称“姑胥山”，山上有姑苏台。伍子胥死后，为纪念他而名“胥门”。胥门城楼上题额，一含地标与门名，二含胥门外有灵岩、天平、穹窿、七子山等，山山连接，相互拥抱，山上树木葱茏，山色苍翠。站在胥门城楼上，眺望西南诸山，高低起伏，层层叠叠，相互簇拥，风光非常亮丽，舒人眼目。用“拥翠”两字非常适合，并非夸张。

“龙蟠水陆”，题盘门城楼。盘门古作蟠门。《吴地记》云：“水陆相半，沿洄屈曲，故名盘门。”宋《吴郡志・卷三・盘门》云：“门有楼，宝庆三年秋大风雨，楼门俱坏。绍兴二年冬，郡守李寿朋新作之，规制视旧有加。”范成大《晚入盘门》诗云：“两行碧柳笼官渡，一簇红楼压女墙。”此“红楼”，即指盘门城楼。明《续吴郡志》也说：“盘门旧有楼，吴说题额，视宝佑新作诸门最为宏壮。”盘门城楼为重檐歇山式双层建筑，相当雄伟。盘门的构造较为特殊，其水陆城门均呈弯曲状态，不是从城内直接向南，而是弯曲后由西向东，才出城外，似蛟龙伏卧之状。尤其是水门，外通运河，内通直河，河道曲折，亦似盘龙状。题字完全是依据盘门的地理特点，状景而作，很有意义。1986年纪念苏州建城两千五百年，修复城楼时，题额改为“水陆萦回”。

“江海扬华”，题娄门城楼。娄门外有娄江，江面宽阔，流经外跨塘、唯亭、昆山直至太仓浏河而入海；北通阳澄湖、青秋浦至淞江，为苏州水上的主要通道。题额气势浩大，形象生动。“华”通“花”，意为娄江直通大海，江波海浪，如雪花飞溅，似白练银带，随风起伏，十分壮观。读此匾额，觉得气概磅礴，身心为之一畅。

“臣心拱北”，题齐门城楼。“拱北”犹拱辰，拱卫北极星也。吴国征服齐国后，齐国王之女嫁与吴国太子为妻，实为人质。题额的含义为齐国是吴国之臣，吴国有如北斗星，齐国应当归附吴国，并拱卫吴国的君王。《乐府诗集・燕射歌辞三・晋朝飨乐章・群臣酒行歌》：“剑佩俨如林，齐倾拱北心。”题额反映了春秋时吴国的愿望，有称霸之意。

“溪流清映”，题葑门城楼。城外为水网地区，多葑田，即湖泽中葑菱积聚处，年久腐化变为泥土，水涸成田，谓之“葑田”。葑田有多种水生植物，如茭白、菱、藕、芡实等。“溪流”，反映了葑门地区多小溪河流这一特色。在葑门外的村野散步，但见竹篱茅舍，野树花鸟映照在清清的溪流内，如诗如画，多么迷人。

苏州城门城楼上的题字，据道光年间出版的《吴门表隐・卷一》记载，除胥门城楼“姑胥拥翠”尚存外，其余均已消失。

三、街巷建设略有发展及始筑马路

清代的街巷的建设，总的来说比较缓慢。明代苏州城的街巷为246条。进入清朝以后，绝大多数街巷保持原状，仅有少量街巷被拆除，同时也新增了一些街巷。清代，苏州城有多少条街巷呢？同治年间冯桂芬编纂的《苏州府志》上共录有街巷342条（其中城外41条）。与明代相比，增加了96条。

从新增的街巷地名来看，主要是在十全街以南的南园、城东北角一带、相门仓街一带。这些地区原是菜地、荒地或空地，有的甚至是砖瓦、垃圾堆积处，一些无力买地的百姓，尤其是外地来苏州谋生的人员，陆续在此建造简易房屋，或是搭棚居住，逐渐形成了小巷。主要有：

十全街以南的相王巷、苏家巷、二郎巷、带城桥弄、船舫巷、蔡贞坊巷、黄师巷（网师巷）、乌鹊桥弄、五申巷、燕家浜等。

城东北角的桐芳巷、狮林寺巷、东白塔子巷、张香桥巷等。

仓街一带的南张家巷、兴隆巷、李基巷（丽姬巷）、传芳巷、混堂弄等。

此外，城外街巷也略有发展。明《姑苏志》收录城外街巷17条。冯桂芬《苏州府志》收录城外街巷41条，增加了24条。

阊门、胥门城外的北濠弄、杨安弄、郦季子巷、檀家巷、陈佥使巷、邢家巷、施家巷、南濠水弄等。

娄门城外的八尺弄、莫家弄、查家弄、马弄等。

葑门外的肖浜巷等。

这些巷名，大都是在清代晚期产生的。

清末，轿子已不能满足人们的出行需求，马车随即兴起，成为常见的交通工具，但在清末，马车仅限在阊门、胥门、盘门外营业。与此同时，街巷建设为适应马车的需求，拓宽大路，供马车行驶，称为“马路”。光绪年间，由于设立洋关、开辟租界及创建苏纶纱厂、苏经丝厂，盘门至觅渡桥一线的原有纤道被改筑为马路，称为“新马路”，此为苏州最早一条马路。修建自阊门至胥门的环城马路，称“大马路”。觅渡桥青旸地有一条马路，因在日租界内，称为“内马路”。“马路”之名自此始。

街巷路面的建筑，除政府出资建设外，也有私人捐助建设的。《吴门表隐·附集》：

> 道光二十一年冬，郡绅潘筠浩等捐砌圆妙观前，自醋坊桥起至察院巷西口止，长条石路，其工甚巨，坦坦履道，行人传颂。

四、小巷内牌坊林立

自明代兴起的建立牌坊热，至清代依然热度不减。不过，清代建立的牌坊与明代相比，在内容上大不相同。明代为官员建立，以表彰官员为主；而清代为百姓建立，以表彰百姓为主，但这个表彰的内容，主要是提倡孝道和妇女的贞节。提倡孝道的有“孝子坊”“孝女坊”“双孝子坊”等；提倡妇女贞节的有“节妇坊”“贞节坊”“贞烈坊”“烈妇坊”“双节坊”等；也有“孝”和“节”合在一起的，有“两世节孝坊”“贞孝坊”“忠义节孝坊”等。据民国《吴县志·卷第二十四·坊巷》所收录的牌坊名称统计，清代共建立牌坊279座。从这个数字来看，苏州城有街巷342条，几乎每条街巷都能见到牌坊。有的街巷内建有数座牌坊，成为苏州城内一道古朴的风景。

在279座牌坊中，表彰官员的有8座，坊虽少，却很著名。如民不能忘坊，立于胥门外接官厅处。康熙四十三年（1704），为江苏巡抚汤斌立。汤斌（1627—1687），字孔伯，河南睢州人。康熙二十三年为江苏巡抚。他在苏州为官期间，清正廉洁，严禁私派，清除漕弊，淘汰徭役，修复社学，捣毁上方山邪神等，使苏州风俗为之一变。汤斌勤俭节约，生活简朴，常食蔬菜豆腐，苏州百姓爱称他为“豆腐汤”，他在苏州百姓中留下了很好的影响。苏州百姓为怀念他，建立牌坊，名曰“民不能忘”。三元坊，为乾隆时状元钱棨立。钱棨（1742—1799），长洲（今苏州）人，乾隆四十四年（1779）解元，乾隆四十六年会元，随即中殿试第一名状元，成为“三元及第”。他是清朝开国以来第一个中“三元”的人，显得特别荣耀。苏州官员和百姓感到特别高兴，在府学之东用花岗石建起雄伟壮丽的牌坊，称“三元坊”。钱棨曾充任顺天乡试同考官，兼任太子师傅，内阁学士兼礼部侍郎。宫傅尚书坊，为礼部尚书沈德潜立。沈德潜（1673—1769），字确士，长洲（今苏州）人。乾隆四年进士，改庶吉士。迁内阁学士，上书房行走，官至礼部尚书。沈德潜为清代著名诗人，早年以论诗、选诗闻名，所选《古诗源》《唐诗别裁》是研究古诗发展的重要著作。御赐匾额“诗坛耆硕”，荣极一时。

有关名胜古迹的有一座。胥门历来是繁荣之地，也是古迹遗留较多之处。宋时，其处有姑苏台，雄伟壮丽，名冠江南；有接官厅，为迎送高级官员之所；有百花庵，百花娘娘生日仕女进香，非常热闹；有百花洲，景色秀丽，类似园林。“胥江胜迹坊”，乾隆九年（1744）知府觉罗雅尔哈善立。在名胜古迹之地建立牌坊，确是唯一的，值得一提。这说明在清代早期，官方已注意到保护或重视苏州的名胜古迹了。

其余均为节孝坊。旧时，妇女崇尚贞节，尤其在清代，几乎达到了高峰。大力提倡妇女为亡夫守节，地方官上奏于朝廷，奉旨敕建贞节牌坊，其数量之多、遍布面之广，十分惊人。除少数为孝子坊外，绝大多数是妇女的节孝、贞烈坊。以吴县为例，有节孝坊80座，竖立的地点在巷口或巷中。如马大录巷、故市巷、查家桥、西美巷、升平桥、装驾桥、包衙前等，有的一巷内有多座牌坊，如节孝坊，一在故市巷东，为沈成恒妻江氏立；一在故市巷中，为俞瑞峰妻蔡氏立。再如节孝坊，一在干将坊巷阔巷口朝北，为马咏妻子张氏立，又稍东为蒋起夔妻姚氏立。

苏州阊门外的山塘街，是建立牌坊最多的一条街巷，据有关部门统计，总计多达72座。其中节孝坊占了绝大多数。在现存的9座牌坊中，有6座是节孝坊。位于山塘街540号的吕大绵妻袁氏节孝坊，据《苏州府志》记载：吕大绵妻袁氏年十七嫁大绵，生三子。八年后，吕大绵殁。袁氏二十五岁，抚养三个儿子，孝敬公婆，守节三十七年。她的孙子吕修耘在山塘桐桥东面建坊立祠。山塘街701号陶张氏贞孝坊，乾隆十七年（1752）为旌表陶松龄聘室张氏贞孝而立。牌坊为仿木石结构，用花岗石雕刻砌筑，现存单间二柱，柱上镌一对联：“馨香垂奕祀，绰楔表坚贞。”牌坊旁有陶贞孝祠。万福桥东节孝坊，乾隆三年为礼部儒士贝启祚妻程氏立。乾隆《苏州府志》载：“启祚妻程氏在室时，父病疡，氏亲吮其毒，染病几殆。年二十七，夫亡誓殉，奉姑命，抚七岁孤成立，守节三十二年。”牌坊系仿木石结构，用花岗石雕刻砌筑。正楼石匾额刻“节孝”两字。

由此可见，节孝坊遍布于小巷之中，随处皆有。

五、园林建筑热依然不减

进入清代以后，苏州园林建筑热依然很盛，不减往年。自清初至清末，园林建筑没有停过。究其原因，一是苏州经济十分繁荣，造园者能工巧匠多多；二是康熙、乾隆两帝南巡苏州，喜欢游览苏州的山水园林，并在虎丘、狮子林等处写诗、撰联赞赏，对造园有一定的影响；三是许多达官显贵喜欢在苏州这个“人间天堂”安家，筑个“安乐窝”

享受晚年。据统计，有清一代，苏州城区新建的园林有一百四十余处，这是一个不小的数字。但清代的园林，除极少数为文人所筑外，绝大多数是达官显贵所建。现将主要园林简介如下：

雅园，即桤林小筑，位于史家巷雅园里。顺治六年（1649）吏部员外郎顾予咸所筑，宅称“桤林小筑”。顾予咸，字小阮，号松交。长洲（今苏州）人。顺治四年进士，官至吏部员外郎，因故落职归里。顾原居处宅东有旷地一片，俗呼“野园”，顾购下后，设计营造成园，借“野园”之名，用谐音取名“雅园”，有花厅、船厅、书房及假山亭台等。园内水木淳泓，翛然绝俗，别具雅静。有八景：虹桥春涨、绿沼荷香、明致桐阴、卧云石壁、渚阁朝烟、荷亭晚霁、爽轩丛桂、曲径寒梅。清末，郡庠生范葵忱购得雅园一角，楣曰“邻雅”。其子、现代作家范烟桥曾居此，植有牡丹、山茶、棕榈、蜡梅等，亦有园林花木之美。园在“文革”中被毁，但园名尚存，其处仍称“雅园里”。

凤池园，原位于钮家巷。钮家巷周围，旧属凤池乡。相传原为泰伯十六世孙武真宅。有凤集其家中，兆吉祥，有池沼，旱涝不竭，故其周围之地，称为“凤池乡”。园名依此而得。最早为顾氏自耕园旧圃。后由清河南巡抚顾汧所筑。民国《吴县志·卷三十九·第宅园林》：

> 凤池园，在銮驾巷（俗呼“钮家巷”）。顾都宪汧自中州归，得顾氏旧圃重修，益擅名胜。

顾汧（1646—？），字伊在，号芸岩，长洲（今苏州）人，康熙十二年（1673）进士，授翰林院编修，历任礼部右侍郎、河南巡抚等官。著有《凤池园集》。康熙三十四年，顾汧致仕返回故里，在老宅附近钮家巷内，购得自耕园旧圃，并大事增饰，扩建成一座规模宏大的园第，名“凤池园”。

当时，凤池园规模很大，园门曰“日涉”。园内石径逶迤，桐阴布濩，四时野卉，纷披苔麓。有洗心斋、赐书楼、康洽亭等诸景。顾汧好诗文，写有《凤池园答客难》，对凤池园记之甚详。并有两组《园居杂咏》，均咏园中景致，一组五言律诗八首，依次是《康洽亭》《洗心斋》《兰室》《停云阁》《得闲处》《树下宿》《老朴》《玉立亭》；一组五言绝句十六首，依次是《武陵一曲》《梅岭》《桂岭》《赐书楼》《康洽亭》《桃浪》《岫云阁》《朴亭》《舫斋》《芙蓉涧》《退思轩》《见南山房》《柏冈》《遂初草堂》《伴吟居吾》《得闲处》。从这些诗的题目来看，园中建筑之丰富，景点之多，也就可想而知了。

后园归朱氏，又归陈氏，仍名“凤池园”。乾隆时，园部分归唐氏，但唐氏子不守家业，从嘉庆至道光初年，唐氏将凤池园陆续出售。这样，原来的凤池园成为三家所有，而三家均称“凤池园”，故在谈及凤池园时，多有混淆。

从地理上看，风池园东部归陈大业。陈大业，字骏周，有子六人。陈氏子孙购下东面隙地，筑有多处景点，有爱莲舟、飞云楼、知鱼轩、引仙桥、浣香洞、接翠亭、鹤坡、筠青榭等，今已无迹可寻。

中部归王资敬。王资敬即王鸿翥药铺的老板。购下部分宅园，仍名“风池园”。园不大，也无特色，所以名声不显，至今阒然无闻。

西部归潘世恩。潘世恩（1770—1854），字槐庭，号芝轩，别署思补老人。吴县（今苏州）人。乾隆五十八年（1793）状元，官至大学士。为官五十余年，历任工部、户部、吏部尚书。道光十四年（1834）任军机大臣。是乾隆、嘉庆、道光、咸丰四朝元老。他学识渊博，曾任《四库全书》总裁、文颖馆总裁，负责《全唐文》的缮刊。著作有《读史镜古编》《思补斋笔记》《思补斋诗集》等。园内假山水池、亭台楼阁，一应俱全。有赐书楼、洗心斋、康合亭、虬翠居、凝香径、烟波画船等。太平军来到苏州，英王陈玉成进驻此园，称“英王行宫”。后园渐废，仅存一纱帽厅。1982年，苏州市政府拨款按原状整修一新。现存有门厅、轿厅、大厅、内厅等，主厅留余堂为楠木结构，形似乌纱帽翅，习称“纱帽厅”，雕刻精细，为少见之佳作。现已辟为苏州状元博物馆。

渔隐小圃，在枫桥镇江村桥南。先为乾隆年间王庭魁的江村山斋。王庭魁，字冈龄，工诗善画，多藏名迹。庭魁女适袁廷檮。后圃归袁氏，改葺后易名“渔隐小圃”。“渔隐”，犹隐逸之意。袁廷檮，字启蕃，号渔洲，吴县（今苏州）人。读书博涉，援例得贡生，但无仕进之志，独喜五七言诗，年五十一卒。著有《渔洲吟草》。

园广袤百弓，建筑甚雅。袁枚写有《渔隐小圃记》曰：

> 吾宗有贤，曰渔洲居士。居士有园，曰渔隐小圃。在枫桥之西，袤广百弓，客之往来于吴会者，可以泛杭而至。

袁廷檮卒，圃又归袁氏之弟袁廷梼（字又恺），廷梼拓而新之，园景之胜更盛于前。袁又恺写有《渔隐小圃记》，对园风景色记之甚详。入门，有贞节堂三楹。后为竹柏楼，为奉母之处。楼旁有洗砚池，池水湛碧。沿池遍植木芙蓉，有径达梦草轩。旁柳荫，架横石，名“柳沚徛”。由徛而入，左为不系舟，右为水木清华榭，再前为五砚楼，因藏有元明间袁氏名人所遗五砚而得名。登楼，远山出没，平畴在目，可供吟眺。楼东有枫江草堂。南有小山丛桂馆，植桂甚繁。小阜突起，建吟晖亭于上。亭下接稻香廊。廊尽为银藤簃。西向最高者为挹爽台。草堂之后，栽牡丹、芍药，名“锦绣谷”。东则汉学居，为又恺著书之地。再后为红蕙山房，累计有十六景。春秋佳日，吴中胜流名士，多会于此。远方贤士过吴者，亦多系舟造访，往往填咽江村，车水马龙。今已无存。

依园、息园，原位于闾丘坊。为顾予咸之子、新会县令顾嗣协在藏春园故址上所筑。顾嗣协（1663—1711），字迂客，号依园、三洲居士。附贡生，出任广东新会知县，为官清廉。顾嗣协筑园时，园中有土丘蜕然高峙，传为梁武帝女妙严公主墓。妙严公主下嫁郡人孙玚。孙玚（516—587），吴郡吴县（今苏州）人，字德琏，陈文帝时任吴郡太守，累迁兵部尚书。并修梵行，与公主异室以居。玚居西，曰“禅兴”，公主居东，曰“妙严”。妙严死后葬此。故依园内有妙严台、妙严亭、妙严泉、妙严池等景观。枫林萧瑟，池水寒漪，游其间极有幽致，而红桥碧沼，映带左右，为园之最胜处。其东为话雨轩，轩之南多丛桂，杂以太湖尧峰之石。又南为畅轩。还有学诗楼，楼不甚大，可远眺，与妙严亭遥对。当月夕花晨，置酒高会，弦管迭陈，即景赋诗，与金侃、潘镠、黄份、金贲、蔡元翼、曹基酬唱最多，时称“依园七子”。嗣协之弟嗣立亦曾在园中浚池。后园废。

嘉庆间，钱椝溪参军在其旧址上建园，名“息园”。时妙严台仍存。清末文人袁学澜游览苏州诸园，撰有《清明开园》一文，云：

> 闾邱坊钱武肃分祠为钱参军锋息园，即顾嗣协依园故址。乾隆时蒋曰楘、杨大琛先后居之，中有高阜，为妙严公主墓，上有妙严台。

民国时期，园内建有消防队、电话局。20世纪50年代起，园地多为东吴丝织厂、邮电局占用，建筑新楼，已无旧园之痕迹。

洽隐园、惠荫园，位于临顿路中段东侧南显子巷。原为明嘉靖间归湛初宅园，后属胡汝淳，名“洽隐山房”。顺治六年（1649），复社成员韩馨购得此废园，重加修建，为栖隐之地，改名“洽隐园”。韩馨，字幼明，号清谐，韩治长子，十三岁中秀才第一，人称“神童”。后为复社成员。明亡时举家避难于陆墓徐庄。顺治六年返苏，居洽隐园终身隐居。

园内多美石，有“小林屋洞”之誉。康熙四十六年（1707）遭遇火灾，房屋尽毁，唯小林屋洞独存。乾隆十六年（1751）修复，蒋蟠漪篆书“小林屋”三字额之。韩是升《小林屋记》云：

> 洞故仿包山林屋，石床神钲、玉柱金庭，无不毕具。历二百年，苔藓若封，烟云自吐。碧梧银杏，紫荆翠柏。春夏之交，浓阴蔽日，时雨初霁，岩乳欲滴。有水一泓，清可鉴物，嵌空架楼，吟眺姿适，游其中者，几莫辨为匠心之运，“石林万古不知暑”，岂虚语哉？

此后，归安徽人倪莲舫，改称“皖山别墅”。太平天国时，一度为听王陈炳文驻地，园景有所增损。

同治年间，江苏巡抚李鸿章驻苏，在此创立安徽会馆，又名“皖山别墅”，及程忠烈公祠，并重修园林，取名“惠荫园”，作为安徽同乡宴息之所。苏州知府蒯子范又加以扩建，遂成八景，即柳荫系舫、松荫眠琴、屏山听瀑、林屋探奇、藤崖伫月、荷岸观鱼、石窦收云、棕亭霁雪。据《惠荫园八景小记》所记，“柳荫系舫”，左为桂苑，重楼峻宇，回廊曲岸，多植桃柳梅桂芭蕉之属，临沼背河之处，有舫翼然。“松荫眠琴”，有鉴馨阁，石径深曲，苔青滑人，拾级而上可登琴台。台左有老松，悬根石罅，已历百年。台右有藏书楼，最为幽静。“屏山听瀑”，面北为石嶂，面西则攒石为峰。石西有小榭，映隔玻璃，群山了然，故名“一房山”。房西有荷沼，一碧虚涵，群岚倒泻，此为卧游听瀑佳处。“林屋探奇”为园中最胜处，薛峭叠撑，棱笋怒茁，为云奇，为径曲。碧欲罅空，凉若雨泻。洞中石乳倒结，游人至是，以碎石投渊中，泠然作响。“藤崖伫月”，石上有敞轩，当轩踞石作屈膝狮子状，石左右为黄杨翠柏，皆百年前之物。又有石藤，穿石而上，盘空夭矫，结荫碎落。背藤作高崖，匡侧古银杏一株，皆三百年前之物。“荷岸观鱼”，有方塘半亩，是为荷池，亦观鱼之所。“石窦收云”。有石窦，林壑旷如，风气清若，苔痕荫渍，石骨高寒。入则头头道通，宛宛面值；出则斜阳堕影，暮霭收林。“棕亭霁雪”，棕亭矗立峰顶，旧有额曰“爽挹西山”，旷可临远，此处最宜观赏雪景。

光绪四年至六年（1878—1880），会馆增筑伫月楼、戏台。二十年，张振轩增创安徽先贤祠于昭忠祠。李鸿章续拨巨款，命赵宗道修园，并于园北厅堂两廊壁间嵌置“惠荫园八景”石刻。于是，游园观戏，赋诗作画，经商习工，祭先祀祖，坐堂办公，集于一处，是为全盛时期。民国时渐趋衰落。

1994年至2004年，修复园中主景林屋探奇及其四周部分园景，对尚存的清代祠堂建筑也一一修缮。

安徽会馆原本体建筑有头门、仪门、享殿（供奉安徽宋代先贤包拯、朱熹神主，俗呼“包公殿”）、二殿、偏厅、楼房等9处，堂屋10余处，共有房屋80余间，建筑面积4000余平方米。后大多被拆，仅保存头门，2001年维修。头门包括三开间门厅和前后砖雕门楼。朝南临街前门为歇山顶牌科门楼，字碑题刻楷书“安徽会馆”。现由苏州市第一初级中学保护并使用。2006年被列为江苏省文物保护单位。

绣谷园，原位于阊门内后板厂。顺治九年（1652），长洲举人蒋垓在此购地筑园，掘地得一石块，上书“绣谷”两字，传为王石谷手笔，遂以名园。园占地不大。前为小溪，后为城墙。有绣谷堂、交翠堂，堂左有余清轩、松龛、湛华山房、羊求坐啸处等。圃名“匿圃”，庐名“吾庐”，庵名“个庵”，斋名“苏斋”。

蒋垓家道中落，绣谷园为他人所得。康熙中叶，蒋垓的嗣孙蒋深致仕回苏，又购回绣谷园。他重加修葺，疏泉叠石，栽竹莳花，并新筑开径亭、桃花潭、含晖台、西畴阁、小杏梁等。西畴阁为最胜处。园散而有序，富有田野风光。或说可与唐王维“辋川别业”相媲美。蒋深（1668—1737），字树存，号苏斋，以国子监生参与编纂《佩文斋书画谱》

《佩文韵府》。除授余庆知县，擢朔州知州。书画家，善写兰，兼精画竹，曾修纂《余庆县志》，著有《绣谷诗钞》等。

蒋深为园主时，是绣谷园的全盛时期，远近闻名，是公认的吴中名园。嘉庆中，绣谷园归闽县叶观潮。道光元年（1821），又归南昌谢学崇。复又归婺源王昶所有。咸丰十年（1860），绣谷园毁于兵燹，那块刻着“绣谷”的巨石，被蒋氏后人移至虎丘山塘蒋参议祠中。后园废，所在地产，部分归今天的苏州市桃坞高级中学。

秀野园，原位于乘鲤坊（今因果巷），为顾予咸之子顾嗣立所筑。名取宋张先《木兰花·乙卯吴兴寒食》“芳洲拾翠暮忘归，秀野踏青来不定”词意。民国《吴县志·卷三十九·第宅园林》：

> 秀野园，在闾邱坊依园东，庶常顾嗣立选元诗处。

顾嗣立，字侠君，号闾邱，长洲（今苏州）人。康熙五十一年（1712）进士，改庶吉士，散馆授知县，移疾归。在园中读书吟咏，其五七言古体纪游诸作最为擅长。著有《春树闲钞》《闾邱诗集》等。

此园导以回廊，通以曲径，垒石为山，望之平远。中有秀野草堂、大小雅堂、因树亭、野人舟、闾丘小圃等诸景，极水木亭台之胜。顾嗣立博学有才名，工诗，常聚宾朋酬唱于园中，极风流文宴之盛。许多诗句描绘了秀野园的美景，如“中庭苍翠两峰寒，修竹高梧傍曲栏”“丛桂青青取次栽，小池清浅绿于苔”等等。叶燮、朱彝尊写有《秀野堂记》，文点、禹之鼎、王原祁、黄玢作图卷。朱彝尊称它“登者免攀陟之劳，居者无尘埃之患。晓则竹鸡鸣焉，昼则佛桑放焉”。亦有诗赞道：“秀野堂深曲径通，巡檐始信画图工。小山巢石屋高下，清露戎葵花白红。”园已废。

慕家花园、毕园、遂园，位于今慕家花园（巷）内，其地原为宋朱长文故居，后废。康熙年间，巡抚慕天颜在此筑园，称“慕家花园”。慕天颜（1624—1696），字鹤鸣，陕西静宁（今甘肃静宁）人。顺治十二年（1655）进士，由福建副使擢江苏布政使，晋阶太子少师、兵部尚书。乾隆年间，太仓人、状元毕沅购得东部，重加修葺，题名“小灵岩山馆”，俗称“毕园”。毕沅（1730—1779），字秋帆，号灵岩山人，江南镇洋（今江苏太仓）人。乾隆二十五年（1760）状元。任翰林院修撰。历任陕西、江南、湖广总督等，死后赠太子太保。著有《续资治通鉴》《灵岩山人诗文集》等。园以水池为主景，缀以假山、亭台、曲桥、花木，旋亦颓废。道光年间，道员董国华得其西部，略加修葺。太平天国战事后，一度作为茶肆，园更荒废。宣统年间，安徽人刘树仁（一说云南人刘云台）购得此园，再加整修，易名“遂园”，有绿天深处、听雨山房、养月亭、延秋台、映红轩、逍遥室、琴舫等诸胜。

民国二十年(1931),刘氏后裔将遂园售给吴姓沪商。民国二十六年,洞庭东山人、红叶造纸厂老板叶荫三购得慕家花园西部,3000余平方米,建筑花园别墅,名“荫庐”。其形式为中式仿古园林与西式建筑相结合,俗称“洋楼”,装饰颇精,有假山凉亭、曲桥飞虹、荷池石舫,以及喷水池等景观,增加了动态情趣。抗日战争时,叶氏外出,此处归军阀顾祝同所有,在此期间,蒋介石、何应钦、白崇禧等曾在此小住。1949年后,叶氏将花园出售。后为公房,1958年,在此开办苏州市儿童医院,至今仍是。1991年被列为苏州市文物保护单位。

五柳园,位于金狮巷。为乾隆年间状元石韫玉构筑。石韫玉(1756—1837),字执如,号琢堂,晚号独学老人,别署花韵庵主人。乾隆五十五年(1790)状元,授翰林院修撰,累官至山东按察使等。嘉庆十二年(1807)辞官后,先后主讲于杭州紫阳书院、江宁尊经书院、苏州紫阳书院等。主修《苏州府志》,著有《独学庐诗文集》《竹堂类稿》等。有藏书两万余卷。所居之处因有五棵古柳,故名“五柳园”。

五柳园原为康熙时翰林学士何焯赍砚斋故址。民国《吴县志・卷三十九・第宅园林》:

何学士焯宅,在金狮巷中,有赍砚斋,以尝得陶陶居赍砚,故名。后为石廉访韫玉所居,更名五柳园。

园中柳树绿荫如幄,池水常绿,名“涤山潭”。柳荫筑屋三楹,面水者名“花间草堂”。其西即何焯赍砚斋,石韫玉易其名为“花韵庵”。其东南有屋三间,临水名“微波榭”。榭西有“庐若舫”,环植梅树,额曰“旧时月色”。后有小阁——象柁楼,名“瑶华阁”。阁外玉兰一株,高与阁齐,花时如雪积于檐端。舫之北叠柘为洞,洞外石中有泉,名“在山泉”。洞内构屋三间,名“卧云精舍”。由此绕出花韵庵之左,东北有斗室,名“梦蝶斋”。园东在何氏语古斋旧基上改筑楼房五楹,因落成于鞠有黄华之时,取名为“晚香楼”。楼东有小楼二间,名“静寄阁”。楼北是鹤寿山堂。再北为独学庐,藏书两万余卷。其东北为舒咏斋,为童子读书之所。其北为徵麟堂。还有玉兰舫、归云洞、瘗鹤堂等诸胜。太平军攻占苏州后,成为废墟,仅留水池一掬。

亦园,原位于城内十全街东端新造桥处,一说在滚绣坊。“亦”者,也是园也。为清代剧作家尤侗故居。民国《吴县志・卷三十九・第宅园林》:

尤侍讲侗宅在新造桥,有鹤栖堂,清乾隆御书赐额。园曰“亦园”。

尤侗(1618—1704),字展成,一字同人,号悔庵、艮斋、西堂老人。长洲(今苏州)

人，出生于葑门外斜塘农村“尤家院”。明末诸生。顺治五年（1648），被破例作为拔贡进京，受到顺治皇帝的赏识，但因行为轻薄而不被重用。康熙十八年（1679），他去应试博学鸿词科，入选翰林院，授检讨，分修《明史》，主撰志传。尤侗擅长诗文杂剧，有《读离骚》《吊琵琶》等。著有《西堂全集》。

园占地约十亩，池占其半。园中有一亭曰“揖青亭”，此亭为登高览胜之地，白云青山、丹城绿野、竹篱茅舍尽收眼底。一轩曰“水哉轩”。此二者为园中胜景。园内共有十景：南园春晓、草阁凉风、葑溪秋月、寒村积雪、绮陌黄花、水亭菡萏、平畴禾黍、西山夕照、层城烟火、沧浪古道。尤侗写有《亦园十景》竹枝词咏之，并云：

> 天下有之，吾园无不有也，则安知姑苏非大，亦园非小乎？则安知姑苏十景之多，亦园十景非少乎？匪惟有之，且为图之，又从而诗之。既以自娱，并贻诸君子一笑焉。（见《百城烟水·长洲》）

主厅鹤栖堂匾额，为康熙皇帝所赐。康熙三十八年（1699），康熙帝南巡来到苏州，尤侗年已八旬，仍出门迎驾，并向康熙帝献上万寿诗和拟古数目体诗二首。万寿诗共四十韵、二百言，文长不录，拟古数目体诗十二句录如下。诗云：“一人有庆正当阳，二月春和宜省方。三极自然成广运，四荒莫敢不来王。五行攸叙陈洪范，六律咸调奏大章。七政授图文孔焕，八风布阵武维扬。九州岂独临吴越，十世应知过夏商。百姓千官齐祝嘏，万年天子寿无疆。”这首诗体现了尤侗写诗的特点，带有戏谑，但拍足了皇帝的马屁。康熙帝看了以后，自然龙颜大悦，要来文房四宝，当即御书“鹤栖堂”三字赐之。

鹤栖堂内悬有尤侗自撰的“章皇天语真才子，圣上玉音老名士”对联。联语与两朝皇帝有关。上联的“章皇”，指顺治皇帝。“天语”是皇帝的话语。尤侗在京时写了一篇游戏文章，文采很好，顺治帝看后赞道这是个“真才子”。下联的“圣上”，指康熙皇帝，“玉音”是皇帝的声音。尤侗在翰林院期间，年龄数他最大，受到他人的尊重。他与同僚合作，编了一册《平蜀诗文》，赞颂皇帝的功绩。康熙帝翻阅诗文，看到尤侗的名字，就说这是个“老名士”。于是，尤侗就自撰联语，以此炫耀。由于尤侗名声在外，四方君子至吴门者，必过访亦园主人，故酬和之作甚多。

传太平天国时，此园为攻破苏州城之腊大王所占。腊大王能书画，曾在园墙上自绘小像及梅兰数枝。后废。

笑园，即紫藤书屋，位于学士街升平桥弄（今干将西路370号），占地1864.8平方米。笑园靠胥门外护城河，依城墙而筑，可登临远眺大运河及西部景色。大门朝东，有墙门间，有轿厅。园以水池为中心。池北有船厅格局的水榭，池南土丘叠湖石假山，池上架石曲桥。围墙之侧，假山参差，形仿十二生肖，十分雅致。另有各式亭阁，以及白皮松、白桦各一棵。园的特点是“园在宅前，园宅相拥”，不同于一般私家花园园在宅后或左右两侧的格局。住宅五楼五底，上宅下厅。楼廊空窗式样各殊，疏密相间。两侧有三楼三底房屋各一座。

园屡易其主。据叶恭绰《遐庵谈艺录》称：此为清康熙翰林院检讨吴江徐电发旧居，其后人改建为祠。后家道中落，祠逐渐散为民居。清末，徐氏后裔将此园交寡媳基督徒华氏及族孙。华氏出国，售于冯庚丞，冯传一代，又卖给巨商陆孟达。抗日战争初期，陆氏后裔将北部住房翻建为楼房。日军入侵苏州后，占据此园，破坏严重，园遂荒废。

1949年后，园由市园林管理处接收，其他成为30余户民居大杂院。1985年尚存四面厅、花篮厅、楼阁、旱船、门厅、茶厅、住宅楼等建筑，有“笑园”砖额和清嘉庆年间书条石23方。四面厅东侧有300余岁白皮松一棵。1994年拓建干将路时，笑园被拆除。后在其旁重建，沿用原名，但已非原貌。

志圃，原位于养育巷南口太平桥南。明代为缪国维宅。清康熙间，状元缪彤建圃以奉亲。民国《吴县志·卷三十九·第宅园林》云：

> 缪参政国维宅，在府治北太平桥之南，其子孙世代居之。清康熙间，参政孙侍讲彤于宅旁构志圃以奉亲。

缪彤（1627—1679），字歌起，号念斋，别署双泉老人。吴县（一说长洲，今苏州）人。顺治十四年（1657）举人。康熙六年（1667）状元，授翰林院修撰，后升侍讲。不久即弃官回乡，不复出仕。缪彤知识渊博，擅长诗歌，学者尊称为“双泉先生”。名取“志圃”。

园成之日，父亲对他说：你祖父宦游二十年，归田之日，欲治一圃未果。今你能成祖父之志，故园名为“志圃”。园中有双泉草堂、白石亭、媚幽轩、似山居、青松坞、大魁阁、小桃源、不系舟、更芳轩、红昼亭、梅洞、莲子湾等诸胜。缪彤有咏志圃诗十六首，一景一咏，均为七绝。园已废。

勺湖，在阊门东部，由广东人方还所筑。勺者，小也。实则园广六亩，池占其半，故以湖名。池本非湖，何以名“湖”？文震亨《长物志·水石》云：“一峰则太华千寻，一勺则江湖万里。”名取其意。民国《吴县志·卷三十九·第宅园林》：

> 勺湖在阊门东，广东人方还所筑。沈德潜有记。

园中有亭翼然，名“丹亭”，稍前而西有西亭；前为广歌堂，以示思念故乡之情也。丹亭之东，楮树丛生，有楮荫轩。丹亭之西，藤木森布，石块累累。有荫台，可憩坐。荫台之西，有桥与亭相依，名“雁齿桥”。园有梧、桂、梅、桃、榆树数十株，绿荫遍地。园之隙地，栽竹、植瓜、种菜。池中遍植芙蕖、菱芡、荇藻，牵引参差，摇漾缤纷，又有游鱼跃波，或聚或散。主人无事，邀亲友，来园中，倚栏杆，坐高阁，弹琴咏诗，酌酒为乐。园已废。

塔影园，原位于阊门外虎丘东山浜。原为程秉义故居，几为废墟。清乾隆时，蒋重光购下程氏废墟，规划构筑。民国《吴县志·卷第三十九·第宅园林》：

> 蒋氏塔影园，欲呼蒋园，在虎丘东南隅，蒋重光所筑别业。

蒋重光（1768—1829），字子宣。长洲（今苏州）人，诸生。好读书，藏书甚富。师从沈德潜，屡试不售。中年得疾，仍读书不辍。著有《赋琴楼稿》等。

园在虎丘山东南隅，“山之明丽秀错，园皆得而因之，名曰‘塔影’。山颠浮图，隐见林隙，故名”。俗呼“蒋园”，园中有宝月廊、香草庐、浮苍阁、随鸥亭、洗钵池、翻经台等诸景。沈德潜《蒋氏塔影园记》云：

> 经营有年，断手伊始，敞者堂皇，俯者楼阁，缭者曲廊，静轩闲龛，邃窝深房，峙乃亭台，环乃垣墙。向背适宜，燠寒协序。（《沈确士归愚文续》卷六）

从这段文字中可以看出，塔影园规模甚大，分南北两部分，南面亭台楼阁，曲廊幽轩，建筑十分华丽。园之隙地处，遍植梧、柳、榆、桧、桃、杏、芍药等。真是“寒梅成林，藤萝交络，桂树丛阴，蓊蔼蓊勃，葱蒨深沉”，景致甚美。北面有涧，虹桥可通，沿以莎堤，突以高冈。有翻经台、洗钵池诸景。园三面绕河，船可从斟酌桥进来。乘舟外出，可赏园外之景，美不胜收。嘉庆二年（1797），苏州知府任兆炯改建为奉祀白居易的白公祠。中有思白堂、怀杜阁、仰苏楼诸构。后园废。

清华园，在阊门外上津桥处。观察毛达斋购下朱氏废园而建。园内池浚而深，木培而壅，石垒而高，清澈如镜，云天倒映，鱼游行空，古木林立，杂花时开，洲岸铺秀，微风送香，泓演明丽。其间为殿堂，为楼阁，为亭台，为凉房暖室，为长廊曲槛。又有桥梁、汫崎、陂陀、村柴之属，无所不备。而一木一石皆见“清华”之意。登清华阁远眺，吴山在目，北为阳山，南为穹窿山，灵岩见前，虎丘峙后，其余天平、上方、五坞、尧峰俱可收入。后园废。

环秀山庄，位于阊门内景德路（今景德路262号）。环秀者，四面皆美之意也。原为东晋司徒王珣及其弟王珉的宅址，后舍宅建景德寺，寺毁。明万历年间，归宰相申时行所有。乾隆年间，归刑部侍郎蒋楫所有，建有求自楼。其后为尚书毕沅宅，再归为相国孙士毅宅。嘉庆十一年（1806），由孙士毅的孙子孙均请叠石大师戈裕良堆叠假山，构成杰作，由此名著。

环秀山庄

山庄以假山为主，主峰高7.2米，涧谷长12米，山径长60余米，盘旋上下，如高路入云，望之若浑然天成，在园林假山中独树一帜。山虽小，占地不过半亩，却极有气势，咫尺之间，千岩万壑，移步换景。主峰突兀于东南，次峰拱揖于西北，池水缭绕，绿树掩映。山有危径、洞穴、幽谷、石崖、飞梁、绝壁，境界多变，一如天然。道光二十一年（1841），孙宅入官，后为工部郎中汪藻、吏部主事汪坤购得，建立汪氏耕荫义庄，重修花园，取名“环秀山庄”，又名“颐园”。文学家金松岑撰有《颐园记》，对假山大加赞赏：

> 其山，皴瘦浑成，自趺至巅，横睨侧睇，不显斤斫。凡余所涉天台、匡庐、衡岳、岱宗、居庸之妙，千殊万诡，咸奏于斯。

现代造园专家陈从周参观后赞道：

> 环秀山庄，假山允称上选，叠山之法具备。造园者不见此山，正如学诗者未见李杜，诚占我国园林史上重要一页。

经咸丰兵燹、同治战事后，园多毁损。至1949年，仅存一山一池和一座补秋舫。

1953年和1979年，市文物管理委员会两度维修假山，并重建“半潭秋水一房山”亭。2007年，对四面厅及周边建筑进行保养，并于当年9月26日对外开放。1982年被列为江苏省文物保护单位。1988年被列为全国重点文物保护单位。1997年被联合国教科文组织以“苏州古典园林”的典型例证列入世界文化遗产名录。

真如小筑，位于胥门外由斯弄（今泰让桥弄22号）。从王政（憩棠）“真如小筑”额题记中可以看出，沈琢堂建于嘉庆二十五年（1820），面积约500平方米。沈琢堂系何许人？从题记中可知，他是个文人，素心恬淡，喜欢吟咏，因而在此筑园。

园东傍大运河，南濒胥江，近大日晖桥，“东仰旭日朝晖，西眺落日余照”，风景极好。有厅堂建筑，假山、鱼池、凉亭、曲桥、花果树木，凡园林之构无不毕具，人称“仿留园”。尤以大黄杨树两棵及楠木厅前廊悉用彩色瓷砖铺地，为他处所少见。王政在“题记”中说，其园：

> 清流环其右，绿水绕其左。佳木异卉之属，无不毕备……有时唱和吟诗，则夜渚月明，水流花开，触处皆心情也。有时把酒临风，则柳荫路曲，流莺比都，随遇可觞也。

后为开绣庄致富的顾荫农购下，俗称“顾家花园”。1996年后，鱼池、假山、曲桥、亭子等被毁。尚存楠木厅、书房等建筑和无花果、芍药等花木，以及书条石若干。2003年，在其地建设苏州市规划展示馆。

辟疆小筑，位于甫桥西街北首（今凤凰街228号）。道光二十年（1840），由教谕顾沅所建。宋《吴郡志・卷十四・园亭》：

> 晋辟彊（疆）园，自西晋以来传之。池馆林泉之胜，号吴中第一。辟彊姓顾氏。晋唐人题咏甚多。陆羽诗云：“辟彊旧林园，怪石纷相向”。陆龟蒙云：“吴之辟彊园，在昔胜概敌。”皮日休云：“更葺园中景，应为顾辟彊。”本朝张伯玉云：“于公门馆辟彊园，放荡襟怀水石间。”今莫知遗迹所在。

辟彊（疆）园位于何处，历来说法不一。有说在西美巷，有说在甫桥西街，民国《吴县志・卷三十九・第宅园林》：

> 辟疆小筑，在甫桥西街，清道光二十年，顾明经沅建。阮相国元题并书，严太史保庸为记。

顾沅（1799—1851），字澧兰，号湘舟，又号沧浪渔父。长洲（今苏州）人。道光间官教谕，收藏富甲三吴，交游多名流耆宿。辑有《吴郡名贤图传赞》《玄妙观志》《吴郡文编》等，著有《赐砚堂诗集》《今雨集》等。严保庸撰《辟疆小筑记》曰：

> 食旧德而扬清芬，贤子孙之事也。顾子而无园也则已，顾子而有园也，则其必以“辟疆”名，固也。

因何必以“辟疆”名？因晋时苏州有“辟疆园”，相传在和丰坊（今西美巷），为顾氏所筑（今已湮没无考），所以名“辟疆小筑”，有传承、纪念之意。人亦有称“辟疆园”“小辟疆园”。

据严保庸的记载，辟疆园虽不甚大，但具城市山林之致。最胜者为思无邪斋，地势高旷，巨石突兀，罗列如儿孙。乔木数棵，直上云霄。杂花绕之，灿如云锦。西有不系舟、心妙轩、据梧楼、金栗草堂。草堂之西，又有如兰观、春晖阁。再往西为艺海楼，楼上纵横环列三十六橱，贮书十万余卷。楼下为吉金乐石之斋，商彝周鼎、晋帖唐碑之属无不具，亦无不精。又西为传砚堂，因其曾祖济美有端砚传子而得名；白云深处，为奉母夫人颐养之处。还有古泉精舍、不满亭诸胜。并建苏文忠公祠于内，祠中有苏亭、苏轩、啸轩、雪浪亭等。咸丰庚申之乱，所藏书籍碑版均散失，园遂荒废，苏祠亦划入定慧讲寺，园址所存，不及其半。

1950年，在此建云母生产合作社，后发展为合成晶体材料厂。1982年为市劳动局职业技术培训中心所购，翻建新楼，为办公之处。

（北）半园，位于娄门内白塔东路。咸丰六年（1856），由江苏道台陆解眉所建，占地仅一亩半，园内建筑有半亭、半廊、半船等，均以“半”为特色。园名有“甘守其半，不求其全”之意。为与仓米巷史氏半园区分，故称“北半园”，也称“陆氏半园”。

园以纵长水池为中心，环池黄石驳岸，绕有回廊，错以峰石，小巧精致。水池之东有小桥，可跨达旱船。池北有四面厅，宽敞明亮，匾题“知足轩”。厅前有平台，下临水池，可小坐赏景。临池之旱船，一半临水，名“半波舫”，贴墙屋面为“一落水”，形似走廊，故称“半廊”。西南有亭踞于假山之上，高5米许，两只翘角飞扬，故称“半亭”。池北有重檐高阁，为主人之藏书楼，外观二层，实为三层，底层厅上悬有匾额“且住为佳”，楹联“事若求全何所乐，人非有品不能闲”，体现了主人“甘守其半”的心情。厅中悬一大镜，映出厅前假山、池水、亭廊、花木之景色，如画一般。镜旁有一楹联“诗句全从画里得，云山常在镜中留”，描绘得十分贴切。园中植有白皮松、黄杨、紫藤等名贵花木，风光旖旎。真是“半层楼阁半面妆”，在苏州园林中独树一帜。

1992年维修，2009年再修，但住宅已毁，难以恢复。园在宅之东部，现占地1130平方米。1982年被列为苏州市文物保护单位。

退园，位于井仪坊（今十梓街至民治路一段）。为户部员外郎吴嘉淦宅园。吴嘉淦（1790—1865），字清和，号澂之，吴县（今苏州）人。道光十八年（1838）进士，官至户部员外郎。他于咸丰元年（1851）构筑此园。地不过数亩，却有水木明瑟之胜。园中有池，方广百步。池南筑一室，名“微波榭”，折而向左，有秋绿轩。右有仪宋堂，因主人好古文学宋意而得名。池北有室三间，名“初日芙蓉馆”。植枫杨两株，枝叶茂盛，大可合抱。循榭右转，三分其室，左为家祠，祀祖先；右为曲室，主人与客憩息吟咏之所；中室为庭，广七八尺，庭前筑坛，植牡丹数本，花开时节，张灯结彩，主人在此宴客，以尽欢娱，额曰“群玉山房”。堂偏右为思树斋，堂前树木高耸，绿荫如盖，夏日移榻于此以避暑。园中多植花木，四时俱备。春季桃红李白，繁英粲然。秋季丛桂著花，芬芳袭人。冬季雪花飘扬，树挂银珠，满园缟素。惜遇咸丰兵燹，园遭毁坏。今已不存。

涉园、耦园，位于相门内仓街小新桥巷。“耦”同“偶”，因宅之东西各有一园，又寓夫妇双双归隐、耕读之意。园之东部，原为雍正年间保宁知府陆锦所筑，名“涉园”，又名“小郁林”。

同治十三年（1874），安徽巡抚、署两江总督沈秉成购得此园，请名画家顾沄等人精心设计，构图布局，建造宅园。该园占地面积8000平方米，三面临河，一面沿街，建筑布局独树一帜，住宅与园林紧密结合，是一座典型的住宅园林。

园分东西两部。东部：系涉园故址，布局以假山为主，以池水为辅。主体建筑是一组重檐的楼厅，有小院三处，厅堂三间，总名“城曲草堂”。楼厅前有黄石假山，参差巍峨，绝壁临池，气势十分雄伟，是耦园建筑艺术的独特之处。假山之南筑有水阁，名“山水间”，取宋代诗人欧阳修“醉翁之意不在酒，在乎山水之间也”句意。山傍有月池，池边树木苍翠，在此处闲赏，富有山林野趣。池东有双照楼，登楼眺望，园内景色尽收眼底。听橹楼近护城河，河中舟楫往来，可听到船夫摇橹之声，仿佛在乡野一般。楼西有樨廊、储香馆、藤花舫及枕波双隐亭诸景。有还砚斋，因沈氏曾祖制有鱼形砚二方，沈秉成和严氏夫人各执一方，故名。

西部：以织帘老屋为中心，分隔成两个小院，前院有假山逶迤，后园有老树花坛、藏书楼，体现了园主夫妇一起织帘劳动，一起读书的和谐境界。

园主沈秉成和夫人严永华，两人均能诗，常在园中游赏联吟，并有诗集《鲽砚庐诗钞》《纫兰室诗钞》存世。城曲草堂的一副对联，为严永华所撰：“耦园住佳耦，城曲筑诗城。”嵌“耦园”“城曲”之名，确是一副好联。此联为唯一由园主夫人所撰的楹联，在苏州园林史和联史上均被传为佳话。

耦园经整修后，于1965年开放东园，1994年全部开放。2000年11月被联合国教科文组织以“苏州古典园林”的扩展地之名列入世界文化遗产名录。2001年，被列为全国重点文物保护单位。

听枫园，又名“听枫山馆”“吴云故居”，位于乐桥西堍庆元坊（今庆元坊12号，原大门在金太史场4号）。原为宋代词人吴感红梅阁故址。同治三年（1864），由苏州知府吴云购得筑园。吴云（1811—1883），字少甫，号平斋、退楼主人、罍翁，别署二百兰亭斋、两罍轩等，归安（今浙江湖州）人。道光二十四年（1844）任镇江知府，后任苏州知府。咸丰十年（1860）太平军攻下苏州后，吴云即丢官闲居。吴云笃学好古，喜金石书画，著有《两罍轩彝器图释》《二百兰亭斋金石记》《二百兰亭斋古铜印存》等。

听枫园面积七亩许，因园内有古枫，故名。园划分为大小庭院五处。主厅听枫仙馆居中，南北各有一庭院。南院花木茂盛，东南隅堆假山，筑两罍轩、味道居、待霜亭、适然亭等。馆东为书房，名“平斋”，前叠湖石假山，循蹬道至墨香阁，阁下层隐伏山中，上层突兀山巅。有花墙与院子分隔，斋阁自成院落。北院有清池一泓，金鱼成群。池畔有旱船半亭，花木峰石相映衬。吴云自称“宅居不广，却小有花木之胜”。

吴云卒后，园渐衰微。宣统二年（1910），词人朱祖谋曾寓居此园。其后屡更园主。1949年后，曾相继为教师进修学校、第二中学、评弹研究室、评弹团使用。1979年，安置下放回城的评弹演员10余户暂住于此。1983年，园内单位与住户迁出，由市文化局动工整修。1985年始，由苏州国画院使用至今。

残粒园，即吴待秋故居，位于装驾桥巷（今装驾桥巷34号）。园名取自唐代诗人杜甫“红豆啄残鹦鹉粒”句意。原为扬州某盐商所得，1929年归画家吴待秋所有。吴待秋（1878—1949），名征，字待秋，别署春晖外史、括苍亭友等。浙江石门（今桐乡）人。1931年起定居苏州。师从吴昌硕学花卉，能得神韵。应荣宝斋之邀，画了不少梅花笺，受到鲁迅的赞赏。与吴湖帆、吴子深、冯超然被誉为“三吴一冯”。日本画家见到他与吴昌硕合作的墨笔花卉，大为惊叹，曰“天下大手笔，毕竟属吴中”。一生创作甚多，出版画集有《吴待秋画稿》两册、《吴待秋山水册》和《吴待秋花卉册》等。残粒园后为其子、画家吴敉木居住。

宅园建于光绪十年（1884）前后，占地共约3350平方米。坐北朝南，可分为中、东、西三路，以中路为主，依次有门厅、轿厅、大厅、楼厅、堂楼。大厅名“春谷堂”，面阔三间。楼厅和堂楼前各有东西厢房，东偏各接一间书房。楼厅前有光绪十年翰林吴大衡题额“庆既令居”的砖墙门与之相对。西路有来鹭草堂。东路建筑布局自然，疏密有致。南部有一西式平房，木构部分全用欧洲产红木制作，是当年吴待秋的画室及卧室、会客室，其南小院植日本红枫。北依花园，环境恬静幽雅。花园在东路中部，先名“东园”，后名“残粒园”。园小而精致，在苏州小型宅园中有代表性，受到现代园艺家陈从周的赞赏。1998年已被列入苏州市文物保护单位。

怡园，位于人民路乐桥北堍西侧。曾是明代尚书吴宽旧居。咸丰十年（1860）毁于兵燹。同治年间，由浙江宁绍台道员顾文彬购得旧居遗址，营造九年而成，耗银二十万两，占地面积6270平方米，由顾文彬之子顾承主持营造。画家任阜长、顾沄、王云、范印泉、程庭鹭等参与规划设计，园中一石一亭均先拟出稿本，由顾文彬最后敲定。顾文彬（1810—1889），字蔚如，号子山，晚号艮庵，元和（今苏州）人。道光二十一年（1841）进士。历任刑部主事、员外郎，出为湖北汉阳知府、武昌盐法道、浙江宁绍台道员。工书法，擅音律，好收藏，家藏传世名作250余件。著有《过云楼书画录》《眉绿楼词联》等。

藕香榭

园分东西两部，中部以复廊相隔。东部以建筑为主，庭园中置假山、植花木。主要景点有玉延亭、四时潇洒亭、坡仙琴馆、石听琴室、拜石轩等。西部以水池居中，环以假山花木，布局自然，小巧雅致，堪称园中精品。主要景点有藕香榭、锄月轩、南雪亭、碧梧栖凤、画舫斋、锁绿轩等。在土山上，有亭屹立，似少妇之发髻，名"螺髻亭"，为苏州园林中最小的亭子。怡园因建筑较晚，故能吸取各园之长，巧置山水，自成一格。如复廊采用沧浪亭的形式，假山参照环秀山庄的格局，旱船取法拙政园的香洲，水池仿效网师园，洞壑模拟狮子林等的优点，无不悉心采用，成为别具一格的优秀园林。值得一提的是，园内亭、轩、斋、室的楹联，均系园主顾文彬集宋代词家苏东坡、辛弃疾、吴梦窗等词句而成，为他园所少有。可惜已大都毁坏流失，所存无几，幸有《眉绿楼词联》可以查考。

园名的含义，俞樾在《怡园记》中写道：

> 顾子山方伯，既建春荫义庄，辟其东为园，以颐性养寿，是曰"怡园"。

1953年，顾氏后裔将园林捐献给国家，政府拨款维修后，于1954年对外开放。1982年被列为江苏省文物保护单位。

（南）半园，位于饮马桥北堍西侧仓米巷。同治年间，为溧阳人、布政使史伟堂所筑。主厅半园草堂为俞樾书榜，有联云"园虽得半，身有余闲，便觉天空海阔；事不求全，心常知足，自然气静神怡”。入门处亦有一联：“事若求全何所乐，人非有品不能闲。”体现了园主的情趣所在。俞樾撰有《半园记》，对半园的建筑记之甚详。主厅南向，东北有小室，曰“安乐窝”。向东有屋三间，曰“还读书斋”。有长廊亘之，中有小亭二，曰“风廊”“月榭”。东南隅有室正方，前临荷池，后栽修竹，以竹与荷花皆有君子之称，因名之曰“君子居”。其西南隅有屋如舟，额曰“不系舟”。从其后绕出西廊，有楼屋三重，其下层题曰“且住为佳”，中层题曰“待月楼”，上层题曰“四宜楼”，凭栏而望，姑苏城中万家灯火，了然在目。半园，其处高高下下，备登临之美；风亭月榭，极柽柏之华。纵观吴下诸名园，无多让焉。

俞樾《半园记》对半园极为赞赏，曰：

美哉！君之名斯园乎，《老子》曰“知足不辱”，《礼记》曰“知不足然后能自强”，君之名园具此二义矣。

又曰：

以君之力，固足以笼有余地，乃甘守其半，不求其全，此君之知足也。(《春在堂杂文》三编卷一）

“文革”中该园遭到严重破坏，水池、假山、花木及部分建筑被毁，仅存主厅半园草堂及角亭。2013年9月进行修复。1982年被列为苏州市文物保护单位。曾为某公司使用，现公司已迁出，2018年由市政府拨款重建，恢复原来的面貌。

曲园，即俞樾旧居。位于人民路察院场南端西侧马医科（巷）。同治十三年（1874）冬，俞樾购得马医科西首清代大学士潘世恩的部分住宅，建造府第。曲园，形似甲骨文“曲”字，也含有老子“曲则全”之意。俞樾（1821—1906），字荫甫，号曲园居士，浙江德清人。道光三十年（1850）进士，授翰林院编修。咸丰五年（1855），放任河南学政，被御史劾奏“试题割裂经义”而罢官。遂移居苏州，潜心学术研究，先后主讲于苏州紫阳书院、杭州诂经精舍、上海求志书院等。治学以经学为主，旁及诸子学、史学、训诂学，乃至诗词、楹联、书法、戏曲等。日本、朝鲜等学子向他求学者甚众，尊其为朴学大师。他平生勤奋治学，著作极丰，有《春在堂集》五百卷。

园占地2800平方米。主要建筑有：春在堂，是主人以文会友和讲学之处。乐知堂，为接待贵宾和举办喜庆活动的场所。小竹里馆，小院栽竹，环境幽静，为主人读书处。认春轩，杂植花木，花放春浓。达斋，有书房三间，可以藏书。东北面为艮室，为主人之琴室。沿长廊有一小亭，亭下有池，名曲池，池边有阁，名回峰阁，与亭相对。

曲园是江南典型的书斋式庭院。所有堂、轩、馆、斋等悬挂之楹联，均为俞樾亲自撰书，这也是曲园的特点之一。春在堂内，挂有俞樾的自挽联："生无补乎时，死无关乎数，辛辛苦苦，著二百五十余卷书，流播四方，是亦足矣；仰不愧于天，俯不怍于人，浩浩荡荡，数半生三十多年事，放怀一笑，吾其归乎！"为画家吴敦木所书。此联约在俞樾六十岁时所撰。俞樾八十余岁时，将此联改成："生无补乎时，死无损乎数，辛辛苦苦，著成五百卷书，流播四方，是亦足矣；仰不愧于天，俯不怍于人，浩浩落落，历数八十年事，放怀一笑，吾其归乎！"乐知堂内，悬有"三多以外有三多，多德多才多觉悟；四美之先标四美，美名美寿美儿孙"。俞樾自己多才多德，且子孙满堂，当时孙子俞陛云探花及第，曾孙俞平伯已出生，四世同堂。联语极符合俞樾的实况。

1954年，俞樾曾孙俞平伯将曲园捐献给国家。1982年由市园林局实施维修。1989年动员迁出居民20余户，拆除园内三层住宅楼，修复门厅、轿厅和园中亭、廊、斋、阁等建筑。1990年继续恢复假山，补栽花木。是年10月，市政府将曲园调拨给苏州市文联"艺术之家"管理和使用。2006年被列为全国重点文物保护单位。

壶园，原位于乐桥南堍东侧孝义坊，一说在竹隔桥（即祝家桥巷，干将路拓宽时已废）。清末词人郑文焯园居。"壶"，本指容器，此处指小天地。传说仙人施存有一壶，中有天地日月。唐张乔《题古观》诗："洞水流花早，壶天闭雪春。"壶园，意为自家的小天地，胜似仙境也。

郑文焯（1856—1918），字俊臣，号叔问、大鹤山人，又号冷红词客。奉天（今辽宁）铁岭人，属正黄旗汉军，自称原籍山东高密。清光绪元年（1875）举人，曾任内阁中书。后旅居苏州，为江苏巡抚吴元炳幕僚。郑在苏州居住40余年，历任江苏巡抚19人都聘他为上客。他善为词，工尺牍，擅长金石、书画、医方、经籍、版本、古器、音律。为晚清"四大词人"之一。著有《瘦碧词》《冷红词》及《大鹤山房全集》等。

光绪三十一年（1905），郑在孝义坊购得五亩地，筑室数间，从邓尉山购回嘉树名花，种于园内。其园东有高冈逶迤，被称为"吴小城"。并有诗咏之。

张尔田在《大鹤山人逸事》中记道："小坡（文焯）晚年营别墅于孝义坊，其东坡陀绵亘，按图经知为吴小城，赋词以张之。手种梅竹，极幽蒨之致。小坡殁后，吴印臣拟为保存其墅，余为题'侨吴旧筑'四字，后亦未果，闻已易主矣。"后废。

荆园，位于马医科（今马医科7—8号）。清末，归太守田绍白，名"荆园"。面积三亩许，荒圮失修。后由程廷恒购得。程廷恒，光绪四年（1878）生，字守初，号月锄、蘧庐，晚号退思老人。昆山人。附贡生。由县丞分发奉天升知县，后任抚顺县知事，历呼海铁局董事、龙江道尹、呼伦道尹、政务厅厅长、代理省长等职。并写有《荆园记》：

丁卯冬，由祁陶甫、张久余诸君介绍，得城中护龙街九胜巷口，对面有旧称陆家墙门田氏大宅，房主田绍龛陪视房地，进园转西，即见有“荆团”砖额在焉。园地约有三四亩，荒圮失修，略具池亭花竹。园东朝南有大厅及后厅，楼东西院有客房、书房、厨房、浴室等四十余间。田君称此宅，其先人得之陆氏，陆乃得之有明长洲文彦可枕烟旧宅。归告阿兄，康民谓《齐谐记》载京兆田真兄弟怡怡，紫荆重开，千百年来传为佳话，不图吾垂老，兄弟得此荆园，何乐如之。议遂定。(《吴门园墅文献·卷二》)

“荆园”之名由此而来。

旧时，其前门在护龙街（今人民路），朝东，因街市喧嚣，程又购马医科朝南房屋十余间，与荆园打通。以马医科新得之门为前门，护龙街为副门。并扩大园地，悉心经营。园内以池滨湖石堆成假山数座，池址起点处建西式四面厅，题曰“蘧庐”。西北有屋三楹，题曰“补读斋”“退思”，意谓补未读之书，思以往之过。斋有前后廊，前廊辟左右两门，左曰“锄月”，右曰“枕烟”。斋西立家庙，题曰“僾见敬”，为岁时祭飨追远之所。西南角山后，有三角亭，名曰“求阙”。园东大厅有王严士先生赠联：“解组归田，园林小筑；乐天知命，岁月长春。”常熟赵古泥先生书“宝善堂”大字堂匾。西书房题为“养正书屋”，东客房题曰“可止轩”。后厅楼匾额由园主程廷恒自题“春融草堂”。凡厅堂亭榭，均有诗文联语，琳琅满目，美不胜收。园内种植花木，绿化葱茏，花有紫荆、红绿梅、迎春、玉兰等，树有核桃、樱花、红绿枫、松柏、女贞等。

日寇侵华，园为日寇骑兵占据，书籍字画，细软物品，被劫一空。防空洞开，乱砖山积，园林亭台，均毁于日寇与戕人之手。日寇投降，宅园略加修葺，但已不能恢复旧观。现为民居。

拥翠山庄，位于虎丘山麓，在虎丘上山路西侧。山上多植树木，一片青绿，故名。光绪十年（1884），由内阁学士兼礼部侍郎洪钧，与友人朱修庭、郑叔间、彭南屏、文小坡等发起而建。洪钧（1839—1893），字陶士，号文卿，吴县（今苏州）人。同治七年（1868）状元，授翰林院修撰。曾任湖北学政、顺天府乡试同考官、内阁学士等。先后出使俄、德、荷、奥等国，是清代著名的外交官。洪钧曾娶名妓赛金花（原名赵彩云、傅彩云）为妾，并带她出使外国，赛金花成为“公使夫人”。清末四大谴责小说之一《孽海花》，即以他俩的生活经历为依据演义而成。

山庄坐北朝南，占地约700平方米，四周有围墙，围墙门外有“龙”“虎”“豹”“熊”四个大字。自南向北随山势升高，共分四层。第一层庄门、抱瓮轩，第二层问泉亭、月驾轩，第三层灵澜精舍，第四层送青簃。山庄间缀以湖石孤峰及栽植银杏、柏树、青竹、桂花、紫薇、石榴、黄杨等花木，有“风来摇扬，戛响空寂，日色正午，人景皆绿”之妙境，令人感悟“拥翠”之含义。

拥翠山庄

山庄因地制宜，利用自然地形造景，巧借周边景物以达到丰富园景的目的，配以合理的布局和丰富多彩的绿化手段，与庄外环境融为一体。它是苏州园林中独树一帜的台地园林，也是苏州唯一内部没有水的园林。2009年已被列入苏州市文物保护单位。

绣园，位于马医科（今马医科27—29号）。始建于光绪元年（1875）。光绪三十一年，沈寿的丈夫余觉在马医科购得此宅园，创办同立绣校，兼作福寿绣品公司，故名"绣园"。次年，余觉、沈寿夫妇进京教绣，此园出租与人。1913年，余觉由张謇委派赴沪负责经营福寿绣品公司，后因经营不善，公司亏损，余觉将此园作价4000元抵给张謇，以抵偿公司债务。后二年，张謇以4500元售与庞国钧。庞氏后裔将此园改为庞氏义庄，取名"居安"。1966年由苏州市房管局整修，取名"绣园"。

宅园南北窄、东西长，为长方形庭园。面积虽不大，但构思巧妙，布局得体，所筑的亭、台、堂、轩，池水假山，湖石小桥，与所植的四季花木，布置合理，相得益彰。园中布局以堂、轩、廊等相围合。厅、堂、轩、亭等建筑形式均有变化。厅，高大宽敞，飞檐翘角；轩，作卷棚式，典雅古朴。建筑物上注意色彩的搭配，用黑、白、棕灰等中性色彩，给人以淡雅、宁静和安详之感。宅园内廊屋高低起伏，曲曲折折，在廊中漫步，有移步换景、目不暇接之感。

在堂前挖小池，取其土堆于西南方向，成小山佳构。在山上筑一座扇形半亭，为全园的至高点，可俯视水池及周围景点，为欣赏全园景色最佳处。

东南方向的池岸，藏尾水于廊桥下。桥下水质清冽，水中倒影，无波静卧，有波斜动，动静结合，效果极佳。水域开阔处有三处湖石，高低间隔，恰似蓬莱三岛，十分优美，细细赏之，其味无穷。园中植有松、竹、梅、桃、李、杏、迎春、蜡梅等，树木遇春而绿，花卉应景而发，绿意深郁，花香撩人。

鹤园，位于人民路西侧韩家巷（今韩家巷4号）。因俞樾所书"携鹤草堂"匾而得名，又有养鹤、长寿之意。光绪三十三年（1907），由道员洪鹭汀建，占地3134平方米。园中池水澄清，长廊如虹，古亭堂馆错落有致，掩映于山石之间。园中凿一水池，呈鹤状，鹤颈往西南延伸，形成水湾，寓水源不尽之意。但筑园未全面竣工，洪已离开苏州。后归吴江庞屈庐，其孙庞蘅裳续加修建。金松岑撰有《鹤园记》云：

> 清光宣间，华阳洪鹭汀观察，以宦橐所赢卜宅韩家巷，而规其西为圃，取曲园所书"携鹤草堂"四字榜之，曰"鹤园"。（《天放楼文言·卷五》）

鹤园小巧紧凑，简洁幽雅。园以水池居中，红栏石梁凌波而设，竹石花木环池而布，

鹤园鹤栖堂

右亭左馆隔池相望。长廊曲折，贯通南北。北部为主厅携鹤草堂，前廊东西门楣有庞蘅裳自题“岩扉”“松径”砖额，典出孟浩然《夜归鹿门山歌》中“忽至庞公栖隐处，岩扉松径长寂寥”句。堂前有湖石掌云峰，以形名。池南有四面厅，额“枕流漱石”，与主厅隔水相对。听秋山馆又称“鹤巢”，隐现于园北翠竹丛中。

1942年，庞氏将鹤园售与苏纶纱厂老板严庆祥，用作苏纶纱厂办事处。1949年后，鹤园被严氏捐献给国家，成为市政协办公处。1980年全面修复。现为市政协联谊会活动场所。1963年被列为苏州市文物保护单位。

柴园、觇园，位于凤凰街中端醋库巷（今醋库巷44号）。因是柴氏所筑，故名。原系道光年间潘曾琦之宅园，名为“觇园”。光绪年间，由浙江上虞柴安圃购得，重修扩建后，遂名“柴园”。安圃逝世，其子莲青继之，复称“觇园”，自号“觇园主人”。“觇”通“茧”，含有隐居之意。

柴园现占地2650平方米，为东宅、西园布局。东宅现存门厅、堂楼。门厅已改，堂楼面阔三间带东西厢楼，楼南有廊。楼下有鹤胫一枝香轩，楼上有茶壶档轩。天井南为清水砖砌墙门，上镌清光绪九年（1883）顾文彬题“嘉门善祥”额。此为主人栖息之地。堂名“留余堂”，悬联云“只看花开落，不问人是非”，体现了主人隐居而闲适之心情。

西园南部为鸳鸯厅，面阔三间，南厅扁作，北厅圆作，其廊柱、步柱及其柱础亦分别作方形、圆形，脊柱及柱础则南方北圆，为典型的鸳鸯厅。鸳鸯厅轩敞豪华，东接平房一间，满堂轩式；西接楼房一间，楼前小庭院置湖石假山。厅北东侧为水池、水榭。水榭面阔一间，水池清幽，湖石驳岸，厅西北为船厅，前为敞亭，后为两层歇山式阁楼。

园北部叠湖石假山，堆叠有致，盘旋迂回，丘壑自具。入山之口有“缭而曲”三字，取登降不遑、如往而复之意。

1985年，市文管会、民政局共同出资，重点维修鸳鸯厅、旱船、水榭、曲廊等。现为苏州市教育博物馆。1982年被列为苏州市文物保护单位。

畅园，位于养育巷中段西侧庙堂巷（今庙堂巷22号）。园之名，有舒适、和畅之意。晚清，由道员王某所建，占地约2800平方米。园分两路，东为正路，共六进。入园门即桂花厅，俗称“门厅”。厅有小院，广植桂花。经小院至桐华书屋，亦称“内厅”，内厅面阔三间，前施船篷轩，有一枝香轩、鹤胫轩回廊。西路共三进，以水池为中心，缘岸叠湖石，曲折参差。岸边疏植白皮松、紫藤、石榴、木樨等花木。南端架一五曲石板桥，把池面一分为二。沿东面园墙，走廊蜿蜒起伏。中间有两亭，一为六角形的延晖成趣亭，一为方形的憩间亭，两亭之间，点缀着竹石小品，清新淡雅。穿过方亭，至园中主厅留云山房，厅南露台宽敞平坦，为园中主要景点之一。池东有船厅，名“涤我尘襟”，与憩间亭相对。假山上有待月亭，为园内最高处，登亭眺望，可览全园景色。沿山而下，有斜廊可巡回桐华书屋。

畅园面积虽小，但布局精巧，造园手法细腻，受到专家的好评。刘敦桢所著《苏州古典园林》认为，畅园“面积虽小，园景却丰富而多层次，是苏州有代表性的小园之一”。

1988年至1999年，政府动员居民迁出，陆续按原貌重建。1998年被列为苏州市文物保护单位。

晦园，位于东美巷（今东美巷7号）。晦，有隐逸、自谦愚昧之意。始建于清光绪年间。占地约十亩，故又称“十亩园”。园主汪甘卿，光绪十九年（1893）举人，曾任直隶候补道，宣统年间任驻奥地利参赞，1911年因丁忧返苏，恰逢辛亥革命爆发，便不再出仕。他潜心著述，著有《诸子音训拾》《读史钩沉》《德芬堂文集》《帘影楼诗词钞》等。

汪甘卿逝世后，由民国政府官员、学者叶恭绰购得此园。叶恭绰（1881—1968），字裕甫，号遐庵，晚年别署矩园，室名“宣室”。浙江余姚人，生于广东番禺。毕业于京师大学堂仕学馆；后留学日本，加入孙中山领导的同盟会。曾任北洋政府交通部总长、广州国民政府财政部部长、南京国民政府铁道部部长。后出任北京大学国学馆馆长。新中国成立后，曾任中央文史馆副馆长。因其远祖叶梦得（宋代诗人）本籍吴中凤池乡，故易名“凤池精舍”。楼堂精致，有亭榭水池，梅花盆栽颇盛。抗日战争起，叶赴香港避居，请吴湖帆作《凤池精舍图》。图成，叶在图上题诗七绝两首：“凤池遗迹久榛芜，梦想家园有此图。聊与吴中添故事，可能清闷学倪迂。”“由来明镜本非台，花木平泉耻自哀。犹有烟云堪供养，不须料理劫余灰。”

抗日战争胜利后，曾为新六军军官宿舍、江苏省保安司令部。新中国成立后，西部曾办过益民小学、聋哑学校，时庭园尚在。东部小丘、池塘划入市第二人民医院。市机关干部业余大学向北扩展，与晦园连通，从此，东美巷园门封闭，改从卫前街校门进出。1957年，市第十一初中在此建校，后晦园全部划归学校使用。园中仅存花篮厅、轿厅、半亭及大雪松、紫玉兰、香樟树各一棵。1975年左右，花木毁坏、池塘淤塞，不久，园全废。2007年，市立医院本部（即原市第二人民医院）将花兰厅修复。

植园，位于盘门内孔庙西侧。园名有广植树木之意。其地原系燹余丛冢。清末，江苏巡抚陈启泰命苏州知府何刚德在此建成公园，占地约二百一十四亩，因其地丛葬疏密，遂将瓦砾泥土堆成山，既掩盖丛冢，又成山形，栽以花木，苍翠可观。种有松、杉、槐、柏等各类树木两万余株，皆夹道分行，排列有序。又植桃、李、梅、杏，点缀其间，花开时节，景亦迷人。何著《平斋诗存》注云：

> 植园创始，因文庙左近为燹余丛冢，惮于迁葬……度地得二百一十四亩，缭以围垣。

又云：

> 园内植树二万余株，大者桧柏椿杉及罗汉松五种，皆夹道分行，余以散种桑秧为多。花则梅及桃杏为苏之美产，每种划地数亩，各种小秧数百株，杂树尚不计数。

有诗曰：“因冢成山青不断，贴泥蓄草翠如黏。”即写此也。

光绪末，江苏巡抚程德全又拓展植园，分为农田区、园林区，规模可观，面貌一新，植园之名更著。民国初期，植园对外开放，为公众游憩之所，花木掩映，裙屐往来，顿极一时之盛。日寇侵占后沦为军马场。抗战胜利后又遭破坏，林木殆尽。不数年，园渐冷落，后废。今植园已不存，仅留“植园”之名。

济园，位于胥门外虎啸桥，又名“虎啸桥放生池园”。济，有济世之意。始建于光绪年间，民国时期为灵岩山寺下院。占地近十亩，有放生池、湖心亭、曲桥等。“文化大革命”时，有红旗化工厂等单位进驻，填池拆亭，毁林建房。而后，市妇幼保健医院取而代之。1993年开办苏州佛教安养院，园遂废。

六、官署、行宫与王府

唐代，苏州被称为“雄州”，并将吴县划分出长洲县。到了雍正二年（1724），又将长洲县划出部分，设立元和县。这样，有清一代，苏州就有了长洲、元和、吴县三个县。三个县有三个县衙门，长洲县衙设在乌鹊桥北堍西侧（今长洲路），元和县衙设在甫桥西街西侧（今元和路），吴县县衙设在养育巷北侧（今古吴路）。

（一）官署

元和县衙，在元和路。设立元和县后，在此购下陈姓的房产，建立元和县衙。县衙坐南朝北，占地约八十亩，有大门、二门，正中是一条砖砌

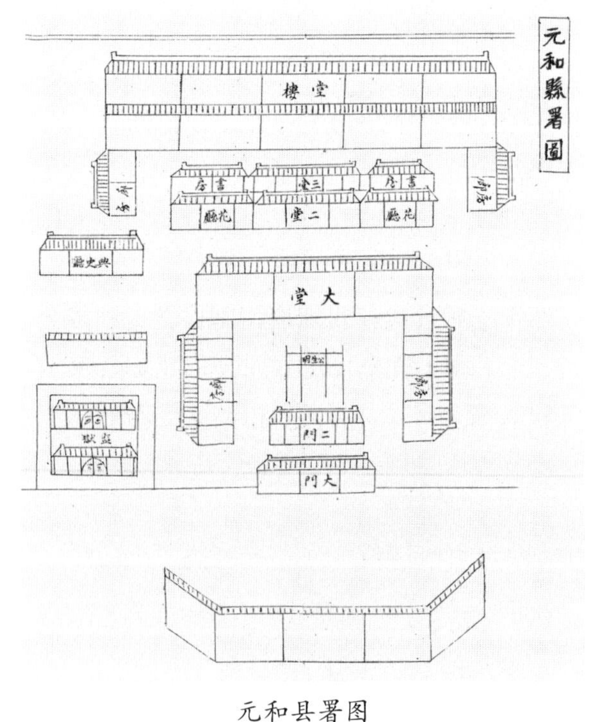

元和县署图

甬道，直通大堂。大堂之后是二堂，二堂之后是三堂。左右两边的房屋，称为廊房，亦称“六房”，是衙役们办公的地方。在大堂后面，两边建有花厅，高敞宽大，是县官老爷议事和会客之处。再往里去，左为书房，右为县官家属的住所。在花厅之东有一处“廊房”，为狱吏的居住房。有一间名“三相堂”，内祀萧何等立法三相。西南二排是监牢，囚禁罪犯之处。最后还有一所三官殿，内供三官神像。三官，即天官、地官和水官。据说天官赐福，地官赦罪，水官解厄。三相堂和三官殿的建立，都与县衙执法、判刑有关。由于县衙的建立，该巷即称为“元和县前”，后称“元和路”。辛亥革命后，地方行政改制，建立苏州民政长署，县衙随之废除。

原县衙的厅堂、廊屋等，今在市一中内，基本保持原状。后院有一株紫藤，系宋代古木，距今已有八百余年，为目前苏州最古老、保护最好的紫藤之一，春日花开，紫云一片，极为壮观。

吴县县衙，原在吴县横街、吴县前（今古吴路）。民国初，衙门尚存。抗日战争全面爆发前，江苏高等法院看守所设于县衙内。民国二十五年（1936）发生了著名的“七君子事件”，七人中除史良外，其余六人——章乃器、李公朴、王造时、沈钧儒、沙千里、邹韬奋等均被关押于此。抗日战争全面爆发后，国民党撤离，该衙门被百姓自发拆除殆尽，时人称之为“拆衙门”。

长洲县衙，在乌鹊桥北堍西侧（今长洲路）。明洪武元年（1368），由旧学前迁此。建筑很有规模，有大门、二门。内有大堂、二堂及内室等。后毁。同治十一年（1872）重建。因其处有长洲县衙，县衙前的一条路即称“长洲路”。

中华民国成立后，撤销长洲县，县署旧址设吴县市乡董事会及吴县农会。民国十六年（1927），在此办伯乐中学和中山体育专科学校。新中国成立后，仍由伯乐中学使用。1980年为苏州职业大学。由于历史的原因，原县署的建筑已荡然无存了。

（二）行宫

虎丘行宫，康熙、乾隆两帝六次下江南，六次来到苏州，必到虎丘去游览。史载：康熙二十三年（1684）、二十八年、三十八年、四十二年、四十四年、四十六年，康熙皇帝六次驾幸并驻跸虎丘，在山上建行宫含晖山馆，在悟石轩旧址上建万岁楼，御笔提“虎阜禅寺”等。同时题有楹联多副，悬于宫门或内室，“松声竹韵清琴榻，云气岚光润笔床”（行宫），“山光茂苑来书几，柳色金阊入画图”（奏殿），“花棹浑疑浮碧汉，倚窗常似俯清流”（花厅），“径转披云近，窗明挹翠微”“烟霞常护林峦胜，台榭高临水石佳”（龙楼），“四面岚光俱入座，一轮蟾影恰当帘”（太后宫），“古栝荫垂苔磴润，瑞莲香袭镜池清”（禅室），“波光先得月，山秀自生云”（仰苏楼），以及匾额等。

乾隆十六年（1751）、二十二年、二十七年、三十年、四十五年、四十九年，乾隆皇帝六次游览并驻跸虎丘。在山上建有行宫和文昌阁等。同样题有多副楹联，悬于宫门或内室，“翠竹苍松全寿相，清泉白石养天和”“高柯嘉荫盘陀石，曲槛清音觱沸泉”（行宫）、“风声满径竹铿尔，春气入林花翳如”（太后宫）；又大雄宝殿题联：“雁塔影标霄汉表，鲸钟声度石泉间。”

皇帝驻跸于山上，除建造行宫外，还将虎丘山上的大雄宝殿、千佛阁、千手观音殿、地藏殿、云岩寺塔等维修一新，房屋多达5000余间，达到了鼎盛时期。

今虎丘山上有御碑亭，将康熙、乾隆两帝留下的御书碑刻或嵌于壁上，或矗于亭内，供游人观赏。

织造府行宫，在带城桥下塘（今带城桥下塘18号）。织造府主管曹寅，与康熙皇帝十分友好。曹寅（1659—1712），字子清，号荔轩，又号楝亭，满洲正白旗包衣人。所谓包衣，即奴隶，受皇家差遣利用，没有人身自由。曹雪芹的曾祖父曹玺，被安排在内廷，即皇帝居住之处做事。康熙皇帝出生时，要在包衣中挑选一位奶妈和保姆，曹玺的妻子孙氏不但人品端正，而且奶水好、会带小孩，当选为康熙皇帝的乳母。不久，曹玺当上了内务府营缮司郎中。因有了这层关系，曹家与皇家的关系十分密切。康熙皇帝即位后的第一年，就任命曹玺为江宁织造的主管。曹寅自小与康熙皇帝一起游玩，感情深厚，所以，十七岁就当了康熙皇帝的御前侍卫。后任苏州织造的主管，又任江宁织造主管，前后达二十余年。

所以，康熙皇帝来到苏州，必驻跸于苏州织造府。于是，曹寅将织造局划出一半以上的地方，大兴土木，为皇帝建造行宫。《南巡盛典》记载：行宫按照北京皇宫的样式，建有大宫门、二宫门，中间是大殿，是地方官员朝拜皇帝的地方。后面是正寝宫、后寝宫，是皇帝居住之处，再后是戏台、看戏厅。两边有书房、随侍房，以及御茶房、御膳房等。行宫内建有花园，配置亭台楼阁，以及假山池水等。园内奇石瑞云峰，是特地从阊门外徐泰时花园（即留园）中移过来的，此石皱、瘦、漏、透，具备太湖石的特点，亭亭玉立如美人，专供皇帝欣

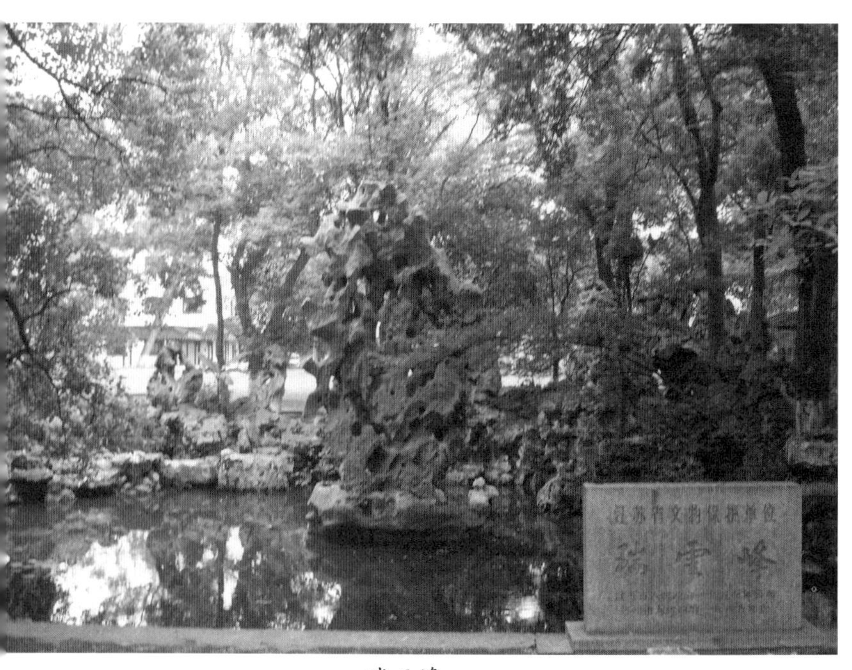

瑞云峰

赏。再种上奇树异花，环境极其清幽，十分雅致。

除康熙皇帝之外，乾隆皇帝下江南也在行宫内驻跸。而且，乾隆皇帝的皇后、妃子及皇太后也随着下江南，也都居于行宫。乾隆皇帝喜欢吟诗作对，题写了多副对联，悬于行宫内。如“南园莺花多胜赏，吴中山水称清吟”（行宫）、“阊临诶荡通民隐，里抚殷丰验物华”（寝宫）、“轩窗自纳云霞气，书卷常含草木馨”（书斋）、“圆觉光常垂妙鬘，吉祥境本彻优昙”（皇太后的佛堂）。乾隆皇帝住在行宫内，感到风景优美，环境清静，十分得意。

据传，曹寅的孙子、《红楼梦》作者曹雪芹曾跟随祖父居住于此。在他著的《红楼梦》中，诸如大观园内的景点布局与命名，“最是红尘中一二等富贵风流之地”的阊门与山塘街，人物中带有吴语方言，以及虎丘的泥人捏像、自行人、琉璃灯等玩物，都有苏州的影子，充分说明曹雪芹与苏州有深厚的关系。

万寿宫，在凤凰街中段西侧民治路。康熙五十六年（1717），江苏巡抚吴存礼为奉迎皇帝，在旧子城之东建万寿宫。万寿宫共有三进殿宇，连成中轴线。正殿面阔五间21.6米，进深14.4米，高大宽敞，深广宏伟。前有露台，与台基相连。两侧建有厢房，相互对称。皇宫的建造非常严格，像皇城那样，宫的四面挖有河道，名“玉带河”。河上架桥，过桥才能进入皇宫。皇宫正殿供奉皇帝万岁牌位（生位），皇帝生日称为“万寿节”，“万寿宫”的名称也由此而来。全城官员聚集于此，举行朝贺庆典。如遇到皇上驾崩，在殿内设灵致祭，官员服丧志哀。平时，皇帝有诏书来到，官员们也在正殿内跪拜恭迎，听候宣读。

咸丰十年（1860），皇宫毁于战火。同治九年（1870），江苏巡抚丁日昌重建。辛亥

万寿宫正殿

革命推翻清帝制后，旧日一套全部废除，即称“旧皇宫”，并由社会团体使用。后因年久失修，日渐颓废。宫内外杂草丛生，荒芜一片。正殿、仪门及两边厢房均已倾圮。由于无人管理，成为游民、乞丐躲避风雨的栖息场所。新中国成立后，1951年，市政府拨款维修，基本上恢复了原貌。并从他处移来一座琉璃瓦牌楼，置于万寿宫前，飞檐翘角，十分雄伟壮观。牌楼前有黄墙照壁，平添了肃穆气氛。现为苏州市老年大学使用。

（三）王府

咸丰十年四月（1860年6月），太平天国忠王李秀成率军攻克苏州，同治二年冬（1863年12月），太平军战败退出苏州。在这期间，太平军的封“王”将领，先后在苏州建造王府。其中最具规模的就是李秀成忠王府。其处原是拙政园的一部分，并将东面潘姓、西面汪姓等宅第一并划入，建造为王府。

忠王府，位于东北街（今东北街204、206号）。忠王即李秀成（1823—1864），太平天国将领，广西藤县人，雇农出身。1849年，全家加入拜上帝教。1851年8月，太平军过藤县境时，举家入伍。定都天京后，由杨秀清擢为军帅，旋升监军。1856年封地官副丞相。在指挥天京保卫战时，1864年7月城陷被俘，写下长篇供词，历述生平和太平天国历史。临刑前写“绝命词”十首。

忠王府按太平天国王府规制建造，有大门、仪门、正殿、后堂、后殿等，极为豪华。大门面阔三间12.5米，进深10米。大门左右翼为八字墙，前踞一对石狮。仪门面阔三间13.5米，进深8.5米，正殿与后堂各面阔三间，平面呈“工”字形，故习称“工字殿”。正殿面阔17米，高约11米，进深14.5米。后堂面阔14.2米，进深6.2米。正殿与后堂的梁、枋、桁间均饰有彩绘。后堂与后殿之间为小院，东西两厢相对。高同正殿，面阔三间14.6米，进深10米。步柱与金柱间设船篷轩，金柱与后步柱间架大梁。后步柱之间安屏门十八扇，门枋与后步枋间设垫板，以引条分隔为九方格，绘壁画9幅，内容以虎、豹、狮、象、鹿、鹤、鸳鸯、绶带鸟、白兔等鸟兽为主，配以树石花草，各有寓意。后檐柱与后步柱间相距仅1米，此殿原为忠王府供奉天父天兄神主、举行礼拜仪式的地方，称为“圣殿”或“天厅”。忠王府的苏式彩绘不仅数量多，而且艺术水平高。经调查统计，共有彩绘495方，所绘大半为山水、花鸟、走兽以及绚丽的锦纹，寓意为福禄寿、吉庆有余、百事如意、锦上添花等。仪门的额枋和正殿的额枋、步桁、脊桁绘有“双龙戏珠”“祥云团龙”“丹凤朝阳”“凤穿牡丹”等图案。同治二年（1863）冬，太平军退出苏州，李鸿章在此设江苏巡抚行辕。同治十一年，改为八旗奉直会馆，后改名“奉直会馆”。新中国成立后，由苏南行署苏州专员公署使用。1951年划归苏南区文物管理委员会，1958年移交给苏州市文物管理委员会。1960年1月在此建立苏州博物馆。1993年起，由国家文物局拨款，陆续进行维修，基本上保持了忠王府的原貌。

梁王府，位于滚绣坊（今滚绣坊6号），系梁王凌郭钧王府。据专家考证，原系明代正德间进士朱纨的故居。康熙年间，由户部尚书赵申乔购得，稍加修缮，作为寓馆。后为赵氏所得。太平军攻占苏州时，赵氏举家迁往上海，留下空宅。梁王凌郭钧遂将赵宅进行改建，作为自己的王府。共有三落六进，占地面积约5000平方米。第一进为门厅，开阔较大，极有气势。南面并排着十八扇墙门，绘有彩色龙头图案。对面有座照壁，照壁前有一对础石，俗称"旗杆石"，为竖立旗杆所用。门厅中轴，有厚实的大门二扇，门上绘有朱漆描金双龙。门楣的裙板上，也绘有二龙戏珠图案。第二进为轿厅，也有彩绘，与第一进门厅风格完全一致。第三进为大厅，是梁王会客、议事、设宴的地方。与门厅一样，厅南有十八扇落地长窗。梁上的花纹雕刻精细。檀桁上均饰以彩色的花卉图案，十分典雅华丽。第四、五进为"凹"形双层楼房，是居住区域。第六进为附房，并有后院。相传，梁王府东首辟有养马场，西首建有牢房和刑场。苏州被困时，梁王跟随李秀成退守丹阳，翌年农历四月初八，丹阳失陷，梁王殉难。

英王府，位于钮家巷内。系太平天国陈玉成王府，俗称"英王行宫"。此处原为乾隆朝状元潘世恩宅第，即凤池园部分。园极大，地亦广，因有凤凰集于此而得名。园内假山水池、亭台楼阁，一应俱全。有赐书楼、洗心斋、康合亭、虬翠居、凝香径、烟波画船等。太平军进驻苏州，为英王陈玉成王府。1982年，市政府按原状整修一新，以保存太平天国遗迹。

慕王府，位于今富仁坊（巷）22号。系太平天国慕王谭绍光府邸，俗称"慕园"。园内有湖石假山、池塘竹亭、石桥等园景，两侧栏杆与桥墩以湖石叠成，为苏州孤例，树木苍古，十分优雅。

劝王府，位于桃花坞大街（今桃花坞大街164号）。系太平天国万镇坤王府。原为明代养真老人沈均的宅第"废园"。前有厅堂，后有园池，为一座大型住宅。现园已荒废，但嵌在墙上的"废园"题额尚存。故诗人有"落木萧萧一废园，妙无风景耐盘桓"之句。

纳王府，位于桃花坞大街原单家桥柳氏宅，系太平天国纳王部永宽府。后为清代牙厘局、洋炮局。

唐王府，位于桃花坞大街（今桃花坞大街88号），原贝氏宅。其门墙及留有青石浮雕础石，与忠王府大门口的青石狮座浮雕风格相似。

熊万荃王府，位于今白塔西路（今白塔西路13、15号）。据传，太平天国时为民政官员熊万荃王府。后为道光进士潘遵祁所得。

听王府，位于南显子巷。系太平天国听王陈炳文王府。原为明归氏园部分，园中精华为小林屋洞，系明代叠山大师周秉忠之作，顺治六年（1649），园归韩馨，重加修葺，以洽隐为名堂，故园称"洽隐"。太平天国时一度为听王陈炳文王府。现为市第十五中学管理使用。

七、寺庙、道观与庵堂

在顺治、康熙至乾隆年间，苏州的寺庙、道观与庵堂的建立之风依然很盛，尤其对那些著名的寺庙和道观进行修缮或重建。咸丰年间，在太平军攻入苏城后，因太平军信奉拜上帝教，不允许其他寺庙的存在，故将寺庙、道观几乎焚烧殆尽，即使是著名的寺庙、道观也不能幸免。在同治、光绪年间，逐步将烧毁的寺庙重新建立，但寺庙的状况已不复从前。所以，从清末始，寺庙、道观与庵堂日渐减少。

（一）修复或重建寺庙、道观

玄妙观，位于苏州城内观前街中端北侧。顺治初，三清殿圮。康熙元年（1662），耗白金四万两，建雷尊殿、天王殿等，后又建东岳两庑三十六案、七十二司及五岳楼。建于明宣德间的弥罗宝阁，祀玉皇，万历三十年（1602）圮。康熙十二年，由玄妙观方丈铁竹道人施道渊、布政使慕天颜、道纪司陶宏化募，费白金六万两，历时三年重建而成。嘉庆间重修。阁三层，上祀玉皇，中祀斗姥，下祀地祇。民国元年（1912）失火遭毁。

玄妙观为避康熙皇帝“玄烨”讳，改作“圆妙观”或“元妙观”。康熙四十年（1701），康熙皇帝南巡至玄妙观，御笔“餐、霞、挹、翠”，赐道士制匾。

乾隆十六年（1751）春，乾隆帝南巡，临幸玄妙观。二十二年第二次南巡，御题“清虚静妙”，赐玄妙观三清殿内恭悬。二十七年第三次南巡，御题对联：“圆笼叶三元仁宣橐籥，妙机含万有寿溥垓埏。”赐三清殿御题匾额“太初阐教”和“梵籁清机”两块。又赐玄妙观正殿恭悬御题“珠杓朗耀”。再赐玄妙观斗姆阁恭悬御题“穆清元始”及玉帝阁恭悬。

嘉庆二十二年（1817），三清殿遭雷击后，由尚书韩崶等人重新修葺。同治间由浙江商人胡雪岩出资重修。

弥罗宝阁，明正统三年（1438），知府况钟及信徒募资，建弥罗宝阁。明末毁于火。顺治十二年（1655），布政使慕天颜、玄妙观方丈铁竹道人施道渊、道纪司陶宏化重新募建，重建弥罗宝阁。历时三年建成。宝阁比三清殿高大，底层面阔九间，二层、三层面阔七间，四层面阔三间，歇山顶，上覆筒瓦，顶层屋脊有二龙戏珠泥塑，三层、四层屋脊两头有鱼化龙泥塑。宝阁前有宽阔的青石露台，周围有雕花石栏杆，中设一座重檐冲天炉，高度与一楼屋顶齐平。宝阁第一层，供万天帝王，左右为三十六员天将；第二层，供万星帝王，左右为二十八星宿；第三层，供万地帝王，左右为六十花甲星宿。阁后有一座七煞门，内有地姆宫，传说道士为人家做法事抓到妖怪后，就将妖怪关在这里，显得非常神秘。整座弥罗宝阁，用三十根八角形青石柱，石柱上刻一百八十位天尊名号，两殿的天尊名号相加，共计三百六十位天尊，寓意为一年三百六十天，天天有天尊保佑。据说弥罗宝阁内供奉的道教神像是最多的，说明玄妙观等级之高，在中国道教界中有一定地位。嘉庆时，玄妙观方丈陈全莹（洁夫）募集资金整修。同治时，浙江巨商胡雪岩出资再修。经过重金整修，弥罗宝阁盛极一时，名满江南。

民国元年（1912）8月28日突发大火，将弥罗宝阁烧为灰烬。民国十八年，地方政府和士绅提议在弥罗宝阁废墟上建设一座大礼堂，因当时全国各地为纪念孙中山而兴建中山堂，此礼堂也定名为“中山堂”。新中国成立后，中山堂被多家企事业单位所用。

西园戒幢律寺，位于阊门外西园弄。始建于元至元年间。咸丰十年（1860）遭兵燹，沦为荒墟。同治间稍有修复。光绪十八年（1892），由盛康等请禅师荣通及徒广慧先后主持重建。募化后，于二十七年重建四面厅、清凉阁、湖心亭及放生园池等。宣统三年（1911）定名“西园戒幢律寺”，俗称“西园寺”或“西园”。光绪二十六年，五百罗汉堂竣工。翌年，观音殿、方丈室等均修筑一新。民国元年（1912），大雄宝殿落成。其时，有屋190多间，占地约64亩，其规模为当时苏州佛寺之首。

花神庙，位于阊门外山塘街、虎丘地区。相传，宋代运送“花石纲”的苏州人朱勔因误国被杀，被抄没家产后，其子孙移居虎丘，以种花为业，此后代代相传。农民以种花谋生，出产的白兰花、代代花、茉莉花最为著名，故建有四座花神庙。

1.山塘街桐桥处的花神庙。清《吴门表隐・卷八》记载：

> 花神庙，在桐桥内十二图花神浜，祀司花果之神。神姓李名□，有永南王之封。傍列十二月花神像。明洪武中建。

庙内有一副对联：“一百八记钟声，唤起万家春梦；二十四番风信，吹香七里山塘。”从记载来看，这座花神庙建得最早，习称“旧花神庙”。但花神姓李名□，是何方人物，未见详细记载。“傍列十二月花神像”，也未说明是哪十二位神仙。

2.虎丘云岩寺东、试剑石左的花神庙。《虎阜志・寺院》：

> 花神庙……乾隆四十九年，织造四德、知府胡世铨即梅花楼址建。

此庙的建造，缘起于乾隆四十五年（1780）二月乾隆皇帝驾幸虎丘，苏州官员要献上鲜花。但春寒料峭，百花未开，由当地花农陈维秀用窨窖暖花之法，将花催放，受到乾隆的赏识，因而勘地建庙。《花神庙记》云：

（乾隆）庚子春，天子南巡，台使者檄取唐花，以备选进，吴市莫测其法。郡人陈维秀善植花木，得众卉性，乃仿燕京窨窖花法为之，花则大盛。甲辰岁，翠华六幸江南，进唐花如前例。其繁葩异艳，四时花颗，靡不争奇吐馥，群效灵于一月之间……郡人神之，乃同陈芝亭度其地，爰立庙，殿三楹，环两廊，有庭有堂，莳杂花，荫以秀石。斯庙之建，匪徒为都人士游观之胜，亦可见仁圣天子丰仁瀸泽，化贲草木，维神有灵，是可志也。

诗人尤维熊《花神庙诗》云："花神庙里赛花神，未到花时花事新。不是此中偏放早，布金地暖易为春。"

3.西山庙桥南堍的花神庙。《虎丘镇志》云：

花神庙，位于虎丘西山庙桥南堍，与西山庙隔河相望。始创于乾隆年间，光绪十九年（1893）重修。

苏州市政协编的《史志资料选辑》中《苏州花茶溯源》一文记述：庙内有一块嘉庆十四年（1809）捐资重修的碑刻，捐资者多为茶行，共有40户，因苏州花茶在东北等地区盛销，虎丘花卉种植的种类，亦渐向茶花珠兰、茉莉、白兰等发展。为祈求茶花的发展，茶行老板出资建花神庙。庙为三间二进砖木结构平房，第二进庙堂正中塑像一尊，相传供奉之神为陈维秀，两旁墙上绘有十二月花神，但未说明那十二位神仙是谁。民国年间，此处曾作为乡公所，又办过小学。1949年后，曾办过镜片厂、作过仓库。后因虎丘风景区扩建而拆除。

4.虎丘新塘桥南堍的花神庙。内供花神和猛将。庙宇毁于19世纪60年代。

老郎庙，位于镇抚司前（今巷已拆除）。乾隆年间移建于此。内有翼宿星君祠，俗称"老郎庙"。《吴县志・卷三十三・坛庙祠宇》云：

翼宿星君庙，在镇抚司前，俗名"老郎庙"。梨园子弟祀之。

老郎是谁？说法很多。一为西川灌口神，以游戏而得道，流此教于人间。灌口神就是二郎神。二为唐明皇，逢梨园演戏，亦扮演登场，掩其本来面目，不便称君臣而失体统，故尊为"老郎"。三为翼宿之神，翼宿是二十八宿中的一个星座。四为后唐庄宗李存勖，他精通音律，善度曲，自敷粉墨，与优伶共戏于庭，因身死国灭为天下笑。五为雷海青,是唐明皇时梨园的乐师,安史之乱中被害,明皇封他为“天下梨园都总管”。光绪七年(1881)重修。民国时期,老郎庙成为梨园公所。

金龙四大王庙,简称“大王庙”,位于阊门外南码头(今南码头36号)。金龙四大王庙,苏州有多座,《吴县志·卷三十四·坛庙祠宇》云:

> 一在阊门北濠,按礼部则例载神姓谢名绪,行四。宋末浙江人,读书金龙山。宋亡死节,为河神。明始封金龙四大王。

清末,住持自行筹款修建,有殿屋24间,供奉“金龙四大王”。“四大王”是何许神呢?神姓谢名绪,南宋人。《茶香室丛抄》曾记有:“世知金龙四大王为宋谢绪,然莫知金龙之所以得名。”施润章《矩斋杂记》云:

> 谢氏兄弟四人,名纪、纲、统、绪。绪最少,为诸生,隐钱塘之金龙山。宋亡,赴水死。后明太祖与蛮子海牙战于吕梁,云中有天将挥戈驱河逆流,元兵大败。帝梦儒生素服前谒曰:“臣谢绪也,上帝命为河伯,今助真人破敌。”次日称为“金龙四大王”。据此知金龙者,其所隐之山名,四则其行第也。(转引自《中国行业神崇拜·水运业·渔业》)

旧时,苏州的船户及船运商人,在开船前、停船后均要去四大王庙祭祀,以求神保佑行船安全。造船业主对金龙四大王也极其崇奉,在造船之初及新船下水之前,也去庙内祭祀,保佑新船航行顺利。1966年,神像被毁。现为民居。

元和县城隍庙,位于萧家巷(今萧家巷48号)。此处原为宋丁(谓)晋公祠,后为土谷神祠。清雍正时分出长洲县设立元和县,即在此改建为元和县城隍庙,俗称“阴元和堂”,大门在东升里。今正殿结构完好,末进楼房柱础为青石复盆式鼓墩。内有董其昌书条石。现为民居,已被列入市古建筑保护单位。

天后宫,又名“天妃宫”,位于西北街,是道教祭祀宫。康熙二十年(1681)继封天后。康熙五十九年,检讨海宝、编修徐葆光册中山王,还朝奏请列入祀典春秋致祭。乾隆十年(1745),里人范天锡出资重修,后遇兵祸遭破坏。光绪十二年(1886),道士秦琴鹤法师重建。

(二)新建了一批寺庙、庵堂

护国禅寺,位于东北街(今东北街14号)。顺治元年(1644),僧明胜募化,驻娄都督、宜川杨承祖捐建。嘉庆十六年(1811),僧慧成重修。咸丰十年(1860)毁。同治六年（1867），僧悟本修建。都督李昌和养疾寓此，题“护国禅院”。《吴郡金石目》记为娄门内“小关帝庙”。小关帝庙即护国禅院。

鲁班庙，即巧木公所，又称“小木公所”，位于原憩桥巷9号。嘉庆十五年（1810），巧木作同业冯圣兴、陈余棋等人捐建房屋12间建成是庙，供奉鲁班祖师（公输班）。后改作民居，干将路拓宽时拆除。

绣祖庙，位于醋库巷水仙庙侧。创建于乾隆年间，祀明嘉靖年间在上海创设“露香园顾绣”的“绣祖师”——吴人顾儒、顾世（顾名世）兄弟。碑文记载：“前明有顾公讳儒者，举嘉靖戊子乡荐，为道州牧，有惠政……致仕归，与其弟嘉靖己未进士尚宝丞讳世者，筑园娱考，名曰‘露香’。文酒之余，间教家人以刺绣，分丝擘缕，穷极精巧。作为山水人物，宛然生动。于是顾绣之名，盛行于世，至今垂三百余年。人之业是者，颂其德勿衰。”可见，早在明代，苏州的刺绣艺人们已将顾氏兄弟视为“绣祖师”。由于顾氏兄弟筑有露香园，又以“露香绣”来称呼“顾绣”。顾绣为“画绣结合”，拓展了苏绣艺术的表现手法。

民国二十年（1931）时，尚有庙屋10余间，占地300平方米，供绣祖像一尊。1956年由城中菜场接管，1957年拆庙建菜场。

又：**绣祖庙**，位于孝义坊。祀绣绰之神顾案。此庙原是周孝子庙。据载：“周孝子庙在孝义坊……有神赭面黑须。控马者曰顾案。顾案，系国初人，业顾绣，生平敬祀周孝子，殁为执鞭。今凡学绣者尸祝焉，曰绣祖。而祀以方糕，盖所嗜也。”顾案，看来是一位刺绣大师，因他生前敬重周孝子，常去庙祭祀，死后塑像在庙内，为周孝子执鞭牵马。由于他在苏州刺绣界影响颇大，人们将他看作苏绣祖师，常去庙内去祭祀，这庙也演变成了绣祖庙。1966年毁神像，改作民宅。

安齐王庙，位于齐门外东汇路。因在城外，俗称“外安齐王庙”。《吴县志》载：外安齐王庙，祀后唐中书令安重诲。重诲，后唐名医，太原人。康熙三年（1664）建。咸丰十年（1860）毁。后重建。

同治七年（1868），请于官列诸祀典。原庙坐北朝南，共三进，原有房舍计四十六间半。其建筑有正门及东、西翼门，与之相距2.55米处又各辟宅门，越正中宅门即临第一进头门戏楼演台基址，台北为露天石板戏坪及东西看楼。第二进为大殿，第三进为二殿。头门戏楼坐南向北，正对大殿，向以酬神演出为主，歇山顶，两层三面伸出，属“山”字形。其上层演出区宽4.49米，深3.92米。戏楼下层通高2.59米，下砌人字砖，向为出入通道。该庙演出以农历十月廿六日神诞为最盛，每年自正月起至十月底止，例必每日张灯演剧。清末民初以昆剧、京戏为主。20世纪30年代，渐为堂名清唱代替。

东山庙，也称“短簿祠”，位于虎丘东山浜。重建于清代，规模宏大，有大殿、大堂、二堂和寝宫等。祀王珣。王珣与弟王珉将虎丘山舍宅建寺后，后人为纪念他，在东山浜建有短簿祠，也称“东山庙”。《虎阜志·卷四·祠宇》云：

晋东山庙,在东山浜,或称"短簿祠"。珣初为桓温主簿,封东亭侯。旧在东岭。国朝乾隆三十五年,任德章等移建今所,祀晋司徒献穆公珣。珣与其弟司空珉舍别墅为寺,故寺中立祠祀之。唐陆柬之书碑。今居民皆祀为土神。王宾曰:"东山庙,自山之东,抵郡城西北,居民祀之。"

堂前有几棵高大的桂花树。1956年前后被工厂征用。有两样珍贵物品:一是三足角端(铜香炉),下踏蜈蚣、蝙蝠、蛇、壁虎,高二尺多,重百余斤;二是红木神轿,轿杠以有韧性的桃丝木做成,现由市道教协会收藏。

石人庙,原位于大柳枝巷17号。道光二十年(1840)建。祀宋代岳飞步将王横,因像是石质的,又称"石老爷"。石像于1981年交苏州博物馆保存。

龙神庙、太阳宫、风神庙,位于今公园路。雍正六年(1728)始建,称"福吴府农龙神庙"。嘉庆十七年(1812),设风神龛于此。同治十一年(1872),江苏巡抚张之万重修,并于其旁建太阳宫和风神庙,为苏州附郭三县(吴县、长洲、元和)统祀之所。民间信仰农历二月初一为太阳生日,是日,家家户户用米粉制成太阳糕(糕上印有太阳和一只神乌的图形)祭祀太阳神。风神,也称"风伯",中原地区以箕星为风神,南方则以有翼怪兽"飞廉"为风神。

民国初期,设劝学所于此,后改县教育局。1956年后为市轻工业局所在。1969年又设市人民防空办公室于此。

财帛司庙,又称"财帛司堂",位于原学士街财帛司弄。康熙二十六年(1688)建庙,乾隆、道光、同治、光绪年间均有修建。为布政使衙门香火。《吴门表隐·卷三》载:

布政财帛司庙,在歌薰桥北,康熙二十六年建,神姓任名珮,亦名环。(按:珮,唐封忠襄公,梁任昉八世孙,七月二十二日神诞。)

庙辟一室奉祀梁鸿,额题"梁伯鸾先生读书处"。

纠察司庙,位于朱家园(今朱家园14号)。为按察司衙门香火,嘉庆九年(1804)建,光绪初重修。神姓吴,名坛,山东海丰人,乾隆二十六年(1761)进士。

财神堂,位于今马济良巷。道光年间重建。民国二十年(1931)尚有庙屋四间,占地130平方米。后废。

叶卫道院,位于原前石皮弄。光绪十七年(1891)建。原是水灶公所的集会场所,临街为木栅门,木结构殿院,中堂为关帝殿。每逢农历正月十三日(胎日)、五月十三日(生日)、九月十三日(成神日)为关帝典祀。东面为三官堂、高山娘娘殿,西面为白衣观音殿。

佛华禅庵,位于阊门外彩云里北冶坊浜内。顺治十八年(1661),玄墓剖禅师开山。康熙十年（1671），剖禅让师弟子印先禅师置建，建山门、大殿、两厢客堂，后又建厨库、斋堂等。至后再建韦驮殿、大悲宝阁。后废。

水仙庙，又称“柳仙堂”“古柳仙庙”“娄门水仙庙”。位于娄门路58号边门、原官渎桥处。占地三亩许。康熙三十三年（1694）始建。庙原在凌浜，因祀神不便而迁于此（原名“染香庵”）。光绪年间，因负责管理之僧行为不检，后由地方人士请道士张春亭负责，创设安澜道院。所祀之神为唐代仪凤年间的儒生柳毅，民间奉为习义乡土谷神。农历九月十六日为其神诞。

又：**水仙庙**，位于原泰让桥东南，临近胥江与外城河交汇处。庙基面积约2000平方米，屋宇三进，有房屋80间。始建于南宋，雍正十三年（1735）重建，咸丰十年（1860）毁，同治四年（1865）重建大殿，光绪十五年（1889）修复庙门。《吴门表隐·卷九》记载：庙中所祀水仙为南宋平江知府陈汉（误名闵）。陈汉，字大有，隆兴二年（1164）以右中大夫知苏州府事。太湖水溢，以身殉，水乃止。宋绍熙中立庙于胥江。

而据原住持道士奚福安说，相传水仙为陈汉。因胥江水深流速，与外城河汇合处更为湍急，沉船时有发生。陈汉限于库帑，屡次治理失败，遂投水身殉。地方绅民感德，于其投水处立庙供奉，后封陈汉为“水仙明王”。庙内有大殿、斗姆阁等，香火颇盛。

法华庵，位于寒山寺隔岸，听钟桥西。顺治初，由善士徐瑞宇舍宅，释性能建。性能，号法华，寓寒山寺。其时，四处焚劫，他与徐瑞宇相善，徐有栈房，遂由法华建庵。康熙三年（1664），延浮石老人开法，即命法嗣壑澧住持。法华庵为当时名庵，太傅金之俊等有记。

圆通庵，位于原宋衙弄（今体育场路）。乾隆年间始建。庵宇三进：前为韦驮殿，中为大殿，佛像以释迦牟尼居中，左为观音，右为药师。西南侧有两间楼房。庵前有竹林，庵东有菜地。太平天国时尽毁。光绪年间有王老太者请地六亩余再建。

寄叶庵，位于东麒麟巷（今东麒麟巷19号），康熙初，释等伦舍宅建。一落三进七开间，第一进为弥陀佛堂，第二进正堂供释迦牟尼。东厢供华佗祖师神像。后建大悲阁五楹，为饭僧殿。道光十年（1830），释达觉重建。道光十八年，郡人韩峰供奉梁大同时大佛。咸丰十年（1860）毁。同治年间，僧心传重建。清末民初归僧继海掌管。民国十六年（1927），僧妙严继承，由苏州佛教协会执管。民国二十六年，妙严于庵堂东侧开设酱园。1958年，庵堂为工厂所用。1962年至今为民居。

报功庵，又称“报功禅院”，供释迦牟尼，位于东北街（今东北街186—198号）。建于康熙年间。道光十九年（1839），僧定泉重修。咸丰三年（1853），改为双忠祠。咸丰五年，又改为庵，原属塔倪巷宝积寺下院。正门在今东北街196号，殿宇房屋50余间，另有菜园、放生池及存放寿器的堂屋。

永灵庵，位于潘儒巷（今潘儒巷69号）。清康熙年间由孙公和尚建（一说为同治年间建)。一落二进三开间,第一进大殿供奉观音大士像。苏州解放前由弥师太执管。1956年庵尼返俗,庵内开办小学,后为校办工厂。1984年,大殿佛堂拆除。

青莲庵,在阊村坊(今阊村坊6号)。乾隆五十五年(1790)建,供释迦牟尼。1962年时有僧仁永,42岁,苏州人。1985年遗有头门大殿(三间堂屋)连配殿,结构保持较好,为平江区环卫站使用。后改建为楼房,多为机关所用。

白衣庵,又名“白云庵”,位于齐门外天竺弄。光绪年间建,是佛教募化的庵堂。原为三进木结构瓦屋,第一进为正门,三开间二厢房,为尼姑堂屋。第二进为大殿,供观音佛像。第三进为斗姆阁。

慈云庵,又称“十庙”,位于北园。光绪年间建。相传葑门彭家一小妾因家庭纠纷,负气出走至北园烧香,后在北园择地建庙,因当时北园已有九庙,故称“十庙”。原三进五开间,大门上方题刻“十庙”二字;第二进三开间大殿,供地藏王菩萨,两旁为配殿。

静修庵,位于西北街前石皮弄(今石皮弄8号)。约于光绪十七年(1891)建,为洞庭山佛教尼庵。民国十六年(1927)改为带发修行的家庵,内有珍贵的南海观音佛像,承接佛事,香火旺盛。1956年,有尼姑两人。1962年,有福莲师太,43岁。1985年,庵废为民居。

石马庵,位于双林巷(今双林巷37号)。光绪二十七年(1901),翰林吴大澂为其母信佛而造,供观音。留有碑刻一座,砌入墙内。相传某日暴风骤雨,河中有石马浮于河面,雨止,石马留在驳岸旁,故名。

避嚣庐,位于吉庆街小仓口(今吉庆街7-2号)。建于清末,面积约200平方米,大门朝东,前后两进院落,房屋十余间。主人汪炳[illegible],出身书香门第。民国十六年(1927),她29岁丧夫夭子,由此看破红尘,决意出家,拜比丘尼觉明为师,在宁波观宗寺受戒,法名原信。回苏后她变卖所有首饰,购此民房独居修持,题名“避嚣庐”。1966年,避嚣庐佛像、经卷、法器被毁。1976年,汪炳嫺离世。

静心庵,位于羊王庙前(今羊王庙前6号)。建于道光二十年(1840),占地300平方米。至民国二十年(1931)时,尚有庵舍十余间。1958年后成为民居。

碧云精舍,又名“碧缘庵”,位于二郎巷。为清末邮传大臣岑春煊家庵。占地约四亩,南北向。庵门朝东,门楣上有“碧云精舍”砖额。大殿供佛像,殿后为二尼起居的东西厢房。院中多树木绿草,并有一亩多菜地。民国十八年(1929),演藏师太来庵住持。演藏师太,湘潭人,上海女子体育学校毕业,传为湖南督军赵恒惕眷属。此为苏州唯一的密宗寺庵。曾皈依海灯法师,法名寂敏。二尼信奉密宗,深居简出,认为“口诵真言”(语密)、“手结契印”(身密)、“心作观想”(意密),“三密”同时相应,即可成佛。1966年后改为民居。

小天竺观音堂,位于大铁局弄(今大铁局弄12号)。建于光绪三十四年(1908)。

原为铜丝行业同人信佛的堂屋。俗说，凡去杭州天竺寺进香回苏，必到小天竺观音堂烧回头香，以表诚意。1966年时被毁。

（三）为王爷单独建寺

报恩寺，位于山塘街普济桥东（今山塘街728号）。又名“怡贤寺”“怡贤亲王祠”，俗称“王宫”。怡贤亲王为康熙第十三子。《清朝野史大观·卷一·怡贤亲王》载：

> （雍正）四年，御书“忠诚敬直勤慎廉明”八字以赐……比薨，诏奉天、直隶、江南、浙江各为王立祠，为天潢懿戚振古未有之荣。

乾隆《苏州府志》载：

> 国朝雍正十一年，郡人为怡贤立祠，敕改建寺，命赐紫僧超源主持，名“怡贤寺”。乾隆十六年诏赐今额（注：敕建报恩禅寺）。

咸丰十年（1860）毁。同治十一年（1872）重建。寺内殿宇高敞，门前一对青石狮甚高大，后有荷花池。

八、基督教堂的建立及其他

鸦片战争以后，清廷下诏允许官民人等信奉洋教。道光三十年（1850）十月，美国基督教监理公会教士戴医生等三四人，穿着华装，自上海乘船到苏州，沿途散发布道传单。尔后，信教之人日多，基督教堂开始建立，礼拜堂也日渐盛行。

使徒堂，原名“思杜堂”，位于养育巷（今养育巷130号）。同治十一年（1872），美国基督教南长老会派杜步西来苏州传道，杜始在盘门活动，后到葑门程桥设学，又迁到双塔寺前张家巷。不久，这所学校并入当时属于监理公会的博习书院。杜步西又在养育巷购地自建教堂，该教堂是苏州历史上较早的基督教堂之一。后人为纪念他，将教堂称为“思杜堂”。民国十四年（1925）经过翻建，始成目前规模。1952年改今名。1959年曾称“耶稣堂”。1966年被工厂用作仓库。今已恢复教堂。

圣约翰堂，位于原天赐庄、苏州大学校门外。美国监理会宣教士潘慎文博士于光绪七年（1881）创建，内有座位400个。因信教者日众，于民国四年（1915）拆旧重建，并更名为“圣约翰堂”。诺贝尔物理学奖得主李政道博士的祖父李仲覃为该堂的首任牧师，华人主任牧师毛吟槎、江长川、朱味腴、杨镜秋等相继在该堂任事。

乐群社会堂，位于宫巷（今宫巷20号）。为基督教会的活动场所。始创于光绪二十四年（1898），民国十年（1921）重建。占地面积1448平方米，建筑总面积2548.43平方米。坐东朝西，砖木混合结构。沿街大门上方书“基督教堂”，十分醒目。教堂由主楼和钟楼两部分组成，主楼高二层，局部三层，尖顶式屋顶。主楼大门两侧，有钟楼两幢，各高五层，攒尖顶屋面。整个会堂建筑顶部参差起伏。进大门向西拾级而上，入室内，为一宽敞的大厅，大厅两侧，南面为活动室，北面是小礼堂。后部是内厅。沿墙边扶梯登上二楼，楼两侧的建筑布局与底层相同，中间为大礼堂，可容纳600余人同时做礼拜。楼之山尖浮塑红色十字架。西南墙角嵌有花岗石石刻一方，用中英两种文字镌刻建筑年代及创办单位。

乐群社会堂开创以后，基督徒常在此进行活动。日伪时期，会堂被占。抗日战争胜利后，开办过诊所，举行过公益活动。新中国成立后，曾由市教育局、卫生局等机关使用。1986年归还教会。1987年重修后恢复教会活动。乐群社会堂是苏州市创办较早，规模最大、建筑最为宏伟的一所基督教堂。

杨家桥天主堂，位于原阊门外杨家桥（今三香路190号）。相传原为教友殷氏私宅，咸丰十年（1860）毁于兵燹。六年后，由该地教徒渔民集资重建教堂，设立男女读经班，为渔民教友聚集之所，俗称“网船公所”。光绪十八年（1892），法籍神父窦总铎在堂西购地12亩，建大圣堂，总称“七苦圣母堂”。大圣堂建筑风格中西合璧，十分壮观，活动时可容天主教徒数千人。

崇道堂，俗称“耶稣堂”，位于齐门外大街（今齐门外大街138号），光绪三十一年（1905）建，原为美国南长老会建造的福音医院，因近沪宁铁路，破坏安静的氛围，故将原基地改为崇道堂，为一座西式结构的教堂，占地东西长15米，南北宽8米，内有讲台，为传教做礼拜祈祷之所。堂主为姚牧师。堂内设崇道小学，教徒子弟免费上学。至民国三十一年（1942），传教还相当兴盛，由小姚牧师继承堂主。后改为齐门小学。1981年建成一幢三层楼教学大楼，并将东汇、西汇两校并入，合成为齐门小学。

师麦堂，又名“基督教耶稣堂”，位于白塔西路北、谢衙前南（今第四人民医院内）。为美籍华裔麦嘉棋建于光绪末年，并开通原白塔子路河，便于运粮进堂。堂中悬横匾一块，为孙中山先生亲笔题“其道大光”四字。后因教堂改为晏成中学大礼堂。1958年全部拆除，改为苏州市第四人民医院。

救恩堂，位于上塘街上津桥东。光绪二十七年（1901）创建，属中华基督教会（长老会）教堂。民国十七年（1928）重建。20世纪60年代被拆除，改建工厂职工宿舍。

天恩堂，位于桃花坞（今苏州市第四中学校内）。光绪二十五年（1899）始建。

礼拜寺，位于大铁局弄。光绪五至七年（1879—1881）建，此为苏州最大的清真寺，占地3066.68平方米，庭园七进，高厅大厦，礼拜大殿宽十间，寺内还建有望月楼、御碑亭等。

清真寺，在天库前（今天库前56号）。光绪二十一年（1895）建，俗称"回教堂"。1982年后给企业建厂房。

九、会馆、公所蓬勃兴起

会馆产生于明代，盛行于清代。它是由同省、同府、同县或同业人员所组成的。清代，苏州经济繁荣，商业发达，各地来苏的商人络绎不绝。因而，会馆的建造如雨后春笋，迅速兴起。有的是一省、一市所建的，也有的是数县合建的。据现有资料统计，有清一代，苏州建有会馆57家。按现在的行政区划分，会馆人员来自湖南、湖北、河南、山西、陕西、江西、安徽、浙江、福建、广西、广东等10余个省，规模较大的有全晋会馆、安徽会馆、嘉应会馆等；涉及的市县有漳州、泉州、金陵、江宁、武陵、绍兴、宁波、杭州、莆田、金华、江鲁、宣州、嘉应、东越、东齐、常州、无锡、东山等数十个市县。会馆涉及的行业有干果、青果、紫竹、丝花、腌腊、皮丝、烟商、钱业、锡箔、染坊、丝绸、线业、猪行、计账、皮纸、捞油、蜜枣、鱼蛋、咸货、花生、布业、浇造、药材、铜、铁、锡、瓷器等30余种。

此外，还有公所近200家，公所的性质与会馆基本相仿，但在建筑范围及人员数量上不及会馆，而在行业范围上要比会馆更广。

会馆是随着经济繁荣、商业交流、人口流动而产生的。它的作用大体有三种：一是同乡人士的聚会居停之处，二是同乡同业人士的议事之处，三是为同乡人介绍职业、暂时栖息之处。但会馆、公所均为同乡人创造一种福利，如同乡人回家无路费、疾病缠身无医药费、死后无丧葬费等，会馆、公所会给予一定的救济帮助。有的会馆，甚至举办小校，供同乡人士子女免费上学。但也有少数会馆、公所，成为乡土帮派势力的结合体，影响社会治安和商业的发展。

（一）会馆

潮州会馆（吴兴会馆），又称"潮州天后行宫"，位于阊门外上塘街278-1号。清初始建于阊门外北濠弄，康熙四十七年（1708）迁此，系广东潮州旅苏商人集资所建。雍正四年（1726）增建楼阁，十一年增建关帝殿。后经多次重修。三门并列，中间大，两边小，中额“潮州会馆”，左额“河清”，右额“海晏”。头门北向，外墙以磨细方砖斜角贴面，高约10米，阔15米。入门，过道上层即是南向戏楼。戏台向前突出，约6米见方，覆以歇山顶，内部八角藻井，垂莲柱额，枋雕颇精。后台3间，面阔15米，进深4米。整座戏楼连头门，平面呈“凸”字形。正殿、厢楼、楼阁等已毁，现存硬山顶后殿3间。1982年被列为市文物保护单位。

宁波会馆（浙宁会馆），位于南濠街（今南浩街147号）。由宁波商人建于雍正年间，咸丰时毁于战火。后众商集资，由刘正康等出面重建，砖木结构，占地约1.5亩。广场上有黄铜平台，置有刘正康的石雕像。馆内设有四明公所，是安放同乡灵柩之处。有一所儿道医院，专为同乡治病。还办过浙东游艺场，亦名“神仙世界”，演过戏剧，放过电影。每逢关公生日，商人在此聚餐，共祝生意兴隆。民国二十六年（1937）不慎失火，后重新修建。抗日战争时，做过汽车站、开过肥皂厂等。后为工厂所用。

金华会馆，位于南濠街。乾隆十七年（1752），由金华客商筹建，占地约1500平方米。金华商人，主做腌腊（火腿）生意。道光十六年（1836）重建。有关帝殿、财神殿等三进大殿，大小房屋百余间，后有花园。新中国成立后，会馆被公司作为仓库。

吴兴会馆，习称“湖州会馆”，又名“湖绉公所”，位于曹家巷（今曹家巷16号）。乾隆五十四年（1789），由湖州商人建。咸丰年间扩建，前门在曹家巷，后门近东中市，规模甚大。有议事厅、花厅、客厅、书房、戏台等。逢朔望、吉日、关帝生日和逢年过节，湖州商人在此聚会，或交易，或娱乐。设有航运办事处，便于商品运输。同治六年（1867）重建。1949年后，由人民解放军接管为营房，为军分区宿舍。

全晋会馆，位于平江路南段东侧中张家巷（今中张家巷14号）。“晋”为山西省的简称，故又称“山西会馆”。创建于乾隆三十年（1765），由旅苏晋商集资兴建，原在阊门外山塘街半塘桥畔，咸丰十年（1860）毁于兵燹。光绪五年（1879）至民国初，晋商又集资另建新馆，即今址。占地面积约6000平方米，规模宏大。会馆坐北朝南，可分为中、东、西三路。中路依次为头门、戏楼、正殿等。头门为单檐歇山顶，面阔三间，进深五间。三间脊柱间各设将军门一座，明间两扇黑漆门扉绘有工笔重彩门神，并置抱鼓石一对。脊柱前为海棠轩，后为鹤颈轩，梁枋饰戏文浮雕。头门左右为水磨砖贴面八字墙，壁面各饰砖雕团龙，环以缠枝纹，檐下抛枋雕饰戏文。墙下承青石须弥座，雕以“鹿鹤同春”“狮子滚绣球”之属。左右八字墙后各建楼阁式方形吹鼓亭一座，单檐歇山顶，山面朝外，犹似双阙耸峙，戗角与头门相交，呈参差错落之势。旧时，门前还有河埠及弧形隔河照墙，墙嵌砖刻“乾坤正气”四字，均毁于20世纪50年代末填河之际。

戏楼为两层，底层有仪门及两廊，楼层由北向伸出的戏台、五间横列的后台和左右各纵联五间的厢楼组合而成。戏台为歇山筒瓦顶，双戗飞翘。额枋雕饰龙凤及戏文图案，正面悬垂木雕花篮、狮子各1对。戏台面阔6.55米，进深6.24米，高2.7米，脊高约10米。台顶穹隆状藻井直径约3米，高2米余，由632个木雕构件以榫卯组合成旋转放射型纹饰，金碧辉煌，绚丽多彩，且有聚音作用。此台是苏州现存古典舞台中最为精美的一座。

正殿面对戏楼，台基高出地面约1.3米。原殿面阔五间，为筒瓦悬山顶，1976年1月失火烧毁。现有正殿系1986年将原灵鹫寺大殿梁架构件移建改筑而成，单檐歇山造，轩敞高爽。

东路共四进，面阔均为三间，依次为门房、厅堂和前后楼，楼房之间以厢房贯通。西路有门房、桂花厅（鸳鸯厅）和楠木厅等，两厅之间为庭园，点缀湖石、曲沼、花木，小巧玲珑，别具一格。现为全国重点文物保护单位。

嘉应会馆，位于胥门外枣市街。建于嘉庆十四年（1809），十八年落成。道光二十七年（1847）、光绪三十年（1904）重修。这是广东嘉应州（今梅州市）所属程乡、兴宁、平远、长乐、镇平5个县旅苏商贾集资所建。坐北朝南，石库门上嵌砖刻横额“嘉应会馆”。两侧原有石狮望柱一对，已毁。门临胥江，沿河砌有船埠踏步。东西两侧立照壁。主要建筑为头门，面阔5间，上层为戏台之后台，向北伸出为前台，上覆卷棚歇山顶。大殿朝南，面阔三间15米，进深15米，前檐配以满天星格子明瓦长窗12扇。殿后有3间楼屋，小院有砖雕门楼。殿东有备弄，东墙嵌有大小碑刻18块，记载会馆的沿革和捐资名单等，颇为详细。备弄之东，原系会馆办公和生活用房。全馆建筑布局虽尚完整，但已破旧。1982年被列为市文物保护单位。2007年5月，台湾佛光山星云大师为嘉应会馆整建，在此开办美术馆。

东越会馆，又名“蜡烛公所”，位于三乐湾，原武陵公所旧址。道光年间由烛铺业集资公建。烛铺，即做蜡烛生意。苏州烛铺早期为徽商经营，嘉庆后由浙江绍兴商人经营。道光六年（1826），苏州城乡共有烛铺业百余家。于是就建造东越会馆，内供关圣帝君。进入民国后，改为烛商同业公会。新中国成立后，会馆作为厂房。

安徽会馆，位于临顿路中段东侧南显子巷（今南显子巷18号）。原为明朝复社成员韩馨的洽隐山房。同治年间，江苏巡抚李鸿章驻苏，在此创立会馆。在临街前门的门楼上，题刻楷书“安徽会馆”。并于西侧另辟石库门，额“皖山别墅”。会馆建筑面积4000余平方米，有头门、仪门、二殿、偏厅、楼房等9处，共有房屋80余间。头门包括三开间门厅和前后砖雕门楼。光绪四至六年（1878—1880）增筑伫月楼、戏台。光绪二十年，张振轩增建安徽先贤祠，即照忠祠，祀安徽宋代先贤包拯、朱熹等，俗呼“包公殿”。太平军驻苏州时曾为王府。

李鸿章续拨巨款，命赵宗道修园，改称“惠荫园”，并修成“惠荫八景”，即柳荫系舫、松荫眠琴、屏山听瀑、林屋探奇、藤崖伫月、荷岸观鱼、石窦收云、棕亭霁雪。并于园北厅堂两廊壁间嵌置“惠荫八景”石刻。于是，游园观戏、赋诗作画、经商习工、祭先祀祖、坐堂办公集于一处，是为全盛时期。民国时渐趋衰落。后大多被拆，仅保存头门。2001年维修。1963年被列为苏州市文物保护单位。2006年被列为江苏省文物保护单位。1986年10月，在此成立苏州戏曲博物馆，以昆剧、评弹、苏剧陈列为主。2003年底，改为中国昆曲博物馆。

湖南会馆，位于通和坊。建于同治九年（1870）。门前原有牌楼，上书“湘水长流”四字。第一进为大厅，三开间，约200平方米。第二进为禹王宫。第三、四进为住房。东西备弄通两侧为住宅及办事房。后面为花园，有假山、水池、亭台等。1958年时在此办轧铁厂，1972年轧铁厂迁出，后由塑料三厂接收作厂房。1994年干将路拓建时，改为轻工贸易中心。

两广会馆，位于侍其巷（今侍其巷36号）。光绪五年（1879），按察使许应荣集资购得练氏废宅改建，八年落成。许应荣撰《苏州新建两广会馆记》碑文云：

> 光绪己卯秋，应荣奉命陈臬吴中，适里人阳令肇光宰元和，顾令思贤宰南汇，治民之暇思所以惠乡里，谋于应荣请建两广会馆。乃为集资经营，得城南侍其巷故太守连平练氏之宅……中堂前后，治屋四十有八间，缭以垣墉，涂以丹雘。居处有室，登眺有楼，游憩燕集有亭有榭，庖湢井阑靡不具。自今以往，乡人至者，上栋下宇，得其所寄；晨夕游处之余，或登其堂瞻仰前贤，感发兴起……是馆成而有裨于吾乡者，实大且远，固非徒都人士沾之获栖止已也……谨将光绪四年起八年底止，支付各款开处于后，总共付洋捌仟叁佰陆拾元捌角贰分……诰受荣禄大夫署江南苏州等处布政使、江苏提刑按察使加三级、广州许应荣撰并书，光绪八年壬午仲秋谷旦。（转引自《沧浪区志·会馆旧宅》）

后为居委会办公处。

武安会馆，位于阊门内天库前。建于光绪十二年（1886），这是河南武安（今属河北省）旅苏绸缎业商人集资建造的。占地约100平方米，坐北朝南，中轴依次为照壁、头门、戏台、正殿。头门与戏台相连，壁间嵌有碑刻五方，记述建馆缘起、捐助名单等。头门与照壁之间自成庭院，有石狮1对。戏台为歇山顶，高4.8米，阔2.73米，进深4.9米，与正殿相对。正殿为硬山式筒瓦顶，梁架扁作，雕花贴金，面阔三间8.85米，进深8.6米，前有轩廊。正殿西接一楼，并与戏台之间建有东西两庑。后散为民居。1982年被列为市文物保护单位。

云贵会馆，位于十全街150号。1982年文物普查时尚存三间享堂，屋宇高敞，梁柱粗壮，结构完好。1982年曾被列为控制保护古建筑。后被苏州毛巾厂拆除。

中州会馆，位于三元坊。创建于乾隆三十七年（1772），约延续至1951年。后改作民居。

(二)公所

光裕公所，位于宫巷第一天门（今第一天门8号）。苏州评弹艺人最早的行会组织，即“光裕社”。乾隆四十一年（1776）建。1984年、1989年房屋经翻建、装修后，开办光裕书厅，为苏州市区设施较好的评弹演出场所。现属苏州市评弹团。

金箔公所，位于蒲林巷（今蒲林巷7号）。苏州金箔业同人建立的公所。原有平房7间，今遗有“嘉庆五年”字迹碑刻。

梓义公所，又名“公输子祠”，位于清洲观前（今清洲观前处）。坐北朝南，后进通牛角浜及东脚门的梓义小学。初在憩桥巷，称“鲁班庙”。建于嘉庆年间，咸丰十年（1860）毁。同治中移建于此，为木工业奉香火之处。道光元年（1821）至同治九年（1870）小木公所同业公立碑记：“合城内外锯木、床作、杂木、机子作”共组之“小木公所”。“庚申兵燹，公所房屋被毁”，同治九年十月仍由同业捐款“复兴公所，即于（憩桥巷）地基上请示起建上下楼房六间，现已成工”。

梓义公所的建筑布局：有正门、边门、临街戏楼、天井、大殿、后进附屋等。临街戏楼两层6间，坐南向北，正对大殿，以酬神演出为主。上层中间为演区，宽4.3米，深4.35米，两侧砌粉墙。自楼板至屋脊通高3.9米。其面向大殿之台高2.45米，置有活络长窗6扇。两端专辟边门与戏房相通。上层东西2间为戏房，各宽2.9米，深5.75米，通高4.6米。下层中间为出入通道，方砖铺地。戏楼在道光、咸丰、同治、光绪年间，一般演出以昆剧、清音堂名为主。辛亥革命后，始有大小京班等参与演出。原大门尚存“公所”二字，门框上有“咸丰二年”字迹。现为苏州市控制保护古建筑。

太和公所，位于旧学前（今旧学前50号），建于同治十二年（1873）。光绪十六年（1890）建成药皇庙并太和公所。宣统三年（1911）重建。为一座五进古式堂屋，第四进为国药公会祭祀神农氏的大殿，农历四月二十八日为神农祭祀日，极为热闹。1949年前，太和公所由苏州沐泰山药店张嗣之、同仁寿药店朱汇善、良利堂药店张瑞章等主持。原有戏楼堂屋，屋边有石刻“太和公所”界石块。20世纪80年代末拆除。

金粉、金箔、金线同业公所，位于闾邱坊三株弄口。宣统三年（1911）建。相传原为道士程福金法师的私人道观，后自筹经费同里人改建公所。后又改为议价开会场所，再改为旅业公所。

烟业公所，位于胥门外小河浜。建于同治年间，面积约3330平方米，内有殡所30间，义冢地一块。当时，苏州烟业职工大多来自外地，有的死后无力营葬，有的不能及时运柩回归原籍。遇到这种情况，在得到所属同乡会证明后，便可在此安葬或停柩。1950年代解散。

福元公所，俗称“皮蛋公所”，位于小日晖桥弄（今小日晖桥弄23号）。由皮蛋行老板唐芝田创建，占地约600平方米，范围前为万年桥大街，后至大马路，北至小日晖桥弄，建筑面积约占其半。第一进为4间平房，西侧有厢房3间，均为办事之处。内有庭，用砖墙分为前后两半，中有拱门相通。后面三开间大殿，供关公坐像，旁有关平、周仓侍立。两边有状元陆润庠所书楹联。西侧厢房供吕纯阳像。后有花园，临夏驾河。公所为私人创建。光绪年间，有士而商者唐芝田，在万年桥大街开设唐隆泰皮蛋行，门外墙上大书“进贡陈年松花彩蛋发客”以招徕顾客。唐芝田与陆润庠是同窗，官场关系十分密切，故无人能与他争夺市场。民国四年（1915），唐隆泰皮蛋行歇业，公所改办胥口第二小学。

官厨公所，位于东采莲巷。曾名“九邑公所”。系厨业同人魏祝亭、蒋元、唐仁宝、王如林、吴常等创建。他们看到同业中年老伙友贫病无依靠者较多，出于同情，遂邀集同业置产首创。由各乡厨业捐建。头门3间，各官厨业捐建大殿3间，魏祝亭等捐建后殿3间。凡同业年老伙友歇业、贫困、患病者，给予帮助医养，为亡者发棺殓葬等。

七襄公所，位于文衙弄5号。其处原是建于明末的艺圃。道光十九年（1839），由纱缎绸绫业同人在此建所，并增建思敬堂，即改称“七襄公所”。七襄者，原指织女星白昼移位七次，也指织文之数，同时指精美的织锦。

尚始公所，位于中街路（今中街路138号）。建于道光十二年（1832），为土布商人的同业组织。同治八年（1869）重建于中街路新安会馆故址。门面上镌有“尚始公所”四字，为状元陆润庠所书。后曾为私立育才小学、中街路小学二院、苏州市第十六中学二院。后由工厂所用。

锦文公所，位于阊门内下塘街（今下塘街142号）。为刺绣业同业公所。原在醋库巷绣祖庙内，咸丰十年（1860）毁于兵灾。同治六年（1867），由65家绣庄集资购房，于香场弄口建造锦文公所。同治十八年，由61户绣庄集资迁移至现址，内奉绣祖师神像。现为民居。

梨园公所，又名“梨园祖师庙”“老郎庙”，位于三乐湾。苏州京班艺人行会公所。同治年间，由南派京剧演员郑长泰倡建。梨园，为唐玄宗时教练宫廷歌舞艺人的地方。玄宗亦知音律，酷爱法曲，选子弟三百人教于梨园，号“梨园弟子”。后世称唐明皇为戏曲祖师。光绪十六年（1890）重建。门额“梨园小筑”。京剧行规，艺人在演戏之前，尤其演关公戏，必要先拜祖师爷，然后才能演出。该公所占地300多平方米，共三进，中为大殿，供奉唐明皇。两边各两间厢房。民国二十六年（1937）翻建后开始住人。1958年时，神像被毁，公所被改为工厂宿舍。石碑等现存苏州碑刻博物馆。

安怀公所，位于紫兰巷23号。银匠业的同人组织。

友乐公所，位于东美巷13号。菜馆业的同人聚会之所。

大隆公所，位于东美巷13号。木业同人创立。内设私塾，招收同人子弟入学。每年冬季设立施粥场。其善举经费靠各方捐助。

其他还有江镇公所，位于马医科（今马医科32号），为理发业同业公所；茶叶公所，位于神道街；道士公所，位于西海岛弄；性善公所，位于斑竹巷斑竹里……

十、义庄和祠堂的建立

义庄为赡济族人的田庄，为不忘恩德，也有祭祀先祖的仪式。祠堂用来祭祀祖宗或先贤，也有的是族人、同乡暂厝棺木的处所。清代的义庄、祠堂，有的单独建立，有的合二为一，称为“某义庄祠”。依据建筑的形式进行分置，有的是前为义庄，后为祠堂；有的是左为义庄，右为祠堂。清代，苏州当官者甚多，有不少还是朝廷大臣，他们仿宋代的范仲淹，纷纷建立义庄，以示善举；置办祠堂，以示孝道。据不完全统计，有清一代，苏州建有义庄、祠堂150座左右。

这些义庄、祠堂，面积大小不一，建筑形式各异，分布于大街小巷，有的一条巷内有多个义庄、祠堂，既为街巷增添了建筑色彩，又增添了庄严肃穆气氛。

现依据义庄、祠堂的内涵，可分为以下几类：

（一）为族人建义庄

浔阳义庄，又称“陶义庄”，在因果巷（今因果巷68号）。陶氏祖先于雍正九年（1731）在浔阳（今江西九江）故居创立义庄。后有候选员外郎陶悠夫妇及其族人来到苏州。乾隆八年（1743）置义田150亩，建立陶义庄。自玄妙观西脚门至薛家园，均为陶义庄地产。三年后复置田1000亩左右。

惇裕义庄，在园林路潘儒巷（今潘儒巷31号）。建于乾隆年间。坐北朝南，两路三进，正路在西，依次为门厅、享堂和后厅。享堂面阔三间11.45米，进深11.5米，堂左右设两廊与门厅相连。第三进有雕刻门楼，上枋砖雕牡丹花，下枋砖雕“鲤鱼跳龙门”，有乾隆年款。现为苏州民俗博物馆的一部分。已被列入苏州市控制保护古建筑。

丁氏义庄，亦称“丁氏济阳义庄”“丁参议祠”“丁氏二贤祠”。在悬桥巷（今悬桥巷41号）。清代中期建筑，现尚有门厅3间，前为砖雕门楼，后有大厅3间，结构完整。现为苏州市控制保护古建筑。

申氏义庄，在景德路372号。光绪二十三年（1897）陈宗浩立。20世纪50年代初，除亭子、假山、树木及数间房屋外，余均毁。1962年曾为裱画社所用，1973年拆除残房，建五层大楼。现仅存亭1座、树1棵。

汪氏诵芬义庄，在平江路（今平江路254号）。道光二十二年（1842），由汪景纯与从子廷槽承其父翼铭遗志而创建，置田千余亩。江苏巡抚梁章钜题请建坊，潘世恩记。太平天国时为俞姓王府。俞姓为粤西人，独目跛足，常在豫章间贩卖货物。咸丰三年（1853），他随太平军陷九江，官至朝将，后又攻破苏城，进职为神将，迁居于汪氏诵芬义庄。现为苏州市控制保护古建筑。

王氏怀新义庄，在西花桥巷（今西花桥巷24—25号、白塔西路39—43号），义庄贯通前后巷。同治十一年（1872）建，为一座大院。南向两路。东路八进，第一进为花厅，前置一枝香轩廊，内接鹤颈轩。第五进为船厅3间，东西长11米，南北阔6.26米。第六进为花厅。后为院落，存有湖石花坛、“怀新义庄设置规条”碑刻2方。西路现存三进，第一进为大厅，第三进为楼厅。东为园子，已半废，为民居。

周义庄，在旧学前（今旧学前46号）。宣统二年（1910）前，为里人周贤模族长的义庄。正厅左右有行牌科。现尚存享堂3间（为花厅、族长休息厅和祭祀更衣厅），结构完好。每逢祭祖日，一般来人不走正门，只走边门。现为苏州市控制保护古建筑。

徐氏春晖义庄，在南石子街（今南石子街10-1号）。尚存厅、树木、碑刻等，有宣统年间门楼题额。现为苏州市控制保护古建筑。

汪氏义庄，在山塘街480号。道光七年（1827）汪士钟创建。现尚存屋宇四进，即头门、仪门、享堂、堂楼。每进都是三开间，均有外檐桁间牌科。头门临街原有栅栏，现存石望柱2根。享堂为前硬山顶后勾连搭卷棚顶，面阔11米，进深七檩14米，扁作梁，前置一枝香轩廊，后设船篷轩。堂楼下东西两壁有汪氏义庄碑记刻石7方。

李氏祗通义庄，在山塘街815号。清代建筑。三开间四进，即头门、仪门、享堂、堂楼。仪门为三山屏风山墙，享堂用观音兜山墙。有残碑1块。

（二）为祭祖建祠堂

花溪祠，由崇报祠、贞孝公祠、方伯公祠3座祠堂组成。在西北街石皮弄北部。大门设置在大道与西墙的垂直处，可以望见北寺塔。祠呈长方形，南北长于东西，除南面外，东、西、北三面均砌高墙。屋后有一个长方形池塘，池中养鱼，游鱼可数。贞孝公祠，祀顾国本，乾隆二十三年（1758）建，其殿最大，居中是顾国本像，左右两侧牌位数十个。曾孙顾楗建。崇报祠建于道光年间，后裔顾增光建，内供奉5个牌位，正中为始祖顾元振，其他四个为第二、三、四、五代祖先。方伯公祠单祀顾济美，祠内景贤阁祭享吴郡列代名贤，道光九年（1829），顾增光建，并藏诸贤真像粉本于上。还有大客厅和庭院天井若干处。道光九年，学士顾莼重书“花溪”两个大字于路门。20世纪50年代初，花溪祠与石皮弄及附近一带地方被改建成新苏丝织厂。

汪家祠堂，为汪氏功德坊，在平江路（今平江路254号），始建于道光十二年（1832）。占地面积约1000平方米，建造者为汪景纯。汪景纯，名宗孝，以字行。明徽州府休宁人，在晚明有“江左大侠”之称。忧时慷慨，常愿毁家以纾国难。好收藏书画鼎彝。娶金陵名妓孙瑶华，居白门城南。祠堂坐西朝东，第二进三开间大厅，建筑高敞，有纱帽翅、翻轩。第三进有前翻轩，现为民居。

韩氏宗祠，在东北街（今东北街51号）。建于道光十七年（1837），祀韩馨，其子樵、孙bindungen、曾孙是升、玄孙崶，并祀明处士思聪等，又于其西营别室，祀明礼部侍郎世能。原祠堂一路四进三开间。第一进大厅，第二进神龛厅，第三进厅享堂，中有石雕人一尊，第四进为斋堂，厅后有空地、池塘。后为政府机关所用，部分用作民居。

王家祠堂，又称“王惇裕义庄”，在潘儒巷（今潘儒巷31号）。同治十二年（1873），由进士王笑山建造。坐北朝南，一路四进六开间仿明建筑。民国二十六年（1937），抗日将士十九路军部队曾借此居住。现尚存祠堂临街门房、天井两旁廊屋，“王惇裕义庄”石碑1块，仿明宫殿型“神龛”厅、雕刻门楼、梅花长窗13扇。1983年被列为苏州市控制保护古建筑。

张氏宗祠，清末吴中名商张月阶（张履谦）家祠，俗称“张家祠堂”，在东北街（今东北街222号）。光绪五年（1879），张履谦以三万两银购得，为宗族修建祠堂，规模宏大。祠门前为东北街河，两边筑有驳岸，水陆码头，隔河有照墙。照墙背后建5间下房，供匠人居住和驳船堆物之用。宗祠坐北朝南，原为清代前期建筑，一路五进，中有备弄，分东、西两院。备弄东为东院。第一进为轿厅，第二进为客厅，第三进为憩息厅（又称“旱船厅”），第四进为楼厅。东院原为祭祖、憩息之用。备弄西为西院，现有面积132平方米，四面双层高墙护屋，粗木圆柱，石柱础直径50厘米，船棚式翻轩，屋脊有“双狮滚绣球”图案。西院为神龛厅。1958年始为拙政园幼儿园使用至今。1983年被列为苏州市控制保护古建筑。

邓氏宗祠，在大柳枝巷（今大柳枝巷18号），建于晚清。坐北朝南，二路五进，正路为三进，依次为头门、享堂和后堂。享堂面阔三间11.5米，进深12米，内山墙贴清水砖，前设两廊。东路有三开间花篮楼厅，雕刻精致，贴清水砖内山墙，保存完好。内有蝙蝠厅一座，1981年拆移至双塔。已被列入苏州市控制保护古建筑。

周少甫祠堂，在旧学前（今旧学前50号），宣统三年（1911）建。临街门面是乾元木桶店。周少甫是木桶店老板，发家后曾捐官挤入官场。

（三）为历史名人建祠堂

蒋参议祠，在山塘街（今山塘街762号）。建于康熙五十五年（1716），祀明天津兵备道参议蒋灿。祠后有荷花池，天井内有古银杏一棵，门前有旗杆夹石。20世纪50年代在此设粮仓，60年代全毁。

中州三贤祠，在沧浪亭西。清乾隆三十八年（1773），江苏按察使胡季堂建，祀江苏巡抚汤斌、宋荦、张伯行。咸丰十年（1860）毁。同治十三年（1874），江苏巡抚吴元炳重建。1966年后被拆。

善行江公祠，在万年桥大街（今万年桥大街177号），又名“江义庄”。大门东向，占地4662平方米。吴县监生江淞素性乐善好施，置田660余亩，于乾隆五年（1740）遗命创建义庄。江苏巡抚闵鹗元题请建旌表牌坊以彰善行，并于义庄内设祠致祭。《吴门表隐・卷九》载：

> 江义庄祠在胥门小日晖桥南，祀钦旌善行监生淞，乾隆五年建。

民国年间被张基昌购作泰丰洽蜜饯厂货栈。1956年归蔬菜公司。门前沿河旌表牌坊于1956年拆除。

五百名贤祠，在沧浪亭内。道光七年（1827），江苏布政使梁章钜重修沧浪亭，于园中之隙地建五百名贤祠，内悬挂“作之师”匾额。墙壁上嵌有125方石碑，每方石上刻

五百名贤祠

有5位人物，其中画像118方，计590位，后另加4位，共计594位。所选人物为自周代至清末2000多年间与苏州有关的历史人物，包括政治、经济、文化、艺术、医道、水利、军事、隐士、孝子等各个方面。绝大部分是吴地（苏州）人，也有少数是外地人，或是在苏州做官，或是在苏州寓居，他们对苏州做出过贡献，也被列入名贤之中。每幅人像右侧刻有姓名和职衔，并有四句赞语。

程公祠，在南显子巷（今苏州市第十五中学内）。坐北朝南，前有照壁，有辕门、头门、石板天井等。太平天国时为听王府。同治三年（1864）翻建为祠，祀忠烈公程学启（字方忠，桐城人，同治二年十月廿七日从李鸿章陷苏城举首功，不久战殁于嘉兴）。同治六年十月《新建安徽会馆记》载：

> （同治）甲子，奉敕建程忠烈公祠于苏州。其旁地广袤，乡人谋创为会馆，宫保李公（鸿章）出资以先。越岁丙寅，得韩氏之洽隐园，益扩充之。明年，复于后得隙地，引水作亭榭，题曰“寄闲小筑”。包肃公（拯）产皖北，朱子（熹）出皖南，乡人旧奉祀之，遂于馆之中堂，并为两公神主。以同治六年十月落成，都屋二百数十楹。（转引自《平江区志》）

光绪间，又在程公祠西增建昭忠祠，一名“安徽先贤祠”。1952年由苏州市一初中接收部分作为校舍。

林则徐祠，在景德路（今景德路484号）。同治五年（1866），长洲县知县蒯德模建，称“林文忠公祠”，冯桂芬撰《林文忠公祠记》。有享堂三间，坐北朝南，面阔10.6米，进深7.55米，硬山顶，扁作梁架，透雕。林则徐，字元抚，又字少穆，晚号埃村老人，福建侯官（今福建福州）人。嘉庆十六年（1811）进士，选庶吉士，授编修。官至陕西巡抚、云贵总督。著有《林文忠公政书》《林则徐日记》等。

汤文正公祠，在虎丘西。祀江苏巡抚都御史汤斌。汤斌，字孔伯，号潜庵，河南睢州人。清顺治九年（1652）进士。康熙二十三年（1684）由内阁学士擢江苏巡抚，驻于苏州。有政绩，性淡泊。居官不以丝毫扰民，每食唯脱粟豆羹，民间呼为“豆腐汤”。乡人感其德，乾隆九年（1744）立祠以祀。

吉公祠，在山塘街（今山塘街249号），即吉男烈公祠，祀江苏巡抚吉尔杭阿。同治十三年（1874）建，有石坊三座、荷池三处及九曲桥、假山，占地颇广，池水经白公桥通山塘河。其时山塘画舫多泊于此。民国时期驻扎军队，多有破坏。

韦白二公祠，在平桥直街。建于同治六年（1867）。韦白二公祠在泗井巷口，祀唐苏州刺史韦应物、白居易。韦应物（约737—791），长安（今陕西西安）人。贞元四年（788）任苏州刺史，清正勤政，赋性高洁，以清德为人所重，号称“韦苏州”。白居易

（772—846），字乐天。下邽（陕西渭南北）人。宝历元年（825）任苏州刺史。居官勤瘁，为民造福。开辟山塘河，人称“白堤”。后因病离任，百姓啼哭相送。刘禹锡诗云“姑苏十万户，皆作婴儿啼”。同治年间，曾兼祀明巡抚都御史周忱、苏州知府况钟，名“四公祠”。其后两公迁回旧祠，复名“韦白二公祠”。

昭忠祠、节孝贞烈祠、总孝子祠。昭忠祠，祀太平天国战争中清军阵亡将士。后为节孝贞烈祠，祀苏州府九县历代节孝贞烈妇女。总孝子祠，内祀苏州府九县历代孝子。三祠均为同治六年（1867）长洲县知县蒯德模所建。1960年拓宽平桥直街，拆除韦白二公祠前部。1971年小学拓建，昭忠祠与节孝贞烈祠全部拆除。1978年小学第二期扩建，总孝子祠与韦白二公祠余屋全部拆除。

白公祠，在虎丘山浜。祀唐太子少傅、诗人白居易。嘉庆二年（1797）太守任兆炯在蒋氏塔影园改建。中有思白堂，旁为怀杜阁、仰苏楼，供少陵、东坡栗主。又有万丈楼，在怀杜阁之东，供李青莲木主，疏泉叠石，花木郁然，为官府公余宴集并往来宾客游览之所。

甫里祠，在阊门外山塘街普济桥西。祀唐代诗人陆龟蒙。陆龟蒙（？—约881），字鲁望，吴郡（今苏州）人。自号江湖散人、甫里先生、天随之。考进士不第，曾任苏、湖两郡从事。他与诗人皮日休友好，同负盛名，时称“皮陆”。著有《甫里先生集》。

冯桂芬祠，在临顿路史家巷（今史家巷16号）。冯桂芬（1809—1874），字林一，号景亭，吴县（今苏州）人。道光二十年（1840）进士，任翰林院编修。主张“以中国之伦常名教为原本，辅以诸国富强之术”实行新政。在上海创设《广方言报》，招引后进，务求博通中西两学。著有《西算新法直解》《苏州府志》等。建于光绪元年（1875），共三路二进。前有照壁，祠门高大。享堂为硬山顶，面阔三间13.3米，进深14米，高9.2米。北墙有左宗棠撰并书“中允冯景亭家传”碑1方，堂前为广庭，左右设廊庑各8间。1998年被列为苏州市文物保护单位。

曹沧洲祠，在瓣莲巷（今瓣莲巷4号）。曹沧洲（1850—1931），近代著名中医。曾应召入京为光绪帝诊治，故有“御医”之称。著有《曹沧洲医案》。祠坐北朝南，现存二进。后进为享堂，面阔三间11米，进深八檩17米，南有船篷轩廊，北亦有廊。院南门楼较精，额题“厚德载福”，饰以砖雕花卉。

李鸿章祠，在山塘街（今山塘街845号）。又称“李文忠公祠”“李公祠”“靖园”，祀清直隶总督兼案北洋大臣李鸿章。其址原为清乾隆时的蒋氏塔影园。嘉庆二年（1797），太守任兆炯购地建白公祠，祀白居易。光绪二十八年（1902），江苏巡抚恩寿奉敕为李鸿章建祠。

李鸿章（1823—1901），字少荃，安徽合肥人，道光间进士。咸丰三年（1853），在籍组织团练抵抗太平军，屡遭惨败后，投靠曾国藩当幕僚。咸丰十一年受曾国藩委派，在安徽编制湘军。因有战功，后升江苏巡抚，署两江总督，任直隶总督兼北洋大臣，掌握军政、外交大权。为挽救清朝统治，以“自强”“求富”为名，大办洋务，陆续开办了江南制造局、津榆铁路、上海机器织布局、开平煤矿等。他一贯反对抵抗侵略，主张妥协投降，导致中法、中日战争失败，与外国侵略者签订了一系列卖国条约，如《中英烟台条约》《中法条约》《马关条约》等。又反对维新变法，一度被赶出总理衙门。著有《李文忠公全集》。

民国三十七年（1948），安徽人在此办私立淮上中学，后改为虎丘中学，再为苏州幼儿师范学校。“文革”时，门前石狮、八字墙团龙浮雕及东侧庑廊俱毁。祠内“谕旨”碑在20世纪50年代被埋入地下，近年重新发现，置于院中。李鸿章祠，原规模较大，有头门、仪门、享殿及望山楼、塔影池、三曲桥等。古树名木，小桥流水，有园林韵味。1983年整修祠宇三进，现被列为苏州市文物保护单位。

（四）为贞烈妇女建祠堂

陶贞孝祠，在山塘街（今山塘街701号）。乾隆十七年（1752）为旌表陶松龄聘室张氏贞孝而立，门前有单间双柱石牌坊，横枋雕有龙凤和狮子。

祠坐北朝南，共三进。第一进为祠门，两旁有贴砖八字墙，上饰砖雕，下承石雕须弥座。第二进为享堂，面阔三间11.7米，进深1.5米，梁架圆作，前有船篷轩。有门楼与之相对，砖雕精细。上述第一、二进，1996年建北环路万福桥时拆除，第三进于1958年筑双轨铁路时拆除，现仅存一座牌坊立于桥侧，双柱单间，花岗石构筑，基本完整，所刻“圣旨”“节孝”等字尚可辨认。

十一、众多的名人故居

清代，苏州读书人考中进士后，当官的甚多。有些人成为朝廷要员，甚至官至宰辅，有的在地方当官。他们身在官场，有不菲的经济收入，为了光宗耀祖，显示高贵，在家乡建造豪华宅第，很有规模。一些文人雅士也相继跟上，他们凭自己的一技之长，收入可观，建造舒适宽敞的宅第。据不完全统计，至今留下的清代名人宅第建筑有70余处，其中近三分之二为官员所筑。如今，除极少数为他们的后裔居住外，绝大部分归他人或国家所有。这些宅第建筑，至今有不少相当完好，有的经政府修缮后由文博单位等使用，并对外开放。有的虽已十分破旧，但尚可修复，已被列入市控保建筑。有的在街坊改造中被拆除，遗址也已消失。这些名人故居，好似天上的星星，分布于城内外的大街小巷，为街巷建设增添了文化色彩。

（一）官员故居

韩菼故居，位于今东北街41—51号。韩菼（1637—1704），字元少（一作原少），号慕庐，人称"慕庐先生"。长洲（今苏州）人。康熙十一年（1672），韩菼以国子监生中顺天乡试。次年，连中会元、状元，授翰林院修撰。不久，充日讲起居注官，后官至礼部尚书，兼掌翰林院学士。此宅第原为娄门内直街，韩菼祖父韩治（明万历年间举人，曾为云和、黄岩知县）居此，建有开云堂、寒碧斋、绀雪斋等。后遭兵燹。由韩菼重建，占地面积约5300平方米。坐北朝南，一路六进，筑有厅堂、院堂、楼房，及郄轩、归愚思、闻斗室等。西侧为韩氏祠堂。正门在华春坊，过街楼中有石刻《华春坊记》。沿河矗立旗杆。乾隆皇帝曾御赐"有怀堂"匾额。韩菼著有《有怀堂诗稿》6卷。

民国十八年（1929），后裔韩奕卿败落，除祠堂外，卖给上海交易所陈宪华所有。陈氏将原宅改建为二路三进，并辟有桃园400多平方米。后散为民居，再后归工厂所有。

陆肯堂、陆润庠故居，位于阊门内下塘街（今下塘街10号）。建于康熙年间。陆氏出过两位状元，俗称"状元府第"。陆肯堂（1650—1696），字邃升，一字澹成。长洲（今苏州）人。康熙二十四年（1685）状元，官至翰林侍读。其七世孙陆润庠（1841—1915），字凤石。同治十三年（1874年）状元，官至体仁阁转东阁大学士。在两江总督张之洞支持下，在苏州创办苏纶纱厂、苏经丝厂。民国四年（1915）病逝于北京。

陆肯堂长期在京供职，故居年久失修，有所毁坏。陆润庠中状元后，由亲友资助修理，房屋面貌一新。故居坐北朝南，大门沿街，街临小河。前后五进，中间一条备弄，长70米。前有门厅、轿厅。第三进大厅面阔三间，樑架尚存明代建筑。最后一进楼厅，面阔五间18.6米，进深11米，高爽宽敞，气势宏伟。最后一进为书房，前后均为庭院，环境幽雅，十分清静，是读书最佳处。西侧大多是附房，屋前屋后，庭院天井，较为敞亮。故居的整个结构至今没有多大变动。2004年10月，苏州市房管局斥资进行全面整修，旧貌新颜，古风犹存。

孙岳颁故居，又名"墨云堂"。原位于干将坊之东松鹤板场（原名"孙岳颁场"，今干将东路）。孙岳颁，字云韶，号树峰，晚号二知居士。吴县（今苏州）人。康熙二十一年（1682）进士，历官国子监祭酒、礼部侍郎。他擅长书法，铁画银钩，秀媚苍古，受知于康熙皇帝，每有御制碑版，必命他书之。孙岳颁为官清廉，受到康熙皇帝赏识，对他的评价是："室无媵妾，家绝管弦，政事之暇，唯焚香读书及临池选韵，笔歌墨舞而已。"并赐给他宅第一处，赠联云："铁画银钩，古帖恒留千载迹；龙光凤藻，名香常对一编书。"《吴门表隐·卷三》云："孙祭酒岳颁赐第，郡志载在竹筱桥，即北新局址建。今草桥东，里人误称松鹤板场者，即其地也。”同治《苏州府志》云：

> 孙岳颁赐第在竹筱桥北，今名孙岳颁场。康熙四十年命织造李煦就北新局址建。中有圣祖康熙皇帝御书“墨云堂”匾额。

孙氏谱传云：当年赐匾有五，一曰“宝慎堂”，一曰“尊经服教”，一曰“垂露毫端”，一曰“读书养气”，一曰“墨云堂”，为建宅时所赐，显赫一时。又有御书楹帖二：一曰“表里堂交正，动静自弗违”；一曰“铁画银钩，古帖恒留千载迹；龙光凤藻，名香常对一编书”。墨云堂十分轩敞，有“百桌厅”之称。1984年拆除。1992年扩建干将路时，尚存走马楼，楼厅二进，面宽各五间，坐北朝南，东西设两厢。2012年再次拓宽干将路时，全部拆除。

石韫玉故居，即五柳园、城南老屋。位于饮马桥南堍西侧金狮巷。故居原为康熙时翰林学士何焯赍砚斋故址。乾隆间由石韫玉购下后重加修葺，作为宅第。石韫玉（1756—1837），字执如，号琢堂，晚号独学老人，别署花韵庵主人。石韫玉从小聪睿，笃志好学，遍读群书，学识渊博。乾隆五十五年（1790）恩科状元，授翰林院修撰，官至重庆知府、山东按察使等。嘉庆十二年（1807）辞官，先后主讲于杭州紫阳书院、江宁尊经书院、苏州紫阳书院。著作甚丰，有《独学庐诗文集》《竹堂类稿》《花韵庵诗余》等。主修《苏州府志》160卷。所居之处有五棵古柳，皆合抱参天，故名为“五柳园”，亦名“城南老屋”。

石韫玉故居为园林式宅第，建筑精致，宁静幽雅。园内绿树成荫，池水常清。柳荫处筑屋三间，名“花间草堂”，西面赍砚斋，更名为“花韵庵”，东南有屋三间，临水者名“微波榭”，旁有舫，名“庐若舫”，其间广植梅树，额曰“旧时月色”。后有小阁，名“瑶华阁”。舫北叠石为洞，洞天外石中有泉，名“在山泉”。洞天内构屋三间，名“卧云精舍”。东北又有斗室，名“梦蝶斋”。在旧基上筑楼五楹，因在菊花盛开时节，即名“晚香楼”。楼北为鹤寿山堂及独学庐，内藏书二万余卷。其东北为舒咏斋，为童子读书处。还有玉兰舫、归云洞、瘗鹤堂等。

道光时，园渐废。在花间草堂之西，造一间小庙，分为三室，以存大夫有“三庙”之制，名曰“石氏家祠”，而不以庙名。咸丰年间，俞樾自河南罢官归来，曾寓居于此。并有诗咏道“一椽聊借诗人屋，大好城南独学庐”。太平军攻占苏州时，遭兵燹，毁为废墟。

吴大澂故居、吴湖帆故居。位于凤凰街（今凤凰街101号）。故居最早为明末复社名士金俊明的春草闲堂，康熙年间为江苏巡抚宋荦宅，乾隆初里人郭氏重修，后由吴大澂购置此处旧宅，经改建后，将其更名为“友恭”，作为终老之地。吴大澂（1835—1902），字清卿，号恒轩，又号窸斋。吴县（今苏州）人。同治七年（1868）进士，授编修，入翰林院。曾官广东巡抚、湖南巡抚。甲午中日战争时，自请率湘军赴前线，与敌人作战，因兵败革职。他擅长文学、金石学，颇有创见。著有《说文古籀补》《窸斋集古录》《古玉图考》《窸斋诗文集》等。

吴大澂曾得“宋微子鼎”，其铭文“客”字写作“窸”，因用于室名曰“窸斋”。吴大澂殁后，由其孙吴湖帆居住，故亦称吴湖帆故居。吴湖帆（1894—1968），名倩，号倩庵。名居处曰“迢迢阁”“梅景书屋”“玉华仙馆”等。他是著名书画家，收藏甚丰，有宋赵构、明唐伯虎、清恽南田等名家的书画作品。1959年，他将收藏的清代状元书扇70家71页珍品捐献给国家，向国庆10周年献礼。著作有《联珠集》《绿遍池塘草图》《梅景书屋画集》等。其夫人为苏州名门潘世恩之后裔潘树春（静淑），亦擅书画。夫妻俩经常合写图卷、册页。

故居坐北朝南，为三路六进大宅。东首有花园一区，南面轿厅为明代遗构。楼厅前有光绪十一年（1885）款门楼，额“螽斯衍庆”，出自《诗经·周南·螽斯》，意思是祝颂子孙众多。1949年后，因拓宽道路，花园和门厅等建筑被陆续拆除。1997年，因凤凰街拓宽，将大厅和楼厅向北迁移至原楼厅位置，原南向，现为东向。留此两进建筑仍名“窸斋”，作为对一代名人的纪念。现存二路，大厅面阔三间加两夹室共18米，进深12.25米，扁作梁架，前有船篷轩两道。今门额上题为“明楼”。现故居尚好，由商业单位所用。

彭启丰故居，即彭定求故居，旧称“南畇草堂”。位于十全街（今十全街67号）。彭启丰（1701—1784），字翰文，号芝庭，晚号香山老人。长洲（今苏州）人。雍正五

彭启丰故居

年（1727）状元。历任河南、云南、江西、山东、浙江、顺天等乡试副、主考官；官至兵部尚书。因他“学问尚优，办事本非所长”，乾隆三十三年（1768），皇帝下诏：“着以原品休致。”即退休回乡。彭启丰少年时即以诗文名闻吴中，著有《芝庭文稿》《芝庭诗稿》等。其祖父彭定求，康熙十五年（1676）状元。世称“祖孙状元”。

彭定求（1645—1719），字勤止，号访濂、止庵，晚号南畇老人，学者称“南畇先生”。康熙十五年（1676）状元，授翰林院修撰。历任日讲起居注、国子监司业、翰林侍讲官等。曾充纂两朝《圣训》，后退隐在家。康熙四十四年，康熙帝南巡到苏州，赐彭定求“御书”，并命他出任《全唐诗》总裁。他一生著作甚丰，有《学易纂录》《儒门法语》《南畇文稿》《南畇诗集》等。彭家在有清一代，共出了两名状元、一名探花、十四名进士、三十一名举人、七名副榜，贡生多达一百三十余名，真是人才辈出，不愧为“葑门第一家”。

彭家宅第，从彭定求开始建造，彭启丰续建。其范围西至相王弄，南接南园，北傍十全街，占地约5500平方米。府第仿苏州园林式建筑，规模甚大。计有三落七进，有轿厅、前厅、客厅、楼台、书斋、庭院等。垒有假山，挖有池塘，架有曲桥，建有亭榭，植有花草名木，安排合理，建筑精致，豪华大方。据记载，有兰陔堂、环荫室、含清阁、幔仙阁、延绿轩等诸景，时称“南畇草堂”。雍正、乾隆两朝皇帝均赐予墨宝，雍正赐予“东涧野泉添碧沼，南园夜雨长秋蔬”对联，乾隆赐予“慈竹春晖”匾。门口立有多对旗杆石，文官至此出轿，武官至止下马，当时称为“尚书府第”“葑门彭家”。

彭家的房屋，后散为民居，称“尚书里”。原有的五进房屋，近年进行全面整修。现存一路门厅、轿厅、大厅、楼厅等四进。大厅面阔三间11米，进深六檩8.4米，扁作梁。2003年已被列入苏州市控制保护建筑。

沈德潜故居，位于阔家头巷（今阔家头巷23—26号）。沈德潜（1673—1769），字确士，长洲（今苏州）人。乾隆四年（1739）进士，改庶吉士。其时，沈德潜已67岁，乾隆称他为“江南老名士”。后迁内阁学士。十二年命上书房行走，迁礼部侍郎。二十二年加礼部尚书衔。沈德潜以论诗、选诗闻名，为乾隆皇帝校《御制诗集》，深受赏识。所选《古诗源》《唐诗别裁》是研究古诗发展的重要著作。御赐匾额“诗坛耆硕”，荣极一时。卒后赠太子太师。乾隆四十三年因牵涉徐述夔《一柱楼》诗集文字狱，被剖棺戮尸，全家治罪。

故居教忠堂，坐北朝南，现存照墙、门厅、大厅及贯穿前后的东备弄，占地约480平方米。大厅面阔三间10.8米，进深11.6米，前置鹤颈轩，扁作梁，雕饰棹木，楠木步柱，青石鼓墩。为清代前期建筑风格。沈德潜获罪后，故居屡易其主。清末巡抚程德全、民国蒙藏委员会主任吴中信等先后居之。原轿厅、两进楼厅和后园已废。20世纪50年代起，沈宅沦为居民大杂院。1980年后，通过文物普查才“验明正身”。1995年动迁居民住户后，市文物部门筹资修复，重建轿厅，并挂有“沈德潜故居”牌匾，并作昆剧传习所驻地。1998年被列为苏州市文物保护单位。

韩崶故居，位于东北街（今东北街154、156号），华阳桥畔。韩崶（1758—1834），字禹三，号桂舲，江苏元和（今苏州）人。乾隆时拔贡廷试一等。先于刑部任职，研究清代刑律。由他经手平反了多起重大冤狱，后升郎中。出任福建按察使，嘉庆间署两广总督，严禁番滩赌馆、鸦片烟馆。因破匪有功，授刑部尚书兼兵部尚书，赏顶戴花翎，赐紫禁城骑马。道光六年（1826）以疾告归。次年，即在华阳桥畔择地建屋，名“华阳新筑”。坐北朝南，占地4600余平方米。今存两路，西路存二进，第二进大厅原名“九福堂”，曾悬有嘉庆皇帝御赐的九个“福”字。东路三进，第一进厅原称“小寒碧”。因其娄门祖宅开云堂内，曾叔祖、状元韩菼的书房称“寒碧斋”，故称自己书房为“小寒碧”。第二进厅堂称“养志堂”，面阔11米，进深11米。呈正方形，扁作梁架，浅刻花卉，双翻轩。第三进为楼厅，署“还读斋”，三间带两厢。原有种梅书屋，极为轩敞，前后有庭园，今俱废。第四进楼厅，韩家后裔所住。1983年被列为苏州市控制保护古建筑。

潘奕隽故居，位于马医科（今马医科36、38、40号）。即躬厚堂。潘奕隽（1740—1830），字守愚，号榕皋、三松，吴县（今苏州）人。乾隆三十四年（1769）参加会试，成绩优异，御试时因“得信较迟”，未能进场，改授内阁中书，后任户部主事，不久即辞官归里。潘奕隽好读书，喜收藏。以诗文名世，精书法，善画山水，画兰尤得天趣。道光二年（1822）赴鹿鸣宴，诏加四品卿衔。著有《三松堂诗文集》。躬厚堂建筑承继传统，朴实无华。坐北朝南，分为二路。西路五进，第二进大厅前有门楼，额“庄敬日强”，乾隆三十二年款。第三进后厅面阔五间20米，进深9.5米，扁作梁架，木柱础，前设廊。东路有潘氏三松堂藏书楼。宅前墙脚尚存躬厚堂竖石。

潘世恩故居，又名“留余堂”，又称“太傅第”。位于临顿路南端钮家巷（今钮家巷3号）。潘世恩（1769—1854），字槐堂，号芝轩，吴县（今苏州）人。乾隆五十八年（1793）状元，历任工部、兵部、户部、吏部尚书，官至武英殿大学士、军机大臣，加太子太保，晋太傅，赐紫缰。潘世恩历乾隆、嘉庆、道光、咸丰四世，在朝五十余载，位列三公，为清代汉臣中所罕见。潘世恩七十岁生辰时，道光皇帝御书“熙载延祺”额和“弼亮宣猷襄密勿，靖共介福锡康强”对联。八十岁生辰时，道光皇帝御写大“寿”字和“三朝耆硕”额及“望重三公资燮理，祥开八秩衍期颐”对联，荣耀之极。

潘氏一族高官显宦多，为清代苏州最为显赫的家族，号称“贵潘”，有“祖孙父子叔侄兄弟翰林之家”之誉。潘世恩是其中官阶最高、任职最久的一位。

故居始建于嘉庆十四年（1809），潘世恩为奉养父亲潘奕基，购得钮家巷顾氏凤池园西部旧址，修治为宅第。原有房屋三路六进，后部园林仍以凤池园为名，今园已废。现存住宅三路四进，占地2135平方米，建筑面积1484平方米。1982、2003年曾两度整修。正路均面阔三间，依次为门厅、轿厅、大厅、内厅。门厅明间设六扇墙门，西次间石库门为日常进出便门。大厅原有“留余堂”匾额，梁架用材粗壮，做工精良。第五进原为楼厅，民国初年失火烧毁。1984年将金狮巷某宅花篮厅移建于此，架构精美，小巧玲珑。正路原有三座刻有“康熙”年号的砖雕门楼，雕刻颇精，均毁于1966年。现有门楼为1982年所修，已非原貌。西路第一进原为库房。第二进为回顶鸳鸯厅，内分隔为二，南大北小，南为冬厅，北为夏厅。北用船篷轩；南置五架梁、三架梁、荷包梁，为抬梁式结构。梁架不用矮柱提升，仅用一斗承托，间距极近，仰望似梁架重叠，形成平缓弧线。边间木构架亦为五架抬梁式，颇为特殊。中柱梁垫施棹木，尺寸特大，镂刻人物、仙鹤、松竹等，雕工精细。1982年整修时，曾在厅内发现两方被后人所加吊顶遮掩的匾额，一为同治四年（1865）冯桂芬篆书“瑛榆仙馆”横匾，一为道光帝御书赐潘世恩的“福”字，黑底盘龙金书方匾。第三进面阔三间10米，进深11.3米，明间前加抱厦，左右次间后带披厢，平面形似古代官帽，故称“纱帽厅”。木构架用扁作梁，前、中、后三道船篷轩相连，形成满堂翻轩、方柱。内山墙边脚施水磨砖边框。前后窗棂雕饰华丽，明间松鼠葡萄卷草纹飞罩雕刻极精。其上方壁间尚有大学士余敏中所书“御制九老会诗并序”匾存留。厅前小庭院尚存黄石花台。

潘世恩在此居十三年，他潜心学问，著成《正学编》《读史镜古编》等。现为苏州状元博物馆。

吴廷琛故居，又称“池上草堂”。位于白塔西路（今白塔西路82、86、94号）。吴廷琛（1773—1844），字震南，号棣华。嘉庆七年（1802）连中会元、状元。历任湖南督学，金华、杭州知府，云南按察使等。退官后闲居苏州，出任正谊书院掌院，专门讲学，引导后进。

故居建于嘉庆年间，习称“吴状元府第”。坐北朝南，占地2666平方米。原为左右两路，庭堂、住房、大厅、祠堂，房屋高大宽敞，建筑精致，并有彩绘，是典型的官衙大宅。原宅内有轿厅，厅后有放神龛的祠堂，厅堂正梁桁系有木雕刻花，人称“纱帽厅”。1956年拓宽道路时，拆除正墙门及部分厅屋。今存东路，依次为大厅和三进楼房。大厅面阔三间12.85米，进深12.7米，前后翻轩，脊檩和大梁上均饰彩绘，棹木雕刻精细。后三进楼房为明式木构架，但屋面及门窗均已改动。

吴云故居。位于金太史场（今金太史场4号、正门）、庆元坊（今庆元坊12号、边门）。吴云（1811—1883），字少甫，号平斋，晚号退楼。浙江归安（今湖州）人。早年致力于学，但屡试不第。道光二十四年（1844）以通判分发江苏，后任苏州知府。他精通书法，工画山水，又精于金石考据之学，著有《古官私印考》《华山碑考》等。

在苏州期间，吴云在金太史场购筑宅园。坐北朝南，分东西两部分，左右并列，各有大门。园内有听枫山馆、两罍轩、待霜亭、适然亭、墨香阁等。西宅现存一路三进：门厅、轿厅、大厅；东宅南部建筑已有改建，北部听枫园保持完整。

现在的听枫园，正门在庆元坊，边门在韩家巷。总建筑面积1082平方米。正门朝东偏北。石库门上方有砖额“听枫园”。两扇对开黑漆大门。入门厅，方砖铺地，宫灯高悬。主厅听枫山馆（原名听枫仙馆）居园之中心，南北各有庭园一区。北庭园内随石铺地，湖石错落有致，花木蓊郁婀娜。庭园沿墙一组建筑名“平斋”，为昔日园主吴云的书斋，现改为茶室，可在此休憩品茗。庭园右侧一泓碧波，环以嶙峋湖石。月洞门边有一条长廊，中间有半亭，可步石级而上，名“适然亭”。粉墙上嵌一方书条石，镌刻《听枫园重修记》。

吴云卒后，园渐荒废。宣统二年（1910），词人朱祖谋曾寓居此园。民国十七年（1928），园归陈氏，曾获修治。新中国成立后，曾先后为教师进修学校、第二中学、评弹研究室、评弹团使用。1983年，园中单位与住户迁出，由市文化局动工整修。现为苏州国画院管理、使用。1982年，听枫园被列入苏州市文物保护单位，2006年被列入江苏省文物保护单位。

吴钟骏故居。位于姑苏区古城内潘儒巷（今潘儒巷79—81号）。吴钟骏（1799—1853），字吹声，号崧甫，吴县（今苏州）人。出身于书香门第，智能超常，博闻强记。道光十二年（1832）状元。授翰林院修撰，历官礼部左、右侍郎。曾二次主典乡试，四次提督学政。咸丰三年（1853）病逝于福建任上。

故居占地面积1809平方米，五进八开间。民国十三年（1924），吴家后裔吴阿憨将房产卖给伤科医师闵采臣，故又称“闵采臣宅”。1938年，为缪澄江所住。新中国成立后，房屋为公管，门前第一进为吴县丝织厂驻苏办事处，余为民居。1958年改为吴县丝织厂厂房。现尚留砖雕门楼方砖砌墙，有“麒麟送子”“刘海戏金蟾”砖雕图案，“五福捧寿”滴水瓦当。现为民居。1983年被列为苏州市控制保护古建筑。

顾文彬故居，又称“过云楼”。位于人民路乐桥北堍西侧干将西路。顾文彬（1810—1889），字蔚如，号子山，晚号艮庵。元和（今苏州）人。道光二十一年（1841）进士，曾任刑部郎中、武昌盐法道、宁绍台道员等官职。擅书法、诗词、音律，收藏法书名画甚丰，为著名收藏家。著有《过云楼书画录》《眉绿楼词》《跨风吹笙读谱》等。故居原位于铁瓶巷12、14号。早先为春申君庙址、明代尚书吴宽复园及吴氏家祠等故址。顾文彬晚年购得此处地块，改建为包括住宅、花园（怡园）、庄祠（春荫义庄）在内的典型大宅园。

故居坐北朝南，原占地6400平方米，大致分为四路五进，有明代楠木轿厅、花厅、大厅、堂楼等建筑。正路略偏西，隔巷原有照壁，壁后沿河为马厩、役夫室及河埠，后俱废。门厅后为轿厅三间，梁架古朴浑厚，举折平缓，山墙各柱承以木板柱础，有明代建筑特征。再进为大厅三间，平面呈纵长方形，高敞古朴。厅前原有乾隆八年（1743）砖雕门楼一座。厅后为两进五开间楼厅，两翼以厢楼贯通，自成一区。

东路前两进为花厅艮庵与过云楼。艮庵为硬山式，面阔三间12米，进深11米。扁作梁架，满堂翻轩，前为鹤颈轩，中为卷棚式回顶，后为船篷轩。东西山墙贴有砖细墙裙，门窗装修皆用黄柏。厅前庭院原有大花坛，立湖石峰五座，题名“五岳起方寸”，配植白皮松、石榴、黄杨、丛竹等。院东南隅粉墙嵌湖石“崖壁”，以衬托“五岳”，形成幽深意境。厅北过云楼，取“过眼如云烟”之意，为顾文彬祖孙四代珍藏书画及古籍、金石之所。曾以收藏品既多且精，被誉为“江南第一家”。楼面阔三间12米，进深9.5米，高9.2米。红木屏风隔断雕刻精细，门窗装饰古雅。楼前廊壁开扁式六角形砖框，内嵌乱冰片纹木花窗。楼前也有乾隆八年（1743）砖雕门楼一座及堂楼两进，已于早年毁于火。艮庵庭院在“文革”中受到破坏，花木无存，“五岳起方寸”假山石峰亦被迁走。

1985年，宅院共住居民200多户。1992—1994年，干将路拓宽路面时，拆除最东一路及南面第一进建筑。东路仍为民居，院中搭建甚多，大厅破坏严重。西路为路灯管理处仓库，保存较好。1993年，干将路拓宽时，拆除沿路第一进建筑。1994年，艮庵和过云楼进行了全面修缮，并在东侧增辟门厅，成为一个独立区域。同年，对正路轿厅进行修缮。1995年，对西路前部厅堂进行维修。现辟为过云楼陈列馆。

潘遵祁故居，又称“西圃”。位于白塔西路（今白塔西路13号）。潘遵祁（1808—1892），字留夫，号顺之，又号西圃。道光二十五年（1845）进士，为官两年后即称病归里。主讲于紫阳书院达二十年之久，培养了大批人才。他勤于笔耕，著作甚丰，有《西圃文集》《两圃诗集》《题画诗》等。故居原为私家宅第花园。咸丰十年（1860），太平军占领苏城后，太平军民政高官（相当于“准王”级）熊万荃在此处建造宅第，俗称“熊王府”。同治七年（1868），潘遵祁购下熊王府，将其改建为一座宅第园林，名曰“西圃”。故居坐北朝南，原正门在西百花巷，后门在白塔东路，现由后门变为前门。占地面积约4700平方米，东宅西园。从南至北共六进。第一进头门（门厅），第二进轿厅（茶厅）、第三进大厅（宫殿式大厅），因悬挂“五松图”而得名“五松堂”。大厅面阔三间13.8米，进深12.5米。落地长窗裙板上镌刻“凤穿牡丹”“喜鹊登梅”等吉祥花鸟图案。第四进为女厅，由南北两部分组成，两面建筑风格不同，故称“鸳鸯厅”。女厅为仿明结构，或说系明代遗构。第五进也是大厅，金砖铺地，扁作梁上雕刻精美，有仙鹤、灵芝、牡丹等花鸟图案。

故居的西部，曾经是一座典雅的花园。叠石为山，盘旋蹬道。挖塘为池，种荷养鱼。池上构架小桥，池边筑亭台楼阁。栽奇树异花，有著名的观赏树种黄杨和木瓜树等，景色极佳。还有曲径长廊，精雅秀丽。闲暇时，园主常邀请三五知心文友，在园中曲水流觞、吟诗作词，赏花观月，雅趣融融，客人尽兴而归。

此后，西圃屡易其主。清末，归安徽道台潘继儒所有。民国初，又归江苏省银行行长所有。民国九年（1920），再归一位吴姓商人所有。再后，又开设过德灵女子中学和务实小学。新中国成立后，西圃归吴县人民武装部使用。1959年以后，部分屋宇被拆除改建，园貌受损。“文革”时西圃园内水池被填，假山被毁，曲廊、亭台等建筑被拆，砖雕门楼也遭到破坏。1983年，屋宇部分归苏州烟草公司使用，部分归房管局管理，腾出的空地上，建居民住房。

潘祖荫故居，又名“滂喜斋”。位于平江路中段东侧南石子街（今南石子街7、8、10号）。原门牌为迎晓里12号。潘祖荫（1830—1890），字伯寅，号郑庵，小字凤笙。潘世恩之孙。父潘曾绶，官至内阁侍读，封光禄大夫。潘祖荫为咸丰二年（1852）探花，授翰林院编修，官至军机大臣。他学问广博，涉猎百家，精通经史，工书法，懂金石，还是位文学家、藏书家。家中珍宝分室存放，分别署额有“滂喜斋”“攀古楼”“澄怀堂”“金石录十卷人家”等。所藏图书、金石之富，甲于吴中，名闻南北。著有《滂喜斋读书记》《滂喜斋丛书》等。

潘氏所得西周青铜器大克鼎、大盂鼎和毛公鼎，合称“海内三宝”，曾藏于此宅。光绪末年，江苏巡抚端方数次去潘家索要宝鼎，被拒绝。日寇侵华占领苏州后，逼潘氏后裔交出宝鼎，并搜查全家，但未能搜到。新中国成立后，由潘氏后裔潘丁达于捐赠给国家，现藏国家博物馆。

故居为大型宅院。因祖父潘世恩在北京得到御赐圆明园宅第的恩赏，为谢皇恩，潘曾绶借改建南石子街老宅之机，仿圆明园御赐四合院格局而建。占地8000平方米，坐北朝南，三路五进。中路由门厅、轿厅、正厅、内厅和后厅组成。五进均为楼房，每两进之间都围成一个四合院。前两个四合院空间相对较小，后两个四合院空间宽敞，庑廊高大，额枋上砖雕精细。第四进楼面阔三间、带两隔厢，宽约16.2米，进深13.9米，高约10米，扁作梁架，装修精致。各进楼屋均有两侧厢房走廊，连通为走马楼式，反映了江南传统民居的特色。

东路，原有一座精美的花园。园内叠石为山，蹬道盘旋可至山上小亭。疏池理水，池上架曲桥，船舫错落岸边，花木扶疏，红枫、玉兰、桂树等争奇斗艳。园内有花厅一座，名“竹山堂”，为主人会客品茗之处。西路，原有账房、堂楼、走马楼等，是园主一家起居之所。

新中国成立后，曾被用作工厂、招待所，花园遭到破坏，古建筑油漆剥落，乱搭乱建随处可见。2013年，由政府出资，对东路的全部和中路的后半部进行修缮。

洪钧故居。位于悬桥巷（今悬桥巷27、29、31号）。故居为光绪十七年（1891）洪钧出使回国后所造。占地约3000平方米。坐北朝南，东西二路七进。西路是主线，前有照壁。墙面亦有照壁相对，入内依次为轿厅、花厅，花厅前原有旱船、亭子、假山、桂树，现已无存。第四进大厅已拆除，厅后两进为堂楼与上房，连接厢楼和旱桥，末进下房通后门。

后门即菉葭巷河（1958年填没）。原有廊桥，过桥即菉葭巷。东路与东路祠堂之间有避弄。东路有洪氏祠堂（即桂荫义庄）。楼房和上房各一进，祠堂门厅、享堂三进，左右以两庑相接，作四合院布局，享堂面阔三间11米，进深8.6米，扁作梁架，前船篷轩，外檐施牌科，梁枋雕刻繁复，前对照壁。东次间壁上嵌有房地产执贴碑石1方。祠堂北，前为楼层三间，连东西两厢，其后还有上房一进。1998年被列为市文物保护单位。

潘曾玮故居，又称“养闲草堂”。位于西百花巷（今西百花巷3号）。潘曾玮（1818—1886），字宝臣，号玉泉，又号“养闲老人”。潘世恩第五子，同治年间，曾任李鸿章幕僚，官至观察使（道台）。著有《正学编》《咏花词》《自镜斋文钞》等。

同治三年（1864），潘曾玮迁居于此。故居坐北朝南，分东西两路，正路前后五进，楼厅为五开间两厢，面阔约20米，进深约15米。大厅额“崇厚堂”。西路南部辟园，有假山水榭，建筑巧妙。园中有海棠亭，结构精巧，在苏州诸亭中堪称一绝。潘宅当年极为气派，门厅挂有李鸿章所题“祖孙父子叔侄兄弟翰林之家”匾，厅内有“肃静”“回避”行牌及衔牌。宣统《吴县志稿》云：

> 养闲草堂，在西百花巷，潘观察曾玮所居。

潘曾玮去世后，家道渐落。清末民初时，潘家将宅第卖给豫源钱庄创办人程觐岳。20世纪50年代后期，园中海棠亭被移建至苏州环秀山庄。90年代初，四面厅被移建至苏州城西南的石湖渔庄。改革开放后，其处为苏州剧装戏具厂。

谢家福故居，又称“望炊楼”，位于桃花坞大街（今桃花坞大街264号）。谢家福（1847—1897），字绥之，号望炊楼主人，晚号锐庵。吴县（今苏州）人。同治七年（1868），补府学博士弟子员。其时，“四书五经”已不适应时代的需求，即学习西学，积极参加洋务运动。光绪十八年（1892），谢家福以国子监学政身份参与中国电报事业的创设，在苏州创设电报学堂，简称“苏堂”。苏堂为我国早期培养电信人才的三大学校之一，又称“苏州电报传习所”，培养电报事业人才，在电报界颇有影响，他也成为苏州电报通信事业的创始人。谢家福酷爱文学，勤于笔耕，著有《望炊楼诗文稿》《五亩园小志》等。

故居最早为宋代五亩园旧地。明代，由养真老人沈均在此筑园，名“废园”，内有锁烟亭、镜心池、闻香堂、环翠轩等诸胜。太平天国时，曾为劝王万镇坤的王府。清末，由文人叶昌炽购下筑园，有梅坞、更好轩、碧藻轩、寄茅庐、拜石台、旃香庵、桂香精舍、走马楼等，称“叶氏花园”。叶氏家道中落，园废。后由谢家福购得，构筑宅第，堂名“望炊楼”。望炊者，望千家万户之炊烟也。故居坐北朝南，分为东中西三路，深五进，占地面积3456平方米，内有花园，假山水池，种竹植树，曲径通幽。现存仅二路，西路有楼五进，东路的轿厅、大厅主体结构基本完整。大厅面阔三间12米，进深七檩11.8米，扁作梁，前置船篷轩。嵌在大门外墙上的“废园”石额至今尚存。现为桃花坞房管所使用。

尤先甲故居，又称“颐寿堂”。位于阊门外刘家浜（今刘家浜39、41、43号）。尤先甲（1843—1922），字鼎孚。吴县（今苏州）人。光绪二年（1876）举人，授内阁中书，曾两度调礼部任职，后弃官从商。曾连任苏州五届商务总会总理，参与筹建“苏纶”“苏经”两厂事宜，发展民族工业。先后被推举为江苏省铁路公司驻苏州公司经董、江苏省认捐事务所苏州事务所所长、南洋劝业会吴县物产会会长等职，并创设同仁和绸缎局，为该行业之冠。他家资颇富，号称“尤顶富”。

故居为一处规模较大的古建筑，但破坏十分严重。曾有房屋三落七进，占地面积3000多平方米。宅门北开，贯通刘家浜和景德路。最西和最东两路均已毁坏。20世纪末，在景德路扩建工程中，拆除了最南端的部分建筑。现较完整的有两路。

中路建筑为门厅三间，中部正门一间，为竹丝墙门，反映了江南地区的民居特色。门厅南为门楼，雕刻精美绝伦，上枋浮雕戏曲故事，吉祥花饰，镌有“凤羽展辉”四字，落款为“乾隆丁未题”。后为纱帽厅、花篮厅及堂楼三座。门楼带有一斗六升牌科，证明主人显赫的社会地位，惜雕刻均已损坏。门厅后的轿厅以及与东部相连的茶厅，被改建后已面目全非。备弄西侧为中路建筑。原有的花篮厅、长窗等已经消失。花篮厅后是一座堂楼，三间带两厢，也非旧时面目。

东路建筑也有门厅、轿厅，也均已被破坏。轿厅后有天井，再后是大厅。大厅面阔三间，除明间保留长窗外，次间均已封闭。正厅颐寿堂，堂后砖刻门楼有“凤标棣友”四字，乾隆庚戌年（1790）题。大厅内有船篷轩一座，厅后侧的板壁、屏门较完整，其上有匾托一对，描金尚未褪色。天井间的石板保存完好。东次间外有简易平房，被用作厨房。其后的建筑均为三间两厢的二层小楼，窗饰各异。三进小楼内带有船篷型楼下轩一座，构件雕刻甚是精美。天井内有一座残存门楼，中部有较完整的“岁寒三友”浮雕。

西路早已坍废，民国时改建民房，现为托儿所。新中国成立后，房屋全部归公，曾办过工厂，后陆续散为民居，最多时住有居民100多家。宅后原有花园，已荒废。其遗址后为苏州双喜牛奶公司。

王颂蔚故居，又称“怀厚堂”。位于十全街（今十全街265号，名“怀厚里”）。王颂蔚（1848—1895），字芾卿，号蒿隐。吴县（今苏州）人。明大学士王鏊后裔。光绪六年（1880）进士，改庶吉士，任户部主事，补军机章京。著有《周礼义疏》《明史考证》、诗集《读碑记》等。其妻王谢长达（1848—1934），创办振华女校。光绪二十七年，在苏州成立放足会，亦称“天足会”，她自任总理，带头放足。辛亥革命武昌起义，沪苏组织女子北伐队，她出任苏属队长。王氏后裔住此的有王季同（1875—1948），又名季锴，字小徐，毕业于北京同文馆，赴英留学。曾在国民政府“中央研究院”工学研究所任研究员。王季烈（1873—1952），字晋余，号螾庐。光绪三十年进士。昆曲演唱家、理论家。著有《集成曲谱》《工尺大观》等。

故居坐南朝北，两路五进，东路为三进楼厅及两进平屋。第三进楼厅面阔三间9米，进深9.4米，雕花挂落及格扇完好。西路亦为三进三开间楼房。20世纪50年代起，住户众多，出入频繁，大都由备弄进出，俗称“长巷”。为便于通信，备弄取名“怀厚里”。1995年拓宽街道时，北部沿街建筑被拆，余为民居。

张履谦故居，又称“补园”。位于东北街（今东北街210号）。张履谦，字月阶，号无垢居士。吴县（今苏州）人。曾捐官三品户部郎中。以经营盐业起家，任过苏州商务总会数届会董。故居原为汪硕甫所有。光绪五年（1879），张履谦以三万两银子购得。张氏在苏北彩浦购得一批盐田，兼作盐商而致巨富。购下汪氏宅第后，大事修缮，取名“补园”。内作十八曼陀罗花馆、三十六鸳鸯馆、拜文揖沈之斋、宜两亭、塔影亭、留听阁、浮翠亭、与谁同坐轩、倒影楼等诸胜。清末状元洪钧、陆润庠（人称“红、绿两状元”）、湖南巡抚吴大澂等均有题书匾额，置于馆斋中。故居坐北朝南，东西两路，西路为主轴，原有六进，现存大厅和第五进楼厅，大厅系明代遗构，面宽三间14.6米，进深七檩17.8米，扁作梁架，用枋壮硕。分东、中、西三部，东为正室，中为祠堂，西为典当。正宅自东北街208号至210号，其中部分现为苏州博物馆（忠王府一部分）。后园旧称“补园”，已并入拙政园西部。祠堂自东北街220号至222号，现为其后裔所住及拙政园托儿所，西部为保裕典当，1998年前为东北街邮电支局。

邓邦述故居。位于侍其巷（今侍其巷38号）。邓邦述（1868—1939），字正暗，号孝先，别号沤梦老人、群碧居士。江宁（今南京）人。祖籍吴县洞庭东山。光绪二十五年（1899）进士，授翰林院编修。二十七年为湖北巡抚端方幕僚。三十年奉命出国考察，回国后居住在北京。他受端方影响，喜欢收藏。在京期间，不惜高价搜购善本，搜得宋元刊本、抄本达万余卷。后任吉林民政使，不久即弃官。民国十年（1921）定居苏州，他将剩余的钱全部买书。家有藏书三万八千余卷。他有两部唐代的珍贵古籍，一为李群玉撰的《群玉诗集》，一为李中撰的《碧云集》，系宋版古籍，并有文徵明、徐乾学的收藏印章，故书斋取名为“群碧楼”。为著名藏书家，《苏州民国艺文志》有传。

故居坐北朝南，东西两路，东路四进，中间以天井相分隔，前三进为平房，第一进早已拆除，第四进为二层楼房。西路有两进楼房，前后以厢房贯通，成走马楼，即是邓邦述藏书处群碧楼，前楼下层是邓氏书斋。南端为庭院，设有湖石假山，有园林之胜。全部房屋为立帖式木结构，建筑一般。现被列为苏州市控保建筑。

费仲深故居。位于桃花坞大街（今桃花坞大街176号）。原为费念慈所有，民国十二年（1923）归费仲深，取名“宝易堂”。费仲深（1883—1935），名树蔚，字仲深，以字行，别号韦斋。吴江同里人，幼年随家迁居苏州。十九岁考入复旦大学，后赴英国留学。曾任直隶知州，于天津入袁世凯幕府，后入京任邮传部员外郎兼理京汉铁事。民国三年，任北洋政府政事堂肃政使，直言劝阻袁世凯复辟帝制，不被采纳，于是拂袖南归。费仲深回苏后积极从事公益事业，创办实业，为地方所尊重。他创办汇丰银行，以微利贷资赈救灾民。又创设信孚银行，任董事长。民国十三年，当选苏州总商会特别会董。江浙齐卢军阀战争期间，与地方士绅张一麐、刘正康等人竭力斡旋，使苏州百姓免遭兵火之灾。费氏善诗词，常以诗会友。著有《费韦斋集》。

故居正对城内第一横河。大门是六扇排门，入排门便是门厅、轿厅（也称茶厅）。门厅与轿厅之间是天井。轿厅之后是大厅，面阔三间，扁作梁架，前置鹤颈轩和船篷轩，檐下置东西栏杆，回字花纹结构。厅内东西两壁有清水砖勒脚，大块金砖铺地，显得气派大方。庭前为砖雕门楼，线条简洁明快。门楼上署光绪辛卯年（1891）款。大厅后建有西式楼房一幢，为主人费仲深的起居之所。大厅西侧前后有二耳门，经耳门进入西路院落，内有弯曲的长廊，十分雅致。南北分别是书楼、花园半亭。书楼为上下两层，楼下北面是花园，园中有水池，湖石堆岸，有山峰一座，下有山洞，入洞登石级而上山巅，可饱览园内景色。假山旁有一半亭，坐在亭中可览池内游鱼。园内栽植芭蕉、修竹，生趣盎然。园虽不大，但布局不落俗套，很有诗情画意。眼下故居已年久失修，荒闲空闭。2003年已被列入苏州市控制保护建筑。

张一麐故居，在吴殿直巷东端，后门在长春巷，原系清代建筑。张一麐（1867—1943），字仲仁、峥角，号公绂、民佣。吴县（今苏州）人。清光绪举人。曾任袁世凯总统秘书长、教育局局长。抗日战争爆发后，积极主张抗战。著有《红梅阁别集》，并参与《吴县志》总纂。抗日战争期间，张一麐去四川，有游民住进张氏空宅，失火将部分建筑烧毁。后张宅进行翻建，成工人宿舍。

（二）文人故居

叶天士故居。位于阊门外渡僧桥下塘（今渡僧桥下塘48—54号）。叶天士（1661—1746），名桂，号香岩。吴县（今苏州）人。出身医学世家，曾先后拜师十七人，以博采各家之长。他医术精湛，“治病多奇中”，救死扶伤，声名远扬。在民间，他的传说很多。著有《临症指南医案》《温病论治》等。其孙叶堂，字广明，号怀庭，为昆曲歌唱家，“其声泠泠，妙如仙境”，自成一家，有“叶派唱法”之称。故居建于乾隆年间，坐北朝南，分三路，纵深七进。东路第三进正厅最为典型，面阔三间12.7米，进深13.6米，梁柱较粗，脊桁中央有彩绘，具有清代早中期建筑特征。西路后部原有小园，已废。东侧有小弄，因名“叶家弄”。隔街至河边短巷称“水叶家弄”。此宅后归张氏。太平天国后归赵氏。民国时期属倪氏。西半部建筑有所改动，用作仓库；东半部尚完整。

庞莱臣故居。位于颜家巷（今颜家巷26、28号）。庞莱臣（1864—1949），名元济，号虚斋，浙江吴兴（今湖州）南浔镇人。为南浔镇四大首富之一。曾与友人在杭州集资开设通益公纱厂，在上海开办龙章机器造纸有限公司。在上海、苏州、绍兴和南浔等地投资房地产业，拥有大量房地产，并在苏州等地开设米行、酱园、酒坊、中药店、当铺、钱庄等。庞莱臣是清末至民国期间的收藏界巨子，收藏品类很多，有铜器、玉器、瓷器、书画等。所藏书画、文物不仅数量惊人，而且大多属稀世珍品，其中不少为京城王府、大族流传出来的旧藏，尤于历代书法、名画为多，被推为"江南第一"。抗日战争爆发后，庞莱臣停办实业，专门从事收藏活动，他在上海和苏州等地都有宅第，晚年以居住颜家巷为多。并编有《虚斋名画录》《虚斋书画续录》等。

故居坐北朝南，西宅东园。今尚存门厅、轿厅和后楼。轿厅后砖雕门楼题有"闳规远绍"四字，嘉庆二十二年（1817）款。有花园，以水池为中心，池上跨三曲石桥，池南叠湖石假山，山巅植白皮松一株；池北筑楼厅三间，为庞氏当年书斋。楼厅后为青石洋楼，为庞氏居住楼。苏州评弹艺人徐云志曾居于此。故居尚存，现为民居。

顾麟士故居，又称"西津别墅"。位于醋库巷（今醋库巷48号）。顾麟士（1865—1930），字鹤逸、谔一，别署西津渔父、鹤庐、筠邻。元和（今苏州）人。其祖父顾文彬，在道光年间筑怡园，建过云楼，名闻吴中。父亲顾承，精于鉴赏，爱好玺印，自编《画余印存》。顾麟士家学渊源，从小得到熏陶，喜读诗书，爱好书画艺术，广集书画金石名迹，丰富了过云楼的收藏。他所作山水画多逸气，自成高格，具有吴门画派之柔情、淡雅、秀丽、明快的特色。光绪二十一年（1895）与画友在怡园举办"怡园画集"，每月雅集两次，或当场挥毫作画，或相互交流画艺，或研讨书画理论，以提高书画艺术水平。

西津别墅坐北朝南，分东西两路，中间以备弄贯通前后。东路四进，依次为书房和小楼；中间有庭院，有湖石及花木点缀其间，十分雅致。西路三进，为厅堂及附房，均是平房。大门开在东路东南隅，立有内影壁，上嵌"西津别墅"四字。西津别墅为顾麟士潜心创作之处。1930年5月17日因病逝世。苏州名士郑逸梅曾挽以诗云："当年丹青手，无心不憗遗。高风梅福隐，绝学虎头痴。文苑有千古，鸡林重一时。耕烟骖勒者，先后是我师。"

顾麟士一生勤于创作，出版画册甚多，有《顾鹤逸山水册》《顾鹤逸仿宋元山水册》《顾鹤逸中年山水精品》，以及《过云楼读画记》《鹤庐印存》等。现房屋已破旧，为民居。

袁学澜故居。位于官太尉桥（今官太尉桥15—17号）。清咸丰二年（1852），诗人袁学澜购得卢氏旧宅，营造住宅花园，因近双塔寺，故名"双塔影院"。宣统《吴县志稿》云："双塔影院，在官太尉桥西，诸生袁学澜居此，自为记。"民国《吴县志·卷六十八·列传》：

袁学澜，字文绮，元静春居士易后世居尹山乡袁村，家素丰，独溺苦于学，从吴江殷寿彭游，以能诗著声。兵燹后，奉母命迁居城中，吴下搆静春别墅，更字春巢。

袁学澜（1804—1879），又名景澜，字文绮，号春巢。吴县（今苏州）人。诸生。袁氏在此居住四十余年，著有《姑苏竹枝诗百首》《吴郡岁华纪丽》《苏台揽胜百咏》等。现代诗人袁水拍（1916—1982）是其玄孙，著有《沸腾的岁月》《江南进行曲》《马凡陀的山歌》等。

故居坐西朝东，面官太尉河。原有临街门厅，因拓宽街道被拆除。现占地四亩余，建筑面积3276平方米。分南北两路。南路为官太尉桥15号。第一进为轿厅；第二进为客厅；第三进为堂楼，为家庭成员起居生活之内宅。北路为官太尉桥17号。现存三开间正房四进。第一进是轿厅，第二进是客厅，第三、四进均是堂楼。另有一座更楼、一座花篮厅。更楼高三层，为全园宅之最高点。花篮厅是书房，前庭后园颇为雅致，为袁学澜会聚诗友、写作谈艺之所。故居有六座砖雕门楼，其中两座为老砖门雕，一曰“云开春晓”，一曰“克勤克俭”，皆极精湛。余四座为新建。

袁学澜谢世后，宅屡易其主。20世纪末散为民居，有六十余户住家，房屋日渐颓败。1982年，市政府核定“双塔影院”为控保建筑。1995年实施街坊改造，动迁住户，清除搭建，由沧浪区房地产公司负责复古修缮，浚池叠石，莳花植木，历时三载，使宅第为之生辉。现为吴都学会使用。2003年已被列入苏州市控制保护建筑。

艾步蟾故居，位于萧家巷（今萧家巷15号）。艾步蟾（1854—1933），吴县（今苏州）人。少年师从李璞仁学医，学成后，于光绪六年（1880）于此处开业。因医术高明，求治者日众，声名鹊起，尤其善治伤寒，成为吴中名医之一。民国十年（1921），任吴县医学会副会长，民国十六年，当选为苏州中医协会执行委员。行医五十余年，救人无数。其门生弟子甚多，其中学生王逢春去北京开业，后列为京城四大名医之一。

故居始建于清末，两路三进，北向。正路为门厅、大厅、楼厅，西路为花厅和书房。花厅为卷棚顶。院中有假山。因年久失修，现岌岌可危，部分已坍塌。2003年已被列入苏州市控制保护建筑。

曹沧洲故居，又名“务本堂”。位于阊门西街（今西街59、61号）。曹沧洲（1849—1931），名元恒，字智涵，晚号兰雪老人，又号兰叟。吴县（今苏州）人。出身医业世家，幼秉庭训，宗法岐黄灵素，既专内科，又治外伤。光绪三十三年（1907）与青浦名医陈莲舫同时被征入京，为光绪皇帝治病。现存光绪三十四年《御医请脉详志》，即是曹、陈两医为光绪皇帝治病的脉案。著有《曹沧洲医案》《霍乱救急便览》《戒烟有效无弊法》等。

民间有“三钱萝卜籽，换个红顶子”的传说。慈禧太后得病，腹胀，不思饮食，御医久治无效。陆润庠推荐曹去治病。曹认为慈禧长期吃山珍海味，肠胃肥腻过甚，便用萝卜籽煎成汤剂，饮后泻刮肥腻，果然见效。慈禧大喜，给予官封七品。

故居名“务本堂”。据曹氏后人回忆：原故居范围较大，占地面积约3600平方米，各种建筑有20多座。正路东向五进，门屋、轿厅、大厅各3间。大厅面阔11.5米，进深六檩12米，扁作梁，前有双翻轩。有陆润庠题额的砖雕门楼与大厅相对。厅后为走马堂楼五间带两厢，末进上房亦为楼房五间。大厅南为一狭长庭园，中凿水池，东列花厅，西有书斋。正路以北有房屋三组南向，在备弄内次第列门，入门各有庭院。正屋皆楼房，或三间或五间，前后参差，高低错落。现正路后部堂楼、上房及北路诸屋皆为民居，基本完整。南部为内燃机配件厂所用。门屋、轿厅、书斋、水池均无存，并改建为厂房，唯大厅独存。现部分为曹家后裔所住，余均为民居。

吴梅故居。位于蒲林巷（今蒲林巷35-1号），后门为双林巷33号。吴梅（1884—1939），字瞿安，晚号霜厓。长洲（今苏州）人。一生从事词曲教学研究，尤谙音律，精词曲，为一代曲学大师。著作甚丰，有《中国戏曲概论》《风学通论》《霜厓曲录》《霜厓三剧》等。

故居占地535平方米，建筑面积731平方米，南向，门偏东。入门折西为楼厅与厢楼组成的三合院。自厅东首小门可行至书楼，书楼名“奢摩他室”，宽一间，深五檩，前后辟天井。楼厅北有堂楼，面阔五间16.8米，进深八檩8.5米，扁作梁架。楼下设雀宿檐和一枝香鹤颈轩。楼层东部辟藏书室和奢摩他室及百嘉室。楼前石板铺地，凿水井两口。院南石库墙门上嵌砖额“乐居安天”四字，为宣统元年（1909）吴梅自题。堂楼后一排平屋为厨房。其东西墙脚砌有“吴宅”界石。1998年被列为苏州市文物保护建筑。

吴荫培故居，位于在乘马坡巷（今乘马坡巷11号）。吴荫培（1851—1931），字树百，号颖芸、云庵，晚号平江遗民。吴县（今苏州）人。出身书香门第，光绪十六年（1890）探花，入翰林。辛亥革命后回到苏州，兴办公益事业。故居大厅内悬有宣统皇帝题写的“福”字金匾。20世纪50年代后被工厂所用，旧建筑已陆续拆除，今存无几。

十二、河道疏浚及桥梁建设

清初，苏州城内河道较多，除零星浜河外，有七条直河，十四条横河。后逐步填没，至嘉庆年间，形成了“三横四直”的河道，由江苏巡抚费淳于嘉庆二年（1797）主持绘制的《苏郡城河三横四直图》即可佐证。第一直河，即学士河，南自盘门水关桥起，北至皋桥中市河。第二直河，南自盘门新桥（与第一直河合流处）起至单家桥（接通第一横河处)。第三直河,即临顿河,南自第二横河(干将河)起,北至齐门外城河。第四直河,即平江河,南自葑门十全河起,北至第一横河。此外,至嘉庆二年,自阊门水关桥起,沿城墙绕行经尚义桥、齐门内过境桥、娄门内水浮香桥、葑门内城桥、盘门内窥塔桥,至第一直河止,依然存在。

历朝对城内河道较为重视,《苏州河道志》记载,隔几年就要疏浚一次,使河道通畅,河水洁净。同时,修复和重建城内外的桥梁,使交通方便。

(一)疏浚城内河道

康熙四十八年(1709),重浚苏州府城内河道。

康熙五十六年(1717),重浚苏州府城内城河。

康熙六十一年(1722),重浚苏州府城内河道。

雍正六年(1728),重浚苏州府城内河道。

乾隆二年(1737),虎丘一带染坊污染河道,危及居民健康,由苏州府会同长洲、吴县官员实地勘察后,发布禁令,勒石"永禁虎丘陵开设染坊"。动员染坊迁至娄门外经营。

乾隆四年(1739),重浚苏州府城内河道。

乾隆十一年(1746),知府傅椿浚苏州府城内三横四直河道,历时50余日,共挖土14438方,费帑银四千二百四十八两一钱。

乾隆二十九年(1764),大水,城郭公署倾倒几半,水数月始退。浚苏城内河道。

嘉庆元年(1796),江苏巡抚费淳、苏州知府任兆炯联合苏州士绅,组织全面疏浚城内河道,于翌年五月竣工。

嘉庆元年(1796)八月至次年五月,对城内河道进行了一次全面的疏浚。竣工后,苏州的主事官员请江苏巡抚费淳撰写了《重浚苏州城河记》,记述浚河的经过,并将其勒石树碑。碑阴绘刻苏城河道图,图上绘刻着"三横四直"七条贯穿苏州城的河道的分布体系,并在图左下角说明疏浚河身长度、开挖土方的数量,以及工程费用银两。图的上方,还刻有盛林基撰写的《苏郡城河三横四直图说》,长达1200余字。此碑现藏于苏州城隍庙内,是研究苏州城市建设史的珍贵文物。

道光年间,城中河道淤塞。道光五年(1825),修治娄门水道,筑坝戽水,见河底挨铺巨木,年久皆朽坏。遂易于大材,加复石板,宽高尺寸,悉循其旧。

道光十五年(1835),郡绅吴廷琛、潘师乾等倡浚,如因果巷、蒹葭巷造屋已久,甚难开泄。

咸丰二年(1852)五月,苏州府于乌鹊桥立碑禁止向水中倾倒垃圾,"永禁占造……不得倾积瓦砾,致塞水弄码头"。此碑现收藏于唐寅墓园内。

同治三年(1864),江苏巡抚李鸿章修浚苏州城内三横四直河道,计长约25公里,历3个月竣工。

同治十年（1871），成立苏城水利局，总办苏属水利工程，由藩臬两司及苏松道主持其事，嗣委候补道一人。

同治十二年（1873），重浚苏城河道，历时1个月有余。

光绪二年（1876），胥门外立水则碑，以验水位之消长。

光绪三年（1877）春，浚苏州护城河，自渡僧桥至大日晖桥，河段疏通挖深。

光绪十六年（1890），江苏巡抚刚毅以城守兵士浚城内河道。

光绪十七年（1891），疏浚大日晖桥官河，自桥口至枣市桥洞止，捞起砖石无数。

光绪二十六年（1900），苏州海关在觅渡桥附近设水文观测站——苏州站，开始记录降水量观测资料。

据资料统计，清代填弃苏州城内河道计48条，总长24.3公里。

（二）城内桥梁建设

在填没河道的同时，拆除了不少桥梁，据资料统计，有130余座。依据交通的需求，也建造了许多桥梁。

横河

东板桥，跨第一横河（桃花坞河），建于清前期。嘉庆《苏郡城河三横四直图》著录。民国期间修建，为花岗石三跨平桥，长16.2米，宽1.8米，跨径9.9米。砖砌实腹桥栏，高度0.85米，南堍有踏步12级，北堍有踏步15级，尚未踏地，再西下加踏步5级。桥堍南高北低，河岸地势南高北低的特点明显。

新善桥，跨第一横河（桃花坞河）。建于清晚期，嘉庆《苏郡城河三横四直图》标注“行善桥”。1982年、1994年重建。原系花岗石条石单孔平桥，改为拱形阶梯花岗石平桥，长12.4米，宽1.75米，跨径4.45米，高0.67米，南有踏步7级，北有踏步6级，栏板中书写桥名。

张公桥，跨第一横河（桃花坞河）。建于清初，康熙、乾隆《苏州府志》均著录。咸丰年间重建。原名“张公祠桥”。张公祠，祀旌表善行从一品封典张肇培。光绪二十年（1894）建祠，后称“张公桥”。原为单孔横条石板桥。1979年重建为石板平桥。1998年改建加固，桥长12米，宽2.8米，跨径1米，南北两侧各有踏步3级，设置花岗石桥栏，南堍两侧中间望柱上有简单图案，并书写桥名。

织造桥，跨第三横河（十全河）。建于清前期，初为木板桥。清《苏郡城河三横四直图》标为“红板桥”，髹以朱漆，以示华贵，故名。后拆。2009年10月重建，为钢筋混凝土平桥。长12.2米，宽3.6米，跨径5米，汉白玉实腹桥栏中间书写桥名。南堍有踏步10级，北堍有引桥，引桥东西两坡各有踏步15级。

直河

乘骝桥，跨第一直河（学士河）。同治十三年（1874）建。骝，为黑鬃黑尾的红马，泛指骏马。民国三十一年（1942年）改建。1949年重建，为单孔石质平桥，长5.4米，宽2.4米，跨径5.2米，高0.85米，栏板中间书写桥名。桥柱上刻有"同治十三年""道养市民公社重修"。

敦化桥，跨第一直河（黄鹂坊河），民国《吴县志·卷二十五·桥梁》：

> 敦花（化）桥，在黄牛坊桥北，清光绪三十一年里人募建。

桥名敦化：谓仁爱敦厚，化生万物。《苏州明报》载：明国十六年（1927）3月2日，新闾市民公社拆建吴趋坊之敦化桥，改筑水泥桥面。按：苏州独创之市民公社，于定编元年（1909）成立，为清末民初具有民主思想的人士发起组织，其成员90%以上是中小商人，因尽出自商民，故名"市民公社"。性质为商人自治公益团体。辅助官治，试行自治。现桥为单孔钢筋混凝土平桥，宽2.8米，长6.5米。桥基为原花岗石筑砌，平梁为钢筋混凝土构成，桥面铺柏油路面，为防止汽车通行，两端各设有2个石方墩。两边桥栏各有4根望柱，中间嵌一方花岗石镌刻桥名。全桥敦厚扎实，整齐牢固。

菉葭桥，跨第二直河（临顿河）。建于清后期。现为钢筋混凝土平桥，长6.5米，宽5米，跨径6米，石雕桥栏，中间书写桥名。原名陆家桥。《吴门坊巷待辅吟·卷四》"陆家巷"后注：

> 按：清邱庭溶，字鸿章，号静堂，长洲人。乾隆时官安徽粮道。工书善画，居陆家巷，乃改陆家为菉葭，至今沿用也。

忠信桥，跨第四直河（盛家带河）。建于清前期，《姑苏城图》标为"小新桥"。原为花岗石、青石结构拱桥。嘉庆六年（1801）重建。民国初年改建，为单孔石板平桥，长21米，宽3.2米，跨径4.5米，条石桥栏，石级步阶，东16级，西13级，桥梁侧面正中刻"重建忠信桥"。

中市河

外水关桥，跨城内中市河。建于清前期。桥西旧有水城门，以木栅开启，此桥在木栅外，故名"外水关桥"，同治《苏州府志》《姑苏城图》均有记载。原为石板平桥。1965年改建为钢筋混凝土平桥，长8.8米，宽4.3米，跨径4.8米，花岗石雕桥栏，东西望柱各有2对石狮。2006年整修阊门水城门时，为恢复古貌，将钢筋混凝土改为石板桥，长度与宽度、跨径未变。

南园河

木杏桥，跨城内南园河。始建于宋。《平江图》标为“西长桥”。清《巡警图》标为“木杏桥”。因位于觉报寺后，又名“觉报寺桥”。清初重建，嘉庆十六年（1811）重修，为石级条石板梁平桥，长6.5米，宽2米。1981年改建为单孔钢筋混凝土平桥，长8米，宽5米，跨径5.2米，水泥栅桥栏。20世纪60年代拍摄《早春二月》电影时，曾将此桥摄入镜头。桥南侧有名医薛雪故居扫叶庄。薛雪（1661—1750），字生白，号一瓢，有诗云：“门对沧浪水，户通扫叶庄。”

胜迹桥，跨城内南园河（沧浪亭前），建于康熙年间，同治十一年（1872）年重修。条石板梁（7块并列）三跨平桥，长15米，宽2.5米，跨度8米，条凳式石栏。桥身三折，北堍有步阶，南接沧浪亭门。

（三）城外桥梁建设

山塘河

新民桥，跨阊门外山塘河。光绪年间建。建桥时正值辛亥革命前后，故名“新民桥”。民国十六年（1927）拓建，有三孔，中间为水孔，两侧为旱孔。1966年加固维修，现为钢筋混凝土平桥，长29.5米，宽11米，跨径中孔8米，两侧旱孔各3.5米，石雕桥栏，栏板中间书写桥名。左右两侧旱桥，为苏州城最早的立交桥之一。2003年7月重建，2010年改建，中间桥孔东西两侧各增建步阶拱形桥一座，南北堍各有踏步20级。

塔影桥，跨阊门外山塘河支流。嘉庆二年（1797），苏州知府任兆炯在此建白公祠，于蒋氏塔影园遗址门前建此桥，题名“塔影桥”。系单孔石拱桥，长15.3米，宽2.8米。新中国成立后，整修加固，桥身青石组成。现桥长15.3米，宽2.8米，跨径5米，桥额题刻“塔影桥”。

砻糠桥，跨阊门外山塘河支流冶坊浜。建于清代前期，原为木板桥。道光四年（1824）改建为石梁桥，名“保安桥”，梁侧雕有“重建保安桥”字样。后因农村秋收时稻谷脱粒后的砻糠船聚集于此，运往城内销售，故改今名。现为石拱石级桥，桥长15.5米，宽2.3米，跨径6.5米，花岗石实腹桥栏，两侧步阶，南10级踏步，北11级踏步。

同善桥，跨阊门外山塘河支流庄前浜。康熙九年（1670），里人曹涪元等倡建。《桐桥倚棹录·卷七》

同善桥：在普济堂东，俗呼“庄前浜桥”，又名“小普济桥”。又名“同善桥”。

康熙五十一年（1712）重建，为低栏三孔石级梁桥，长34.3米，宽2.7米，中孔跨径5.6米，两边孔跨径各5米。桥面分三节，桥下分三孔，花岗石桥栏。1986年曾加固维修。

引善桥，跨阊门山塘河支流打柴浜。康熙五十一年（1712）建，旧时称“迎恩桥”。因桥址邻近普济堂，改称“引善桥”。因桥畔时有小船装树柴停泊于此，俗呼“打柴浜桥”。1986年维修加固。现为三孔石板梁桥，长33米，宽2.2米，中间主孔跨径5.7米，两边边孔跨径各5.5米，高0.5米。

齐门桥，又名“建新桥”。位于齐门路北端。民国《吴县志》载：大宁桥，即齐门外钓桥。建于清光绪三十四年（1908）。1970年重建，为钢筋混凝土双曲拱桥，宽10.8米，长54.9米，单孔，跨度40米。1997—1998年又重建，宽26.45米，长39.9米。

上塘河

长善浜桥，跨阊门上塘河支流长善浜。康熙二十二年（1683）建。桥跨船场浜，故名“船场浜桥”。其处原为造船之处，后因造船停业，借用谐音，更名为“长善浜”，桥名随之改为“长善浜桥”。

阿黛桥，跨阊门上塘河东段鸭蛋桥浜。建于清末。因其周围是鸭蛋买卖的集散地而得名。花岗石板梁桥，长7米，宽1.8米，跨径3.3米。桥基石条上刻有“鸭蛋桥”三字。2000年初，桥面拆除，拱券尚存。后因交通需求，在此向南近百米处另建一水泥平桥，亦名“鸭蛋桥”，而误书成“阿黛桥”。

外城河

万年桥，跨胥门外城河。乾隆五年（1740），在知府汪德馨的倡议和巡抚徐士林的支持下，费时两年建成。三拱，长三十二丈五尺有余，广二丈四尺，高三丈四尺四寸。两

万年桥

面桥柱上刻有桥联，南面为“画鹢排空秋水净，苍龙卧隐夜潮平”，北面为“佳气氤氲迎汉渚，恩波浩荡达江湖”，为汪德馨撰。取名“万年桥”，以喻永久。并在西堍建石牌坊，额题“三吴第一桥”。乾隆二十四年，苏州画家徐扬绘《姑苏繁华图》献给乾隆皇帝，万年桥的雄姿出现在画面上，绘制详细，十分壮观。

嘉庆二十五年（1820）、咸丰元年（1851）、同治元年（1862）曾三次大修。

或说明代已有桥梁。《古今笔记精华》：

> 苏州之胥门外旧有大石桥跨江。相传明朝奸相严嵩见此桥石色莹洁、琢磨工整而爱之。郡中大僚谄媚权奸，拆送私第，嵩以造于分宜县城外。

万年桥拆除以后，行人过河靠船只摆渡，河深水急，遇上大风，有覆舟之危。为此，百姓及商人都愿意捐资造桥，但一直未能成功。其原因是当地豪绅霸占了渡口，每日获利十分可观，不肯造桥，并造谣说，胥门外山上多恶煞，如果造了桥，就会引恶煞进城，城内必有灾祸。百姓听后，就不敢再提造桥之事。直至乾隆时才由知府、巡抚合力造桥。

民国二十五年（1936），为利于车辆上下，改建西坡石级为斜坡，石牌坊同时被拆除。1952年，改建为钢筋混凝土现浇连续梁桥，宽6.8米，长43米，三孔，中孔跨度14.5米，两侧桥孔跨度各10米。2004年2月又动工改建，至5月底竣工。为保护古桥风貌，于原桥处重建。利用老的桥墩基础，四周插入钢板桩，再将砼浆压入加固地基。依旧为三孔石拱桥，主体结构为钢筋砼结构，外贴花岗岩镶面石，宽6.2米，跨径11.2米，全长85.11米，桥面面积为527.68平方米。桥中间镏金题名“万年桥”。栏杆用城砖砌筑，古朴典雅。

泰让桥，跨胥门外胥江。光绪年间筑大马路时建造，系三跨木梁桥，结构、形式异于旧式桥梁，显得大而有气魄，故民间称之为“大洋桥”，又转音为“太阳桥”。后取名“泰让桥”，为纪念泰伯让王之意。南北边孔为旱桥，北边孔通枣市街，南边孔通向阳桥沿河。民国十六年（1927）改为钢筋水泥平桥。1972年改建为水泥桥。1978年再建为钢筋混凝土桥，主孔系竖杆式拱片结构，两边孔（旱桥洞）系预应力水泥梁结构。长52米，宽20米（车行道16米，人行道2米），跨度49米（主孔35米，两边人行道各宽7米），水泥桥栏。

2008年重建，北侧旱孔为枣市街，与永安里连通，南侧旱孔则为向阳桥沿河往水仙庙的通道，两边孔（旱桥洞，系预应力钢筋混凝土结构）。现桥长68.43米，宽39米，跨弯径55米，石雕桥栏，中间书写桥名。

朱公桥，跨盘门外盘溪。光绪三十四年（1908）建。苏州开埠建设大马路时建此桥，为木结构平桥。民国十九年（1930）改建，为三孔钢筋混凝土桥，长15米，宽11.5米，中孔跨径8.8米，边孔不通航，石雕桥栏。1983年、2003年两次重建，为钢筋水泥现浇板三孔平桥，长20米，宽11.05米，中孔跨径8.8米（边孔不通航），花岗石雕桥栏，南北两侧各14根望柱。

戈登桥，今名"解放桥"，跨盘门外张公桥河。光绪三十四年（1908）始建。苏州开埠火车站至城南英、日租界必经之桥。清政府为表彰洋枪队统领戈登伐太平军之功绩，将此桥定名为"戈登桥"。民国二十一年（1932），木构桥被大水冲垮，改建为钢筋混凝土平桥。1951年重建，并改名为"解放桥"。1982年修建，为钢筋混凝土平桥，长7米，宽12米，跨径5米。2003年重建，为钢筋混凝土平桥，长18.米，宽38米，跨径9米，花岗石雕花桥栏，两侧各11根望柱。

马路桥，跨葑门外葑门塘。建于清代。为两块石板桥，桥东原有一庵堂，俗称"庵桥"，后庵堂消失，改称"马路桥"。1967年娄葑公社重建，为钢筋混凝土平桥，长10米，宽3米，跨径4米，铁杆空腹桥栏，两侧各4根望柱。

敌楼桥，跨葑门塘。相传在太平军来苏前后，有行善者在此铺设凳面大小石板，作为桥梁。里人誉为"马路"，称其为"马路桥"。1980年改今名。原系石拱桥。1976年重建为钢筋水泥板梁平桥，长6米，宽3米，跨度4.5米，水泥柱铁杆桥栏。

傅坟泾桥，又名"罗家桥"。跨娄门外娄江驳船浜。康熙年间重建，为石梁平桥，长13.2米，宽2米，跨径6.8米，砖石桥栏，南北两侧各有3根望柱。1986年重修。现为条石平桥，长7.6米，宽2.米，跨径4.1米。实腹桥栏，南侧3根望柱，北侧2根望柱。民国《吴县志・卷二十五・桥梁》载："傅墓泾桥，俗名'罗家桥'。""墓"，苏州民间习称为"坟"，有傅家之坟于此。1985年《苏州市城区河道桥梁示意图》中标为"傅坟泾桥"。

澄泗泾桥，跨娄门外娄江支流澄泗泾。清晚期建。为石拱桥。1970年重建，为钢饰混凝土平桥，石条实腹桥栏。长9米，宽4米，跨径3米。

糖坊湾桥，跨娄门外娄江苏安浜。建于清末。1983年改建，钢筋混凝土双曲拱桥，长51.3米，宽3.3米，南北两堍各有步阶20级，水泥桥栏。2003年在老桥旁又新建一座预应力钢筋混凝土平桥，长253.7米，宽30米，跨径32米。

十三、民政公益事业

有清一代，一些慈善家和志士仁人注意并关心民众的公益事业，主要是针对经济困难的孤寡一族，尤其是无依无靠的老人、妇女和儿童。他们募集资金，办起了各种福利慈善机构，涉及救济、收养以及安葬等。有的机构是官署拨款的。

普济堂，位于阊门外山塘河西岸普济桥畔。康熙四十九年（1710），由昆曲艺人陈明智募建。康熙皇帝南巡时，很赏识他的昆曲，于是他被带至京城，任昆曲教练。二十年后荣归故里，为给平民百姓做点好事，决定筹建普济堂，收养老弱病残无依靠的贫民，并得到顾如龙、顾时中的鼎力相助。其时共收养350人，供给衣食医药。康熙帝知道后，御赐“香岩普济”匾额，以嘉奖他的善举。乾隆二年（1737），奉旨拨给没官房价银，置田八顷四十四亩，又由地方绅士助置田二顷六十亩，作为堂内的开支。三十一年，巡抚明德增建病房51间，又拨给通州、崇明等地沙田若干。嘉庆十七年（1812），郡人陈道修倾全部家产在普济堂西北创立清节堂，专门收养妇女，以保全其贞节，并资佐普济堂。道光十九年（1839），由司事顾宗淦请于阊门聚龙桥至方基上河口设立渡船，将租息充入堂中，按人给病残者八文作为膳菜之需。二十年，有香山船业在太湖中遇险得安，认为有菩萨保护，众议立愿行善，每月捐给堂中制钱一千二百文。民国十六年（1927），普济堂改为公办，易名“第一养老院”；十九年，更名“男养老所”并附设残疾部，收养定额300人，凡男性老残病困者，均可觅保送所，扶养终身；二十四年，男养老所与女养老所合并。女养老所创办于乾隆三年，位于盘门外，名“老妇普济堂”，同治年间，由冯桂芬移建于盘门内新桥巷，民国十九年改为女养老所，收容定额200人。合并后，统称“吴县救济院养老所”，至1949年春，在所养老者尚有240余人，有田千余亩。

民国年间，由于经济无着，所发米量只够吃两顿薄粥，老人不得温饱，有的去挖粪蛆，用瓦片焙干碾粉后作干蛆药片出售，有的徒手敲打油灰。丧失劳动能力的，白天到虎丘、观前去讨饭要钱，夜晚回来栖宿。因而，普济堂被人称为“叫花子堂”。老人死后，其他人将其装进一只脱底棺材，扛到乱坟岗上，抽去棺材底，将尸首挖坑草草埋葬，将棺材带回来以备下次再用。新中国成立后，改称为“苏州市社会福利院”。

育婴堂，位于玄妙观雷尊殿之西。康熙十五年（1676），由郡人许定升、蒋德竣、张遇思等创建。《百城烟水·卷三·长洲》云：

> 育婴堂，在雷尊殿西，即灵雨坛旧址。康熙十三年，郡人蒋德竣、许定升等，悯穷民遗弃子女，呈郡侯高公晫详宪，慕公丁公建，收养遗孩，月给乳母，好善者迭司共事。

乾隆四年（1739），迁于皇废基。同治二年（1863），迁至娄门内中由吉巷（今白塔东路）。有房屋四进十二开间。民国初期，增建两层六开间楼房一幢。民国十六年（1927），育婴堂为收容社会弃婴，在长春巷设分所。育婴堂临街大门终日关闭，在西墙角开一小洞门，设一木抽屉，内存放婴盒，日收婴儿三四人，多时十余人。因经费不足，1斤牛奶，每天分给5个婴儿吃，余为菜汤。有时每天死亡七八人，死后被抛进深坑内。

健美、活泼婴儿放在一、二进，待人领养。病、残、弱儿童，放在三、四进。如有人领养满周岁婴儿者，需由保人证明盖章，并一次付给育婴堂费用10—15银元。年满2周岁的残疾、体弱婴儿，则被送往虎丘社会福利院收养。民国十一年（1922），收养婴儿694人；十六年改为公办，易名“育婴院”；十九年改称“育婴所”，收养无依婴幼，雇乳母哺育。抚养至5—6岁时，男孩读书习艺，成年后外出谋生；女孩则授以女艺，成年后婚嫁。无子女者可到所按规章领养婴儿。

昌善局，位于娄门外（今东园处）。康熙四十六年（1707），由郡绅顾汧、韩孝基、顾鼎荣等倡建。亦称“天真堂”。乾隆初，由韩彦曾、彭绍升、顾荣华等重建，后废。嘉庆二十四年（1819），由王彪、计蕴芳复建，后由潘师升、蒋敬、黄均、应沼、曹文麟、蓝瑞芝等捐办施棺、代葬，及惜字、放生诸举。道光二十年（1840），由董国华、蒋庆均、蒋开承、吴仁荣、夏廷荣、王永传、张日华等竞力重办。占地1.13公顷，内设办公房、礼堂、放生池、殡舍。殡舍有上下堂之分。上堂为高级单房殡舍，每具棺柩年付寄费20银元以上；下堂为集体殡舍，每具棺柩年付寄费2—3银元。过期无法交费者，或无人收殓的尸体，则被运至城脚下挖坑埋葬。至清末民初，此局一直是苏州规模较大的存放棺柩的殡舍。新中国成立后，由市民政局接管，改为妇女生产教养院。

广仁堂，在清洲观前，内设育婴堂。雍正十年（1732），由郡人费廷俞等创办，初名“埋骼会”。十三年，改为广仁会，济助贫民安葬。乾隆十一年（1746），由朱楫改建为广仁堂。巡抚邵基壁、陈大受奏拨田地。咸丰十年（1860）毁。

周急局，又称“周急代赊局”。位于临顿路菉葭巷。道光年间创办。该局捐采良木作棺，并给炭灰、吊底、吻漆、被褥，以济缓急。道光二十年（1840），郡绅董国华、程仁藻、程仁霈、潘筠浩、潘希甫、汪世丰、潘遵祁、王懋功等倡捐，黄寿凤、曹文熙、吴仁荣、包汝霖、邵炳扬、吴蔚林呈官建立，曹廷柏、俞孝庭、顾震涛等克襄成之。经办的善举还有恤嫠、济盲、保婴、义塾、收埋、代葬、代赠等项。

安节院、恤嫠所，在娄门内大新桥巷的清净庵。同治三年（1864），由冯桂芬等将原设于上海县的安节局移建于此，专收名门嫠妇（即寡妇）为主，兼收部分贫苦无依的妇孺。民国初年，有房屋160余间，田35.33公顷。民国十八年（1927）更名“普济院第一分院”，翌年9月，又易名“特别妇孺留养所”。有房舍80余间，每间收容1户，当时收养大小人口120余人。三十七年，定名“恤嫠所”。新中国成立后，对恤嫠所进行归并，有11户移送安老所收养，其余76户分别作其他处理。

妇女养老院，又称“老妇普济堂”，位于盘门外。乾隆三年（1738），由郡人吴三复捐建。同治年间，冯桂芬移建于盘门内新桥巷。民国十六年（1927）改为公办，易名“第一养老院”和“妇女养老院”；十八年，又更名为“妇女普济院”；十九年，又易名为“妇女养老所”，并附设残废部，收容定额200人，凡老妇贫苦无依或残疾者，均可取保送所留养；二十四年，与男养老所合并，称“吴县救济院养老所”。新中国成立后，改建为安老所。不久改名为“市老残教养院”。1959年并入山塘街苏州市社会福利院。

栖流所，亦称“贫民习艺所”，位于五卅路皇废基，同治十二年（1873）建，由苏藩司库及丰备义仓拨款开支。民国九年（1920），旧长洲县署改建为贫民习艺所；十二年，因经费问题而停办；十三年，栖流所改组为苏州感化院，后又改为贫民乞丐习艺所；十六年改名“吴县第一感化院”；十九年，吴县游民习艺所并入，后隶属县救济院，易名“感化习艺所”。凡青年子弟不务正业、不遵家长教诲者，由家长送所收容，授以工艺，培养自立能力。游民乞丐，亦可由机关团体函送收容。收容定额230人。新中国成立后，由市人民政府接收。后迁至桃花坞大街，改名“苏州市收容遣送站”。

积善局，又名“积善堂”，位于旧学前。光绪二十年（1894），由郡人吴韶生、宋治基等创建，先办义塾，后由吴文渠等集资兴办恤嫠、保婴、接种牛痘以及施粥、施棺等慈善事业。1949年后改为民居。

种善局，位于百家巷。建于民国二十年（1931）。为公助义办之殡所，寄放灵柩、寿器。内设大厅、院房和义冢地。民国二十七年，改为济良所，又称“收容所”。时收容无家可归的40岁以下良家妇女，给予生活给养，搞些手工劳动，以改善生活。单身汉可到所择妻，但据说要花白米12—18石，方可成婚。新中国成立后，由人民政府接管。1950年改称“劳动生产教养院”。

十四、交通、供电和电信

旧时的交通工具，主要以马匹、驴子、轿子代步，直至清末。光绪年间，苏州的交通工具有所更新：一是日本传来了人力车；二是马车可在城内运行；三是引进英国的铁路，通达上海、镇江。同时，开始用电，使用路灯、电话和电报。城市建设迈开了新的步伐。

（一）交通

清代，苏州城内的交通以坐轿、骑驴代步为主，城外的交通，除坐轿、骑驴外，还有马车载客。在城内外纵横的河道内，则以船运为主。

到了清末，随着社会的发展，轿子、驴不能满足人们出行的需求，就产生了新的交通工具，即人力车和三轮车。

轿子，最早为过山用的工具，大约在东晋之后，成为居民的代步工具。清代，坐轿十分盛行。轿的种类很多，有官轿、民轿、喜轿等，官轿是当官者坐的，喜轿是结婚新娘坐的，一般百姓坐的被称为“民轿”。当时，专门出租轿子的店被称为“轿行”。轿子有二人抬、四人抬，轿子的材质也有高低，因而其价格也不一样。

马车，在古代即已盛行，在陆路行驶，大约在清末转入城市。在轿子不能满足居民出行的需求时，开始选用马车。光绪二十年（1894）至二十三年，在城内外均可营业，后因与人力车争夺生意发生矛盾，被赶出城外。那时，阊胥门城外的路，因有马车行走，便被称为“马路”。马路之名自此始。以后，逐步转入城内。

人力车，大约在1870年创制，由日本传入我国，始称“东洋车”。因用人力所拉，故又称“人力车”。先在上海出现，光绪二十六年（1900），人力车传入苏州，先在城外载客，后转入市内营业。这种车结构简单，容易制造，成本亦低。最初，人力车的两个车轮是木质的，舒适度很差，后改为铁轮，再改为橡皮轮。与当时的轿子和马车相比，具有轻便、迅速、价廉等特点。从此，在苏州城内外，人力车往来不停。因车身为黄色，俗称“黄包车”。初时，人力车为双座，可坐男女二人。光绪五年，清政府认为男女同坐有伤风化，一个车夫拉两人也颇吃力，因而禁止。此后便一车一人，经营十分看好。

火车。英国人最早在上海建的铁路——吴淞铁路，于光绪二年（1876）通车。当时新风未开，民众看不惯火车。光绪三年，即由清政府收归国有，清政府立命工匠掘起铁轨，铲平路基，由此铁路消失。二十年后，有人提出续建铁路。

光绪二十二年（1896），中国铁路总公司成立。光绪二十八年七月，由盛宣怀与上海英国领事议定详细合同25条，次年七月九日正式签约，随即测勘路线，开始筑路。三十二年五月二十五日，火车通至无锡，在苏州站举行通车典礼。三十三年四月，通车至常州，九月通车至镇江，三十四年三月全线通车。均为单线行车。民国《吴县志・卷二十・公署》：

> 自光绪二十四年闰三月四日，督办铁路大臣盛宣怀奉总理衙门电饬，准借英国怡和、汇丰两公司之款承办沪宁铁路，在上海议订草约后，旋因我有庚子拳匪之乱，英亦有脱兰斯哇之战，迟至二十八年十二月始议定正式合同，二十九年二月十七日，会同江督张之洞、苏抚恩寿具奏，五月十四日批准签字，开始建筑，逮三十四年三月，全路告成。吴中为沪宁铁路交通之要道，因是而境内遂有铁路矣。

（二）供电（路灯）

路灯，旧称“街灯”。清末，苏州城内的街灯，用过蜡烛、灯草豆油灯、煤油灯作为光源，其方法是在沿街竖根灯杆，将灯吊在杆上，高约两米，由专人于夜晚加油点燃。先是由人工吹灭，后油加得少了，至三更时自灭。有时油少，二更时就熄灭了。

光绪三十二年（1906），宁波籍人蒉梅贤拟创办生生电灯公司。因资金不足，与上海实业界人士祝大椿、苏州钱业界人士洪少圃、龚杰（又名子英）等合股创办振兴电灯股份有限公司。宣统元年（1909）公司正式成立，厂址设在阊门外南濠街，这是一家发电、供电合一的企业，采用2.2千伏直配线供电。供电区域仅限苏州市区。

（三）电信

光绪七年（1881）始，苏州先后开办电报、电话业务。苏州电报分局设在阊门内王枢密巷，为中国第一批开办的电报局之一。光绪二十三年，在苏州海关内附设苏州府邮政局，翌年，又开办商办苏州德律风公司；光绪三十一年，农工商部在苏州开设官办电话局。这些机构均为全国开创较早的近代邮电通信机构。

电话。光绪二十四年（1898），湖南人马伯亥集资，在阊门内下塘街泰伯庙内创办了苏州德律风公司，即开展电话业务。公司雇有话务员、机务员、工匠共7人，装有1部24门磁石式交换机，手摇壁机市内电话12号。这不仅是苏州最早的市内电话，也是江苏省第一个市内电话。开放时间为上午7点到下午7点，夜间可以停接。服务对象为：江苏巡抚衙门、苏州府衙门、按察使衙门、织造府、总捕府、商务总会、电报局、盛宣怀（邮传部尚书）住宅等。由于用户少，可直呼单位名称。同治三十四年（1908），在阊门内天库前设立分局，装有3部100门磁石单式交换机。为区分两地，前者称为“西局”，后者称为“北局”。

光绪三十一年（1905），朝廷农工商部在金狮河沿吕公桥堍设立江苏官办电话局，安装2部100门磁石单式交换机（总客量190门），有员工9人，设领班1人。这是苏州官办电话之始。民国十七年（1928）11月，苏州电话局迁入闾邱坊巷新址，金狮河沿、天库前两局同时撤销。

光绪三十三年（1907），全市电话用户215户，全年租户使用电话11410次，收入租户费6965.33元，装机费1348元，移机费29元。

电报。光绪七年（1881），苏州电报分局电路东通上海，西接镇江。九年，架设从苏州经吴江到浙江、福建、广东的线路。光绪十年开通后，上海通往浙、闽、粤的电路需由苏州转接。据宣统元年（1909）八月统计，共投递来报237份，字数5154字。因数量不多，实行一报一送，步行投递。

宣统三年（1911），电报干线分东、西、南3路。东路沿沪宁铁路至上海，长85公里；西路沿沪宁铁路至镇江，长150公里左右；南路由盘门出城，沿运河经吴江、北坼、平望、王江泾至嘉兴，长70余公里。另有两条支线，一条通巡抚衙门，一条通齐门外沪宁铁路苏州车站。

十五、开埠、海关

从19世纪70年代以后，世界各主要资本主义国家先后向帝国主义阶段过渡，为争夺商品市场、原料产地和资本输出场所，夺取殖民地、分割世界领土的斗争日益尖锐。甲午战争失败后，中国陷入了更为严重的危机，苏州也被迫向列强开放。

光绪二十一年（1895），清政府与日本国签订丧权辱国的《马关条约》，第六款规定，辟苏州府、杭州府、重庆府、荆州府沙市为对外通商口岸。二十二年七月，苏州海关成立，控管的范围较广，南至嘉兴，北抵丹阳，东到昆山。其关务为货运监管，征收关税，查缉走私。

海关公署，地址在觅渡桥西，俗称“洋关”。民国《吴县志·卷三十·公署三》载：

> 苏州关在葑门外觅渡桥。清光绪二十一年，奉旨辟苏州为通商口岸。其明年，巡抚赵舒翘相度其地，建立此关，以征洋商进口税银，并奏请设关监督一，缺，以苏松太粮储道兼摄其事。

是年十月一日，苏州海关正式开始工作。

由于经费不足，海关只在码头上搭建茅草棚办公，作为检查货物的场所。一年后，在觅渡桥西堍建造几处海关用房，在沿河岸建造验货房和码头，以及职员宿舍。首任关长陆元鼎（二品顶戴、兼任江苏督粮道）。清政府同时任命英国人孟国美（P.H.S. Montgonmery）为首任苏州关总税务司，钦命四品衔。税务司是海关实际掌门人。民国二十四年（1935）前，一直由外国人担任。因由洋人当道，故称“洋关”。

苏州海关控管范围较广，南至嘉兴，北抵丹阳，东到昆山，其关务为货运监管，征收关税，查缉走私。在民国建立之前，还兼管邮政业务。海关成立后，先后制定了许多规章制度，有《苏州关试行章程》《江苏关华轮暨华商挂号民船来往苏杭沪试办章程》《江海关洋轮船暨洋商雇佣民船来往苏杭沪试办章程》等。苏州海关的税收，据宣统三年（1911）进出口贸易统计，年税收总额为688.21万两银，民国八年（1919）增至1833.48万两银。

光绪二十二年（1896）七月，成立监督公署，监督海关税务司，地址初设在带城桥下塘前苏州织造府。民国十六年（1927），改设在书院巷前江苏巡抚衙门。

本章主要参考书目:

《清史稿》,赵尔巽撰,中华书局
《吴郡志》,范成大撰,江苏古籍出版社
《苏州府志》,卢熊撰,成文出版社
《姑苏志》,王鏊撰,上海人民出版社
《苏州历代园林录》,魏嘉瓒著,燕山出版社
《苏州织造局志》,孙佩编,上海古籍出版社
《百城烟水》,徐崧、张大纯同辑,江苏古籍出版社
《苏州河道志》,《苏州河道志》编写组编,吉林人民出版社
《吴门表隐》,顾震涛撰,江苏古籍出版社
《虎阜志》,陆肇城、任兆麟著,古吴轩出版社
《寒山寺志》,叶昌炽撰,江苏古籍出版社
《吴县志》,曹允源、李根源编撰,苏州文新公司
《吴城日记》,佚名,叶廷琯批注,江苏古籍出版社
《春在堂杂文》,俞樾撰,凤凰出版社
《吴门园墅文献》,范君博编,文汇出版社

第八章 民国

1911年10月，辛亥革命爆发，最终推翻了清王朝的统治，成立了中华民国。但中华民国只是表面上的统一，实际上当时的中国仍处于军阀割据、各霸一方、四处混战的局面。但城市建设与清代相比，有了不小的进步。无论是街巷、住宅，还是公共事业等方面，都有了较大的发展。

1937年，日本发动全面侵华战争，11月，苏州沦陷。国难当头之时，中国共产党和国民党建立了统一战线，共同抗日，直至将日寇打败。1945年，日本宣布无条件投降。苏州同其他城市一样，恢复了平静。在战乱年代，城墙毁毁建建，既有拆除，也有保护和修复。大批难民流入苏州，加快了苏州城市建设的步伐，拓建了许多小巷，其数量达到了清代的两倍。

在西风东渐的情况下，新建的宅第、园林，仿照西方形式的建筑日渐增多，出现了一批中西式园林、新型住宅建筑群以及『小洋楼』等，苏州的城市面貌发生了变化。城市的公益事业，供电、供水、电报、电话、汽车运输、铁路等，向现代化设施方向发展，居民生活有所改善。

1949年4月27日，苏州解放。同年10月，中华人民共和国成立。

一、城墙、城门的修复与拆除

民国年间，苏州城墙因年久失修，时有坍塌、毁坏，时而修复。日寇侵华时期，城墙也遭毁坏。为便于交通，城门、城楼陆续被拆除，但也先后重辟和增辟了平门、相门和新阊门、金门、新胥门。

坍塌、毁坏的城墙，大致有：

民国七至十一年（1918—1922），盘门至葑门段城墙、南童梓门附近城墙先后坍塌。十二年六月，吴县公署财政支绌，决定拆卖所有城楼，补助教育经费。十四年，金门两侧也有两处坍塌，雇用民工70人，用了两天时间进行修复。十六年，修复骆驼桥浜至娄门婴儿坟、盘门炮台至胥门鼓楼、升平桥至南童梓门各段坍塌城墙。十八年，阊门与胥门之间有18处城墙坍塌。二十三年，学士街莲花巷底、天官坊陆家花园、高井头尤家花园等处附近有11处城墙坍塌。二十六年，苏州为抗日而构筑防御工事，沿城顶挖掘壕沟，加之以后在战火中有些地段城墙被炸成缺口，城墙受损较大。二十九年，修复平门至金门、金门至胥门段城墙7处。三十三年，修复齐门附近的城墙。齐门两侧城墙已废毁湮没。三十五年，阊门尚义桥西北角五到六丈一段城墙坍塌。三十六年，修复四摆渡、相门附近城墙大小缺口，以及盘门至葑门段城墙3处。

对于城墙的修复，市政府及有关部门十分重视，不时有政府发文及相关部门有报告递给政府。据档案资料统计，除市政府外，还有总商会、商团、市民公社、银行、营造业，以及私人发函等。《苏州城墙》一书统计，这方面的文件共有102件。其中整修城墙的78件，城楼的5件，水关的4件。例：

苏州商团第十四支部为报告调查平、齐门一带城墙损坏情况致苏州商团团本部函　1927年3月4日

径启者：昨奉团副电话所嘱，调查平、齐门一带城墙有所坏之处，并宜赶修事。兹将调查该处一带所坏城墙处数，另立细表一纸奉上。特此呈报查照为荷。此致商团团本部。附呈漏查表一纸。

苏州商团十四支队谨启

民国十六年三月四日

附：兹将调查得齐门至平门西首城北公社与桃坞公社界域为止，共计大、小坏

九处。计开：

第一处坏　由齐门算起第六、七两城额

第二处坏　由齐门算起第九十九城额

第三处坏　由齐门算起第一百十三城额

第四处坏　由齐门算起第一百十九至一百二十城额

第五处坏　由齐门算起第一百三十一城额

临北、城北界域

第六处坏　由齐门算起第一百四十一至一百四十三城额

第七处坏　由齐门算起第一百四十七至一百五十五城额

第八处坏　由齐门算起第一百六十二城额

第九处坏　由齐门算起第一百六十八城额

城北、桃坞界域

整修城墙，并非由政府出资，主要是向社会募捐筹集，由苏州总商会发函，邀请相关单位及地方著名人士。例：

苏州总商会为订期集议筹募修理城墙案的函　1929年12月20日

径启者：接准市政府函，以修理城墙一案。呈奉省政府令饬就地设筹办理具报等因。际兹宜常事变之后，冬防吃紧之时，自应遵令赶修。为特函请筹募见复等由到会。查苏地城垣，关系全城公安，为巩固防务计，亟应设法修理。兹订于本月二十八日下午二时，公同集议。除分邀外，届时务屈台驾出席与议，至深盼荷。此致田业会、公款公产管理处、电气厂、颖芝先生、仲仁先生、智涵先生、仲深先生、银钱业、金业、典业、纱缎业、绸业、米业。

苏州总商会

民国十八年十二月二十日

城墙的损坏程度，则由工务局负责查勘，以及所需材料费等。例：

苏州市工务局为查勘城墙修理情形致苏州总商会函　1930年5月13日

径启者：查各区城墙奉令修理一案，当经敝局派员查勘，已将应行修理各处详细列表呈奉市政府，令准施行，并经分别函请贵会及各区委员会同敝局协助进行，各在案。现在敝局结束在即，所有工程情形业经敝局派员会同贵会及各区委员会查勘修理情形，其未完手续自应分条列举：（一）关于工程优劣情形虚请主裁；

（二）关于数量已会同丈量清算列表，应请审查；（三）原预算系尽用谓新砖原约每为二十三元，现在发见杂用旧砖（如调查表所载）曾与徐文记交涉，每方自愿减三元，究应为何核减，应请裁夺；（四）除胥门大缺口照约已支一千二百五十元及预支三百元外，尚存八百九十九元五角，应即送还以便结束。相应函达，即希至查照办理，并祈见复是荷。此致苏州总商会。

附送修理城墙数量表一份，未付存款银八百九十九元五角。

未会款银八百九十五元五角。

苏州市工务局
民国十九年五月十三日

民国年间，城门、城楼被陆续拆除，以及重新开辟的城门有：

阊门，俗称“老阊门”。民国十六年（1927）拆除城楼及小月城，建成阊门广场。二十三年，为改善交通，又拆除阊门，仿照金门罗马式建筑进行改建，二十五年竣工。改建后，中门为车行道，宽9米，高9米；增辟了两侧的月门为人行道，各宽5米，高4米。水城门有木栅门。

新阊门，民国元年（1911），阊门城外商业兴盛。为便于交通，民国十年在阊门、胥门之间开一城门，名“新阊门”。其位置约在今金门南60米处，遗址仍可见残迹。该门比老阊门小，只有一个拱门。城基是青石、黄石、花岗石直横混砌的，地面上还可见三层。在文物调查时，测得城门深5米，宽4米，高5.3米。民国二十年金门建成后，新阊门逐渐被弃。

相门，宋时堵塞。民国二十三年（1934），因城外建造苏嘉铁路，设立相门站。重新开辟相门，两年后竣工。在内城河上架木桥，名“醒狮桥”，在城门外大运河上建一座水泥桥墩、13孔的木板铺面大桥，名“新华桥”。日寇侵华时，桥被日本飞机炸毁，相门也随之封闭。

葑门，民国二十五年（1936），城门及城楼年久失修，有坍塌之危，均被拆除。

娄门，城门分外、中、内三重，三重城门之间有空地和闸门装置，十分坚固。内城上筑有城楼。水城门也为三道，也有闸门装置。外城、中城及内城门上的城楼，约在民国三十七年（1948）被拆除。

齐门，齐门有城郭，旧称“城垛子”，城郭之间还有方角城墙，城郭之间相距二三十米。门上建有两层城楼，俗称“鼓楼”。有三道城门，故道路曲折，交通不便。有水城门，门内有内城河，门外有外城河。

1937年前，《齐溪小志》作者李础石（又名受之）曾发起建望齐台，旧址在齐门桥北西侧往北沿河，为三面墙的房屋一间，屋内竖有一碑，上刻“望齐台”正楷字。日军侵占苏州时，被日机炸毁。

平门，平门早已废塞。《吴门表隐·卷八》云：

> 平门亦名“巫门”。自桃花坞直北，宋时塞。门外达平门塘，出毗陵。

民国十五年（1926），在齐门以西，开了平门，后发生了“齐卢之战”（齐燮元，江苏督军；卢永祥，浙江督军），因风水之说，苏城像只蟹，但不能有八脚（即八门），故废塞平门。民国十七年，为便利城内外交通，重辟平门，为两个并列的高大城门洞。有外城河而无内城河。城门上无城楼，亦无水城门。

金门，其处原无城门。为便于交通，于民国十八年（1929）开始兴建，二十年元旦竣工，1月6日举行落成典礼。城门系罗马纳司克式，由三个圆拱门组成，中间高大，通车辆；两边较小，走行人。城门以花岗石为基础，青石作拱券，装置大小城门四扇，用洋松做成，外加白铁皮一层。城门前后还装有古铜灯4盏。整个金门宽18米、高11米，车行道宽7.3米、人行道各宽2.5米。墙体用清水砖砌筑，下部用花岗勒脚。这是苏州城门中唯一的中西合璧式的近代城门。因地处阊门商业中心，旧时有“金阊门”之说，故名为“金门”，含有财富集中之意。“金门”两字，由时任吴县县长王引才所书。民国三十六年曾经维修。

金门开辟后曾两启两闭。竣工不久，发生了“齐卢之战”，烽火数月，波及苏州，逃难人员、伤兵涌入苏州。形家认为新辟之城门曰“金”，金戈铁马，主有兵灾，遂将金门用沙袋闭堵。作家程瞻庐《最近苏州竹枝词》，其中一首云：

> 新辟城门亦壮哉，取名曾否费敲推。
> 金为兵家成奇谶，迷信由来拨不开。

胥门，俗称“老胥门”。在万年桥之南，系元末重建。清初在城上建造门楼，题“姑胥拥翠”额，民国时尚存。门洞高4.14米，宽3.25米，深11.45米。民国二十七年（1938）封堵，另辟新胥门。

新胥门，位于古胥门之北，城内人出胥门必经万年桥，为便利城内外交通，与万年桥对接，于民国二十七年（1938）开辟，为两个并列的门洞。因老胥门仍在，此为新开辟，故名“新胥门”。

民国时期，胥门、阊门、盘门、葑门一带的城墙，有些居民（尤其是逃荒来苏的）沿城墙搭建房屋，也有的在城墙上搭棚而居，在阊门专诸巷一带尤为突出。

二、小巷急剧增多，标志字纷繁多样

民国时期，由于经济萧条，农业歉收，加上灾荒不断，外地人员来苏者日益增多，街巷建设飞速发展。在城内，一些荒地、空场、高墩，甚至堆放垃圾的地方，外来人员在此搭棚或建造房屋居住，如四亩田、胡家高墩、狮子口等。在城外，一些河滩、菜地、荒坟、兵营等地，他们也同样搭棚或建房居住，逐步形成了小巷，如炒米浜、摇船头、青旸地、南门城根、专诸村、东灰堆园、南兵营等。因而，街巷数目日渐增多。民国二十三年（1934）由曹允源、李根源编纂的《吴县志》中，收录街巷993条。与同治时期相比，街巷数目增加了一倍以上。

这时的街巷名称，也发生了巨大的变化。一般来说，街巷名称由两部分组成，一是指代名词，二是标志字。如观前街，“观前”为指代名词，“街”是标志字。指代名词表明这条街巷的特色，包含着历史人文典故、街巷特点及意义，标志字则表明街巷的规格。街巷的命名，也依据这两点而来。

民国之前的标志字，一般以巷、里、弄为多，因那时均是小巷。古时，巷、衖（弄）不分。《辞源》：衖，小巷、弄堂，江南一带通作“弄”字。里，居也。使用标志字，要依据这条街巷的规格。街，指城市的大道，四通的道路。路，大也。民国以来聚居之处，为了户籍管理和通信的方便，必须给予命名，遂依据当地的地理环境或原有名称而命名，故而，标志字五花八门，纷繁多样。据初步统计，约有19类、50余种。如：

（一）建于水浜、池塘、沿河的，名称有：

浜：大河浜、牛角浜、螺蛳浜、镬甘浜。

河沿：金狮河沿、埃河沿。

池：双荷花池、盘门放生池。

湾：三乐湾、庄先湾。

边：东小河边。

头：摇船头、大鱼池头、缸甏河头、万人码头。

岸：虎啸塘岸、温家岸、花驳岸。

洲：百花洲。

渡：四摆渡。

塘：洋泾塘、驳船下塘、带城桥下塘。

东：界石浜东。

西：界石浜西。

咀：龙船咀。

（二）建于农村、农田、桑园的，名称有：

村：近泮村、三家村、大井村。

田：四亩田、东四亩田、小杨树田。

地：青旸地、桑园地。

（三）建于城墙根边的，名称有：

根：南门城根、盘门城根。

脚：东城脚。

（四）建于庙堂、会馆旁的，名称有：

庙：羊王庙。

前：泰伯庙前、蒋庙前。

阁：观音阁、回龙阁。

堂：猛将堂、路头堂、三官堂。

斗：莲花斗。

馆：三山会馆。

弄：三宝殿弄、西山庙弄。

路：景德路、西园路。

里：天库里、地库里。

（五）建于高墩边的，名称有：

墩：南高墩、北高墩、鲇鱼墩、包家墩、光荣墩。

（六）建于坟边的，名称有：

坟：唐寅坟、俞家坟。

（七）建于原军营地块的，名称有：

营：半爿营、南兵营、北兵营。

门：西大营门、中大营门、东大营门。

（八）建于旧王宫处的，名称有：

基：皇废基。

后：皇宫后。

（九）建于原园林地块或园林旁边的，名称有：

园：朱家园、东灰堆园、西灰堆园、金家花园。

后：沧浪亭后。

弄：拙政园弄、五峰园弄。

（十）建于桥堍的，名称有：

桥：木杏桥、水关桥、红板桥、官太尉桥。

堍：望星桥堍。

圩：桐桥东圩、桐桥西圩。

下：宝城桥下。

（十一）建于官府用地或官府旁边的，名称有：

厅：接官厅。

库：东吏库、西吏库。

（十二）建于原某家大院地块的，名称有：

院：大墙院、杨家院。

（十三）建于原仓库、空场或货栈之处的，名称有：

仓：浒溪仓。

场：木耳场、煤渣场。

栈：刘家栈、知家栈。

（十四）建于转角之处的，名称有：

角：曾家角、石家角。

墙：东角墙、西角墙。

(十五)建于某个口子的,名称有:

口:狮子口、二门口、小仓口。

(十六)新建厂企的,名称有:

街:冰石街、前同仁街。

(十七)其处为同一行业的,名称有:

浜:炒米浜(居民都做爆炒米生意)、皮匠浜。

湾:草鞋湾(巷内均为草鞋店)、橹巷湾。

村:板刷村(村民都做板刷)。

(十八)其处为迁移居民属同一地区的,名称有:

路:淮阳路(居民都来自淮阴、沭阳地区)。

庄:侉庄(原名“畲庄”,居民均来自苏北。南方人称操北方口音人为“畲子”)。

(十九)以巷内房屋间数命名的,名称有:

头:三间头(仅三间房子、住三家人家,下同)、三十间头。

屋:十间廊屋。

间:二十间、五十六间、九十间。

此外,还有上:方基上、小园上;岛:东海岛、西海岛;局:北局、恤孤局;楼:中横楼、西横楼;搭:何家搭;科:马医科;等等。

上述地名之所以不用“巷”字,笔者分析,那时的居住地,东一间房,西一个棚,有几家的,有十多家的,散如天上星斗,还未形成巷的形状,所以只能用当地的地理环境俗名来称呼,故而产生这么多种标志字也就不足为怪了。后来住户增多,逐步形成了巷,就继用原有的标志字来作为巷名。

上述街巷名称,大都依据该巷所处的特点而定,有依据地理环境的,有依据文化性建筑的,有依据行业的等,符合街巷命名的要求。尽管指导名词很多,但都与当地的实情相吻合,所以易记易找,百姓称便。尤以“浜”“塘”“湾”“河沿”的标志字为多,也反映了苏州水乡的特色。后来。随着居民的增多,基本上形成了小巷,仍用原名,不加“巷”字,但人们知道,这是一条小巷。

城内的街坊改造,主要有:民国十六年(1927),平门路建成。该路全长792.48米,宽9.75米,路面用碎石铺砌,阴沟用0.3米径水泥瓦筒,人行道铺煤屑。历时5个月建成。十七年，郡庙前（察院场口至王天井巷口）、朱明寺前（王天井巷口至中街路口）、申衙前（中街路口至黄鹂坊桥）、黄鹂坊桥弄（黄鹂坊桥西堍至石塔横街口）、葫芦弄（石塔横街）五条小巷，因街面狭窄，中间铺石板条，仅宽1米左右，石板街下面为下水道，为便于交通往来，全面拓宽路面，统一称“景德路”。同时，护龙街（今人民路）至香花桥拓宽。二十八年，拓宽火车头站至广济桥一段路面，作为环城马路，长1650米，宽9米。二十九年，拓宽邵磨针巷，铺弹石路面。三十年，护龙街塔倪巷至乐桥一段，乐桥至饮马桥一段，均铺弹石路面。不久，饮马桥至三元坊一段，铺弹石路面。临顿路狮林寺巷至天灯弄段，进行拓宽，长117米，宽8米，铺弹石路面。十全街至蒋园一段，进行拓宽，长173米，宽6米，铺弹石路面。西北街北寺前至跨塘桥一段，进行拓宽，长663米，宽9米，铺弹石路面。凤凰街南仓桥至带城桥一段，进行整修，长325米，宽9米，铺弹石路面。环城马路金门至鸭蛋桥（阿黛桥）段，铺弹石路面。三十三年，大井巷、珍珠弄、第一天门、富仁坊巷四条道路，以及观前街至太监弄间的道路，拓宽工程同时竣工。阊门外吴家桥至钱万里桥一段的环城马路，整修竣工。三十六年，景德路、道前街、卫前街、十梓街、严衙前、天赐庄、凤凰街等整修，有的拓宽后铺成煤渣路面。三十八年，整修齐门路。

在此期间，有些街巷合并，名称也做了更改：如濂溪坊、松鹤板场、狮子口合称为“干将路”；东、西北街及娄门大街合称“则徐路”；拓宽府前街和卫前街合称“县府路”；护龙街改名为“中正路”；观前街改名为“中山路”；齐门路改名为“长洲路”；临顿路改名为“继光路”；天赐庄改名为“东吴路”；驸马府堂改名为“子胥路”；葑门大街改名为“仲淹路”；火车站至广济桥一段大马路改名为“苏州路”；东、西中市改名为“中市路”。

民国时期，建筑了两条道路，较为著名，至今仍在。一是五卅路。民国十四年（1925）五月三十日，上海工人、学生为抗议日本资本家无故枪杀工人顾正红而举行大罢工、罢课，在公共租界散发反帝传单，进行讲演。苏州群众积极响应，发起募捐，支援上海人民的斗争。后来，上海方面将募捐之款退返苏州。次年为纪念五卅运动一周年，决定将上海退返之款，在体育场

五卅路纪念碑

东侧筑一条马路，并命名为“五卅路”。在路旁竖立“五卅路纪念碑”，上刻“苏州各界联合会，五卅路，中华民国十五年五月卅日竖立”，作为永久性的纪念。二是虎丘路。民国十七年九月，为方便游人去虎丘游玩，在留园至虎丘筑成一条马路，由国民党驻军工兵营参与施工，故曾名“军工路”。

三、河道及桥梁建设

民国时期，城内基本上保持“三横四直”的河道，但第二直河开始填塞，中段已填为平地，进水、排水功能有所削弱。唯南园和北园地区的河道，因农田灌溉之需要，河道仍保持原状。此外，自阊门、平门、齐门、娄门、相门、葑门至盘门的内城河依然存在，畅通无阻。城内的河道与市民生活密切相关，如饮水、洗涤，以及船只运行等。许多河道都砌有石驳岸，坚固耐用，整齐美观。并砌有石阶，伸入河道，便于居民用水。因而，河道之整洁乃是必须的。疏浚河道是城市管理的一个重要部分。

（一）疏浚河道

历朝对城内河道较为重视，《苏州河道志》记载，隔几年就要疏浚一次，使河道通畅，河水洁净。同时，修复和重建城内外的桥梁，使交通方便。

民国十二年（1923），用机器疏浚苏州运河日晖桥段。

民国十四年（1925），城内第三直河（醋坊桥至悬桥）、第二横河（太平桥至吴县学场），城外胥门洋桥、枣市桥和阊门渡僧桥、星桥、半塘桥一带河道，进行疏浚。

民国十五年（1926），城内第二直河（吴苑西桥至谷市桥）与平门内骆驼桥浜河道填塞。吴苑西桥（又名“吴县西桥”）同时被拆除。阊门外运河（渡僧桥至下津桥西）和胥门外大日晖桥至归泾桥河道开始疏浚。

民国十六年（1927）七月，苏州市政筹备处建立，制定了《苏州工务计划设想》：苏州分三大区域，分三期实施。第一期工程整理旧市区街道、河道、建筑物，建设公园、菜市场、公厕等公共设施。

民国十七年（1928），刘家浜填河筑路工程开工，路长320米。

民国二十年（1931），填没锦帆泾（南宋时，泾尚宽三四丈，上有金姆桥。元末时逐渐堙塞），筑成道路，名锦帆路。

民国二十三年（1934），疏浚阊门下塘仓桥浜一带河道。盘门筑坝，引水入城，缓解城内河道污染。疏浚桃坞河工程验收竣工。盘门水关维修工程竣工。

民国三十六年(1947),《苏州最新地图》统计,古城内河道总长为48.85公里。

民国三十七年(1948),台风暴雨,河道满溢,街巷低洼处积水成灾。

(二)桥梁建设

民初,新型建筑材料水泥和钢筋产生,在桥梁建筑上也开始运用。新的交通工具又产生了三轮车。这种交通工具结构简单,容易制造,成本较低,因轻便迅速、价廉等特点,很受大众的欢迎。为适应这种交通工具,原有的石级桥梁很不适宜,遂将石级改为斜坡,重建、改建、新建了一大批钢筋水泥桥梁。民国时期,桥梁建筑除政府出资外,有集体筹资建造的,也有私人出资建造的。桥梁建筑出现了新的面貌。主要有:

1.城内重建、改建、修建的桥梁

西城桥,又名"西成桥"。跨第一直河。民国十八年(1929)重建。二十四年又改建为钢筋混凝土桥,石柱铁栏杆,跨度7.8米,宽5米,长25.4米。

南、北百花桥,跨第一直河,民国二十二年(1933),由铸造局局长及方姓律师等十二家在此地建造别墅,并集资新造了两座桥。因位于百花洲畔,故名。

来远桥,跨第一直河。原为单孔石拱桥,两堍各有石级。民国十二年(1923),为方便车马行驶,取消石级,改建为斜坡桥梁,保留原拱,两加铁栏杆。

黄鹂坊桥,跨第一直河。原为一石拱券桥,一半在水中,一半凌空,桥宽1.5米左右。民国十八年(1929),改建为钢筋混凝土平桥。

皋桥,跨第一直河。原为木桥,后用五块长条石构筑。民国二十四年(1935)拓宽东、西中市时,改建为钢筋混凝土桥。

泰伯庙桥,跨城内中市河,因在泰伯庙前而得名。民国十三年(1924)改建为水泥梁桥面,跨度5.7米,宽5米,长24.8米。

张广桥,跨城内中市河。民国十四年(1925)重建。

敦化桥,跨第一直河。原为石平桥。民国十六年(1927),新闻市民公社重建为钢筋混凝土桥,单孔,长6.5米,宽2.8米,跨度5.6米。

校场桥,又名"教场桥"。跨第二直河,民国十六年(1927)改建为单孔钢筋水泥平桥,跨度3.8米,宽5.5米,长7米。

临顿桥,跨第三直河,民国三十二年(1943)重建。

堵带桥,又名"睹赛桥",清代讹为今名。民国《吴县志·卷二十五·桥梁》载:"北仙桥,俗名'肚带桥',在齐门内。"跨第三直河,原系石级桥。民国二十三年(1934)改建为石平桥,宽3.2米,长5.4米。

雪糕桥,跨第四直河。原为砖石拱桥,桥上有观音堂一所。民国三十四年(1945)

改建为条石平桥。

兴市桥，原名“尽市桥”。谓商市至此尽也。民国《吴县志·卷二十五·桥梁》载：“尽市桥，今名‘兴市桥’，在苑桥南侧。跨第四直河与第二横河交汇处，原系单跨石梁桥，石级步阶。民国时改拱桥，桥堍为斜坡，铺弹石路面。

周通桥，跨东北街河。民国《吴县志 · 卷二十五 · 桥梁》载：“迎春桥，俗名‘周通桥’，在华阳桥西。”民国十六年（1927），又修建为条石平桥。

徐鲤鱼桥，跨东麒麟河。相传古时附近三家村有龙潭通河，常有百鲤来朝之异。故以“聚鲤”名桥，后讹“聚”为“徐”。民国三十三年（1944），顾、俞两家出资再建，将石级平桥改为石板平桥。

顾家桥，又名“板桥”，位于悬桥巷，通顾家花园。民国时建，系木板小桥。

望星桥，跨第四直河，原为石拱桥，民国二十四年（1935），改建为钢筋水泥现浇板梁平桥，长4.5米，宽10.15米（其中车行道6.05米，人行道2.05米），跨度3.86米。水泥空腹桥栏，桥头望柱分嵌青石碑，阴刻隶书桥名及“中华民国二十四年六月吴县建设局重建”字样。原名“望信桥”，民国时改今名。

日晖桥，又名“北过军桥”，跨第一横河。民国二年（1913）重建。

桃花桥，跨第一横河。民国三十四年（1945）重修。

乌鹊桥，跨第三横河。原为石级桥。民国二十三年（1934），发现桥危，地方知名人士蒋吟秋、施仁夫等倡议重修。为保存古迹并便于车辆通行，只拆除桥面和拱券顶部，架钢筋水泥梁改成平桥。全长22米，宽5.2米，跨度5.5米。水泥柱钢管桥栏。水泥灯柱下段分嵌汉白玉碑4块，两块阴刻隶书桥名及修建年份，分置两侧：东侧另一块阴刻楷书修桥收支款项；西侧另一块阴刻隶书“修桥记”。水泥梁侧面也有隶书桥名。皆蒋吟秋手笔。

乐桥，跨第三横河，民国三十年（1941）整修，为单孔石拱桥。

带城桥，跨第三横河。初为石台木梁桥。民国二十五年（1936），改建为钢筋混凝土板平桥。

吉利桥，春秋时吴王织里所在。唐代名“织里桥”。跨第三横河。民国十九年（1930）重建。

公和桥，跨第三横河。民国六年（1917），由道养市民公社募建，因聚公众之力而成桥，故名“公和桥”。

志成桥，跨第三横河。民国六年（1917），当地市民公社主持募建。因是众人募捐，取名“志成”，有“众志成桥”之意。原为条石桥。1984年，改为条石板梁（四块）平桥，长9.7米，宽2.2米，跨度6.8米。条石栏板上加铁栏杆。石梁侧面正中阳刻隶书“志成桥”，两旁阴刻小字“民国六年”“道养市民公社募建”。

烧香桥，跨南园河。曾名“西长桥”，其东有长桥，俗称“西烧香桥”。原为石拱桥。民国十二年（1923），由李根源等发起改建为条石板梁平桥。

民国期间，在城内填没了部分河道，如第二直河（西美巷、新春巷处）、锦帆泾、玉带河（锦帆路处）等，桥也拆除。据不完全统计，共拆除桥梁50座左右。

2.城外重建、改建、新建的桥梁

吊桥，跨阊门外城河，是沟通城内外交通的桥梁。原为石墩木板桥梁。民国二十三年（1934），翻建为钢筋水泥桥面，石排柱式东西桥台仍为明清原构。

南新桥，跨金门外城河。民国二十年（1931）开辟金门时，为连接城内外的交通，建造木结构梁桥。二十三年，改建为钢筋混凝土桥。

广济桥，跨阊门外古运河（上塘河）。原桥狭小。民国十一年（1922），由马路公社与桥旁地主协商，捐助基地六尺多，把原来上塘街至大马路的一段宽仅三尺的石级坡道改建为宽一丈五尺斜面弹石路，使行人、车辆上下称便。

新民桥，跨阊门外山塘河，民国十六年（1927）拓建。

信记桥，跨阊门外夏家浜（原名“百般家河”）。民国二十四年（1935）重建，为石平桥，宽3.04米，长3.6米。

渡僧桥，跨阊门外上塘河（古运河）。原为石拱桥，上下有72级台阶。为方便交通，民国十四年（1925），苏州市民公社重建此桥。二十五年，吴县第一区公所区长吴尔昌发起组织渡僧桥改建委员会，由附近各大商户等募款，改建成钢筋混凝土结构桥面，保留石拱桥下部结构。

普济桥，跨阊门外山塘河。民国十四年（1925）重修。三孔石拱桥，花岗岩砌筑，南北走向，全长38.69米，中孔净跨9.16米，矢高4.37米，桥面中宽4.05米。南次孔跨5.31米，矢高2.60米；北次孔跨5.29米，矢高2.54米。两端砌石踏步，南30级，北26级。拱券内壁刻有捐款人姓氏。东西两面明柱刻有桥联。

斟酌桥，跨阊门外山塘河支流东山浜。原为石梁桥。民国十四年（1925）改建为水泥桥面，两边装有铁栏。保留桥下部的石结构。

八字桥，跨阊门外山塘河支流。由相连两桥组成，一桥跨山塘河支流白姆桥河，一桥跨山塘河支流冯家浜（浜已填塞，桥尚在），两桥西、南端合一桥坡，呈“八”字形，故名。民国十一年（1922），由山塘市民公社会同当地民众集资建造，为石梁平桥，两桥各宽2.4米，各长4.8米。

平安桥，跨阊门外淮阳河，位于积善桥南。民国十六年（1927）建，单孔砖拱桥，跨径3.7米，宽14.9米，长5米。

万年桥，跨胥门外城河。原为石级桥梁，东西各有53级台阶，木桥栏。桥堍有石牌坊。民国二十五年（1936），为方便交通，将石级改为斜坡，同时拆除石牌坊。

二十八年，日伪当局对桥加以修理，由于施工草率，军用卡车过桥时，桥断车坠。二十九年再修。

小日晖桥，跨胥门外夏家浜。东面有古日晖桥，为了区分故称“小日晖桥”，俗名“小洋桥”“小石灰桥”。原为木结构平桥。民国十九年（1930）重建，改为钢筋混凝土现浇单孔平桥，水泥桥栏，立青石碑四方，分别刻“民国十九年十一月吴县建设局建造”和“小日晖桥”。

虎啸桥，跨胥门外虎啸塘。民国十九年（1930），济生会重建。桥孔南侧刻有对联：“新整舆梁通四口，合流泾渭利三长。”

彩云桥，跨胥门外枫桥运河，位于横塘镇北街稍。民国十七年（1928）重建。三孔石拱桥，左右两孔较小。花岗石构筑，中孔纵横分节并列砌置，边孔拱券为水泥钢筋构筑，下设纤道，两端引桥均循道路转弯，建筑颇具特色。石柱镌刻对联，南向：“彩鹢漾中游，双楫回环通范墓；云虹连曲岸，一帆平浪涉胥江。”北向：“彩色焕虹腰，水曲堤平资利济；云容排雁齿，流水源远阜民生。”桥东西走向，全长38米，中宽3.7米，中孔矢高5.6米，净跨8.5米，1982年被列为苏州市文物保护单位。

晋源桥，跨京杭大运河，在横塘镇。始建于清乾隆年间，为乾隆皇帝观光而建，故原名“觐光桥”。太平军进攻苏州时毁。民国二十二年（1933）由上海永泰和公司股东张晋源出资9000余元兴建。5月7日奠基动工，用钢骨水泥所建，12月18日落成，举行通车典礼，遂以“晋源”名桥。

禾家桥，跨胥门外虎啸塘，木桥，民国二十年（1931）建。

民丰桥，跨胥门外里双桥河，木桥，民国二十年（1931）建。

平门桥，跨平门外城河。原名梅村桥。民国十七年（1928）重开平门时，为连接城内外交通建造此桥。主要经费由颜料商贝润生之父贝梅村捐资建造，因以“梅村”名桥。原为三孔钢筋水泥结构，桥面由石块砌成，宽10.2米，长23.5米。

相门桥，跨相门外城河。民国二十三年（1934），因城外建造苏嘉铁路，设立相门站。为便于城内外交通，重新开辟相门，在内城河上架木桥，名“醒狮桥”，在城门外大运河上建一座水泥桥墩、有13孔的木板铺面大桥，名“新华桥”。民国二十六年8月被日机炸毁，相门也随之封闭。

裕棠桥，原名“甘棠桥”，跨盘门外大龙港。原为木结构梁桥，年久失修而坏。民国十八年（1929），当局令位于桥东的苏纶纱厂出资重修。桥建成后，当局承诺以厂主严裕棠之名作桥名，遂称“裕棠桥”。

朱公桥，跨盘门外盘溪。原为木构梁桥，民国十九年（1930）改建。

朝天桥，跨葑门外城河。原系梁式石级高桥，20世纪40年代，改石级为斜坡，砌弹石路面。

杏秀桥，原名“北仙泾桥”，跨仙人大港东口古运河处，位于苏嘉公路上。民国十年（1921）秋，美国哥伦比亚大学教授孟博士来苏州讲学，乘马车游赏宝带桥，由省立第二女子师范教师毛慧云（杏秀）陪同。行经北仙泾桥，最后一辆马车上桥时，马受惊，毛慧云坠入古运河，溺水身亡。乃改桥名为“杏秀桥”以示纪念，并植杏树志哀。省立第二女子师范师生集资筑亭于桥旁，亭内有金松岑《杏秀桥碑记》石刻，碑文上方刻毛椿所绘毛杏秀像，还有费仲深、吴梅等所题诗词。

向阳桥，原名“洋桥”，位于相门外（今东环路北）。民国二十四年（1935）建筑苏嘉铁路时所建的铁路洋桥。

万余桥，跨巴里河。民国十四年（1925）前后圮坏。里人魏宝隆倡募重建，为花岗石梁桥，三跨，俗称“三节板桥”。宽1.8米，中孔跨度6.4米，边孔跨度3.2米，铁柱铁杆桥栏。因附近有万寿庵、魏家堂，魏家堂名“余庆堂”，各取首字联成桥名，题刻于石梁侧面。

苏福桥，原名“戈登桥”。跨张公桥河东口。清廷为表彰洋枪队统领英国人戈登镇压太平军之功绩，取名“戈登桥”。原为木板板桥。民国二十一年（1932）被大水冲坏，改建为钢筋水泥桥。因苏福公路起于桥南，此桥遂名“苏福桥”。

四、中西式的园林建筑

清末，西风东渐，醉心于西洋建筑者日增，园林建筑也受到一定影响。光绪二十三年（1897）3月27日《申报》报道：

> 苏垣近年以来，每有牟利之徒，将门面房屋仿效洋式，丹青照耀，金碧辉煌，墙壁用花砖。……现经上宪查得此等装饰有干例禁，遂饬三县各按地段派差押拆。

民国时期，尽管有官府例禁，但风起云涌，潮流难挡。有不少簪缨世家衰败没落，古典园林时闻颓败，而新贵富商踵起，所建园林，传统影响急剧下降，采用西方建筑风格成为时尚。顾颉刚于民国十年（1921）所著《苏州史志笔记》云：

> 今日造园者，主人倾心于西式之平广整齐，宾客亦无承昔人之学者，势固有不能不废者矣。

由于民众生活方式的更新，现代建筑材料的流行，西式的宅园、花园、公园等悄然兴起。所建花园虽继承传统风格，但也采用西方建筑材料及手法，所谓"中西合璧"也，如天香小筑，并出现了现代式的公园。民国期间的园林，都有不同程度的中西合璧的特点，在中国造园史上增添了新意。

天香小筑（今人民路苏州图书馆内），为一处中西合璧式的别墅花园。"天香"者，有美好之意。始建于民国初年，为钱庄业巨子金姓所有，有宅无园。民国九年（1920）为军官苏谦所得，聘宁波帮匠师增构园林，略有规模，请邓邦述题写"苏庄"门额。二十年，为上海鼎盛、鼎元、繁康钱庄经理、洞庭东山人席启荪购得，改称"天香小筑"。不数年，即转售给张姓、徐姓所有。日伪期间，先后被伪省长李士群、伪师长徐朴诚占为公馆。抗战胜利后，归当时县政府使用。新中国成立后，苏州市人民政府在此办公。"文革"中遭到严重破坏，山倒树枯，庭园荒芜。1978年整修。2001年大修后，成为苏州图书馆的一部分。

天香小筑占地2664平方米，住宅在西部。朝西的大门、轿厅、大厅已拆除。现存建筑呈"回"字形格局，有大厅（鸳鸯厅）、主楼及东西厢楼。三幢楼组成"品"字形。主楼面阔三间，各楼上下相互以走廊贯通，中为略呈方形的庭院。三座楼一色硬山式屋顶，覆盖绿色琉璃筒瓦。楼间隙地以湖石丛竹点缀，地面铺筑花街，显得整洁清幽。各楼门楣上刻有蕴玉、凉香、真趣、涤尘、选胜、清源、正本等门额。内部结构的装饰，采用传统

天香小筑

形式，在门窗、格扇、屏门上雕有花卉、古钱、鸟兽等图案，以及王羲之、蔡襄、赵子昂、董其昌、王文治、翁方纲、郑板桥、邓石如、曾国藩、李根源等历代名人书法。园在住宅东侧，平面呈长方形。园中堆土叠石为山，砌石阶小径，山上有六角凉亭。山周树木葱茏，绿荫一片。绕以水池，池北亭廊曲折蜿蜒，为休憩赏景的佳处。旧时，园内山石奇形怪状，形如动物，故俗称“百兽园”。天香小筑既以苏州传统宅园布局为基调，又吸收西方建筑的风格，因而在外观、装饰等方面较为别致，富有当时的时代气息，具有独特风格。现为苏州图书馆保护及使用。2002年被列为江苏省文物保护单位。

畅园，位于庙堂巷（今庙堂巷22号）。民国七年（1918），由律师潘宜声购置造园，占地约2800平方米。宅园分为两路，东为正路，共六进。入园门即桂花厅，俗称“门厅”。厅有小院，广植桂花。经小院至桐华书屋，亦称“内厅”，内厅面阔三间，前施船篷轩，有一枝香鹤颈轩回廊。西路共三进，以水池为中心，缘岸叠湖石，曲折参差。岸边疏植白皮松、紫藤、石榴、木樨等花木。南端架一五曲石板桥，把池面一分为二。沿东面园墙，走廊蜿蜒起伏。中间有两亭，一为六角形的延晖成趣亭，一为方形的憩间亭，两亭之间，点缀着竹石小品，清新淡雅。穿过方亭，至园中主厅留云山房，厅南露台宽敞平坦，为园中主要景点之一。池东有船厅，名“涤我尘襟”，与憩间亭相对。假山上有待月亭，为园内最高处，登亭眺望，可览全园景色。沿山而下，有斜廊可巡回桐华书屋。

畅园面积虽小，但布局精巧，造园手法细腻，受到专家的好评。刘敦桢所著《苏州古典园林》认为，畅园“面积虽小，园景却丰富而多层次，是苏州有代表性的小园之一”。1998年被列为苏州市文物保护单位。

朴园，位于平门内人民路北端西侧校场桥路。园名有朴实、朴素之意。园址原为荒地，民国二十一年（1932）为上海蛋商汪新斋购得地块建造宅园。汪新斋（1886—1946），字世铭，安徽婺源（今属江西）人。他生在上海，以经营蛋品为业，是当时上海颇具规模的蛋品经销商。他在上海有一宅园，与他人宅园相比，显

朴园

得较为朴素，且园貌幽雅、返璞归真，故名“朴园”。汪家有祖坟在苏州，为祭祀方便，也为将来颐养天年，汪在苏州购地后，将上海之宅园整体移建于此。

朴园系近代仿古园林，采用传统布局，以水池为中心，池上架以曲桥，路畔点缀石笋。石包土假山峰峦起伏，花木扶疏。环抱山水有四面厅、花厅、亭、廊等中西合璧的仿古建筑。为方便生活起居，装有小水塔，备有自流井。室内有卫生间，配有时髦的抽水马桶。

园中树木茂盛，有五针松、白皮松、罗汉松、广玉兰、樱花、杜鹃等。最为珍贵的是两株地栽五针松，高约2米，绿荫如盖，富有生机。朴园小巧精致，布置疏朗，绿化面积较大，环境十分幽静。

抗战期间，朴园曾被侵华日军军官占用，胜利后又由国民党军队驻扎，宅园受到严重破坏。新中国成立后，朴园归公。1953年，国家公路总局第三工程队购得此园，开办疗养院，增建三层楼房一幢。“文革”中破坏严重，湖石假山被毁，部分水池填塞，黄石驳岸塌入池中，四面厅、亭廊均被拆毁。1974年，划归市卫生局，在此设立防疫站。1985年整修假山。1991年被列为苏州市文物保护单位。2005年对园内建筑全面维修。2006年起，在此设立桃花坞木刻年画博物馆并保护使用。

壶园，位于庙堂巷。壶，本指容器，此处指小天地。传说仙人施存有一壶，中有天地日月。唐张乔《题古观》诗：“洞水流花早，壶天闭雪春。”壶园，意为自家的小天地，胜似仙境也。民国年间由潘姓所筑。面积约300平方米。园以水池为中心，西、北两面建筑皆临水，池岸低平，南轩平台挑出水面，北通一厅，南接一轩。池上架小桥两座，配合别致。中部有六角半亭，设计灵巧。园周散置石峰，高低有序。间植海棠、白皮松、蜡梅、天竹等，苍翠满目，景色自然。园虽小而层次分明，以水池为主景者，此为佳例。童寯、刘敦桢皆有好评。1958年改建工厂，园废。

翕圃，位于阊门外永福桥小河边，即今南兵营一带。翕，含有收敛、盛貌之意。原系张祥丰蜜饯作坊主无锡张氏宅园，俗名“张家花园”。据其后裔回忆，先人张云樵创制苏式蜜饯，先后于清道光、同治、光绪年间，在上海、苏州、嘉兴开设张祥丰号蜜饯行。制作蜜饯需要原料，主要是梅、桃的果实。一开始，张氏去江苏、浙江等地农村采购，为节省成本，张氏在阊门外永福桥小河边购地60余亩，种植梅、桃等果树数千株，所结之果实，为制蜜饯所用。后陆续增添假山亭榭、池馆华屋，植名菊多种，在喷水池中大量蓄鱼，逐渐形成一个园林。每当梅花盛开，红云绿萼，景致优美，成为苏州人赏梅的好去处，堪与邓尉相媲美。

当年《苏州明报》如此报道翕圃：

> 添造亭馆池榭，多叠假山，增树花木，如是不三年，全园景物，几追踪盛氏之留

> 园……每岁新花，为倾城仕女出城赏梅之唯一胜地。当炎炎夏季，临水品茗，尤宜逭暑。厅榭间所张字画，更多时贤之手笔，满园梅花，其中有异种多株，概为他园之所无。园之中央，复叠有假山一丛，中有喷水池，池蓄金鱼甚多，时每日游众更盛，不意未几事变即作践。

从民国二十五年（1936）1月开始，张家花园对外发售门券，将所收券资悉数拨充五泾浜私立公益小学经费。此外还捐资重建了星桥下塘的五泾浜桥，利己利人。

民国二十六年（1937）底，日军占领苏州后，日军骑兵部队驻扎于此。园中果树花卉，假山亭台，遭到严重破坏，几不成园林了。抗日战争胜利后，又由国民党部队驻军。从时间上看，翕圃至民国二十六年已经不存在了，前后不过十多年历史。1949年之后，为解放军驻地。为了自力更生，开荒种地，残存的金鱼池和喷泉池塘被填平，假山全毁。

张氏后裔张醉樵，于光绪三十一年（1905）考入县学为附生，是张家唯一参加科考的秀才。他好吟诗，善书法，喜欢结交文人雅士，为这个商人家庭平添了许多文化气息。他与三弟雯樵将阊门外遍植梅树的张家花园命名为“翕圃”，不时邀集文化人在园内雅集酬唱。因而，有人以为此是张醉樵的园林，实则非他一个人所有。

韬园，原位于相门内濂溪坊（今干将东路）。民国二十一年（1932），由文学家金松岑构筑。何以名“韬园”？金松岑在《韬园记》中说：

> 今天人举无厌乱心，余方守括囊无誉之戒，安用张之，以矜强雄，故字之曰“韬园”。

金松岑（1873—1947），原名懋基，又名天翮、天羽，号壮游、鹤望，自署天放楼主人等。吴江同里人。肄业于江阴南菁书院。中日甲午战争失败，他与陈去病等在同里创设雪耻学会，又办学校，以培养人才为己任。光绪二十九年（1903）起，他以文字宣扬革命，先后撰述、翻译出版《女界钟》《自由血》《日俄战争本末记》等。光绪三十一年加入兴中会。宣统三年（1911）迁居苏州，讲学授徒。民国时期曾任吴江教育局局长、江南水利局局长。民国二十一年（1932）夏，与章太炎、陈石遗、李根源等人成立中国国学会，研究国学。曾应聘上海光华大学中文系教授。民国三十年返回苏州，闭门谢客，生活穷困。他博览群书，专心著述，主要有《天放楼诗集》《天放楼文言正续集》、《孽海花》（前六回）等。

金松岑定居苏州后，购得隙地，规划造园，将家乡吴江笏园之湖石全部运到苏州，叠山构亭，峦嶂壑谷，植树种花，成为一园。今为民居。

向庐，位于临顿路（今温家岸17号）。约在民国十一年（1922），范烟桥父范揆臣购得雅园一角，因其字葵忱，取葵心向日之意，名宅园为“向庐”。

范烟桥于民国二十四年（1935）12月18日在《苏州明报》撰文云：

> 我家有院，有假山数垛，颇嵌空玲珑，有池虽天旱不涸，有榆树大可合抱，其他梧桐、蜡梅、天竺、桃杏、棕榈、山茶，点缀亦甚有致。屋后是土阜委巷，俗名“雅园”。原是清初诗人顾予咸别墅余址。我家或许也是该园的一角，所以我称它为“邻雅小筑”，而南院敞轩则以先君的别号为“向庐”题额。

旧有绿沼荷香、卧云石壁等八景。1967年，范烟桥因病去世。后向庐归公，因年久失修，墙塌屋危，房管部门拆除旱船、廊屋，改建为平房住宅，水池亦被填平。

1979年，向庐归还范氏后裔。尚存花厅、方厅及书房等，园内有太湖石假山，有紫薇、棕榈及白牡丹一丛。1998年街坊改造，保留向庐旧貌，园中存湖石数块，“丰芑怡谋，文正世家”的砖额仍留在建筑上。现17号仍属原雅园部分。

紫兰小筑，位于甫桥西街王长河头（今王长河头3号），为近代文人周瘦鹃所筑。周瘦鹃（1895—1968），名国贤，字祖福，别署紫罗兰主人。吴县（今苏州）人。早年爱好文学，历任《申报》《新闻报》等编辑，并创办《礼拜六》《半月》等多种期刊，创作大量小说、散文。著有《周瘦鹃短篇小说选》《花花草草》《花前琐记》等。园内种有名贵花木，栽有精美盆景，并有假山、亭子等建筑，当地称为“周家花园”。

园占地约四亩许，原是晚清书法家何绍基裔孙何维构的宅园，平房六间，老树满园，名“默园”。九一八事变后，周瘦鹃从上海回到苏州，以稿费买下这个园子，易名“紫兰小筑”。意欲从此投笔毁砚，终身以花木为事。园之取名，颇有情趣。原来周瘦鹃年轻时的恋人周吟萍，因家庭的反对，二人恋爱未成。但周瘦鹃对吟萍倾心难忘。吟萍英文名为violet，意为“紫罗兰”，故名“紫兰”以示怀念故人。

民国三十五年（1946），翻建旧屋，开拓园地，新建六间平房。中为爱莲堂，为接待宾客之所，周恩来夫妇、朱德夫妇来访时，就在这里接待。西为陈列古玩之处，名“且住”。又有寒香阁，内杂陈奇石，名“紫罗兰庵”，盆养一对百年的绿毛乌龟。爱莲堂是主人的卧室，名“含英咀华之室”，还有六角形厢房凤来仪室。紫兰小筑以爱莲堂为中界，分为东西二区。东区植蜡梅、天竹、白丁香、垂丝海棠、玉桂树、白皮松，古老的柿树、塔柏、玉桂树鼎足而立。梅丘周围称为“小香雪海”。六角形小花坛中央立着捷克雕塑家高奇塑造的女花神像。草坪石案上存放着象征光福“清、奇、古、怪”的四盆老柏、五人墓碑义士梅、白居易手植桧柏古木、贾似道题“花下琴峰”四字的大石笋、张士诚婿潘元绍府中的九狮礅柱础、明代画家居节题“云迟”二字的灵璧石、号称“江南第一”的大型昆山石、道光皇帝御玩竹石挂屏、潘祖荫旧藏古盆等，都是紫兰小筑的稀有珍品。西区有紫藤棚，棚旁一间小屋为鱼乐园，陈列各种金鱼。屋前是露天盆景展览馆，几百盆大大小小、富有诗情画意的盆景，疏密地安置在这里，蔚为大观。盆景馆后面是五座湖石竖峰，名为“五岳起方寸”。五峰之后，竹林茂密。在东西区中间，亭榭名“梅屋”，点缀于假山池树之间，极为清幽雅致。池塘里荷花盛开，瀑布汩汩而下。一年四季，百花争奇斗艳，绿树郁郁葱葱，为小筑添了山林野趣。

紫兰小筑名扬海内外，一年四季参观者络绎不绝，先后有20多个国家的贵宾前来参观。1968年周瘦鹃辞世后，其园渐废。后有所修复，现为周氏后裔居住。2003年已被列入苏州市控制保护建筑。

罗家花园，原位于孔付司巷（今孔付司巷4号）。此处原为明代墨池园故址一部分。民国年间为政府大员罗訾子的私家花园。罗訾子，名良鉴，湖南长沙人，清末为江苏巡抚程德全幕僚，后官至国民党中央监察委员、国民政府蒙藏委员会委员长。因原址多古园旧迹、名木池沼，罗氏又广植桃树，形成宅园，即名“罗园”，或称“罗家花园”。园内散布池沼假山，植树成林，绿荫遍地。诗人金松岑《天放楼诗集·癸酉卷》中云：“罗訾子（良鉴）园林水木甚美，往游者屡也。”并咏以诗云：“荷叶遮披柳拂天，不妨宦隐好林泉。”“罗家园子花照眼，丁香海棠相妩媚。”园北部为住屋、祠堂，屋前有一片草地，再南则桃林一片，间以枇杷，占全园五分之四左右，尤多水蜜桃树，春夏之时彩英缤纷，桃实累累。

民国三十六年（1947），罗辞去蒙藏委员会委员长职务。同年，罗氏夫妇飞往香港途中坠机而亡。子女大都去往海外，园无人管理，逐渐荒芜。1956年12月，经市政府同意，征用罗园北部，建江苏师范学院教工宿舍，东部和南部则逐步划入第一光学仪器厂。1967年至1972年，苏州市革命委员会两次批复第一光学仪器厂续征该园土地8亩许，后又多次翻建，罗园遗迹全无。

吴家花园，在东小桥弄（今东小桥弄3号），国民党元老吴忠信寄寓苏州时的宅园。民国十年（1921）冬，吴忠信任桂林卫戍司令，不久辞职，翌年到苏州休养，蒋介石出资为其建造此园，吴全家迁入居住。十六年，吴忠信受蒋介石委托，接蒋氏离婚的二夫人姚冶诚及蒋氏次子蒋纬国离沪来苏，二人曾一度暂住于此。20世纪50年代起，曾由苏州专员公署公安处等机关使用。园内空地增建新楼，变化较大。

园占地1.1公顷，原有建筑面积1000平方米。大门朝东，主体建筑有朝南西式楼房，左右另有平房。南有假山与主楼相对，西南角有小池塘，水边有小亭。种有多种观赏花木，绿树成荫。

顾氏花园，在申庄前（今申庄前4号）。现有面积约500平方米。原园主为清末河南柘城县县令马嘉桢。民国二十一年（1932），上海老介纶绸店主顾鸿培以2万银元从马氏后裔购得。住宅北部的园，遍植红梅、绿梅，现园貌无存。顾氏后裔保留住宅西南部小园，20世纪五六十年代，古树数株枯死，古琴被毁，部分石笋移往他园，余保存至今。园小巧精致优雅。中有曲池一湾，底有井，池周叠砌湖石和黄石相混的假山驳岸，池上架有小石桥两座。园中曲径盘旋，绕廊穿桥，贯通花厅、书房、方亭、琴台、曲廊、半亭。半亭名“松茅亭”，木料全部用未去皮的松树，不加油漆和雕饰，此种结构在江南园林中颇为罕见。园内有一株名贵的瓶花树，开花如瓶，据说苏州只此一株。此外还植有名贵的素心蜡梅，树龄都在百年以上的木莲、棕榈、紫薇、黄杨等，以及盆景百余盆。为苏州目前保存较为完整的小型私家园林。

万氏庭园，位于王洗马巷（今王洗马巷7号）。占地面积9.3亩，其中花园1.53亩，包括东部花厅、前园、池及书斋庭园。现仅存书斋庭园。园始建于清末，传为光绪年间河道总督、宜兴任道镕别墅（正宅在铁瓶巷）。民国初归万氏。苏州解放后，先后为美和布厂、大众染织厂及疗养院等使用。20世纪50年代调查登记时，宅园建筑较完整，花木繁密，但装修被拆除，部分假山损坏。东南一角的假山艺术较高，且有保存价值，修理后交使用单位保管。后散为民居，属房管部门管理。1966年秋，东部园中的方形小墨池被填平，亭廊假山被拆除，一度建防空洞。1979年后，楠木厅等建筑被工业部门拆除，改建为多层住宅楼。1980年，书斋庭园一区被列为修复项目，加以保护。书斋庭园位于宅园东南一隅，其境僻静。书斋四周均置桶扇和槛窗，四面俱有景可赏。东向正对庭园，靠墙堆土成阜，叠湖石假山、花台。由书斋经爬山廊至方亭，缘曲径登山穿洞而下。西侧设小院，内点湖石。庭园仅180平方米，然纡曲而有层次。庭园建筑、花木、山石配置相宜，比例尺度恰当，为苏州书斋庭院佳作。

墨园，位于护龙街（今人民路2114号）。建于民国二十一年（1932），江苏省政府主席顾祝同为其小妾所建。占地约11亩。主体建筑为一幢两层的欧式洋房，坐北朝南，平瓦坡顶，青砖扁砌外墙。楼下为会客室，铺花卉图案地砖。廊为圆形罗马柱，柱顶端饰涡卷花纹，为典型的巴洛克风格。楼上为卧室，设置木栏杆，可扶栏欣赏园内景色。垒土为丘，建六角亭，因用松树原木搭建，故名“松毛亭”。有荷花池，周围砌以湖石，池中架有曲桥，建湖心亭，设美人靠。池之岸边建四面厅，可倚栏赏景。园内有一株龙柏，树龄约300年，传为造园时移植于此。新中国成立前夕，此处曾建过地方农场。20世纪六七十年代，房屋由苏州阀门厂使用。土丘铲平，亭亦拆除，荷花池填没，湖石埋于地下。

桃园，位于盛家浜（今盛家浜8号）。规模甚大，原为三家，4号是王振伯的宅院，民国时期，他曾任上海邮政总局局长。院内有百年以上树龄的广玉兰和黄杨树木。5号是陶叔平的宅园，陶曾是东吴丝织厂的业主。院中西结合建筑风格，前院为中式庭院，有水池、假山、亭子和曲桥等景观，后面为二层西式楼房。院内有两株树龄百年以上的金桂和银桂，三峰太湖石也姿态玲珑，弥足珍贵。8号是吴曾善的宅园。吴曾善（1889—1955），字慈堪，号伯寅，吴县（今苏州）人。江苏法政学堂毕业，历任江苏宝山、上海地方审判厅推事、庭长。民国十年(1921)3月起任江苏第三监狱典狱长,后任南京地方法院首席检察官、江苏吴县律师公会会长,兼任东吴大学法学院教授。在“七君子”蒙难关押苏州后,上海、苏州两地律师界有21位著名律师出于对救国会的支持、对反动当局的义愤,自愿为“七君子”作义务辩护,吴曾善亦在其中。新中国成立后,吴曾善为上海文史馆馆员。他的宅院于20世纪20年代末卖给江苏省财政厅厅长舒石父。

后来,宅院陆续有住户迁入,成为普通居民的住宅大院。因年久失修,住户繁杂,管理不善,宅园破落不堪,水池淤塞,假山倾倒,凉亭颓废,杂草丛生,野藤爬满了重门,已无昔日的辉煌。为了保护古建遗存,2004年,苏州市园林和绿化局、沧浪区建设局及南门街道办事处联手,对庭院进行整修改造,共耗资1000多万元,动迁居民28户,修葺房屋面积达1500多平方米。厅、堂、楼、阁、池、亭、假山、曲桥及古树名木,都得到修葺和维护。因原为三家大宅院,故取“桃园三结义”典故,取名为“桃园”。

如今,桃园已成为展示吴文化的阵地,开辟了苏州民间工艺展藏馆,展示刺绣、剪纸、铜雕、泥塑等苏州民间手工艺品。新修的翰墨楼,收藏数千册苏州作家的著作。在养真轩内,居民可欣赏昆曲、古琴、评弹等文化节目。现已被列入苏州市控制保护古建筑。

苏州公园,位于民治路北侧,是一个现代式的公园。园的基地原是春秋时阖闾的子城部分,即王宫的东部。汉代为太守府,唐代为刺史府,南宋时为平江府,元末为张士诚的王府。元至正十七年(1367),张士诚兵败,府第焚毁殆尽,成了一片废墟,习称为

苏州公园

“皇废基”或“王府基”。太平军失败后，北端建“咸丰庚申殉难一千一百数十人”之墓。凄凉冷落，少有行人。

民国十四年（1925），由旅沪巨商奚萼铭慷慨捐款5万银元，在此建公园，名“皇废基公园”。公园由法国园艺家若索姆依照中国风格规划设计，苏州工专学生依设计图纸作实地放样。园门向南，四周砌有短垣。西部为中央花台及喷水池。北部有水池，种植荷花，池上建三曲桥，红栏迤曲，映照碧波。池北垒土为山，山顶建六角亭，登亭可眺望全园景色。园内种植以枫、榉、栎等红叶树为主，杂以松、柏、桧、樟，将杏、樱、梅、玉兰、海棠、山茶点缀其间，四季均有花开，供游人观赏。北为草地一片，间植常绿树木，小鸟飞鸣，清风吹拂，漫步其间，倍感幽静。草地东有水禽馆，馆后遍植修竹，丛丛绿色，十分清幽。其后有音乐台，可欣赏乐曲。台旁有东斋、西斋两个茶室，可品茗小憩。园内还建有图书馆，将吴县图书馆迁入，供市民阅览。抗日战争爆发后，图书馆被日本飞机炸毁，园被日军占为养马处。抗日战争胜利后，在园内建康乐馆，即健身房。1947年改称“中山公园”。

新中国成立后，人民政府多次拨款修葺，改建三曲桥为和平桥，点缀假山石笋，补种花木，安置石凳石椅等，并命名为“苏州公园”。1979年，以公园东南部十二亩土地建成地下防空工程，地上为公园会堂。1981年，于公园西门建儿童乐园。1983年，在裕斋内设老年之家。2001年，将围墙改用铁栏，使园内景色向外敞开。南大门也重新改建。立柱上刻有“苏州公园”四个大字。东、西、北三面也各开一门，便于游人进出。

五、新型住宅建筑群的兴起

进入民国以来，随着西方生活方式的进入，住宅建筑也发生了变化，产生了一批新型的建筑形式。这种建筑形式是在传统基础上吸取了西方的建筑风格而成的，一般有两层楼以上，室内有客厅、卧室、卫生间等，一应俱全；室外有回廊、阳台、凉亭等。室外墙体一般为青砖白缝，也有红砖白缝的，富丽典雅，坚固宏伟，民间称其为“小洋楼”。因形成于民国时期，也称其为“民国建筑”。这种建筑一般是数幢楼房连在一起，成为一个群体的，故又被称为“民国建筑群”。其特点是一般为砖混结构，建筑物中竖向承重结构的墙、附壁、柱等采用砖或砌块砌筑，柱、梁、楼板、屋面板、桁架等采用钢筋混凝土结构，延伸了建筑的使用空间、降低了建筑的建造成本，以及具备优秀的性能等。列举如下：

金城新村，位于五卅路（今五卅路296号）。是由金城银行在20世纪30年代中期购得土地，在此建造的新型住宅。占地面积12155平方米，建筑面积6400平方米。由十余幢单体建筑组成一个新村，房屋均为砖木混合结构，两层楼西式建筑，立面线条简洁平直，外观朴实无华，是较为典型的近现代高级住宅。

每幢楼的建筑面积600—700平方米不等。设计格局也不一样，但均是单门独户。关门是一家，出门是一个大院。室内布局合理，功能齐全，卧室、起居室为南向，承受阳光，较为宽敞，上施泥墁，下铺地板，干净整洁；门窗大多用钢窗玻璃，光线明亮。浴室、卫生间及自来水等设备齐全。这在当时来讲，确是很不容易的。

这个新村住宅的特点是建筑群总平面布局比较分散，好似农村的村落，但散而不乱，各幢楼房自成为群体中的独立体，看似相隔，实为一体。楼与楼之间有小块绿地，栽花种树。所以，新村内树木成林，绿荫一片，楼房掩映在绿树丛中，空气清新，树梢时有小鸟飞鸣，地上有时花开放，环境十分清幽。

1949年4月27日，苏州解放。5月，解放军第三野战军指挥机关从常州移至苏州，驻扎于金城新村，直接指挥了解放上海的战役。之后，为中共苏州地委、苏州行政公署及苏州市委机关的办公地。已被列入市级文物保护单位。

梧村，位于公园路南端西侧。民国二十五年（1936），由清末大臣汪鸣銮出资兴建。汪鸣銮（1839—1907），字柳门，号郎亭，浙江钱塘人。同治进士，初任翰林院编修，后任山东、广东等地学政，官至吏部侍郎。因力主光绪皇帝“乾刚睿断”，以免掣肘，被慈禧革职，永不叙用。梧村占地约五亩，南北两排，每排四个单元，每单元三楼三底，为海派石库门，清水青砖墙，两层砖木结构，作出租用。北面另有花园式洋房及一些附属建筑，为业主自用。次年，汪将产业转给洞庭西山人、上海东莱银行出身的资本家凤柱楣，凤柱楣以“良禽择木而栖”“凤栖于梧”的寓意，取名为“梧村”。

南林新村，位于滚绣坊中段北侧（今南林饭店）。民国二十年（1931）前后，此处建有九幢西式楼房，因近南园，故名“南林里”。1955年据此改建为南林饭店，接待外事旅游活动。

乐村，位于西善长巷中段南侧、朱家园北口两通道之间。原房地产归清末官员陶荣所有，十分破旧。民国二十四年（1935），由上海闻人袁菊生购，拆建成西式两层楼八幢，自备水塔，定名“乐村”，供出租。规模稍逊于金城新村和南林新村，是当时苏州最高级的三处出租房屋。新中国成立后用作机关干部宿舍。

同德里、同益里，位于五卅路北端西侧，是两条并列的居民住宅。追溯历史，这里原是春秋时吴王宫室旧址的一部分。大约到了宋代，为平江府衙的后院，建有木兰堂，堂前种木兰花。宋《吴郡志・卷六・官宇》：“木兰堂，在郡治后。”自元末张士诚焚火烧毁宫室后，这里成了废墟。沿至清末至民国初期，成了一个大池塘，居民在塘内养鱼，称为“鱼塘”。

民国十六年（1927），当局开发北局，要兴建开明大戏院，那里有许多高墩，将高墩上的土方运到此处，正好填没鱼塘，变成一块荒地。民国十九年（1930）初，上海大亨杜月笙经人推荐，在苏州搞房地产生意，他在此建中西式别墅，取名“同德里”。同德者，共沐德泽也。建成后出租，获利颇丰。稍后，国民党财政次长贾士毅见杜月笙搞房地产获利，十分眼红，也在此建中西式别墅，取名“同益里”。同益者，共同受益也。同德里，长150米，宽2米。同益里，长250米，宽1.5米。原为砖砌、弹石路面，现为水泥道板路面。

同德里和同益里均为二层二楼的联体别墅。里口建有罗马式拱券大门，门楣上写有“同德里”“同益里”，楷书红字，十分醒目。走入里门，为联排式别墅，共有19幢，分30个石库门，住有120余户人家。每幢楼房，楼下有天井、主厅、厢房，楼上有正房、厢房、亭子间、阳台等。布局合理，一家人居住于此，十分舒畅。但随着时间的推移，年久失修，墙体斑驳，门窗破旧，道路也坑坑洼洼的。2007年，沧浪区人民政府决定实施整治，经勘察后，在保护历史文化遗产的前提下，重点对墙体、立面、大院等进行维修。修缮后，墙面整洁，道路平整，绿化到位，面貌焕然一新。文物专家在考察修复后的同德里和同益里时，给予高度评价：真乃“中西合璧建筑之典范，现代人居怀旧之家园”。

信孚里，位于五卅路南端之东，建于民国二十二年（1933），为海派里弄石库门住宅群。信孚里大门朝南，在十梓街上，但其房屋建筑在十梓街与五卅路东北转角处。因是信孚银行建造，故取“信孚”作里名。信孚者，守信、诚实也。清代，此处为抚标中军参将衙门。辛亥革命后，改作江苏省水警第三区区部。不久水警机构裁并，房屋空出。

信孚里为两层房屋石库门住宅群，占地7553平方米，建筑总面积4712平方米。一色清水青砖墙，看上去青砖白缝，整齐美观，极有当时的风格。大门朝南，中间有一罗马式拱券门，门额上题有“信孚里”三字。入里门，为左右两幢楼房，一字排开，石库门面，整齐清洁，显得古朴庄重。正门朝南为纵向主通道，每两列之间有东西向的横向分通道，东出主通道，西通五卅路。每幢楼的分隔，有两户与三户之别，两户者每户建筑面积290平方米，三户者每户建筑面积150平方米。每户的平面，为一色的中国传统三合院布局，中间置石库门。进门为一个小院，有朝南的客厅和起居室，两侧为厢房，客厅后置厨房、卫生间。楼上的平面分隔与底层相似。主弄长130米，宽2.8米，水泥路面。

1994年，沿十梓街正门东侧的一幢楼被改作商业用房，外立面有所改变，但内部结构基本保持原貌。为苏州保存较好的一处20世纪30年代里弄式的公共建筑。1991年被列为苏州市文物保护单位。

承德里，位于观前街西段北侧。民国二十年（1931），由庆泰钱庄老板叶振民及承德银团共同投资兴建。占地5715平方米，建有两层楼住宅9幢、37个单元，建筑面积7678平方米。住宅由上海建筑师参照沪上公寓里弄式样设计，其结构不采用立帖式构架，而采用砖混柱承重。在木架屋面上，铺盖时髦的红色平瓦（俗称“洋瓦”）。外墙用红砖扁砌清水墙，水泥浆勾缝，美观大方，坚固耐用。每幢独立住宅为两层楼房，宅门采用现代建材，以水泥混合细石子做成仿石条边框，俗称“假石库门”。两扇对开的黑漆木门，镶有铜环拉手，十分古朴。二楼朝南有外挑式阳台，装有铁栏杆。两层之间设亭子间，其上为露天晒台，可晾晒衣物，夏夜为纳凉佳处。楼板和晒台的室外扶梯为现浇钢筋混凝土。住宅层高3.7米，进深16.4米至21.5米不等。开间一般宽3.8米至4米。客厅地坪为预制水泥仿花砖铺地，屋顶为泥墁平顶。

宅区内有一主干道，宽4米，有4条支道，各宽3米，均为水泥路面。主干道出口即观前街，为一座罗马式拱形铁门。旧时，大门口派门卫看守，以保安全。在6幢住宅处挖有深井一口，配备泵房和水塔，各户厨房间均安装水管和水龙头，可直接用水。主干道北端还有一口双眼水井，设有井台，供住户洗涤。因每户无独立卫生间，在大门口建一座公厕，供住户使用。各单元均有前后天井，与前后支道相通，方便进出。

蒲林巷近代住宅，位于苏州人民路539号（蒲林巷口）。该宅建于民国十三年（1924），原为邹姓律师私邸，系砖木混合结构西式楼房。楼南原有中式花园，已废。现存楼房建筑面积1326.98平方米，高二层，局部三层。正门东向，底层东、南两面设廊，列罗马式圆柱。东首有绿色铁皮盘顶方形小楼耸起。室内南向为通间落地玻璃长窗，采光通风良好。整座建筑外立面富于变化。室内分隔为会客室、餐厅和多间起居室，壁炉、卫生间、厨房俱全，布局合理，功能齐全。1991年1月被公布为苏州市文物保护单位。

谢氏别墅，位于苏州阊门内下塘街外五泾弄6号（今阊门饭店）。该住宅原为谢氏别墅，建于民国二十五年（1936）至二十七年，占地3500平方米，建筑面积1110.79平方米。别墅为一幢两层砖木混合结构的西式建筑。坐北朝南，正门东南向，门前有停车台。屋面坡度较大，用绿色琉璃瓦覆盖。南面有廊，外有露台，高0.4米，砌石阶踏步。内为客厅，一排落地长窗。楼房墙面采用粉色瓷砖装饰，外廊为磨光石子地面，具有现代风格。室内装饰精致，设有客厅、书房、寝室、卫生间等，生活功能齐全。楼南为庭园。1991年被列入苏州市文物保护单位。

万宜坊，在养育巷南端东侧，南连吴殿直巷。旧名“三泰里”。为房主李晋三所有。民国三十四年（1945），由上海巨商汪洪生买下，因汪在上海有房产名“万宜坊”，即改今名。现存四栋二层砖洋房，坐北朝南，各门门楣上均有蔓叶纹样装饰，其中一门楣上书“兰桂齐芳”字样，另一门楣上书“1930 A.D.”字样。为海派里弄式近代住宅群。后分售给曹氏、谢氏，有界碑“诸福堂谢”和“崇德堂汪宅”，里弄内有青石六角古井一口。

庙堂巷近代住宅，位于苏州养育巷庙堂巷6号。原为雷允上国药店业主别墅。建于民国二十四年（1935）前后，占地2660平方米。原西部中式庭院已废，现存东部西式两层楼一幢。坐北朝南，面阔三间，平面呈“凹”字形。明间缩进，设前庭廊，列罗马式圆柱4根承上层阳台。东西次间突出，半墙上列玻璃窗，通风采光俱佳。楼上为多间起居室，内设假三层，辟老虎天窗三扇。屋顶覆缦红瓦。内部功能合理，室内地板、泥墁、装修等质量较高。1992年至1993年，上海外贸休养院在西部中式庭院废址复建小庭院。辟有水池，池周缀以湖石假山，巧布方亭小桥，配植各种花木，并在水池中设置喷泉，蓄养红鱼。1991年1月被公布为苏州市文物保护单位。

六、中西式的名人故居

在新型住宅建筑群兴起的同时，私家建造的房屋也同样如此，尤其是一些著名人物建造的宅第，为享受现代生活，有的是西式的，有的是中西结合的。屋顶尖耸，红瓦铺盖，在粉墙黛瓦中独树一帜，十分显眼。民众称之为“小洋房”“小洋楼”或“西式别墅”。

钱大钧故居。位于平门路1号（今人民路2211号），因近平门，又称“平门钱氏别墅”。钱大钧（1893—1982），字慕尹。吴县（今苏州）人。早年积极参加“反清倒袁”。民国元年（1917），选送日本士官学校深造。毕业回国后，曾参与筹建黄埔军校，并任总教官、参谋处处长。后任师长、军长等职。民国二十五年，主管总务、参谋和警卫工作。民国三十四年，任上海市市长兼淞沪警备司令。1949年12月从海南岛去台湾。有《钱大钧上将八十自传》单行本传世。

别墅建于民国十七年（1928）。钱大钧对西方国家的思想观念和生活方式接受良好，因此所建宅第也有西欧风味。故居为砖混结构的海派楼房，分为两个相对独立的群落。西侧一幢为单体建筑，坐西朝东，两层楼。清水砖扁砌外墙，黑洋瓦坡顶，其风格有些“怪异”。处墙立面，呈不规则状。北立面中间凸出一块长方形；南立面凸出一块梯形，涡卷花纹。大门前的台阶采用金山石。三扇并列的木门一大二小，镶嵌玻璃。客厅铺地为小方块状的马赛克，系从美国进口。东面一幢为体量颇大的联排别墅，楼为砖混结构的两层海派洋房，洋瓦坡顶，黑砖扁砌外墙，其排列方式也很奇特。坐北朝南前后连接三幢，每幢面宽五间带二厢，每幢南北两端山墙高出屋檐，线

钱大钧故居

条柔和。整座联排别墅呈长条状车厢式排列。地面铺有菱形图案马赛克，也是从美国进口的。新中国成立后，曾为学校使用，开过平门饭店。2003年已被列入苏州市控制保护建筑。

何亚农故居，又称“灌木楼”，位于十全街（今十全街249号）。何亚农（1880—1946），名澄，号亚农、真山。山西灵石县人。青年时去日本留学，就读于陆军士官学校。其时，孙中山在日本组织同盟会，何亚农欣然参加，并任同盟会“铁血丈夫团”军事骨干。后受孙中山的派遣，返山西进行革命宣传。辛亥革命时，曾任上海沪军都督府参谋。民国五年（1916）解甲，翌年于苏州定居。何亚农爱好文物，喜欢收藏。他和苏州的文人雅士交往甚密，与张大千、叶恭绰是挚友，故藏有不少书画佳作及瓷器、铜器等文物。

灌木楼为一幢西式洋房，砖木结构，两层三开间，构造雅致，光线充足。另筑东斋、西斋，为收藏书画文物之所。楼前堆土成山，间植花木，绿意盎然，现属南园宾馆，经过整修改造，环境有所变化，楼名也改称“观木楼”。

何亚农的二女儿何泽慧，系中国中子物理和裂变物理等科学领域中做出重大贡献的科学家，被誉为“中国的居里夫人”。1980年当选为中国科学院院士（学部委员）。何泽慧的丈夫钱三强，系中国原子核科学研究基地、中国原子能事业和中国科学院的创始人之一，曾任第二机械工业部副部长、中国物理学会理事长、中国科学院院士（学部委员）。钱三强、何泽慧夫妇曾在东斋住过。

李根源故居，又名“阙园”“曲石精庐”，位于十全街（今十全街111号）。李根源（1879—1965），字印泉，云南腾冲人。早年追随孙中山革命，与蔡锷等人举兵起义，领导云南光复。黎元洪当总统时，曾出任陕西省省长、国务院总理等职。民国十二年（1923）定居苏州。因他母亲姓阙，故名“阙园”。李根源在苏州期间，曾踏访苏州历史古迹，著有《吴郡西山访古记》，主编《吴县志》等，对保护文物古迹做出很大的贡献。

故居原为园林旧宅。李根源购得后做了修葺整理，有门屋、客厅、起居楼、书房和后庭园。起居楼为中西式三层楼房，旁有李根源手植的桂树两棵、广玉兰树一棵，含“金玉满堂”之意。后庭园约200平方米，有池塘，架九曲飞虹，建六角亭，雅趣盎然。附有“九保全”井，李根源手书刻于井栏。旁立于右任手书“阙园”石碑。庭园内，湖石假山错落有致，草木葱茏，姹紫嫣红，景色宜人。园内有数百棵桃树。阙园建成后，章太炎、金松岑、张一麐等经常来此谈论文艺，纵谈世事。1977年，苏州饭店因基建，拆去了阙园的围墙、亭子，填没了池塘。现尚存起居楼。

章太炎故居，位于宋衙弄（今为体育场路17号），后门为锦帆路8号。现后门为前门。章太炎（1869—1936），名炳麟，一名绛，字枚叔，号太炎。浙江余姚人。近代民主革命家、思想家和著名学者。早年参加维新运动，曾任《成务报》撰述和《经世报》编辑。光绪二十六年（1900）剪辫绝清，立志革命。与蔡元培共组中国教育会，设立爱国学社，倡导革命。未几，因《苏报》案被捕入狱。出狱后，被同盟会迎至日本，主编《民报》。宣统三年（1911）上海光复后回国。南京临时政府成立，任总统府枢密顾问，后为袁世凯禁锢，袁死后获释。民国六年（1917）参加护法运动，任护法军政府秘书长。九一八事变后访问张学良，主张抗日救国。晚年寓居苏州讲学，在后园兴建校舍一座，举办章氏国学讲习会，各地学生闻风而来，听者近五百人，寄宿者百余人。他长期从事学术著作，著有《章氏丛书》《章氏丛书丛编》和《章氏丛书三编》等。夫人汤国梨（1883—1908），字志莹，号影观，诗人，著有《影观诗稿》《影观词稿》。

故居为前后两幢西式二层楼房，分别为章太炎著述、藏书、会客和合家居住之处。数十年来几经转手，后为机关使用，建筑尚完整。20世纪70年代在原二层上各加一层。北部章氏国学讲习所已不复存在，改建平房五间，为章氏后人所居。1982年被列为苏州市文物保护单位。

邓邦述故居，位于侍其巷（今侍其巷38号）。邓邦述（1868—1939），字正暗，号孝先，别号沤梦老人、群碧居士。江宁（今南京）人。祖籍吴县洞庭东山。清光绪二十五年（1899）进士，授翰林院编修。二十七年，为湖北巡抚端方幕僚。三十年奉命出国考察，回国后居住在北京。他受端方影响，喜欢收藏。在京期间，不惜高价搜购善本，搜得宋元刊本、抄本达万余卷。后任吉林民政使，不久即弃官。民国十年（1921）定居苏州，他将剩余的钱全部买书。家有藏书三万八千余卷。他有两部唐代的珍贵古籍，一为李群玉撰的《群玉诗集》，一为李中撰的《碧云集》，系宋版古籍，并有文徵明、徐乾学的收藏印章，故书斋取名为“群碧楼”，为著名藏书家，《苏州民国艺文志》有传。

故居坐北朝南，东西两路，东路四进，中间以天井相分隔，前三进为平房，第一进早已拆除，第四进为二层楼房。西路南端为庭院，有湖石假山。其后三进均为二层楼。全部房屋为立帖式木结构，建筑一般。现为苏州市控制保护建筑。

艾步蟾故居，位于萧家巷15号。艾步蟾（1854—1933），少年师从李璞仁学医，学成后，于光绪六年（1880）于此处开业。因医术高明，求治者日众，声名鹊起，尤其善治伤寒，成为吴中名医之一。民国十年（1921），任吴县医学会副会长。十六年，当选为苏州中医协会执行委员会。行医五十余年，救人无数。其门生弟子甚多，其中学生王逢春去北京开业，后成为京城四大名医之一。

故居始建于清末，两路三进，北向。正路为门厅、大厅、楼厅，西路为花厅和书房。花厅为卷棚顶。院中有假山。因年久失修，现岌岌可危，部分已坍塌。2003年已被列入苏州市控制保护建筑。

余觉故居，也称“余庄”“渔庄”“觉庵”。位于高新区（虎丘区）石湖渔家村越城桥南，为清末画家余觉、刺绣艺术家沈寿夫妇的故居。余觉（1868—1951），初名兆熊，字冰臣、冰人，号思雪。渔庄建成后，自号“石湖老人”。浙江绍兴人。因家道中落，十八岁流寓苏州，为晚清举人。他工诗词，擅美术，精书法，尤精行、草、楷书。二十五岁与沈芸芝（寿）结婚。沈芸芝，字雪君，别号雪宧。苏州木渎人。父亲沈椿，曾在浙江任盐官，爱好文物，富有收藏。沈芸芝从小随父学字，随姐学绣。由于她天资聪颖，进步很快。十三岁绣成唐寅《秋夜月上图》，邻居看了都啧啧称赞，在乡里初负盛名。二十岁与余觉结婚后，夫画妻绣，产生了一种崭新的艺术品——仿真绣。所绣《意大利皇后爱丽娜像》《英女王维多利亚半身像》《耶稣像》在国际展览会上获大奖，由此声名大振。慈禧七十大寿，由余觉设计画稿，沈芸芝绣《无量寿佛图》《八仙上寿图》祝贺。慈禧十分高兴，赐“福”“寿”两字，余觉即更名为余福，沈云芝即更名为沈寿。沈寿晚年，由沈寿口述，张謇记录的《雪宧绣谱》，为我国刺绣史上的一部重要专著。

史载，渔庄其地最早为宋代诗人范成大石湖别墅的一部分。明代，石湖别墅已经荡然无存。民国初年，苏州美专校董会主席吴子深为避喧闹，买下了石湖别墅遗址，插上了“渔庄”的标志。为何称“渔庄”？因吴是画家，又爱好诗词，他崇拜二人，一为清初“六大家”之一吴渔山，一为明末清初大诗人吴梅村，在二人名字中各取一字，自号“渔村”。后吴因忙于苏州美专校务，将这块地让给了余觉。余觉将房屋建成后，改称“余庄”，又名“觉庵”。

余庄占地1500平方米。建于民国二十一年(1932),竣工于民国二十三年。为砖木结构混合建筑,坐东朝西两进平房,面阔均为五间。明间与次间为厅,梢间为书房、居室。前厅上悬有“福寿堂”匾额,因慈禧太后所赐“福、寿”两字而得名,旁有“懿旨嘉奖”的匾额。后厅与前厅有走廊贯通,廊腰间各构有半亭,左右相对。中间为一四合院式的庭院。在厢房的蝴蝶门上,各有五言联一副。东侧为“水清鱼读月,山静鸟谈天”,西侧为“卷帘唯白水,隐几亦青山”。堪称姐妹篇,写山水闲居之趣,同是佳构。

余庄面临石湖,遥对上方山。濒湖另筑一亭,名曰“渔亭”。坐在亭内,近观石湖,远眺上方,尽收眼底。

余庄由余觉的后代居住。筹建石湖风景旅游区时,余庄也是景点之一。1965年,政府向余觉子女补偿经济,余庄归政府所有,并进行全面修复,成为游览石湖的一处好去处。1991年已被列入苏州市文物保护单位。

顾颉刚故居,位于悬桥巷东端南侧顾家花园(巷)。巷内原有花园,洞石玲珑,极为幽雅。后由归氏(湛初)所得,命名“洽隐山房”,俗称“归氏园”。明末清初,园景荒秽,由长洲(今苏州)人顾其蕴购得,芟榛刈棘,种花植树,因多种名贵山茶,名为“宝树园”。此园广不过数亩,无层峰叠壑之奇,无广厦华堂之美,而洞石玲珑,云林掩映,至其地者,超然有城市山林之想。顾其蕴之孙顾秉忠又筑安时堂、蘅草庐、澄碧亭、芥圃诸胜,俗称“顾家花园”。

咸丰十年(1860)兵燹后,园废。但仍由顾氏后人顾颉刚居此。顾颉刚(1893—1980),名诵坤、字铭坚,号颉刚,苏州人。先后在中山大学、北京大学、云南大学、中央大学任教授,著名史学家。曾创办禹贡学会和民俗学会。抗日战争胜利后,仍定居此处。民国十二年(1923),顾颉刚之父曾重新修建。现有坐北朝南三正两后厢带一辅落的硬山式平房,平行四开间,中间为客厅,两侧有厢房。天井与客厅相对有朝北门楼,砖刻“子翼孙谋”四字,为著名戏剧家、书法家周贻白手迹。1998年被列为苏州市文物保护单位。

七、文化设施建设

民国建立后,废除了旧制度,开始了新生活,近代化逐渐盛行。在文化设施方面,图书馆、影剧院日渐增多,以满足大众对文化生活的要求。

（一）图书馆

苏州图书馆，在沧浪亭对面的可园内（今人民路饮马桥南端东侧），民国三年（1914），在清末存学古堂和正谊书院筹办图书馆。经同意后，成立江苏省立第二图书馆。民国十八年，更名为“江苏省立苏州图书馆”。民国二十五年，由省教育厅委任蒋吟秋为馆长。有特藏书1514种，19570册；普通图书8674种，70800册；儿童图书878种，4637册；民众图书5516种，15740册；杂志942种，15747册；报章26种，1888册；等等。总计21084种，127960册。全年馆内阅览人数达58632人，馆外阅览人数达119255人。

吴县图书馆，在苏州公园内，原名苏城图书馆。民国十一年（1922）建，总面积约3700多平方米，大楼三层，顶层四面是自鸣钟。辟有办公室、编目室、阅览室、儿童阅览室、新闻阅览室、文物陈列室等。藏书4.6万册，可容纳500人阅览。民国十九年改称“吴县图书馆”。日军侵占时毁于战火，藏书损失十之八九。

民众教育馆，初名“通俗教育馆”，建于民国六年（1917）。十七年改为民众教育馆，次年又改为实验民众教育馆。内容有“生计教育”“语文教育”“健康教育”“公民教育”“家事教育”“休闲教育”等。休闲教育包括提倡正当娱乐，举行休闲集会，提倡戒除不良嗜好等。设有阅览书报、代笔问事、弈棋、乒乓、丝竹、锣鼓乐器等活动室，陈列自然科学标本、挂图、简易仪器等；馆外有演讲台、民众茶室、识字夜校、职业补习班、实验农场等。

（二）影剧院

开明大戏院，在观前街北局。民国十七年（1928），由苏州振兴地产公司老板顾再康等集资营造。曾名“东吴乾坤大戏院”“大观园乾坤大剧场”“发记大舞台”“东方大戏院”。最后定名“开明大戏院”，主演京剧。

新艺影剧院，民国二十八年（1939）翻建后，改名“军人会馆电影部”，供日军娱乐。抗战胜利后，复名“青年会电影部”。

人民影剧院，在阊门外石路，原为大观合记茶园。民国五年（1916）翻建后，翻新舞台，演京剧。这是苏州最早用钢筋混凝土建造的剧院。

跃进影剧院，在胥门外，前身为同兴剧场，创办于民国二十一年（1932），演出常锡文戏。二十三年改名“胥江戏院”，演越剧。

苏州大光明电影院，在北局。民国十七年（1928）开办，原名“北局大戏院”，后更名“大东游艺场”，放无声电影和演出歌舞、滑稽戏。

大众电影院，在金门路。后更名为“三民电影院”“金城大戏院”，改映电影。后又改演京剧。

（三）其他

苏州书场，在北局。前身为乐园书场，民国三十一年（1942）创办。曾改名“中华书场”“静园书场”。

此外，阊门外有大观茶园、天仙茶园和春仙茶园三家戏院。阊门外横马路的老荒场（又名“亦乐园”），内设民中、吉园等三家剧场。在阊门外大马路开辟小荒场（又名“南新园”“小玄妙观”），内设金明、易兴、东方三家剧场，演出苏锡文戏、扬剧、淮剧、沪剧等。

吴县公共体育场，在五卅路（即今苏州市体育场），民国七年（1918）5月18日竣工启用。场内设有250米跑道6条，足球场、排球场各1个，篮球场2个、乒乓室1间，并设有巨人步、滑梯、秋千、浪船、浪木、轩轾梯、轩轾板等运动器械。

八、交通事业的发展

民国时期的交通事业，在清代的基础上有所发展。城市的交通工具，轿子依然风行，但人力车、马车、三轮车日渐增多，汽车公司开始成立，并规划路线运行。路灯照明、电话、电报迅速发展，出现了新的面貌。

（一）轿子

民国初，轿子仍是主要的代步工具，并有“轿盘头”和藤轿公司，私人经营的藤轿十分流行，并成立有六门藤轿公司，成为一种行业。民国八年（1919）《申报》载：当时苏州有六门藤轿公司（开设于乔司空巷），有轿子1200乘，每轿均有牌号，由警厅发给轿夫执照，每人有编号。抬轿时，要身穿轿衣，牌号与编号两号相符，才能营业。同时，还有“轿盘头”，管辖一个地区，类似势力范围，在这个地区的人家要租轿，由这个“轿盘头”受理业务，别处“轿盘头”不能插手。大约到民国三十年左右，轿子开始衰落，被人力车所代替。轿子行业遂告消失。

（二）人力车

民国时期，人力车营业十分看好，在大街小巷几乎都能见到人力车。清末有人力车500辆。民国十二年（1923），人力车可以进城营业。但规定进城车辆必须往北行驶，出城车辆必须由东、西中市通行。民国二十一年，有人力车2500辆。次年增至3150辆。

1949年，发展到4444辆，人力车工人5642人。当时，有一种高档人力车，装有电石灯和铃铛，白天铃声不绝，夜间灯光闪烁，乘坐者很是风光。当然，这种人力车不为普通市民所乘，而为各界名流、富商豪绅、演艺红人和机关官僚者所乘。有的还有私家车或私人包车，装饰华丽，相当于今日的豪华专车。新中国成立后，人力车逐渐减少。1958年，全市有车1962辆，至7月全部淘汰。1958年8月1日，最后一辆人力车被送进了苏州博物馆。

（三）马车

民初，马车经营十分活跃。民国二十六年（1937），苏州有马车120辆，并成立马车业工会。抗日战争期间，马车经营区域扩展至城内，成为城内客运的主要运输工具之一。到1949年，马车仍有99辆，可在城内外营业，并在玄妙观正山门设站招揽乘客，行驶线路不受限制。其时，在阊门石路可乘马车至虎丘游玩，一车可乘多人，不快不慢，最为适宜。1981年，有马车21辆，全部停驶，结束了50多年的历史任务。

马车

（四）三轮车

约在民国二十九（1940）左右，又一种交通工具——脚踏三轮车出现了。与人力车相比，更加省力，速度也快。座位上有用布和棉絮做成的坐垫，可以并排坐二人，宽畅舒服，下方还有脚踏板。座位下面是个木箱，可以开启，里面存放车夫的工具杂物等。车厢上装有可以折叠的布篷，晴天遮阳，雨天遮雨，还可挡风避寒。坐三轮车，虽比人力车贵一些，但人们乐意接受。

（五）城市公共汽车

民国十七年（1928）8月，港商周祥生、刘仰之拟投资10万元创办戊辰汽车公司，开设火车站至洋关（今葑门觅渡桥）、平门至虎丘2条线路。同年11月，有3家公司向市政府筹备处申请联合经营城市公共汽车，开设环城马路（火车站至觅渡桥）、留园路、虎丘路、城内6条大街线路，但均未实施。民国二十四年，有一家车行名“飞龙汽车行”，共有8辆小客车出租，主要行驶于各风景区。民国二十六年，因抗日战争全面爆发，车行停业。

民国二十七年（1938），由日本商人开设的华中都市公共汽车公司（总公司设在上海）有4辆汽车在苏州市区营业，主要行驶线路有四条：一是从火车站经金门至观前街正山门；二是从石路经老阊门至观前街正山门；三是从石路经胥门至二马路（今南门外人民南路）；四是从火车站经临顿路至观前街正山门。

民国三十五年（1946）5月，金山汽车股份公司创办，在市内行驶公共汽车，开设了2条路线：一是从观前街经由景德路、金门、石路、新民桥、火车站；二是从火车站经由平门、护龙街（今人民路）、卫前街、道前街、胥门。每条线路有4辆车运行。同年，吴县城区公共汽车股份有限公司成立。开辟火车站至醋坊桥线路，途经钱万里桥、新民桥、广济路、石路、阊门、中街路口、接驾桥、察院场、玄妙观等处。次年，因经营不善，以及与人力车、马车业之间矛盾激化而停业。

民国三十五年（1946），经交通管理部门登记，有四达、祥生、交通、丽都、华成、云飞、国泰、六合、万利、苏浔、琴太等大客运小汽车行11家，共有汽车116辆，除城内客运外，也有跑长途客运的。

民国三十六年（1947），市公共汽车公司因影响人力车、马车的营业，被迫停业。

（六）火车

民国二十三年（1934），国民政府为增强国防，解决军事运输，决定修筑苏嘉铁路线。铁道部委托京沪、沪杭甬铁路管理局承办。是年四五月测量，10月制成并审定设计图纸，12月成立铁道部苏嘉铁路工程处。二十四年2月22日开工，次年4月25日全线接轨，7月15日通车，全长74.15公里。其中木桥65座，混凝上桥墩钢梁桥10座，混凝土拱桥2座，旱桥7座，共8个站，起点吴县站（即苏州站），终点嘉兴站，中间设相门、吴江、八坼、平望、盛泽、王江泾6站。三十四年1月，苏嘉铁路先被日机炸毁，继被日军强行拆除。

旧时火车站场景（木刻画）

民国三十五年（1946），成立京沪铁路管理局。吴县站改称“苏州站”，并划归京沪铁路管理局管辖，站舍面积扩建至923平方米。主体建筑1400平方米，广场4071平方米，整车货物仓库2座，730平方米，雨棚174平方米，货物装卸线6条，其中零担货物线2条。

九、民生事业的改善

民国以来，民生事业持续改善，电气公司、电话局、自来水厂相继成立，还成立了瘗业公所。街巷设立水泥垃圾箱，建设公厕。居民开始用电，路灯照明全用电灯，时间延长至天明，给夜行人带来方便。

（一）供电

民用。民国二年（1913），市区内建立北局配电所。线分两路：一路称“半夜线”，传供“包灯”用户。供电时间从傍晚至次日2时。另一路称“通夜线”，即整夜供电，专供路灯及装表用户。民国八年，由振兴公司将资产出售给日商共益公司，市民拒绝用电。市区各市民公社在街道组织自办柴油小发电机，供应市民用电。最先有观前、东中市等市民公社，先后购买小发电机两台，一台装在太监弄，一台在东中市。民国九年5月17日，在玄妙观召开苏州电气公司创立大会，正式成立苏州电气股份有限公司，发电厂地址选在胥门外枣市街，供居民用电。民国十五年，开始实行日夜供电。民国二十三年，苏州电气公司在市区内架设第一条6.6千伏线路，自胥门发电所至苏州火车站。二十四年，又自火车站延伸至齐门、娄门及葑门，称“环城线”。日寇侵华期间，市区供电设备遭受破坏，陈旧不堪。

路灯照明。民国二年（1913），全城街巷的夜间照明将煤油灯全部改为电灯。其时，全市共有32支光路灯2024盏，每月电费2400元。民国八年，架设“通夜线路”，专门供路灯用电。十九年，吴县建设局规定路灯灯头均用100支光。路灯规格分为特、甲、乙三种：阊门外大马路260盏、留园马路25盏为特种；观前30盏、护龙街（人民路）北段45盏、景德路40盏、平门路25盏为甲种；五卅路20盏为乙种。所谓特种即对杆绷灯；甲种为臂形铁梗，长4米；乙种为铁梗，长3.5米。电杆之距离为30.48米至36.58米。民国二十五年，平门路、护龙街、景德路全部改装对杆绷灯。所谓对杆绷灯，即在这边竖一根电杆，在对面也竖一根电杆，绷上一根钢丝，装上一盏灯，故称“绷灯”。路灯悬于道路中间，便于照明。新中国成立前夕，有路灯3266盏，线路总长172.4公里。

据统计，民国十九年（1930），城区内有2.3千伏配电所31座，2.3千伏配电线路6条，380伏和220伏的低压线路已遍布全城街巷各处。苏州电气公司供电范围内有照明用户1.4万户。

（二）供水

民国十四至十九年（1925—1930）间，苏州不少社会士绅曾多次发出创建苏州自来水厂的倡议，并对管道走向、水塔建造、所取水源等提出具体设想。二十三至二十五年，又提出官商合办苏州自来水厂的意见，并拟定了建设自流井水工程计划，但因资金匮乏而未能实施。

民国二十七年（1938），南门外青旸地一带，缫丝厂、面粉厂首次凿井开采地下水，日采量500吨，静水位3米。

民国二十八年（1939），全城自流井开放五井八水站。北局救火会设小公园水站2处，观前街2处，宝林寺前1处，西善长东村1处，包衙前1处，狮子林1处。即日起送水，3天以后每担酌取费2分。

民国三十五年（1946），吴县临时参议会通过创建苏州城区自来水厂议案，成立苏州市自来水整理委员会，并在5月召开第一次会议。由善后救济总署苏宁分署成立了苏州给水工程筹备处，与自来水整理委员会相辅而行。但苏州给水工程筹备处不久即撤销，整理委员会自行成立筹备处，为便于催询和洽领提货，筹备处迁往上海办公，并改组为筹备委员会。

苏州市自来水整理委员会拟订了工程计划，募集股款，订购各种器材，至民国三十六年（1947）3月，共募款计法币9305万余元，因与所需款项差距甚大，工程无法进行。

新中国成立前，苏州城区只有北局那里的救火联合会和基督教青年会各自拥有独立的深井供水系统，并通过邵磨针巷、太监弄、宫巷等地段，埋设一些管道向极少数商业用户供水。

1949年9月，苏州市自来水公司筹备处成立。

（三）电信

1.电话、长途电话。民国初期，苏州电话总局设在金狮河沿，分局设在天库前。民国六年（1917），苏州德律风公司由国有的苏州电话局接收，并将该公司原磁石式单机扩容到200门。民国十一年，装用磁石式交换机，总容量达1000门。十二年5月，交通部在闾邱坊巷新建电话局，装用复式人工共电式交换机13席，总容量2000门，11月开通；二十三年10月，扩充1000门，至次年2月，总容量达26席3100门（包括木渎、浒墅关分局）。十二年，电话局迁入闾邱坊新址。同时，2000门共电复式交换机局建成。金狮河沿、天库前两处正式撤销。

抗日战争时，木渎、浒墅关两个分局毁于战火，仅余闾邱坊巷电话局1所，交换机减为18席。抗日战争胜利后，经过3年恢复与扩建，至1949年苏州解放前，达到战前水平，共有电式交换机24席，总容量3000门。

民国十五年（1926）5月，苏州电话局开办长途电话，将沪宁长途电话线路一对割进苏州局，装设共电式长途电话接续连记录台2席10门。十九年11月，江苏省建设厅在苏州设立省办吴县长途电话交换所，装用磁石式长途电话交换机1台20门，开放省内长途电话。二十六年苏州沦陷时，长途电话线路被破坏殆尽。二十八年1月，修复架通苏州至各地长途电话线路，并首次装设长途电话载波机1部，开通苏沪载波电路。

抗日战争胜利后，苏州局长途电话机线设备较战前有所发展。三十五年1月至三十八年4月，长途电话主要机器设备有共电复式长途电话交换机8席40门（接续台6席30门、记录台2席10门）、3路载波终端机3部（日本产1部、美国产2部）、6路载波增音机1部（日本产）；电力设备有130V蓄电池3组（日本产1组、英国产2组）、原动机2台、发电机2部（均为美国制）。

民国三十六年（1946）5月26日，吴县电信局在虎丘、火车站设套置16处公用电话。

2.电报。苏州电报业务，初办时使用莫尔斯电报机（纸条记录）。二十三年11月，交通部选择苏州试点，首先实行报、话二局合并，改名“交通部吴县电报局”。民国二十七年后，改用人工音响机。在电报少、无电报机的局所，则使用话传方式传递电报。报房与对方报房、营业所或话房接通电话后，按话传电报拍发规定和操作顺序用电话发报和抄收电报。苏州解放前，市区至盛泽、吴江、浒墅关、木渎等地及市内营业网点等，均采用话传方式传递。

民国三十二年（1943），在当时繁忙的苏州—上海电路上，使用莫尔斯电码自动发报机和波纹收报机。此机每分钟可收发100组左右，效率比人工机高四五倍。

民国三十五年（1946），苏州电报电路有苏州—上海高速自动机双工电路条，苏州—常熟、昆山、无锡人工单工音响机电路条，苏州—盛泽、吴江、吴兴话传电路3条。1949年，增加嘉兴、杭州2条人工音响机电路，及浒墅关、震泽、木渎、横塘、唯亭、望亭、吴塔等8条话传电路。吴兴电路由话传改为人工音响机电路。至新中国成立时，吴县（即苏州）电信局报房电报通信用机器设备有高速自动收发报机2套、人工音响报机5部。苏州解放后，沿用以上机器设备通报。

（四）卫生

民国以后，政府开始重视公共环境卫生，包括清除居民家的粪便、设置公共厕所、街道上放置垃圾箱及清扫街道等。

民国三年（1914），苏州壅业公所成立，地址在乔司空巷。壅业，专门经营粪肥。此业始于清末，由部分市民、市郊农民就近街巷收集居民家的粪便。每天清晨，居民家将马桶放在门外街上，有人来将粪便倒去，逐渐形成职业。后为此而发生争斗，便由政府部门牵头成立壅业公所，并划分地段，凭官府发“官契”确认产权，成为壅业业主。1949年新中国成立前，全市从事壅业者达600余户。同时，在主要街巷设立公厕，但只有男厕所而无女厕所，用煤油灯照明，民国二十年（1931）后改用电灯照明，并有专人管理。

民国十六年（1927），在主要街巷统一设置水泥垃圾箱，以代替原有零星放置的木制垃圾桶。至年底，全市共设置水泥垃圾箱67只。

民国十八年（1929），市政府成立整理公厕委员会。经调查，全市有公厕610处，其中240处污秽不堪，经常堵塞，其他各处亦需改建。

民国十九年（1930），全市有垃圾箱358只。同时，城市街道的清洁工作，也有专人负责打扫，称为“清道夫”。民国三十五年，全市有清道夫177人。清道夫穿“清道夫”字样的马甲，在指定地段打扫卫生。

民国三十一年（1942），据调查，市内有公厕203所，其中急需改建者6所，需修理者5所，需拆除者2所。

民国三十五年（1946），据统计，市内有灰老板、半灰老板（经营灰肥，收集垃圾划分地段的老板）及清道夫共177人，有运输垃圾的铁箍木轮车40余辆，合编为清洁大队，先后由吴县卫生院、吴县警察局管理。

本章主要参考书目：

《苏州市志》，苏州市地方志编纂委员会编，江苏人民出版社

《吴门表隐》，顾震涛撰，江苏古籍出版社

《吴县志》，曹允源、李根源编撰，苏州文新公司

《百城烟水》，徐崧、张大纯同辑，江苏古籍出版社

《苏州街巷文化》，潘君明著，古吴轩出版社

《苏州河道志》，《苏州河道志》编写组编，吉林人民出版社

《苏州老桥志》，苏州市地方志办公室编，广陵书社

《苏州城墙》，吴恩培主编，古吴轩出版社

《平江区志》，苏州市平江区地方志编纂委员会编，上海社会科学院出版社

《金阊区志》，《金阊区志》编纂委员会编，东南大学出版社

《沧浪区志》，《沧浪区志》编纂委员会编，上海社会科学院出版社

《横塘镇志》，《横塘镇志》编纂委员会编，上海社会科学院出版社

《苏州城建大事记》，苏州市城市建设博物馆编，上海科学技术文献出版社

《苏州史志笔记》，顾颉刚著，江苏古籍出版社

后记

苏州人，应当了解苏州，熟悉苏州，爱护苏州。而了解苏州的途径是多方面的，其中了解苏州的“城建”是一个很好的选择。为什么呢？因为城市内存在的历史古迹，无论是城墙、街道、园林、寺庙，还是河道桥梁或名人故居，以及会馆、公所、祠堂、教堂等等，都与建筑有着密切的关系。建筑反映历史，历史存在于建筑之中。任何一处古迹，产生于何时，毁坏于何时，何时进行修复，都有它的历史缘由。我们了解城市的建筑，就是了解城市的历史。

由于有了上述的观念，很想写一部《苏州城建史话》，以了解苏州的历史。

为此，2012年3月，我在编著出版《苏州街巷文化》以后，就着手编著《苏州城建史话》。拟从伍子胥建城写起至新中国成立前止，跨度2500余年。在列写提纲时，深感历史时间之长、朝代更迭之多、内容之丰富广泛，工作量是很大的，没有数年时间是写不出来的。但我心已决，不管怎样，决定开始动笔。

然而，由于社会活动频繁，或出席会议，或参加评审，或应付稿约……写写停停，停停写写，有一段时期几乎停笔，真是恼人。

近年来，总觉得白驹过隙，流年如水，自己的年岁在增加，时不待人啊，此书不能再拖下去了，决定划出一定时间，专写此书。于是，继续动笔。自2020年以来，闭门不出，在家里埋头读写，白天阳光，夜晚灯光，敲击键盘，认真写作，终于将书稿完成。望着打印出来的书稿，厚厚一叠，如释重负，身心为之大快。屈指算来，写作此书断断续续花了十个年头，不算长也不算短了。

书稿完成以后，又期望出版。苏州市职业大学石湖智库陈璇教授认为此书反映了苏州古城的建筑发展史与建筑文化，与其正在进行的江南文化研究十分契合，很有出版价值，因此与古吴轩出版社确定了具体的出版时间。在此，对苏州市职业大学以及古吴轩出版社表示衷心感谢!

古云“观今宜鉴古,无古不成今”。出版此书,对于了解苏州古城的过去,建设现代化的苏城,鉴古知今,继往开来,有益无害也。愿与爱好古城的读者们交流共赏,也提供给相关部门作为参考。

潘君明
2022年6月10日于
苏州市相门外东环新村
角挂书屋。时年八十又六